Quando é preciso voltar

ZIBIA GASPARETTO

Romance ditado pelo espírito Lucius

NOVA EDIÇÃO

© 2015 por Zibia Gasparetto
© zeljkosantrac/Getty Images

Coordenadora editorial: Tânia Lins
Coordenador de comunicação: Marcio Lipari
Capa e projeto gráfico: Jaqueline Kir
Diagramação: Rafael Rojas
Preparação: Mônica Gomes d'Almeida
Revisão: Equipe Vida & Consciência

1ª edição — 33 impressões
2ª edição — 7ª impressão
5.000 exemplares — outubro 2020
Tiragem total: 344.000 exemplares

**CIP-BRASIL — CATALOGAÇÃO NA PUBLICAÇÃO
SINDICATO NACIONAL DOS EDITORES DE LIVROS, RJ**

2. ed.

Lucius (Espírito)
Quando é preciso voltar / [pelo espírito] ; psicografado
por Lucius Zibia Gasparetto. - 2. ed. - São Paulo : Vida e
Consciência, 2015. 512 p.

ISBN 978-85-7722-445-6

1. Romance espírita. I. Gasparetto, Zibia. II. Título.

14-14835	CDD: 133.9
	CDU: 133.9

Este livro adota as regras do novo acordo ortográfico (2009).

Editora Vida & Consciência
Rua das Oiticicas, 75 – Parque Jabaquara – São Paulo – SP – Brasil
CEP 04346-090
editora@vidaeconsciencia.com.br
www.vidaeconsciencia.com.br

"Erros revelam fraquezas, mas não anulam qualidades."

Cada erro tem um preço que as pessoas pagam para aprender. Quando aprendem, amadurecem e erram menos. Isso é progresso, e progresso é lei da vida.

Capítulo 1

Enquanto ele olhava através da janela do trem, seu pensamento se perdia em amargas reflexões, seus olhos não percebiam as paisagens que se sucediam e seus ouvidos ignoravam o ruído cadenciado que movimentava seu corpo no banco duro e frio.

Ele não queria olhar para trás. Preferia seguir adiante, recomeçar. Entretanto, estava sendo difícil. O passado o oprimia e ele não sabia como sair dele, como esquecer, como apagar da memória aqueles momentos de desilusão e de agonia.

— Tudo passa neste mundo…

Alguém, à guisa de consolo, dissera-lhe isso, e ele pensou:

"Talvez porque esteja olhando do lado de fora e não seja ele o envolvido. Tudo fica fácil quando não se trata de nós. Todos temos sempre na ponta da língua um remédio para a dor alheia, uma solução infalível. Para mim esse recurso não vale nada".

Inconformado, ele deixara sua casa andando sem destino, preso aos seus pensamentos angustiados. O que ele queria mesmo era sair dali, deixar tudo, como se, indo embora, estivesse arrancando a ferida que o consumia.

Dirigira-se à estação, tomara um trem, sem se importar para onde o levaria. Queria fugir, esquecer. No entanto, embora o trem se distanciasse, a mágoa seguia com ele, não o deixava.

Ah, a dor da traição! A vergonha, a desilusão! Dez anos de casamento, dois filhos, uma relação que parecia bem estabelecida. Nada disso era verdade. Nada estava bem. Tudo estava errado. Quando ela teria começado a trair? Desde quando ela tripudiava sobre seus sentimentos?

A esse pensamento, a angústia voltava mais forte do que nunca e a cena chocante dos dois se beijando reaparecia diante de seus olhos. O susto deles percebendo sua presença, a tentativa de explicar, como se isso fosse possível. O medo de que ele os matasse.

Vontade ele teve, mas como poderia? Não acreditava que a morte fosse solução. Alguns parentes mais próximos esperavam isso. Ele continuou preso ao fio de seus pensamentos:

"Eu sei que eles esperavam. Chegaram até a dizer que a lei estaria do meu lado se eu resolvesse fazer justiça com as próprias mãos. O adultério é uma justificativa mais do que aceita pela justiça. Mas e eu? Como ficaria? Não sou um assassino. Não tenho o direito de tirar a vida de ninguém, seja lá pelo que for".

O pensamento de que Clara não o amava mais o feria fundo. Ele tinha consciência de haver cumprido da melhor maneira sua parte no compromisso conjugal. Ela nunca demonstrara estar aborrecida nem sem interesse.

Haviam passado tantos momentos bons juntos! Tantas alegrias e esperanças! Ela com certeza esperava mais. Por que nunca falara nada? Por que não expusera sua insatisfação para que pudessem melhorar o relacionamento?

Ele tinha a certeza de ser compreensivo. As pessoas costumavam apontá-los como exemplo de felicidade conjugal. Que ilusão! Ela não era feliz! Ele havia fracassado. Por mais que tentasse esquecer, o pensamento de fracasso o oprimia. Ele era o culpado de tudo. Não soube alimentar a felicidade do seu lar.

Depois disso, haveria lugar para ele no mundo? Não seria melhor desistir de viver? Talvez essa viagem não conseguisse apagar a dor. Esquecer estava difícil. Aonde quer que ele fosse, a ferida iria junto, estava dentro dele.

Morrer. Apagar todas as lembranças. Isso sim seria o melhor. Nunca mais se lembrar de nada, descansar. Não ver mais a cena odiosa, nem contemplar a própria impotência, o próprio fracasso. Sim. Talvez essa fosse a solução.

Ninguém diria que ele era um fraco, um covarde ou um insensível. Era preferível acabar com a vida a matar. Poderia atirar-se do trem e acabar de uma vez com tudo.

Osvaldo levantou-se do banco e dirigiu-se para a porta do fundo do vagão. Abriu-a e saiu, fechando-a de novo. Segurou na grade da mureta sentindo o vento agitar seus cabelos e o corpo sacudido pelos movimentos.

O trem passava por um barranco. Ele estava no último vagão. Olhando os trilhos que iam ficando para trás, pensou:

"Se eu me atirasse barranco abaixo, seria o fim. O esquecimento, a paz".

Pensou nos dois filhos pequenos. Um dia eles iriam entender seu gesto. Decidido, fechou os olhos e atirou-se.

Seu corpo rolou pela ribanceira e ele desfaleceu. O trem seguiu adiante, e ninguém viu o que aconteceu.

Muitas horas mais tarde, dois homens em uma carroça passando pela estrada viram o corpo. Pararam imediatamente, desceram e foram até lá.

— Pai, acho que ele está morto — disse o jovem, colocando a mão sobre o peito de Osvaldo.

— Pode estar só desfalecido. Vamos colocá-lo na carroça. Com cuidado, porque pode ter quebrado alguma coisa.

— Isso pode complicar. E se ele estiver morto?

— Se estiver morto, daremos uma sepultura digna. Não temos nada com isso e não precisamos temer. O que devemos é ajudar. Vamos.

Com muito cuidado, eles levantaram Osvaldo e puseram-no na carroça, sobre o material que haviam ido comprar na cidade.

— Pai, não sei, não. Ele está pálido feito cera. Não sei se fizemos bem trazendo-o.

— Era nosso dever. Deus o colocou em nosso caminho para que pudéssemos ajudar. Aprenda isso, Diocleciano.

— Sim, pai.

Chegando ao pequeno sítio onde residiam, pararam em frente à casa simples mas limpa e imediatamente dois cachorros vieram latindo alegremente, seguidos por duas moças e uma senhora. Vendo o corpo dentro da carroça, pararam curiosas.

— O que aconteceu, João? — perguntou a mulher.

— Encontramos este homem caído no mato. Parece mal.

A senhora aproximou-se de Osvaldo e colocou a mão sobre seu peito.

— Não dá sinal de vida — disse Diocleciano. — Acho que está morto.

— Não está, não — respondeu ela. — Mas está mal.

— Eu não podia deixá-lo lá sem socorro.

— Fez bem, João. Traga-o para o quarto de Juvêncio. Ele foi embora mesmo. Vamos ver o que podemos fazer.

As duas moças olhavam curiosas. A mãe disse-lhes:

— Vocês duas, vão pôr água na chaleira para ferver. Vamos tentar acordá-lo. Se não melhorar, podemos chamar o seu Antônio. Vocês dois, carreguem-no com cuidado. Pode ter quebrado alguma coisa.

Os dois pegaram Osvaldo e o levaram até o pequeno quarto que pertencera a um sobrinho de João e que se mudara para a cidade havia poucos dias.

— É melhor colocá-lo na esteira primeiro. Está coberto de poeira.

Rapidamente, a esposa de João apanhou uma bacia e voltou em seguida com água quente e sabão.

— Diocleciano, pode sair enquanto João me ajuda a lavá-lo. Quando for para colocá-lo na cama, eu chamo.

O rapaz obedeceu e foi logo cercado pelas duas irmãs, que queriam saber todos os detalhes. Embora não tivesse muitas coisas para contar, ele fez suspense e fantasiou o mais que pôde. Quando a mãe chamou, ele atendeu e ajudou o pai a colocar Osvaldo na cama.

— E agora, o que faremos? Ele não dá sinal de vida. Parece mesmo morto.

— Morto ele não está. Ponha a mão aqui. O coração está batendo. Vou pôr um saco de água quente nos pés, estão gelados.

Ela providenciou tudo, mas Osvaldo não recobrava os sentidos. Maria apalpou cuidadosamente o corpo dele, dizendo ao marido:

— Parece que não quebrou nada. Não há sinal disso nem nos lugares onde ele bateu, que estão roxos. Veja você.

João apalpou e concordou:

— É. Parece que não quebrou mesmo nada. Mas quem sabe bateu a cabeça, machucou por dentro.

— É, pode ser. Nesse caso é melhor mesmo chamar seu Antônio. Ele é um bom curador.

— Agora já está quase escurecendo. Ele mora muito longe. Amanhã cedinho Diocleciano vai buscá-lo.

— Vou matar uma galinha e fazer um caldo. Seu Antônio vai ficar para o almoço. Ele gosta muito de galinha.

— Mande Aninha fazer um bolo de milho para o café.

Maria concordou e disse:

— Vou fazer um chá de arnica. Quem sabe ele consegue beber um pouco. Também vou fazer umas compressas nos lugares inchados.

— Isso, mulher. Talvez ele acorde antes de amanhã. Vou chamar o Brinquinho para tomar conta dele.

Saiu para o quintal chamando:

— Vem, Brinquinho. Você vai ficar aqui tomando conta dele. Se ele acordar, me avise.

Maria riu enquanto dizia:

— Como um cachorro vai avisar?

— Ele fala comigo sempre. Ele late e eu sei o que ele quer dizer.

Ela abanou a cabeça.

— Você e suas ideias…

— Ele é tão inteligente quanto uma pessoa. Você vai ver.

Enquanto ela na cozinha preparava o chá, João, olhando o rosto arranhado e um pouco inchado de Osvaldo, pensava: "Como aquele moço fora parar ali?

Tinha boas roupas, parecia pessoa da cidade e de trato, o que estaria fazendo por aquelas bandas? Teria sofrido algum acidente? Não havia nenhum indício no local. Talvez houvesse alguns documentos em suas roupas".

Maria trocara-as por uma limpa. Foi procurá-la.

— Maria, onde estão as roupas do homem?

— Na tina para lavar. Por quê?

— Quero ver se há alguma coisa, algum documento. Já procurou?

— Ainda não. Melhor você ver.

João saiu e voltou logo com uma carteira e alguns documentos na mão.

— Olhe aqui. O nome dele é Osvaldo de Oliveira. Nasceu em São Paulo. Aninha leu tudo para mim. Tem dinheiro na carteira.

— Vamos guardar tudo direitinho.

— Está certo. Parece gente de bem.

— Não preciso de documento para ver isso. Olhando nele eu já vi. É gente boa.

— Como terá se metido nessa aventura? O que estará fazendo por aqui?

Maria deu de ombros:

— Saberemos tudo quando ele acordar.

— E se ele não acordar?

— Não diga isso. Se ele não acordar até amanhã, seu Antônio dá jeito.

Capítulo 2

Seu Antônio só chegou ao sítio depois do meio-dia. Diocleciano saíra ao raiar do dia, mas a casa do curador era muito distante. Ao chegar, os cães e toda a família saíram para recebê-lo.

Depois de abraçá-los, Antônio, um mulato forte de grossos lábios sempre entreabertos em generoso sorriso, cabelos já meio embranquecidos, crespos e até o pescoço, entrou na casa. Era muito estimado. Para Maria e João, vivendo distante da cidade, ele sempre fora não só o recurso nas doenças da família mas também o conselheiro nas horas difíceis. Era Deus no céu e seu Antônio na Terra.

Depois dos abraços e das notícias, Maria levou-o a ver Osvaldo. O moço continuava desacordado. Seu rosto pálido parecia morto, e muitas vezes Maria colocara a mão em seu peito para ver se seu coração ainda batia.

Antônio aproximou-se e colocou a mão sobre a testa de Osvaldo, fechando os olhos em oração. Todos os outros fizeram o mesmo, em respeitoso silêncio.

Depois de alguns momentos Antônio abriu os olhos.

— E então? — perguntou João. — O que é que ele tem?

— Tristeza. Não quer mais viver — respondeu Antônio.

— Que horror! — disse Maria. — Tão moço e forte...

Antônio abanou a cabeça, dizendo:

— Há momentos na vida em que tudo parece sem solução.

— Mas e a fé? Deus sempre tem uma saída boa — disse Maria.

— Disse bem. Deus sempre tem uma solução boa. Mas, às vezes, as pessoas não conseguem enxergar isso e se desesperam. Este moço está sofrendo muito. Pensa que, saindo da vida, vai esquecer sua dor. Está enganado. Quanto mais fugir, mais vai encontrá-la. É enfrentando que se consegue vencer. Ele ainda não sabe disso.

— Ele está ferido, bateu a cabeça. Será que não quebrou nada? — perguntou João.

— Ele caiu do trem, machucou o corpo, mas nada que não possa sarar. A ferida da alma é que o está corroendo e impedindo de acordar.

— O que podemos fazer quanto a isso? Como curar as feridas da alma? — indagou Maria.

Antônio balançou a cabeça, pensativo:

— Nós temos a fé. Para nós, tudo fica mais fácil. Ele não tem nada. Vamos orar por ele, pedir a Deus que o faça acordar para a fé. Venham todos.

A família reuniu-se ao redor da cama de Osvaldo e deram-se as mãos. Na cabeceira, Antônio pediu que os dois últimos colocassem as mãos em seus ombros enquanto ele ficava com suas mãos livres. Em seguida, colocou-as sobre o peito de Osvaldo dizendo com suavidade:

— Vamos sentir o amor de Deus em nosso coração, sentir que Deus está movendo nossos sentimentos, e vamos pensar neste moço com carinho. Ele está só, sem a certeza da fé, sem a bênção do conhecimento, perdido na ilusão de que a dor é mais forte do que ele. Isso não é verdade. Você não está sozinho. Nós estamos aqui e oferecemos nossa amizade, nosso carinho, nossa alegria e nossa fé em Deus. Você pode viver! Você pode continuar. Você pode enfrentar essa situação!

Um suspiro escapou do peito de Osvaldo e uma lágrima rolou pelo seu rosto pálido.

Antônio continuou:

— Volte, Osvaldo. Venha enfrentar os problemas da vida. Você pode. Nós estamos aqui para ajudá-lo. Venha. Nós o queremos bem e estamos juntos. Nós o apoiamos.

De repente, um soluço cortou o peito de Osvaldo. Seu corpo foi sacudido por um choro sentido, agoniado, enquanto eles continuavam em preces.

Depois ele abriu os olhos, olhando assustado para aquelas pessoas desconhecidas. Teria morrido? Estaria no céu?

— Você não morreu. Está mais vivo do que nunca. Chore, ponha para fora essa mágoa que o está ator- mentando. Limpe seu coração. Você pode ser feliz. Não desista. Deus o está ajudando. Quando uma porta se fecha, outras se abrem em melhores condições.

Osvaldo foi sacudido pelo pranto, que não teve forças para conter. Quando se acalmou, sentiu-se envergonhado.

— Desculpe — disse. — Não sei o que aconteceu, onde estou. Mas sinto que são meus amigos e estão me ajudando. Obrigado.

— Não se preocupe com isso. Você foi encontrado desmaiado no mato por João e seu filho Diocleciano, e eles o trouxeram para cá. Estava fora de si, mas graças a Deus já voltou.

— Eu queria morrer! — disse ele angustiado.

— Mesmo que tivesse conseguido, sua dor iria com você. Não sabe que a morte não cura as feridas da alma? A vida continua e a alma nunca morre — tornou Antônio calmo.

Osvaldo olhou admirado para ele.

— Terei de carregar esta dor para sempre?

— Não. Poderá enfrentá-la e vencer.

Ele abanou a cabeça, desanimado.

— Como? É mais forte do que eu!

— Não diga isso. Nada é mais forte do que você. Jamais subestime sua força. Ainda não aprendeu a usá-la, mas ela está aí, à espera que se decida.

Osvaldo olhou para Antônio sem compreender.

— Não entendo o que diz. Sinto-me fraco e sem forças.

— Descanse por ora. Está entre amigos que desejam seu bem-estar.

— Antes ele vai tomar um pouco de caldo de galinha — disse Maria. — Não comeu nada. Barriga vazia dá desânimo.

Juntando o gesto à palavra, ela foi à cozinha e voltou em seguida com um prato fumegante e um pedaço de pão, colocando-os sobre o criado-mudo.

— Pode se sentar? — indagou ela.

Ele tentou, mas o corpo doía. Ela o obrigou a ficar apoiado nos cotovelos e colocou dois travesseiros em suas costas, fazendo-o recostar. Em seguida colocou uma toalha sobre o peito dele, apanhou o prato e a colher, chamou a filha e disse:

— Dalva, venha aqui dar a sopa para ele.

Osvaldo esboçou um gesto de protesto:

— Não precisa se incomodar. Mais tarde eu como.

Maria abanou a cabeça:

— Nada disso. Você é da cidade, mas desde já quero dizer que aqui nós não temos nada disso. Você está precisando, e Dalva vai lhe dar de comer. É melhor deixar o orgulho de lado. Eu vou dar comida aos outros.

A moça que se aproximou colocou uma cadeira perto da cama, pegou o prato e a colher, sentou-se e calmamente começou a mexer a sopa para esfriá-la.

Osvaldo sentia-se acanhado. Seus pais moraram em pequena cidade no interior. Quando ele tinha cinco anos, seu pai morreu e sua mãe o mandou para a casa da tia, irmã de seu pai, mulher rica, fina e educada, mas muito ocupada com a própria vida. Acolhera-o, cuidara de sua educação, dos estudos. Era severa, distante, não se permitindo demonstrações de afeto.

Distante da família, Osvaldo a princípio sofreu muito, foi obrigado a engolir seus sentimentos. Mas ainda assim respeitava a tia e agradecia por ela haver se interessado em dar-lhe abrigo e cuidar para que não lhe faltasse nada.

Ela não tinha filhos, e ele nunca soube se foi porque ela não gostava de crianças ou porque não os pudera ter. O marido, homem rico e de boa aparência, era mais amável. Porém, como era muito ocupado com seus negócios, quase não parava em casa.

Ao conhecer Clara, linda, carinhosa, educada, Osvaldo se apaixonou perdidamente. Após o casamento, sentiu-se realizado. Ela o cercava de atenções e carinho. Com o nascimento dos filhos, ele se considerou o homem mais feliz do mundo.

— Abra a boca, seu Osvaldo, vamos!

Arrancado dos seus pensamentos íntimos, ele obedeceu. A sopa estava gostosa. Olhou para a moça sentada em sua frente. Era jovem ainda, talvez uns dezessete ou dezoito anos, rosto corado e queimado de sol, cabelos castanhos presos em uma trança que lhe caía pelas costas com a ponta amarrada por uma fita azul que ele notara quando ela se levantou para abrir as janelas. É que depois de algumas colheradas Osvaldo estava suando.

— Vou abrir só um lado, para o vento não lhe fazer mal — disse ela, sentando-se novamente com o prato na mão.

— Estou com muito calor. Acho que já chega de sopa.

— É porque está de estômago vazio. Vamos mais devagar. Acho que estou indo muito depressa. Quer um pedaço de pão? É feito em casa.

Sem esperar resposta, Dalva apanhou uma fatia e deu-a a ele.

— Experimente — disse sorrindo. — Foi Aninha quem amassou este pão. Quando ela faz isso, ele cresce mais do que comigo ou com a mãe.

Vendo que ela o olhava com olhos brilhantes esperando que experimentasse, Osvaldo levou o pão à boca e comeu um pedaço. Estava delicioso.

— É bom mesmo! Aninha quem é?

— Minha irmã mais nova. Ela tem uma mão de ouro. Tudo que faz fica bom. Vamos tomar mais um pouco de sopa.

Dalva conseguiu que ele engolisse toda a sopa e sorriu com satisfação.

— Agora vou fechar a janela para o senhor dormir. Garanto que quando acordar vai estar novo. O caldo de galinha da mãe levanta defunto!

— Obrigado — disse Osvaldo.

Depois que ela se foi, ele ficou pensando.

Que gente boa! Não o conheciam e, no entanto, o estavam tratando como se fosse da família. Melhor que sua tia, que nunca lhe dava sopa na boca quando ficava doente!

Lembrou-se de Clara e sentiu um aperto no peito. Ela era carinhosa... Tudo fingimento! Como estariam os meninos? Marcos estava com oito anos. Era um homenzinho. Carlinhos estava com cinco. Clara não lhes contaria a verdade. O que pensariam do seu desaparecimento?

De certa forma, arrependeu-se de ter saído sem falar com ninguém. Teria sido justo deixar os filhos em companhia de uma mãe como ela? Teria sido egoísta pensando só em sua dor e esquecido o bem-estar das crianças?

Remexeu-se inquieto. Teria sido por isso que Deus lhe conservara a vida?

Antônio entrou no quarto e sentou-se na cadeira ao lado da cama.

— Como se sente?

— Melhor, obrigado.

— Vou fazer um remédio e você vai tomar direitinho. É para ajudar a curar as feridas do coração.

Osvaldo suspirou:

— Essas não têm cura.

Antônio sorriu:

— Tem, sim, você vai ver. Não duvide do poder de Deus. Ele lhe poupou a vida porque você precisa cumprir seu destino no mundo.

Osvaldo admirou-se:

— Como sabe que eu estava pensando nisso?

— Eu sei.

— O que é que você sabe?

— Primeiro, que você não estava no seu juízo quando resolveu se atirar daquele trem. Por isso ele o ajudou. Mas agora você tem de fazer sua parte. Tocar a vida para frente e não pensar mais em bobagens.

— Sei o que quer dizer. Acho que não vou fazer novamente. Tenho dois filhos. Fui egoísta pensando só em mim. Eu os abandonei. Agora sinto que não posso fazer isso.

— Sua cabeça ainda está confusa. Você não deve decidir nada enquanto não estiver bem.

— Nunca mais vou ficar bem como antes. Assim que melhorar, vou voltar e buscar meus filhos.

— Agora não é hora de pensar nos outros. Você precisa recuperar sua saúde, esfriar a cabeça. Qualquer decisão que tomar agora lhe trará arrependimento.

O rosto de Osvaldo contraiu-se dolorosamente.

— Minha mulher não é digna de ficar com eles.

— Não pense nisso agora. A raiva, a mágoa torcem os fatos. Vou preparar o remédio e já volto.

Saiu e retornou pouco depois com um copo em que havia dois dedos de um líquido esverdeado, que estendeu para Osvaldo.

— Beba — disse.

Osvaldo obedeceu. Era amargo e forte, e ele sentiu queimar sua garganta à medida que o engolia.

— Agora deite-se — continuou Antônio, tirando os travesseiros de suas costas, deixando apenas um.

Osvaldo obedeceu. Antônio segurou sua mão, dizendo:

— Vamos rezar. Nós não temos poder algum sem Deus. Ele é quem comanda tudo no universo. É preciso entender isso e chamá-lo toda vez que formos fazer alguma coisa, não só na hora da dor, como agora. Depois que receber ajuda, quero que se lembre disso e seja agradecido. A vida é cheia de graças e de coisas boas. O sol, a chuva, a saúde, o corpo, os alimentos, os amigos, a família, tudo é Deus quem dá. Ele sabe do que nós precisamos. Junta as pessoas conforme é preciso para nossa felicidade.

Osvaldo pensou em Clara e agitou-se. Antônio continuou:

— Deus não erra. Por mais que as coisas sejam ruins, que não possamos entender o que ele quer, tudo está certo, do jeito certo.

Osvaldo não se conteve:

— Como posso achar certo minha mulher me trair? Como posso achar bom um casamento com uma pessoa falsa e maldosa?

— Ela apareceu em sua vida por uma necessidade sua. Se não tivesse de passar por essa experiência, teria se casado com outra ou sua mulher não teria feito isso. A vida nunca erra.

— Não posso entender o que está dizendo. Não concordo.

— Não faz mal. Agora você precisa descansar. Outro dia conversaremos sobre isso.

— Peça a Deus que me faça esquecer. É o que eu mais quero.

— Enquanto guardar a mágoa dentro de você, não conseguirá esquecer. Vamos pedir a Deus que o ajude a perdoar. É o mais certo.

— Perdoar? Acha que posso?

— Acho que pode e deve. É a única forma de se libertar do peso que está carregando.

— Nesse caso será difícil. Não consigo.

— Feche os olhos. Pense em seus filhos, no bem que lhes deseja, no amor que sente por eles.

O rosto de Osvaldo descontraiu-se. Seus traços se suavizaram e Antônio murmurou sentida prece pedindo a Deus que abençoasse Osvaldo, a família, os moradores daquele lar. Quando terminou, Osvaldo estava dormindo. Antônio soltou a mão dele que detinha entre as suas, levantou-se e saiu sem fazer ruído.

— E então, como está ele? — perguntou João.

— Dormindo. Deverá tomar o remédio três vezes por dia. Se ficar muito triste ou inquieto, pode dar mais vezes. Agora tenho de ir.

— Diocleciano leva você de volta — disse João.

— Embrulhei umas broas e um pão para você levar — disse Maria. — A cesta já está na carroça.

— Obrigado. Não precisava se incomodar.

— Qual o quê, isso não é nada.

— No domingo eu volto para vê-lo — disse Antônio, abraçando todos em despedida.

— Diocleciano vai buscar você para almoçar. Vou fazer uma sobremesa especial.

— Dona Maria está me deixando mole com tanto dengo. Cuidado, que posso me acostumar!

Eles riram satisfeitos, abanando a mão em despedida quando a carroça virou em uma curva da estrada. João abraçou Maria e juntos voltaram para dentro de casa.

Nos dias que se seguiram, Osvaldo foi melhorando. As dores do corpo passaram, mas as marcas roxas e o machucado do braço que raspara nas pedras ao rolar pela ribanceira ainda estavam visíveis. Apesar disso, dois dias depois ele não quis mais ficar na cama.

— Acho que devia descansar mais um pouco — disse Maria, vendo-o aparecer na cozinha.

— Estou bem. Não aguento mais ficar lá, pensando na vida, enquanto todos aqui trabalham o dia inteiro. Vocês têm sido tão bons para mim, tratando-me como se eu fosse da família. Gostaria de retribuir de alguma forma, fazendo alguma coisa.

Ela parou de mexer a comida na panela que fumegava no fogo, colocou a tampa, voltou-se para ele e respondeu:

— Não precisa fazer nada.

— Saiba que sou muito grato a todos pelo carinho. A senhora tem uma família maravilhosa.

Ela sorriu.

— Eu sei. Todos os dias dou graças a Deus por isso. Quer uma xícara de café?

— Aceito.

Ela colocou o café na caneca, adoçou-o e a entregou a ele.

— Estou lhe dando trabalho.

— Vivemos longe da cidade. Temos muitos amigos, mas recebemos poucas visitas. É que moram longe e vivem ocupados com a plantação. Às vezes aos domingos alguns aparecem, e para nós é uma festa. Apesar do que lhe aconteceu, sua presença aqui é bem-vinda.

— Bondade sua. Mas no momento não sou boa companhia para ninguém.

— Que nada! Minha finada mãe dizia que tudo passa neste mundo. Eu acredito. Sua tristeza vai passar e a vida ainda lhe trará muitas alegrias.

Embora não concordando, Osvaldo sorriu e não a contradisse. Para quê? Não queria entristecê-la com seus problemas.

— Em todo caso, sinto que preciso fazer alguma coisa. Ocupar-me. Trabalhar. Ficar naquela cama pensando não está me ajudando muito.

— Bom, quanto a isso tem razão. O trabalho é um santo remédio. Mas acho que o senhor ainda está muito machucado. Melhor esperar um pouco mais.

João ia entrando, e Maria, vendo-o, continuou:

— Ele quer trabalhar, João. Acho que é cedo.

— Preciso fazer alguma coisa, me ocupar.

— Maria tem razão. O senhor é moço da cidade. Não está acostumado ao trabalho da roça. Aqui é só o que temos para oferecer.

— Gostaria que não me chamassem de senhor. Vocês são meus amigos. Sinto que preciso me movimentar. Nunca trabalhei na roça, mas posso aprender. Não tenho medo de serviço. Quero fazer alguma coisa. Deitado naquela cama, as lembranças não me deixam descansar. Trabalhar vai ser bom.

— Está certo. Só que ainda é cedo para começar. Mas pode ir comigo depois do almoço para a plantação e ver como é. Está uma beleza. O algodão está começando a abrir e logo começaremos a colheita. Até lá, penso que estará bem para nos ajudar. Vamos falar com seu Antônio no domingo e saber o que ele acha.

— Vocês confiam muito nele.

Foi Maria quem respondeu:

— É um santo homem. Tem nos ajudado muito. Possui grande sabedoria. Muita gente daqui e da cidade o procura para pedir conselhos. Onde ele coloca a mão, tudo melhora.

— Ele fez você voltar à vida. Parecia morto. Eu estava achando que ia morrer mesmo. Foi só ele rezar, pôr as mãos em sua cabeça, e pronto: você acordou. Esteve dormindo por dois dias! — ajuntou João.

— Foi um gesto tresloucado. Na hora nem pensei em meus filhos.

— Felizmente já passou — disse Maria.

— É. Passou.

— Agora é melhorar. O tempo é santo remédio — tornou Maria.

— Preciso pensar no que fazer da minha vida. Recuperar meus filhos, tirá-los da mãe, que não tem condições morais para cuidar deles.

— Tem tempo para pensar no que fazer. Antes precisa se cuidar, ficar bem. Não dá para resolver nada com a cabeça quente. Foi o que seu Antônio aconselhou — concluiu João.

— É. As ideias todas se misturam na minha cabeça. Há horas que penso uma coisa, depois outra. Não sei o que fazer.

— Não precisa fazer nada agora — retrucou Maria. — Espere a poeira assentar.

— Tentarei, dona Maria.

— Se me tratar de dona, eu o trato de senhor.

Osvaldo sorriu.

— Está certo. Vamos deixar as cerimônias de lado. Mas vocês já fizeram muito por mim. Preciso procurar um lugar para ficar. Estou aqui há quase uma semana.

— Alguém está lhe mandando embora? — perguntou João.

— Não, mas...

— Você vai ficar aqui quanto quiser. O quarto de Juvêncio está vazio — disse Maria.

— Isso mesmo — reforçou João. — Pode ficar quanto quiser. A casa é sua.

— Obrigado.

Osvaldo sentia-se acanhado. Não queria abusar, mas o olhar alegre dos novos amigos, no qual percebia sinceridade e carinho, deixava-o à vontade para ficar um pouco mais.

— Eu gostaria muito de ficar algum tempo por aqui. Mas estou sem roupas. Achei que não iria precisar mais delas. Há alguma loja por aqui onde eu possa comprar alguma?

— De vez em quando seu Jorge aparece vendendo. Mas não sei quando ele vem — informou João.

— Seu Jorge pode demorar. É melhor ir até Varginha. Diocleciano leva. Lá você vai encontrar o que comprar — sugeriu Maria.

— É longe?

— Não. Pouco mais de uma hora — esclareceu João.

— Se me ensinarem, posso ir sozinho. Diocleciano trabalha e não pode perder dia de serviço.

Maria sorriu:

— Você vai se perder e dá mais trabalho para ir procurar. Depois, Diocleciano vive procurando jeito de ir à cidade. Não sei o que há lá que ele sempre quer ir. Vai ficar feliz da vida em poder levá-lo.

Osvaldo esboçou um sorriso.

— Se é assim, aceito. Quando poderemos ir?

— Amanhã mesmo.

Osvaldo concordou. Depois do almoço, quis ir com João conhecer a plantação. Arregaçou as calças e colocou na cabeça o chapéu de palha que Maria lhe emprestou, provocando hilaridade entre as meninas e brincadeiras de Diocleciano:

— Vai andar na roça com esses sapatos?

— O que é que têm meus sapatos? São de muito boa qualidade.

— Eu sei — retrucou o rapaz sorrindo —, mas são para andar na cidade. E se pisar em alguma cobra?

— Cobra? — assustou-se Osvaldo.

— Não ligue para ele — interveio Maria. — As cobras têm mais medo da gente do que a gente delas.

— Lá existem cobras, e vocês vão assim, sem nada? — admirou-se Osvaldo.

— Existem algumas perto do rio ou dentro da mata fechada. Na roça elas não aparecem. Mas, se aparecerem, sei lidar com elas — garantiu João. — Ainda quer conhecer a plantação?

— Claro. Se vocês não têm medo, eu também não.

— Assim é que se fala. Se vai à cidade, é bom comprar um par de botas — concluiu João.

Vendo-os sair, Dalva aproximou-se da mãe, dizendo:

— Será que ele não vai ficar com medo? Gente da cidade é tão cheia de dengo!

Maria sacudiu a cabeça.

— Mas ele não parece ser assim. Diocleciano não precisava pôr medo nele.

— Só quero ver quando voltarem — disse Aninha.

— É bom que ele esteja com vontade de trabalhar — tornou Maria. — É sinal de que está querendo continuar a viver.

— Por que ele quis se matar? — perguntou Dalva.

— Por causa da mulher. Ele a encontrou com outro homem.

— Ele devia amá-la muito! — considerou Aninha, suspirando.

— Pois eu acho que ela não merecia que ele se suicidasse. Deve ser uma mulher leviana. Ainda mais tendo filhos! — argumentou Dalva.

— Não faça mau juízo de quem não conhece. Não sabemos como as coisas aconteceram. Depois, não temos nada com isso e não devemos ficar falando mal da vida alheia.

— É que ele parece estar sofrendo tanto! Será que ela não pensou na dor que iria causar?

— Essas coisas são complicadas e não somos nós que devemos julgar. O melhor será rezarmos por todos dessa família. Deus faz tudo certo. Ele pode tudo. Vai dar jeito e não adianta ficarmos tentando explicar o que não temos como compreender.

— Eu não vou rezar para ela, não.

— Por quê, Dalva? Não se esqueça de que são os que mais erram que precisam de orações. Pode haver mais infelicidade do que errar, arrepender-se e não poder voltar atrás?

— Será que ela se arrependeu? — indagou Aninha pensativa.

— É possível. Pode ser que nesta hora ela esteja chorando arrependida, sem poder refazer o que perdeu. Há pessoas que só valorizam a família quando a perdem. Ela pode ser uma delas. Nesta hora pode estar sofrendo tanto quanto ele.

— É verdade, mãe. Não havia pensado nisso. Estava até com raiva dela — disse Dalva.

— Espero que tenha passado e que você reze por ela. Pode ter certeza de que ela deve estar precisando.

— Vou rezar.

— Agora trate de recolher a roupa do varal. Está seca.

— Vamos, Aninha — convidou Dalva.

Olhando as duas que abraçadas se dirigiam ao quintal, Maria sorriu com satisfação. Elas eram dóceis e obedeciam de boa vontade.

Foi para a cozinha bater um bolo de fubá, que era o preferido de João. Enquanto separava os ingredientes, lembrou-se de uma canção antiga e começou a cantar. Sentia-se feliz.

Capítulo 3

Clara levantou-se inquieta. Mal pregara olho a noite toda. Tinha vontade de desaparecer, sumir, para não ter de tolerar os desaforos da família de Osvaldo, inconformada com o que acontecera. Eles lhe telefonavam ameaçando denunciá-la à polícia caso Osvaldo fizesse uma besteira. Se ao menos ela tivesse ideia de onde ele havia se metido!

A atitude dele era de esperar. Nunca fora capaz de enfrentar nenhuma dificuldade. Quando um problema aparecia, tratava logo de fugir, deixar para depois. O pior era que sempre colocava a culpa nos outros. Nunca reconhecia as besteiras que fazia.

Claro que encontrá-la aos beijos com Válter fora um choque. Por que se deixara envolver pela tentação? Sentira-se atraída por ele desde que o vira pela primeira vez na casa de seu cunhado Antônio.

Além de bonito, inteligente, alegre, Válter possuía um magnetismo forte, que fazia com que o coração dela disparasse quando ele a fixava. Clara lutou contra aquela atração. Nunca havia traído o marido naqueles dez anos de casamento.

Reconhecia que Osvaldo, apesar de não ser o homem de seus sonhos, era dedicado à família, trabalhador e a amava muito.

Válter era o chefe de Antônio e o ajudara muito a fixar-se na empresa e a melhorar seus vencimentos. Tornaram-se amigos e, como ambos eram solteiros, passaram a sair juntos, um frequentando a família do outro. Por isso, sempre que Clara ia à casa da sogra aos domingos ou em qualquer reunião da família, encontrava Válter.

Com o tempo, conhecendo-o melhor, passou a admirar seu jeito de ser. Estava sempre alegre, tudo para ele era fácil. Vivia de bem com a vida, tinha ideias próprias, não se deixando levar por ninguém.

Antônio vivia contando como Válter enfrentava os desafios na empresa com coragem, determinação, e acabava levando a melhor.

Esse era o tipo de homem com o qual Clara sonhara ter casado. Não podia evitar compará-lo a Osvaldo, que perdia cada dia mais. Nunca ele lhe parecera tão inexpressivo, sempre evitando problemas, contornando situações, com medo de enfrentá-las.

"Válter não faria isso!", pensava ela.

Um dia aconteceu o inevitável. Num momento em que ficaram a sós na casa de sua sogra, ele a tomou nos braços, beijando-a rapidamente nos lábios. O coração de Clara disparou, suas pernas tremeram e ela perdeu o fôlego.

Mas o ruído de Dona Neusa voltando à sala separou-os imediatamente sem que trocassem nenhuma palavra.

A partir daquele dia, Válter começou a telefonar para sua casa dizendo-se apaixonado. Queria marcar um encontro em algum lugar, mas Clara, apesar de viver desejando isso, recusava-se. Tinha medo do sentimento forte que começava a tomar conta de seus pensamentos, não a deixando em paz.

Finalmente concordou. Uma tarde, enquanto as crianças estavam na escola, ela saiu discretamente, tomou um táxi e foi ao encontro de Válter em um apartamento na periferia.

Quando ele abriu a porta, ela sentiu vontade de recuar. Ele, porém, puxou-a pelo braço, fechou a porta e abraçou-a com força, beijando-lhe repetidamente os lábios.

Clara deixou-se dominar pela emoção. Entregou-se às carícias dele com paixão, descobrindo emoções que nunca se julgara capaz. Foi um encontro inebriante.

De repente ela olhou para o relógio, dizendo assustada:

— Tenho de ir. Preciso pegar as crianças na escola.

— Quero ver você amanhã.

— Não sei. Tudo isso é uma loucura. Temos de parar. Sou casada, tenho filhos, não posso continuar com isso.

Válter abraçou-a com força, beijando-a longamente nos lábios.

— Fomos feitos um para o outro, Clara. Não podemos negar isso.

— Você apareceu em minha vida um pouco tarde.

— Nunca é tarde para o amor.

— Não posso fazer isso com Osvaldo. Ele não merece.

— Sei que não. Mas eu a amo e você me ama. Nós não merecemos sofrer. Amanhã à tarde quero tê-la em meus braços de novo.

— Não sei. Você tem de trabalhar.

— Eu posso sair sem problemas. Você também pode.

— Agora tenho de ir. Não posso esperar nem mais um minuto.

Ela saiu, conseguiu um táxi e pelo caminho tentou acalmar suas emoções em conflito. Não podia continuar com aquilo. Não iria encontrá-lo no dia seguinte, nem nos outros dias.

Contudo, no dia seguinte, conforme o tempo passava e a hora que ele marcara se aproximava, a decisão de Clara de não ir ao encontro ia enfraquecendo.

Quando deu por si, estava dentro do táxi, arrumada, cheirosa e com o coração batendo de ansiedade para o novo encontro.

Durante uma semana eles se viram todas as tardes. Depois, Clara conseguiu dominar-se. Ele precisava trabalhar e ela não queria prejudicá-lo. Acabaram combinando encontrar-se duas vezes por semana naquele local.

Entretanto, continuavam se encontrando nas reuniões de família e Clara fazia enorme esforço para não demonstrar o que sentia. A cada dia sentia-se mais apaixonada e Válter correspondia.

Um dia aconteceu o inevitável. De repente, Osvaldo percebeu uma troca de olhares, um gesto de intimidade. Desconfiou. Sentiu o sangue gelar nas veias à simples hipótese da traição. A cada dia sentia aumentarem suas desconfianças.

Resolveu investigar. Contratou um detetive e logo descobriu aonde Clara ia duas vezes por semana e com quem se encontrava. Preparou o flagrante e naquela tarde, quando ela tomou o táxi, seguiu-a.

Ficou lá, em frente à porta do apartamento, esperando que ela saísse. Quando a porta se abriu, ele pôde ver Válter abraçando e beijando Clara com paixão. Não se conteve. Atirou-se sobre eles gritando:

— Traidores! Vou acabar com vocês!

Os dois, paralisados pela surpresa, separaram-se imediatamente. Osvaldo agarrou Clara pelos braços, sacudindo-a vigorosamente:

— Por que você fez isso? Por quê? Vou matar vocês dois! Nunca pensei que pudessem ser tão vis.

Válter tentou colocar-se entre os dois enquanto o detetive mais seu ajudante que fotografara a cena intervinham, conseguindo separá-los.

— Que é isso, seu Osvaldo? — disse o detetive.

— O senhor prometeu não usar violência. Temos a lei do nosso lado. Não vou permitir que agrida ninguém. Acalme-se. Somos civilizados. Vamos conversar e ajustar tudo dentro da lei.

Osvaldo, pálido, conteve-se a custo. A dor era tanta que ele ficou sem saber o que dizer. Clara chorava assustada, pedindo que não a matasse.

Mesmo agora, quase um mês depois, ela não conseguia esquecer o terror daquele momento. A partir daí sua vida tornou-se um pesadelo. Sua sogra viera pedir-lhe contas e ameaçara tirar seus filhos.

— Você não é digna de tomar conta deles. Qualquer juiz me dará ganho de causa. Não pense que vai receber algum bem de Osvaldo com a separação. Ele tem provas da sua infidelidade. Vai sair do casamento sem nada. Terá de trabalhar para comer. Assim não terá tempo de fazer o que não deve. Quero ver se aquele sem-vergonha do Válter, que vivia comendo em nossa casa, vai lhe dar dinheiro e fazer por você o que Osvaldo fazia. Por sua causa, Antônio deixou o emprego. Não quis trabalhar mais com aquele conquistador barato.

A custo Clara conseguira colocá-la para fora de sua casa. Ela saíra falando alto, interessada em que todos os vizinhos a ouvissem:

— Estou saindo mesmo! Nunca mais porei os pés aqui enquanto você estiver. A casa é de meu filho. Faça o favor de desocupar e ir se prostituir em outro lugar. Deus é justo. Você vai pagar todo o mal que está nos fazendo.

Clara fechou a porta e tapou os ouvidos com as mãos. Como pôde suportar aquela mulher durante tantos anos? Antipática, dona da verdade, manipuladora, queria que tudo na família girasse ao redor dela. Pelo menos, agora não precisava mais suportá-la.

Na noite em que fora surpreendida, Clara ficou com medo de Osvaldo. Ele bem que poderia ter ido arranjar uma arma e voltar para matá-la. Ouviu suas ameaças. Ele ficou muito revoltado e naquele estado poderia fazer qualquer loucura.

Mas ele não voltou naquela noite, nem na seguinte. Ela não saíra mais de casa nem deixara as crianças irem à escola. À noite, fechava-se no quarto com elas, com medo de Osvaldo.

Válter telefonara pedindo-lhe que se acalmasse, dizendo que Osvaldo não iria fazer nada contra eles. Quando os ânimos se acalmassem, ele iria ter com ela para conversar.

No estado em que as coisas estavam, Clara pediu--lhe que não a procurasse, para não piorar a situação.

Foi na terceira noite que escutou o barulho da chave na fechadura. Osvaldo estava voltando para casa. Assustada, chamou as crianças e fechou-se no quarto.

Osvaldo entrou, subiu as escadas e bateu na porta do quarto.

— Vá embora, Osvaldo. Não vou abrir — disse ela trêmula.

As crianças, assustadas, começaram a chorar. Osvaldo respondeu:

— Não precisa ter medo. Não vou fazer nada. Quero só apanhar minhas coisas.

— Eu quero o papai! — choramingou Carlinhos.

— Abra para ele, mãe — pediu Marcos.

— Não quero me encontrar com ele. Vou me fechar no banheiro e vocês abrem a porta — decidiu ela.

Depois que ela se fechou, Marcos abriu a porta. Os dois meninos atiraram-se nos braços do pai, que os abraçou comovido:

— Estou com medo, pai! — disse Marcos.

— Acalme-se, meu filho. Não vou brigar com sua mãe. Só vim pegar algumas coisas.

— Você vai embora? — perguntou Marcos.

— Não quero que o papai vá embora — tornou Carlinhos, chorando.

Osvaldo, sentindo um nó na garganta, colocou os dois meninos sentados na cama à sua frente e olhando-os com firmeza disse:

— Aconteceram algumas coisas que me forçam a ir embora de casa. Quero que sejam sempre bons meninos e obedeçam à sua mãe.

— Para onde você vai? — indagou Marcos.

— Ainda não sei.

— Fique, papai — pediu Carlinhos. — Não vá embora.

— Preciso ir, meu filho. Será por algum tempo.

— Você volta logo? — perguntou Marcos.

— Não sei ainda. Mas onde eu estiver sentirei muita saudade de vocês. Eu os amo muito. Nunca se esqueçam disso.

Sentindo as lágrimas descerem pelas faces, Osvaldo disfarçou e abriu o guarda-roupa à procura de uma mala. Depois colocou alguns pertences dentro enquanto as crianças olhavam tristes para ele.

— Agora preciso ir.

Abraçou-os e beijou-os com amor enquanto eles choravam. Ele lutava para conter a emoção. Depois, com medo de se arrepender, ele os largou e saiu quase correndo, carregando a pequena mala.

Ouvindo o barulho da porta de entrada, Clara entreabriu a porta do banheiro perguntando:

— Ele já foi?

— Foi. Mãe, por que ele teve de ir embora?

— Porque é melhor assim.

— Não é, não — respondeu Carlinhos. — Ele estava chorando!

Clara abraçou-os sem saber o que dizer. Ela também se sentia emocionada. Por que não resistira àquela tentação? Por que se entregara àquele amor e destruíra a felicidade de toda a sua família?

Ela era a única culpada de tudo. Como poderia viver dali para a frente carregando o peso da sua culpa? Quando seus filhos crescessem e pudessem compreender, continuariam amando-a do mesmo jeito?

Tinha certeza de que tanto a família de Osvaldo quanto os vizinhos e conhecidos se apressariam a contar a seus filhos toda aquela história, a seu modo. Naquela hora, Clara arrependeu-se muito de haver fraquejado. Mas o que fazer? Era tarde para recuar. Tinha de seguir adiante, enfrentar o que viesse pela frente com coragem e dignidade.

De uma coisa tinha certeza: não permitiria que ninguém lhe tirasse os filhos. Lutaria com unhas e dentes para tê-los do seu lado, educá-los. Acontecesse o que acontecesse, não abriria mão desse direito.

Durante mais dois dias ela esperou que Osvaldo aparecesse ou desse notícias. Mas ele desapareceu. Tanto Antônio como Dona Neusa telefonaram várias vezes para saber de Osvaldo, não querendo falar com ela, só com Marcos, ligando várias vezes por dia, sempre pedindo que se comunicassem com eles caso Osvaldo desse notícias.

Por eles, Clara ficou sabendo que Osvaldo desaparecera. Eles haviam solicitado a ajuda da polícia, procuraram nos hospitais, em todos os lugares possíveis, receosos de que ele tivesse tentado contra a vida. Não conseguiram nenhuma informação.

Depois que ele foi embora, Clara ainda ficou sem sair de casa mais alguns dias. Os mantimentos foram acabando. Ela tinha algum dinheiro no banco que, se bem administrado, poderia pagar as despesas durante dois ou três meses. Ela teria de trabalhar. Mas onde?

Quando solteira havia sido balconista de uma loja de departamentos no centro da cidade. Gostava do seu trabalho, principalmente por se sentir útil, ter o próprio dinheiro. Mas Osvaldo não lhe permitiu continuar depois do casamento.

— Eu ganho bem e posso manter a família. Você não vai precisar trabalhar.

Ela tentou convencê-lo, mas ele foi categórico:

— Mulher minha não trabalha fora. Na minha família, todas as mulheres só trabalham em casa.

Agora, Clara arrependia-se de haver concordado. Se pelo menos tivesse estudado, se tivesse se formado em alguma coisa. Mas não fez nada. Durante todos aqueles anos limitou-se a cuidar dos filhos, da casa, do marido e viver do dinheiro que ele lhe dava.

O que seria deles agora? Ela poderia se arranjar, mas os filhos precisavam de conforto e assistência. Osvaldo era muito amoroso com as crianças. Por certo não se negaria a sustentá-los. Contudo, ele havia desaparecido e ninguém sabia onde estava.

E se ele tivesse morrido? E se nunca mais voltasse? Ela teria de suprir todas as necessidades dos filhos sozinha. A família do marido vivia bem, tinha conforto e nada faltava, embora não fossem ricos, mas ela nunca lhes pediria nada. Sabia que a sogra faria tudo para tirar-lhe os filhos, e isso ela nunca iria permitir.

Levou as crianças para a escola. Eles haviam faltado dez dias. Para Carlinhos, que estava no jardim de infância, isso não tinha nenhuma importância, mas Marcos já estava no segundo ano e poderia ser reprovado.

Tentou justificar as faltas alegando problemas de saúde, mas pelo olhar da diretora notou logo que ela sabia o verdadeiro motivo. Clara fez-se de desentendida, prometendo que Marcos não teria mais nenhuma falta e que ela o ajudaria a recuperar o tempo perdido.

Comprou o jornal disposta a encontrar trabalho. Não sabia bem o que procurar. Verificou logo que não seria fácil. Não tinha formação profissional e as empresas exigiam dois anos de experiência. Além disso, o salário de uma balconista era tão baixo que não daria para sustentar a família.

Ligou para Válter e depois dos cumprimentos disse:

— Quero conversar com você. Estou aflita.

— Alguma notícia de Osvaldo?

— Até agora nada. Isso também está me preocupando. A família dele continua me atormentando, ligando para cá, conversando com as crianças.

— Aguente mais um pouco. As coisas para mim aqui na empresa também estão ruins. Antônio fez uma onda danada. Procurou o diretor, contou a história a seu modo, pediu demissão e eu fui chamado, repreendido, ameaçado de perder o emprego. Não posso perder esse emprego de jeito nenhum. Custou-me muito chegar aonde eu cheguei.

— Só quero conversar, pedir um conselho.

— É melhor não ligar aqui para o escritório.

— Vou ligar para sua casa.

— Nem pense nisso. A família toda está em pé de guerra. Não se conformam com o que fizemos.

— Devem estar com raiva de mim...

— Estão. Sabe como é, nesses casos a mulher sempre leva a culpa maior.

— Então você me liga e vamos nos encontrar em algum lugar para conversar. Tenho de arranjar emprego e não sei como fazer isso. Gostaria que me orientasse. Faz tanto tempo que deixei de trabalhar fora...

— Está precisando de dinheiro?

— Por enquanto não. Mas o que tenho não vai durar muito. Se Osvaldo não aparecer, não der pensão para as crianças, o que farei?

— Calma. Se isso acontecer, verei o que posso fazer.

— Você vai me procurar logo?

— Assim que puder. Acalme-se. Temos de deixar a poeira assentar. Espero que compreenda. Não ligue para cá nem para minha casa. Assim que eu perceber que eles se acalmaram, irei procurá-la.

Clara desligou o telefone sentindo o coração apertado. Por que se deixou levar pela paixão? Por que não pensou melhor antes de entregar-se àquele amor proibido? Por que não soube valorizar o amor sincero de Osvaldo?

Angustiada, ela não encontrava resposta para essas perguntas. As lágrimas desceram pelas faces sem que ela fizesse algo para as impedir. Se pudesse voltar atrás, lutaria com todas as forças para vencer aquela paixão. Mas era tarde, muito tarde. Agora só lhe restava seguir adiante, sofrendo as consequências de suas atitudes, pagando o preço de suas fraquezas.

Mas, se era justo que ela sofresse, não suportava ver o sofrimento dos filhos. Eles amavam o pai e sofriam com a separação. Por que não pensou nisso antes? Quanto mais refletia sobre isso, mais se recriminava, mais aguda se tornava sua sensação de culpa.

Onde procurar consolo? Lembrou-se da igreja. Sua mãe era católica e sempre a levava à missa. Consultou o relógio e notou que ainda tinha uma hora para pegar as crianças na escola. Resolveu procurar um padre para confessar. Ele lhe daria a penitência e a perdoaria, assim essa sensação de culpa iria embora.

A pequena igreja perto da escola estava vazia àquela hora da tarde. Ela procurou o padre e pediu para ser ouvida em confissão. Ele concordou e Clara ajoelhou-se no confessionário à espera de que ele a atendesse.

Cheia de remorso, rezava pedindo a ajuda de Deus e o perdão para seu erro. Queria libertar-se daquele pecado.

O padre abriu a janelinha do confessionário e Clara começou a falar. Contou sua história, no fim da qual ele considerou:

— Filha, você pecou contra Deus. Seu pecado é muito grave. Não posso dar-lhe a absolvição por enquanto.

— Eu estou arrependida, pedindo perdão. Quero comungar, limpar meu coração.

— O adultério é pecado mortal. Você tem de avaliar melhor seu erro. Não posso permitir sua comunhão. Vou dar-lhe como penitência todos os dias rezar um terço e pedir perdão a Deus, repetindo no final: "Minha culpa, minha culpa, minha máxima culpa". Depois de um ano, volte aqui para avaliar como você está.

Fazendo o sinal da cruz abençoando-a, o padre fechou a janelinha do confessionário e Clara ficou ainda alguns instantes parada, sem saber o que fazer. Depois se levantou e saiu da igreja, cabeça baixa, curvada ao peso de sua culpa.

"Nem Deus quer me perdoar", pensou ela, desesperada.

Se não fosse pelos filhos, teria dado cabo da vida ali mesmo. Seria fácil: os carros passavam em velocidade, e num instante tudo estaria resolvido.

Mas os rostos de Carlinhos e de Marcos vieram-lhe à mente. Ela não podia pensar só em si. Eles precisavam dela, agora mais do que nunca. Mal ou bem, triste ou arrasada, ela teria de cuidar deles.

Foi andando até a escola e teve de esperar algum tempo até que as crianças saíssem.

Sentia que as outras mães a olhavam de forma diferente. Saberiam o que ela havia feito? Encolheu-se em um canto tentando passar despercebida, fingindo não ver as outras mães, algumas que costumavam cumprimentá-la sempre que ia até a escola. Sentia vergonha.

Assim que os dois saíram, ela os apanhou e em silêncio voltaram para casa.

— Como foi na escola?

— Bem — respondeu Marcos. — Meus amigos queriam saber por que eu faltei

— O que você disse?

— Contei que estava doente. Não foi isso que você falou para dona Laurinda?

Clara concordou. Sempre ensinara os filhos que era melhor dizer a verdade, mas como exigir isso depois de haver mentido na frente deles?

Suspirou agoniada.

Uma vez em casa, enquanto eles tomavam banho, ela providenciou o jantar. A campainha tocou e a fez estremecer. Seria Osvaldo?

Foi até a porta e espiou pelo visor. Era Rita, e ela abriu imediatamente:

— Entre, Rita.

— Como vai, dona Clara? Está melhor?

— Mais ou menos.

— Bom, eu vim várias vezes, mas ninguém atendeu à porta. Fiquei acanhada de aparecer. Sabe como é: o povo fala tantas coisas que a gente fica encabulada.

— Eu e Osvaldo nos separamos. Ele foi embora e não sei onde está.

— Entendo. Não quero ser intrometida, dona Clara, mas gosto muito da senhora. Faz mais de quatro anos que trabalho aqui e aprendi a gostar das crianças, tudo. Estou sentindo muita falta de Carlinhos. Vim saber se a senhora ainda me quer para trabalhar aqui.

— Querer eu quero, Rita. Você tem sido muito amiga, e as crianças a adoram. Só não sei se poderei pagar. Estou procurando emprego e ainda não sei como me arranjar.

— A casa é da senhora. Vai continuar morando aqui?

— Vou. Não temos outro lugar para ir.

— Nesse caso, a despesa não é muito grande. Depois, os meninos precisam de alguém para tomar conta quando a senhora for trabalhar.

— É verdade.

— Até agora eu morava com minha irmã e só trabalhava durante o dia. Mas ela vai embora para o interior com o marido e eu fiquei sem ter onde morar. Não posso pagar o aluguel da casa sozinha. Por isso, se permitir que eu venha morar aqui, faremos um trato que não fique pesado para ninguém. Se a situação da senhora melhorar, a minha também melhora. Está bem assim?

Clara abraçou-a comovida. Na situação em que se encontrava, a companhia de Rita era-lhe uma bênção. Alegre, bem-disposta, positiva, amorosa e cumpridora dos seus deveres, só tinha uma paixão: a dança. Todos os sábados ela saía para dançar e só voltava quando estava amanhecendo.

— Vai ser maravilhoso ter você aqui conosco. Puxa, cheguei em casa tão arrasada, pensando até em besteira, mas você me trouxe um alento.

— Tudo passa, dona Clara. A senhora ainda tem seu maior tesouro, que são os meninos.

Carlinhos entrou na cozinha abraçando as pernas de Rita, dizendo alegre:

— Rita! Você voltou! Não vai mais embora, vai?

Ela o pegou no colo, beijando-lhe a face rosada.

— Claro que não. Vou buscar minha mala e amanhã eu volto para morar aqui.

— Oba! É verdade isso? — perguntou Marcos, que acabava de entrar e a abraçava também.

— Vamos arrumar tudo depois do jantar para que ela possa se mudar amanhã cedo.

— Hoje ela vai dormir aqui — disse Carlinhos. — Quero que ela me conte a história do gato que tinha sete vidas.

— Não é gato de sete vidas, é o gato de botas, seu bobo — corrigiu Marcos.

— O gato de botas tinha sete vidas — retrucou o irmão.

— Não é sete vidas, é sete léguas!

— Vamos arrumar tudo e eu conto a história antes de dormir — interveio Rita.

Enquanto ela falava com eles, Clara, vendo-os entretidos, respirou mais aliviada. Talvez nem tudo estivesse perdido e as coisas pudessem melhorar.

Tentou esconder a tristeza e cooperar. Os meninos mereciam usufruir um ambiente mais alegre, e ela faria tudo para lhes proporcionar isso.

Capítulo 4

O galo cantou e Osvaldo remexeu-se na cama. Sentia o corpo doer, pois não conseguira pregar o olho a noite inteira.

Fazia mais de dois meses que ele se atirara do trem e, embora as feridas do corpo houvessem sarado, ainda sentia que a ferida interior continuava aberta, como se o tempo não houvesse passado. Estava difícil esquecer.

Naquela casa, todos o tratavam com respeito e consideração. Havia bondade em cada gesto, e ele os apreciava muito. O ambiente era agradável, leve, eles se tratavam com educação e carinho.

Havia harmonia, e os filhos conversavam de igual para igual com os pais, sem atravessarem os limites do respeito, e eram ouvidos em seus questionamentos.

Para Osvaldo, habituado à convivência com a tia, sempre muito fechada a qualquer intimidade, essa era uma condição nova, e ele se sentia muito bem na companhia deles.

Mas, apesar disso, a ferida do coração ainda sangrava. A cena de Clara abraçada com Válter voltava-lhe à mente, e nesses instantes a angústia o sufocava.

Até quando carregaria essa chaga no peito? Até quando a lembrança dos filhos queridos e a saudade o atormentariam? Nesses momentos, perguntava-se por que Deus lhe poupara a vida. Seria para continuar nesse tormento?

Quando se sentia triste, costumava sair e sentar-se sob o abacateiro na beira do córrego e ficar meditando, olhando sem ver, perdido em seus pensamentos.

Quando percebia, havia alguém sentado a seu lado, ora Diocleciano, ora uma das meninas e até João, sem dizer nada, e Osvaldo sentia que eles estavam sendo solidários, oferecendo apoio, amizade.

Então a angústia passava. E, quando ele se mostrava disposto a conversar, cada um do seu jeito procurava chamar sua atenção para as belezas da vida, da natureza, que, perfeita em seu ritmo, vai colocando todas as coisas no lugar.

Osvaldo acabava por sentir-se melhor, entre as risadas de Aninha, as tiradas bem-humoradas de Dalva, a curiosidade insaciável de Diocleciano, a paciência de João e até as frases bem achadas de Maria.

Durante o dia, trabalhava duro na roça. Sentia-se bem por retribuir o carinho que recebia e também porque, ocupando-se, suando a camisa, esquecia um pouco a tristeza. Com o corpo cansado, muitas vezes adormecia sem ter tempo de pensar no passado.

Naquela noite, entretanto, isso não aconteceu. É que naquele dia Carlinhos fazia seis anos. Pensara nele o dia inteiro. O que estaria fazendo? Como estariam levando a vida?

Havia momentos em que se arrependia de haver desaparecido e ficava tentado a telefonar para sua mãe para saber o que estava acontecendo lá. Mas não queria que soubessem onde ele se encontrava. Sabia como eles pensavam. Julgavam-no covarde por ter fugido e não ter acabado com Clara ou tirado os filhos dela.

Às vezes pensava em voltar. Mas estava sem emprego, sem roupas, com pouco dinheiro. O que iria fazer na cidade? A mãe era sustentada por seu outro filho, Antônio, que pedira demissão do emprego. Como estariam vivendo?

Não. Nunca voltaria tendo de pedir a ajuda deles nem que fosse apenas para os primeiros tempos. E Clara? Teria se ligado a Válter de uma vez?

A esse pensamento, sentia aumentar sua revolta. A ideia de ver seus filhos vivendo ao lado do rival, tendo-o como pai, incomodava-o. Nesses momentos tinha ímpetos de voltar e tomar conta dos filhos. Mas como fazer isso? Não se encontrava em condições de pleitear a guarda deles na justiça. Nem sequer tinha uma casa para abrigá-los.

Apesar do que fizera, Clara era muito amorosa com as crianças. Não as entregaria a ele a não ser que a justiça a obrigasse. Reconhecia que isso seria difícil. Nesses casos, a preferência é da mãe.

Se ao menos ele tivesse tido a coragem de pegar as provas do comportamento dela para tentar obter o direito sobre os filhos... Entretanto, mesmo que conseguisse a tutela deles, como iria tomar conta se não tinha recursos para montar uma casa decente, manter uma babá para cuidar deles?

Depois, eles eram muito apegados à mãe. Sofreriam bastante tendo de se separar dela.

Osvaldo passou a mão pelos cabelos, inquieto. Não tinha saída. O jeito era continuar ali, naqueles termos, engolindo a angústia, a saudade, a revolta, tentando sobreviver apesar de tudo.

Pensou em sua tia Ester. Certamente sua mãe não teria ocultado da cunhada o seu drama. Como teria reagido? Apesar de educada e afável, nunca conseguira muita proximidade de tia Ester.

Mantinham bom relacionamento. Enquanto viveu em sua casa, nunca lhe deu motivos de preocupação, tendo procurado ser sempre correto e obediente. Apesar disso, sentia que entre eles havia uma barreira. Ela era sempre discreta e equilibrada. Nunca a viu sair daquela postura ou perder a calma.

Quando conversavam, nunca mencionavam problemas pessoais. Por isso Osvaldo sentia que, mesmo tendo vivido com ela na mesma casa durante anos, não a conhecia mais de perto. Respeitava essa forma de viver, mas ao mesmo tempo não se encorajava em atravessar aquela barreira que ela colocava e tacitamente evitava mostrar seus sentimentos diante dela, conservando a postura indiferente e equilibrada mesmo que por dentro estivesse inquieto.

Depois de formado, ele começou a trabalhar, e quando resolveu casar-se já tinha economias suficientes para montar a casa sem precisar pedir-lhe ajuda. Mesmo assim, ela fizera questão de dar-lhe a casa onde foi morar depois do casamento. Era uma casa boa, e eles a decoraram muito bem.

Pensando nisso, ele estremecia. Haviam sido felizes por tantos anos! Teria sido tudo mentira? Clara teria tido outros amantes? Desde quando ela o enganava?

O que tia Ester estaria pensando dele? Era difícil saber. Se ele a procurasse para pedir ajuda, o que ela faria? Apesar da falta de intimidade entre eles, ela sempre o ajudou. Momentos havia em que ele pensava que ela talvez fosse a única pessoa que o ajudaria sem recriminações.

Tanto sua mãe quanto seu irmão eram interesseiros e egoístas. Viviam endeusando a tia por ela ser rica, mas por trás criticavam sua vida com o marido, o que sempre o revoltava e acabava em discussão.

Osvaldo não gostava de maledicência. Quando a mãe e o irmão se mudaram para São Paulo e ele começou a conviver mais com eles, descobriu logo como eles viviam e tratou de espaçar suas visitas.

Ele já havia se casado, e Clara também não gostava de conviver com eles. Era ele, Osvaldo, que insistia para que a mulher o acompanhasse nas visitas domingueiras à casa da mãe.

Arrependia-se disso. Mas como poderia saber que ela iria fazer o que fez? Ele valorizava a vida familiar e muitas vezes se culpou por não gostar de conviver com a mãe e o irmão, obrigando-se a ir vê-los mesmo sem prazer.

Pensava que um bom filho tinha de ser atencioso com os pais, mesmo que eles deixassem a desejar como pessoas. O que ganhara com isso? Eles o chamavam de fraco, ditavam normas de comportamento, queriam obrigá-lo a tomar atitudes que ele não desejava.

Pensando bem, talvez ele tivesse fugido não só para esquecer seu drama amoroso, mas também para escapar do assédio e das críticas deles que o estavam confundindo e infelicitando mais.

O galo cantou e Osvaldo levantou-se, sem haver pregado o olho a noite toda. Era hora de trabalhar. Melhor do que ficar se remexendo na cama lutando com pensamentos dolorosos.

Quando Maria entrou na cozinha para acender o fogo, Osvaldo já estava sentado no banco ao lado da janela.

— Bom dia, Osvaldo — disse ela.

— Bom dia.

Ela acendeu o fogo e colocou a chaleira para o café. Osvaldo se levantou.

— Vou pôr as canecas na mesa.

— Pegue o pão também, aquele que Aninha fez ontem.

Maria passou o café enquanto ele colocava as coisas na mesa sobre a toalha xadrez. Ela encheu uma xícara, adoçou e entregou-a a Osvaldo, dizendo:

— Beba. Vai sentir-se melhor.

Ele pegou a caneca e não respondeu. Ela continuou:

— Hoje seu Antônio vem almoçar aqui. Disse que tem de falar com você. Mandou um recado pelo Tonico da venda.

— Ele é bom demais. Não sei se vale a pena tanto trabalho por tão pouco.

— Se ele vem, é porque acha que vale.

— Ele devia ter é me deixado morrer. Teria sido melhor.

— Não seja mal-agradecido. Deus não gosta.

— Desculpe, Maria. Todos vocês são gente muito boa. Estão perdendo muito tempo comigo. Não vale a pena.

— Tome seu café e coma o pão, que é melhor. Passe bastante manteiga, que fica gostoso. O café está bem açucarado, para acalmar você.

Osvaldo suspirou e não respondeu. Ela continuou:

— Você quer fugir dos problemas mas não consegue. Pode ser a hora de enfrentá-los.

— Não vejo solução.

— Você não tem fé. Não acredita na vida nem em você, se faz de fraco. Por quê? Para que todos fiquem com pena?

Osvaldo enrubesceu.

— Não quero que ninguém tenha pena de mim.

— Pois não parece. Vive pelos cantos, pensativo, de cara feia, mas não faz nada para resolver o seu caso.

— Não há nada que eu possa fazer. O que aconteceu não tem remédio.

— Tudo tem remédio quando você quer. Acontece que quando ele é amargo ninguém quer tomar.

— Pois eu tomaria qualquer remédio, por pior que fosse, se ele pudesse voltar o tempo e evitar o que aconteceu.

— Querer o impossível não resolve. Se acha que não pode fazer nada para solucionar os problemas que o entristecem, por que continua se atormentando com eles? O que não tem remédio remediado está.

— É fácil falar. Bem que eu gostaria de esquecer, de não pensar mais no que aconteceu. Mas não dá. Há coisas que não saem da minha memória.

Maria olhou-o séria e respondeu:

— Ficar de cara feia, brigar com a vida, não vai ajudar nada. Assim como não adiantou você fugir. Minha finada avó sempre dizia que, quando aparece uma assombração, não adianta fechar os olhos ou esconder a cara, porque ela continua lá e nós continuamos vendo. O melhor é encarar bem e saber o que ela quer, por que está nos assombrando. Aí nós vamos descobrir que ela era só uma fumaça, que logo desaparece e não tinha nenhum poder para nos fazer mal.

— O que quer dizer com isso?

— Que muitas vezes as coisas parecem ser maiores do que são. Quando vencemos o medo, elas perdem a força e acabam desaparecendo.

Osvaldo baixou a cabeça, pensativo. Ele precisava dar um jeito em sua vida, resolver o que fazer. Não podia ficar ali, daquele jeito, incomodando os amigos com sua tristeza.

Levantou-se e foi para a plantação. O melhor era trabalhar, cansar o corpo. Assim acabaria esquecendo um pouco a dor que lhe ia no coração.

Quando voltou com Diocleciano e João para o almoço, Antônio estava sentado conversando com Maria na frente da casa. Os três acenaram para eles com alegria, pararam no poço onde já havia um balde de água tirado, lavaram-se na tina, enxugaram-se e apressaram-se a abraçá-lo com carinho.

— Faz tempo que chegou? — indagou João sorrindo.

— Uma meia hora, se tanto. Está muito bom aqui nesta sombrinha.

— Eu queria mandar Dalva avisar que ele já estava aqui, mas ele não deixou.

— Não queria atrapalhar o trabalho de vocês. Depois, eu sabia que não iam demorar.

— Como é que veio?

— Tonico ia passar aqui perto, vim com ele.

— Não faça mais isso. Sempre que quiser, mande avisar e Diocleciano vai lhe buscar em casa.

Quando Maria foi para a cozinha providenciar o almoço, eles ficaram conversando do lado de fora. Pouco depois, ela avisou que a mesa estava posta e eles entraram. O cheiro gostoso da comida era convidativo e Antônio disse com um sorriso largo:

— Se eu vivesse aqui, ia ficar mal-acostumado. Ninguém faz um feijão como a dona Maria.

— Lá isso é. E a galinha também é ótima — concordou João, alegre.

Maria sorriu satisfeita, colocando a jarra de limonada sobre a mesa. O almoço decorreu alegre. Depois do café, Antônio tirou do bolso a palha, o fumo, fez um cigarrinho, acendeu-o, tirou algumas baforadas e levantou-se dizendo:

— Obrigado, dona Maria. Agora preciso caminhar um pouco. É bom para digestão. Osvaldo, quer me acompanhar?

Ele se levantou e os dois saíram caminhando devagar. Ninguém se ofereceu para acompanhá-los. Todos sabiam que o que o curador desejava era falar com Osvaldo a sós.

Em silêncio, eles andaram alguns metros, e Antônio convidou:

— Venha, vamos nos sentar aqui, neste tronco. Eta lugar bom para meditar!

Ao lado do tronco havia uma frondosa árvore cujos galhos balançavam tocados pela brisa leve que circulava, projetando sombras que se movimentavam no chão, formando caprichosos e variados desenhos.

— Como é linda a natureza! Como a vida é boa e generosa!

Sentaram-se. Osvaldo, porém, mergulhado em seus íntimos pensamentos, não respondeu. Antônio continuou:

— Você precisa se livrar dos tormentos, não se deixar envolver pelas ilusões.

— Ilusões? Do que está falando? Não há no mundo ninguém mais realista do que eu. Depois do que me aconteceu, perdi a confiança nas pessoas. Cada um é o que é, e pronto.

— Isso mesmo. Cada um é só o que é. Você já pensou nisso, meu filho?

— Não tenho pensado em outra coisa desde o dia em que descobri a verdade.

— E o que fez com ela?

— O que poderia fazer? A traição de Clara me destruiu, arrasou todas as minhas ilusões, acabou com nossa família.

— Foi você quem abandonou o lar, que atentou contra sua vida.

— O que mais eu poderia fazer depois de tudo? Como suportar a dor, a vergonha, a infelicidade?

— Não adianta querer substituir uma ilusão por outra. Não é isso que a vida está querendo de você.

— Não estou entendendo. Eu não fiz nada. Durante anos fui fiel a ela, vivi só para a família, respeitei nosso lar, nossos filhos. Estava iludido: Clara não merecia essa dedicação. Estou desiludido.

— Não está, não. Continua se iludindo, imaginando coisas, se machucando com elas. Acha pouco?

— Agora eu sei quem ela é. Não estou imaginando nada. Eu vi.

— Você viu sua mulher com outro.

— Isso mesmo. Não consigo esquecer esse momento.

— Está doendo. No coração e na vaidade. Fugiu para não ser apontado como marido traído.

— Fugi para esquecer. Para não ver mais diante dos olhos aquela cena odiosa.

— Se não se livrar dela, não adianta fugir. Ela vai junto.

— Já descobri isso. Mas o que posso fazer? Às vezes tenho vontade de voltar, ver as crianças, assumir o comando da minha vida e dos meus filhos. Mas como, se não tenho recursos? Tirar os filhos da mãe não será para eles uma dor maior?

— Mas se atormentar, sofrer, brigar com a vida, revoltar-se também não vai ajudar em nada. O que precisa é dar solução.

— Não há nenhuma. Não vejo nada que possa me ajudar.

— Nem Deus?

Osvaldo deu de ombros e respondeu:

— Nunca fiz mal a ninguém, sempre fui justo e bondoso. Por que aconteceu isso comigo? É difícil ter fé depois do que passei.

— Não seja ingrato. Você poderia ter morrido se Deus não colocasse João e Diocleciano em seu caminho. São gente boa, da melhor qualidade.

— Sei disso. Sou agradecido a eles pelo que têm feito por mim. Mas me sinto culpado por incomodar os amigos com minha tristeza. Tenho pensado em ir embora, mas não sei para onde ir.

— Por enquanto deve ficar. Ainda não está pronto para voltar à cidade. Há algumas coisas que eu gostaria de lhe ensinar. Vim aqui para dizer que, apesar do que está passando, você tem amigos espirituais que se interessam pela sua felicidade. Estão dispostos a ajudá-lo, mas antes querem que você saia das ilusões.

— Não estou entendendo. Não tenho mais ilusões. Sei que esta vida é cheia de pessoas falsas, traiçoeiras, das quais não se pode esperar nada bom. Quer que eu seja mais realista do que isso?

— Você foi do excesso de confiança à negação de todas as qualidades humanas. Os extremos são ilusórios. É preciso perceber não o que parece, nem o que você imagina, mas só aquilo que é.

— Como perceber o que vai no coração das pessoas? Como descobrir a verdade? Para não me iludir, não sofrer novamente, prefiro acreditar no pior.

— E ficar se amargurando, sem encontrar remédio para as feridas da sua alma.

Osvaldo baixou a cabeça pensativo por alguns instantes, depois disse:

— O que preciso fazer?

— Primeiro, entender o que está se passando em seu coração, precisa se conhecer melhor, perceber como a vida é, aceitar o que ela está lhe oferecendo no momento.

— No momento está me dando só dor, tristeza, desilusão.

— Está mostrando uma parcela de verdade. Isso quer dizer que você já está maduro para vencer o desafio que ela está lhe trazendo.

— Pelo contrário. Estou perdido. Não tenho como vencer esse tormento que se abateu sobre mim.

— Tem, sim. Não menospreze sua força. Ela está aí, dentro de você. Apenas ainda não sabe usá-la. Por isso é que precisa se conhecer e conhecer os mecanismos da vida. Quando ela coloca um desafio em seu caminho, é porque você já tem meios de vencê-lo. Com o tempo perceberá que ela é justa e trabalha sempre em seu favor. Nunca lhe traria um problema que você não tivesse condições de enfrentar e vencer.

— Não é isso que eu sinto. Não consigo encontrar uma saída.

— Você pensa que está sentindo, mas está apenas reagindo aos pensamentos que aprendeu dos outros, às regras da sociedade, aos ditames do que lhe parecia certo ou errado, segundo os conceitos dos homens. Para conseguir chegar ao seu coração, ao que sua alma sente e almeja, você precisa primeiro libertar-se das regras convencionais, questionar suas crenças, avaliar os valores que são verdadeiros e importantes para você. Sem isso, nunca sairá da inquietação, dos tormentos das ilusões.

— O que me diz é novo. Não sei se poderia fazer isso.

— Teria muito prazer em lhe ensinar o pouco que aprendi com meus guias espirituais. Quero convidá-lo para passar algum tempo em minha casa.

— Gostaria muito. A seu lado sinto-me mais calmo. Ainda agora estava desorientado. Passei a noite em claro, pressionado pelos meus pensamentos. Com esta conversa estou me sentindo melhor. Acha que não irei incomodar?

— Não será de graça, claro. Estou precisando de um ajudante, e, como não sou orgulhoso, vou aceitar sua cooperação. Eu lhe ensino algumas coisas e você me auxilia em minhas tarefas.

Osvaldo sorriu. Ele sabia que Antônio lhe dizia isso para deixá-lo à vontade.

— Quando poderei ir?

— Se quiser, hoje mesmo. Se não gostar de lá, poderá retornar para cá.

Voltaram para casa e Osvaldo contou aos amigos que aceitara o convite de Antônio para ficar em sua casa, ao que Maria comentou:

— Vamos sentir sua falta, Osvaldo. Mas um convite desses não é para recusar. Eu sei o que estou dizendo.

— Tem razão, Maria — concordou João. — Você foi escolhido. Pode ter certeza de que tem muita sorte.

Osvaldo arrumou suas poucas coisas e Diocleciano trouxe a carroça para levá-los à casa de Antônio. Despediram-se com carinho. Maria embrulhou um pão que Aninha assara naquela manhã e algumas broas que ela mesma fizera. Abraçando os amigos, Osvaldo acomodou-se na carroça enquanto Antônio sentava-se ao lado de Diocleciano na boleia.

Com o corpo sacudindo ao ritmo cadenciado da carroça, Osvaldo pensava em seu destino. Antônio acenava com uma esperança. Osvaldo, embora estivesse convencido de que seria muito difícil, se não impossível, esquecer, deixava-se levar, disposto a tentar.

Capítulo 5

A casa de Antônio era de madeira e compunha-se de uma cozinha grande onde havia um fogão a lenha, um armário, de um lado a mesa onde ficavam as vasilhas de água e a bacia de lavar a louça, do outro uma mesa com alguns bancos, utilizada para as refeições.

Havia outros cômodos que se ligavam a essa dependência da casa, que Antônio foi mostrando a Osvaldo.

— Eu durmo neste quarto. Neste outro dorme minha irmã Zefa mais Nequinho, o menino que ela está criando. Este quarto é o seu, pode deixar suas coisas aí.

Osvaldo colocou seu embrulho de roupas sobre a cama modesta e Antônio continuou:

— Aqui do lado é meu lugar de trabalho.

Osvaldo olhou curioso a pequena sala onde havia algumas prateleiras de madeira com garrafas, a mesa tosca e vários utensílios de cozinha, inclusive um pequeno fogão a lenha. Uma cama de solteiro e uma cadeira completavam o mobiliário.

— São remédios que eu faço — explicou ele, apontando para as garrafas. — Às vezes preciso deixar um doente aqui para tratamento. Agora vamos para a cozinha. Quero lhe apresentar Zefa. Senti o cheiro do café, acho que ela já voltou da roça.

Zefa era uma mulata forte, muito parecida com o irmão. Assim que foi apresentada a Osvaldo, abriu os grossos lábios em alegre sorriso.

— Coei o café. Já vi o pão de Aninha que Maria mandou. Só vou pôr a toalha na mesa.

Foi até a porta da cozinha e gritou:

— Nequinho! Nequinho! Eta moleque danado! Eu não disse que era para pôr a mesa para o café?

Antônio já havia colocado a toalha e estava pondo as canecas quando finalmente o menino entrou. Osvaldo logo viu que não era parente, pois tinha pele muito clara, cabelos quase louros e era muito magro. Seus grandes olhos castanhos pareciam ainda maiores graças à magreza do seu rosto.

— Onde você estava? Não ouviu chamar?

— Fui ver se tinha água no galinheiro. Quando passamos, as galinhas estavam com o bico aberto. A senhora não viu?

Zefa encarou o menino e não questionou. Disse apenas:

— Cumprimente seu Osvaldo e depois vá lavar as mãos para tomar café.

— Sim, senhora. Como vai o senhor?

— Bem.

— Com licença — disse ele curvando-se e saindo para lavar as mãos na água da tina.

Osvaldo olhou admirado para ele e comentou com Antônio:

— Menino educado. Quantos anos tem?

— Onze. Esteve muito doente, mas agora, com a graça de Deus, está melhor. Faz dois anos que estamos tratando esse menino.

Sentaram-se à mesa, onde Zefa colocara, além do pão de Aninha, um bolo de fubá e um prato de mandioca cozida.

Antônio contou que seu pai comprara aquele pequeno sítio quando se casou com sua mãe e foi construindo a casa, aumentando-a conforme os filhos nasciam.

Plantavam milho, mandioca, um pouco de feijão, criavam galinhas e mantinham pequena criação de porcos apenas para uso da família.

Quando o pai morreu, os dois irmãos de Antônio foram embora para a cidade. Ele e Zefa ficaram com a mãe, cuidando de tudo. Depois que ela morreu, eles continuaram morando ali. Gostavam daquele lugar.

— Amanhã vou levar você para ver tudo — disse Antônio. — Quero que conheça cada planta deste chão.

Depois de comerem, Antônio levou-o à sala dos remédios e fechou a porta, dizendo:

— Sente-se, temos de conversar.

Osvaldo obedeceu. Antônio prosseguiu:

— Meu guia me mandou trazer você aqui. Pediu que eu lhe ensinasse a curar. Você quer aprender?

— Acha que posso? Nunca entendi nada de doenças.

— Bom, se ele disse, é porque pode. Agora, precisa querer, gostar. Depois, estou precisando de alguém para me ajudar.

— Preciso me ocupar para esquecer. Se eu puder ser útil, estou disposto a tentar.

— A vida é muito rica. Tem seus ciclos e sua maneira de funcionar. Trabalhar em favor deles facilita, ajuda a curar as doenças e a viver melhor. A terra produz tudo que os homens precisam para viver muitos anos com saúde, alegria e paz.

— Pena que eles estraguem tudo.

— É. Poucos conseguem manter o equilíbrio.

— Por causa de pessoas sem caráter. Eu mesmo vivia bem, com saúde, com uma família linda. Tinha tudo para ser feliz. Mas minha mulher estragou tudo. Acabou com nossa família.

— A responsabilidade não é só dela.

— Meu irmão e aquele sem-vergonha do amigo dele, eles contribuíram, mas, se ela fosse uma mulher honesta, nada teria acontecido. Os homens tentam, mas só conseguem conquistar uma mulher quando ela consente.

— Você guarda muita raiva dentro do coração. Esse veneno pode acabar minando sua saúde.

— Não consigo esquecer. Eu amava aquela mulher. Sempre fui um marido fiel, interessado no bem-estar da minha família.

— Você se coloca como uma vítima. Mas a vida é justa e responde às atitudes e crenças de cada um. De alguma forma você atraiu esses fatos.

— Não concordo. Como eu disse, sempre fui fiel.

— A fidelidade não está só em resistir às tentações, em não arranjar uma amante. Está também em ser verdadeiro, em viver de acordo com suas necessidades espirituais.

— Não sei quais são essas necessidades. Como poderia viver de acordo com elas?

— É pena que ninguém ensine as crianças a preservar sua sinceridade. A educação é feita para ensinar a mentir, a aparentar e a ser o que não é. Essa é a causa de tantos sofrimentos no mundo. A alma é a essência divina dentro de cada pessoa e só age no bem. Mas desde muito cedo a criança é ensinada a mergulhar no mundo dos interesses pessoais e das conveniências, acenando como prêmio o amor de todos, a aceitação da sociedade. Essa é a grande ilusão. Porque só é verdadeiramente aceito quem é forte, tem carisma, sente amor. E você só consegue ser forte quando expressa sua essência divina, quando obedece à voz da sua alma.

— Se somos educados errado, não temos culpa de nada.

— Não gosto da palavra culpa. Ela não expressa a verdade e é uma faca de dois gumes.

— Mas quem erra é culpado. Quem mata, quem trai, quem fere é culpado. Não há como negar isso.

— Não. Quem mata, quem trai, quem fere é um fraco que cultiva várias ilusões que a vida vai tirar uma a uma. É um candidato ao sofrimento porque a verdade é mais forte e é nela que está a felicidade.

— A verdade é cruel. A ilusão ajuda a suportar as coisas pelo menos por algum tempo. É difícil viver sem ilusões.

Antônio sorriu levemente, dizendo tranquilo:

— Essa é a maior ilusão de todas. Veja a natureza! Observe o milagre da vida acontecendo a cada instante, o equilíbrio do céu, dos rios, dos mares, das estrelas. Tudo caminha naturalmente, cada coisa no seu ritmo e no seu lugar. Essa é a verdade. A vida é perfeita, sabe tudo, assim como nossa alma, que é parte da natureza.

— O universo é perfeito no equilíbrio, mas nossa alma, não. Ela é cheia de fraquezas e de limitações.

— A alma foi criada à semelhança de Deus, é perfeita! Mas não tem consciência dessa perfeição. Esse é um trabalho que cada um precisa fazer através do próprio esforço. Para isso dispõe de certo período a que damos o nome de evolução e no qual a pessoa aprende a utilizar seu livre-arbítrio, vivenciando experiências e colhendo os resultados decorrentes de suas atitudes e crenças.

— Se isso fosse verdade, eu não estaria passando por nada disso e os que fazem mal estariam sendo castigados. Contudo, enquanto minha vida ficou destruída, o homem que causou a ruína do nosso lar continua lá, sem sofrer nada.

— Isso é o que parece a você, mas a verdade é outra. A justiça divina é perfeita e imparcial. A impunidade do mal é momentânea. Conforme seu grau de conhecimento espiritual, a vida determina os resultados de suas atitudes. Quanto mais primitivo ele for, mais tempo vai demorar para receber esses resultados. Quanto mais sensível e evoluído, mais rápido será. Mas todos, sem exceção, vão atrair pessoas e experiências de acordo com o que fizeram.

— Não acho justo. Se pessoa primitiva é mais atrasada, a evoluída é mais adiantada espiritualmente. Por que então quem é atrasado demora mais para colher os resultados do mal que faz? Não seria mais justo, por ser uma pessoa pior, portanto mais maldosa, que ela colhesse os resultados dos seus erros mais depressa?

Antônio meneou a cabeça.

— A justiça divina responde ao nível de conhecimento de cada um. Você puniria uma criança de dois anos por não saber ler? A vida só ensina a quem já tem condições de aprender, e a colheita dos resultados de suas atitudes é sempre uma lição. De que adianta ensinar quem não tem como entender?

Osvaldo coçou a cabeça e não respondeu. Antônio continuou:

— Em resumo, a vida é mais tolerante com quem é ignorante e mais ágil com quem sabe mais. O ignorante pode fazer o mal pensando que está se defendendo, cuidando do seu bem. Mas o sábio compreende melhor o que é o bem, e, quando pratica o mal, tem maior responsabilidade, colhe rapidamente os resultados de suas atitudes. Se ele faz o bem, sua vida se torna verdadeiramente abençoada e feliz.

— Mas eu tenho visto muita gente boa sofrendo. Se isso fosse verdade, elas estariam bem.

— Partindo do princípio de que Deus não erra, vamos perceber que, se alguém está sofrendo, se está atraindo problemas e dor, é porque já poderia agir de maneira melhor e não o faz. A visão humana do bem está errada em muitos pontos. Nem sempre as pessoas certinhas, que agem de acordo com as regras da sociedade, estão fazendo o bem. O mundo está cheio de pessoas que, a pretexto de ajudar os outros, invadem a vida alheia, se metem onde não deveriam e acabam prejudicando. O conceito de ajuda anda muito mal compreendido. Onde muitos acreditam ver o bem só há vaidade, manipulação, interesse.

— Mas é só o que há no mundo: maldade e jogo de interesses.

— Por isso há tanta dor e sofrimento. Mas eles poderiam ser evitados se cada um aprendesse e valorizasse a essência divina que está em sua alma.

— Esse é um sonho impossível! Muitos nem acreditam na existência da alma, como poderiam encontrar essa essência divina?

— Vamos deixar de lado os que não acreditam na alma. Você é desses?

— Não. Eu creio que temos uma alma.

— Nós somos uma alma desenvolvendo a consciência.

— Mas daí a saber como chegar a ela é difícil. Tudo é muito vago, cheio de mistérios e de crendices da religião.

— Deixemos as religiões de lado. Elas são interpretações que os homens fizeram das revelações divinas. Falemos da alma. Ela está ligada diretamente com Deus. Embora você não perceba, é através dela que Ele dá os recados, mostrando se você está sendo verdadeiro ou não; se está agindo de forma a ajudar esse desenvolvimento ou se está se perdendo em ilusões e atraindo a dor.

— É difícil. Nunca recebi nenhum recado de Deus.

— Engano seu. Sempre recebeu. A cada atitude sua, a cada pensamento, sua alma responde através de emoções, tentando ajudá-lo a discernir.

— De que forma?

— Através do prazer, da alegria ou do aperto no peito, da tristeza. Esses são os meios de que ela se vale para dar seus recados. Se prestar atenção, com o tempo perceberá nitidamente o que ela lhe deseja dizer. A intuição, aquela certeza inexplicável de que algo vai ou não dar certo, nos garante a proteção sempre que precisemos escolher alguma coisa, por mais simples que seja.

Osvaldo ficou pensativo por alguns instantes. Depois disse:

— Você pensa diferente. De onde tirou essas ideias?

— Observando a vida. Aprendendo como ela funciona.

— Não foram seus guias espirituais que lhe ensinaram?

— Eles têm me ajudado muito. Mas não interferem nas minhas escolhas. Dizem que preciso experimentar e saber o que funciona na prática ou não. Quando alguma coisa que faço não dá o resultado que eu esperava, eles insistem para que eu analise minhas atitudes. Garantem que foram elas quem atraíram esse resultado. Sei que estão certos. Se eu plantar laranjas, vou colher laranjas.

— Não é tão simples assim...

— Sabe que é? Se você sabe o que quer, descobre o caminho adequado, vai colher o que espera.

— Eu quis ser feliz, valorizei minha família. Sempre fiz tudo certo. Por que deu tão errado?

— A vida não erra. Se você tivesse plantado felicidade, teria colhido felicidade.

— Nunca fiz mal a ninguém, e repito: sempre fui um bom marido, um bom pai.

— Não estou criticando nem dizendo o contrário. Mas o que ficou claro é que você atraiu traição, dor, desilusão. Está machucado. Sente-se injustiçado, culpa os outros. Mas essa mágoa abriu uma ferida em seu coração que está dificultando sua recuperação. Eu poderia dizer que o perdão liberta, que é preciso jogar essa dor fora. Mas ninguém pode perdoar enquanto não descobrir a verdade que está atrás do que parece, escondida no mais profundo do seu mundo interior.

— Bem que eu gostaria de esquecer, de recomeçar minha vida, de poder perdoar. Mas isso é impossível!

— Enquanto persistir em se colocar como uma vítima, não vai conseguir.

— Mas eu fui uma vítima. Como eu disse: foi ela quem me traiu.

— De fato. Ela foi fraca. Não resistiu à tentação. Não fez o que você esperava.

Osvaldo notou que a voz de Antônio estava um pouco modificada, bem como sua linguagem. As palavras saíam fluentes, em um português elegante e perfeito, diferente do que ele costumava usar. Ele prosseguiu:

— E você, sempre fez o que ela esperava? Agiu como ela sonhou que você seria?

— Eu?! Como posso saber? Procurei fazer o que achei melhor.

— Ela nunca reclamou de nada?

— Bem, ela às vezes dizia que gostaria que eu fosse mais alegre, que gostasse de dançar, de cantar. Mas eu nunca gostei de nada disso. Quando se casou comigo, Clara sabia como eu era.

— E você, quando se casou com ela, sabia que ela era uma mulher romântica, ardente, sonhadora?

— Todas as mulheres são assim. Mas daí a fazer o que ela fez...

— Gostaria que pensasse nisso. Vocês se casaram sem uma boa base. Ela gostava de outro tipo de pessoa. Sentiu-se atraída por você, mas casou pensando que com o tempo iria conseguir que você mudasse e se tornasse o que ela queria. Você percebeu que ela se iludia em um sonho de amor e casou mesmo assim, acreditando que esse estado era comum a todas as mulheres. Na verdade vocês se casaram, mas nem sequer se conheciam. Nunca se viram como realmente são. Hoje vamos parar por aqui. Eu quero que pense em tudo que eu disse.

Antes que Osvaldo respondesse, Antônio respirou fundo, passou a mão pelos cabelos e olhou-o nos olhos. Depois levantou-se dizendo:

— Vamos andar um pouco lá fora. Quero lhe mostrar algumas plantas.

Saíram pela porta dos fundos. Atrás daquela sala havia uma plantação diversificada. Antônio foi caminhando devagar, parando de quando em quando para mostrar cada planta que considerava importante como remédio.

Osvaldo acompanhava-o atento enquanto ele explicava para que cada uma servia.

— Pelo que tenho ouvido falar a seu respeito, você com esses remédios tem ajudado muita gente.

Antônio deu de ombros e respondeu alegre:

— Gosto de ajudar as pessoas, mas não me iludo. Estou apenas sendo instrumento da bondade divina. Tenho recebido mais do que dou.

— Você é modesto.

— Nada disso. Estou mais é cuidando dos meus interesses, aprendendo muito. Se eu não fizesse, outro faria. Pode ter certeza disso. A vida trabalha pelo bem de todos. Depois, na cura o merecimento é do doente. Só os que modificam as atitudes causadoras conseguem ser curados.

— É difícil acreditar que uma doença seja causada por uma atitude. E os casos de contágio? E os acidentes? E os que sofrem a violência dos maus?

— Por que em circunstâncias iguais, uns se contaminam e outros não? Já tratei de doentes com moléstias muito contagiosas e nunca peguei nada.

— Não estará exagerando? Uma gripe, uma diarreia têm causas físicas: uma mudança de temperatura, uma comida indigesta. A atitude da pessoa nada tem a ver com isso.

— Engana-se. Só tem. Já notou que existem dias em que você pode comer de tudo e nada lhe faz mal e há outros em que um alimento leve provoca cólicas e até diarreia? Dias em que você se expõe ao mau tempo e nada acontece enquanto em tempo normal aparece aquela dor de garganta, os olhos lacrimejam, o nariz inflama, o corpo fica mole e você vai para a cama com gripe?

— É, isso acontece.

— Nessa hora, se você prestar atenção, perceberá por trás do fato uma atitude causadora.

— Que atitude poderia causar indigestão?

— Algum fato de que você não gostou e que não deseja aceitar. Quando o seu estômago não digere, é seu corpo que está lhe mandando uma mensagem recomendando que, para sua vida fluir naturalmente, você precisa estudar sua contrariedade até digeri-la. Então seu estômago voltará ao normal.

— Você crê mesmo nisso?

— Claro. Nunca notou que, quando se contraria, seu estômago logo embrulha? É o primeiro sintoma.

— Interessante. E a gripe, que mensagem seria?

— Há várias. Depende do tipo de gripe e da forma como se apresenta. Geralmente o congestionamento das vias respiratórias significa que você está se sufocando, querendo fazer muitas coisas ao mesmo tempo, além de suas reais possibilidades. As dores no peito podem ser provocadas pela sua falta de amor a si mesmo, por culpar-se de algo que fez. A febre revela raiva; a bronquite, irritação.

— E os remédios, não valem nada?

— Claro que ajudam. Nunca notou que seus efeitos são diferentes em cada pessoa? Alguns ficam curados com eles; outros, não.

— Qual seria o tratamento ideal?

— O esclarecimento, a sabedoria. Enquanto tomar o remédio para aliviar o mal do corpo, tentar descobrir a atitude causadora. Modificando-a, conseguirá maior efeito do remédio e a cura real. Essa é a fórmula.

— Por isso, além de ministrar o remédio, você orienta e ensina as pessoas?

— Isso mesmo. É nesse trabalho que meus mestres espirituais ajudam. Eles me inspiram e eu faço. Como você vê, sou apenas uma parte desse trabalho. Tudo que sei aprendi com eles.

Osvaldo ficou pensativo alguns segundos, depois considerou:

— É esse trabalho que eles desejam que eu aprenda?

— É. Embora não saiba, você tem energia para isso. Este tempo aqui comigo será para que conheça do que se trata. Depois terá de decidir se o aceita ou não.

— Quanto tempo teremos?

— Não sei ainda. Vai depender de você. Se não quiser, eles compreendem; mas, se aceitar, terá de se dedicar de coração.

Osvaldo não respondeu logo. Precisava pensar. Estava confuso. Nem sequer sabia que rumo daria à sua vida dali para frente.

— Vamos entrar — convidou Antônio. — Por hoje chega. Tem o tempo livre para o que quiser.

Entraram e Osvaldo foi para seu quarto. Estirou-se na cama pensando em tudo que ouviu. O que Antônio lhe disse tinha lógica, mas seria verdade mesmo? Era uma teoria interessante. Por que nunca ouvira falar nada sobre ela? Reconhecia que Antônio possuía poderes que ele nunca havia visto em ninguém. Era um homem bondoso e sincero. Acreditava que ele tivesse mesmo muita ajuda espiritual, mas daí a crer em tudo quanto ele dizia ia grande distância. Tratava-se de um homem sem cultura, perdido em um lugarejo do interior.

Era-lhe muito grato pelo bem que ele lhe fizera, mas precisava pensar melhor naquelas ideias, descobrir até onde elas poderiam ser verdadeiras. Ficaria lá com ele o tempo que fosse preciso para esclarecer suas dúvidas. Depois decidiria o que fazer de sua vida.

A saudade dos filhos, a ausência de notícias angustiavam-no. Por causa disso algumas vezes havia pensado em voltar para a cidade e enfrentar de vez a situação com Clara.

Mas ao pensar nisso sentia um aperto no peito e desistia. Ainda não se sentia preparado. Precisava dar mais um tempo e aquele trabalho poderia ser para ele uma bênção ajudando-o a refazer seu equilíbrio interior.

O carinho daquela gente simples e acolhedora era como um bálsamo na ferida que ainda sangrava em seu coração.

Seja pela caminhada, pelo calor ou até por haver acordado muito cedo, Osvaldo adormeceu. Sonhou que estava em um frondoso bosque, cheio de árvores e de flores perfumadas, andando alegre, respirando prazerosamente a brisa leve e agradável, sentiu que alguém o acompanhava, mas não viu quem. Só ouvia sua voz convidando-o a observar a perfeição da natureza.

Essa voz tornou-se mais nítida quando disse:

— A sabedoria é o caminho da felicidade. A vida deseja que você seja feliz, por isso coloca todas as oportunidades à sua frente, para que siga esse caminho. Preste atenção às chances que você está tendo e entregue-se a elas com alma. Isso é o que lhe está sendo oferecido agora, e a vida faz sempre o melhor. Deixe o futuro nas mãos de Deus sem preocupações, porque, quando chegar o momento da mudança, a vida se encarregará disso.

Osvaldo acordou ouvindo essas palavras e sentiu-se melhor, mais sereno, mais lúcido. Sua angústia, sua insegurança de momentos antes haviam desaparecido. Respirou aliviado e pensou: era bobagem ficar se martirizando com o futuro. Já que não se sentia com coragem de tomar nenhuma decisão, o melhor mesmo era não pensar, era deixar o tempo correr e usufruir a calma e o aconchego daquelas pessoas que tão carinhosamente o receberam e lhe trataram.

Nos dias que se seguiram, Osvaldo dedicou-se de corpo e alma ao trabalho com Antônio. Levantava-se muito cedo sentindo o cheiro gostoso do café que vinha da cozinha. Lavava-se colocando água da jarra na bacia que havia no lavatório, arrumava-se e ia tomar o café.

Lá já encontrava Antônio e os dois peões que cuidavam da plantação. Enquanto eles comiam, Zefa tentava tirar Nequinho da cama, o que sempre dava certo trabalho. Ele não era preguiçoso, mas não gostava de acordar cedo.

Osvaldo gostava de começar o dia daquela forma porque, depois de arrancar Nequinho da cama, Zefa fazia-lhes companhia e ficavam certo tempo entre goles de café e boa conversa. O assunto era sempre agradável e Osvaldo sentia-se muito à vontade diante da bondade que expressavam, de suas histórias simples e muito bem-humoradas.

Davam nomes ao galo que os acordava ao raiar do dia, ao papagaio que cantava alegre saudando-os quando passavam pelo seu poleiro na parede de fora da cozinha, aos cavalos, e falavam deles como se fossem pessoas e tivessem raciocínio. Sem contar os cachorros, que no dizer deles eram tão inteligentes que só lhes faltava falar.

As conversas giravam também em torno de casos de aparição de espíritos e de sua atuação com as pessoas que iam até lá em busca de ajuda. Quando se referiam aos casos dolorosos, eram discretos e comentavam apenas o quanto eles haviam sido beneficiados, mas davam preferência a falar dos mais pitorescos, o que faziam com muito bom humor e alegria, recordando as inúmeras lições que através deles haviam recebido dos espíritos.

A cada manhã tinham um fato novo a comentar ocorrido com os animais, narrados com prazer, revelando o carinho que tinham por eles.

Depois, enquanto Nequinho ajudava Zefa nos serviços caseiros, Antônio ia com Osvaldo trabalhar com as plantas.

A pedido de Antônio, Osvaldo havia comprado na vila dois cadernos nos quais fazia as anotações. Em um ele escrevia sobre cada erva estudada, para o que deveria ser usada e como preparar o remédio e usá-lo. Em outro, escrevia sobre as doenças, com as possíveis emoções que as provocavam.

Osvaldo, que a princípio aceitara esse trabalho como uma forma de esquecer um pouco seus problemas, começou a interessar-se e a envolver-se cada vez mais.

Absorvia-se de tal forma que não sentia o passar do tempo. Esquecia-se de comer, e, não fosse a insistência de Antônio, ele nem iria almoçar.

Aos poucos foi percebendo, em tudo quanto Antônio ensinava-lhe, a sabedoria da natureza. Diante de certos fenômenos naturais, as indagações surgiam e Antônio explicava revelando profundo conhecimento dos elementos e das forças naturais do universo, que mostravam em suas manifestações encadeamento e equilíbrio perfeitos.

Osvaldo absorveu-se a tal ponto que no fim da tarde, quando se sentavam na modesta varanda para conversar depois do jantar, ele revelava todo o seu interesse, continuando a indagar, querendo saber mais.

Antônio sorria alegre, respondia, mas procurava logo levar a conversa para outros assuntos, muitas vezes contando histórias antigas sobre pessoas daquela região, ouvindo com interesse os demais falarem também sobre suas vidas.

Capítulo 6

Clara olhou desanimada para o jornal que acabara de folhear. Como vinha fazendo nas últimas semanas, recortou todos os anúncios que lhe pareceram de algum interesse e preparou um roteiro para o dia seguinte.

Depois, colocou-os em um envelope e guardou-os na bolsa. Estava cansada. Mesmo economizando, o que faria quando o dinheiro acabasse?

Fazia três meses que Osvaldo havia desaparecido. Nem uma notícia, nada. Aonde teria ido? A princípio pensara na hipótese de ele haver sofrido algum acidente e estar recolhido num hospital, mas, se isso houvesse acontecido, certamente sua família teria sido avisada.

Mesmo que ele não quisesse lhe dar notícias, pelo menos procuraria a mãe ou os irmãos. Mas a insistência de sua sogra ao telefone indagando por notícias do filho mostrava que eles também não sabiam onde Osvaldo estava.

Apesar da culpa que sentia, momentos havia em que tinha raiva dele por deixar as crianças naquela situação de penúria. Mesmo que a odiasse e não quisesse ajudá-la, pelo menos deveria preocupar-se com o bem-estar dos filhos.

Mas não. Ele nunca mais deu notícias. Todos os dias, Clara levantava-se cedo e saía de casa carregando o envelope de anúncios na bolsa. Procurava um emprego com salário que pelo menos desse para a manutenção das mínimas despesas da casa. Logo percebeu que isso não seria possível. Esses empregos faziam exigências que ela não tinha como satisfazer.

À medida que os dias iam passando, ela ia se conformando em procurar salários menores, mas ainda assim não conseguia ser admitida. Precisava ter prática, referências, o que ela não tinha.

Insistiu em conversar com Válter, que concordou em marcar um encontro. Compareceu com ar preocupado, receoso de estar sendo seguido, o que fez Clara dizer:

— Não se preocupe. Osvaldo sumiu e ninguém está interessado em nos seguir.

— Não sei. Para mim ele está escondido em algum lugar só esperando darmos uma brecha para cair em cima de nós. Não me leve a mal, mas no momento acho que precisamos dar um tempo em nosso caso.

— Eu o procurei não foi para reatarmos nada. Se quer saber, estou muito arrependida por ter traído meu marido. Não o estou culpando de nada. Eu é que deveria ter resistido à tentação.

— Ainda bem que compreende. Tenho enfrentado situações desagradáveis na empresa, com meus pais e a família de Antônio. Acho que erramos e o melhor que temos a fazer agora é não nos vermos mais.

— Estou em situação difícil. Meu dinheiro acabou e ainda não consegui arranjar um emprego. Estou desesperada, não sei o que fazer. Pensei que talvez você pudesse aconselhar-me. Conhece tanta gente, poderia falar com algum amigo e arranjar-me um emprego.

— De forma alguma. Não posso misturar as coisas. O escândalo foi grande, e se eu pedir um emprego para você eles pensarão que continuamos a nos ver. Para dizer a verdade, quero esquecer esse pedaço de minha vida.

Os olhos dela brilharam estranhamente quando ela disse:

— Quer dizer que não vai me ajudar?

— Olha, vou dar-lhe um cheque. É o que posso fazer por ora. Minhas finanças também não estão bem. Sabe como é: o reflexo do escândalo prejudicou-me nos negócios.

Vivo rubor subiu nas faces de Clara. Não respondeu. Quando ele preencheu o cheque e o entregou, ela sentiu vontade de rasgá-lo e atirar os pedaços na cara dele. Conteve-se. Na situação em que se encontrava, não podia dar-se ao luxo de ser orgulhosa.

Rapidamente o apanhou e guardou na bolsa. Disse simplesmente:

— Percebo que, para você, nossa relação não passou de uma aventura. Pensa que com este cheque vai apagar sua responsabilidade. Aceito. Estou me sentindo como uma prostituta, que deve ser a forma como você me vê.

Ele fez um gesto de surpresa. Reagiu:

— Dei-lhe dinheiro para suavizar sua situação. Nunca pensei em pagar pelos momentos de amor que vivemos juntos.

— Seja como for, muito obrigada. Pode ter certeza de que nunca mais o incomodarei.

— O que é isso? Não leve as coisas por esse lado. Tenho certeza de que vai arranjar emprego e tocar sua vida. Depois, quem sabe seu marido aparece e acaba perdoando. Afinal, ele deve amar as crianças.

— Não precisa se justificar. Se arrependimento matasse, eu estaria morta. Mas agora é tarde. Não tenho outro remédio senão levar minha vida adiante.

Despediram-se com frieza e Clara intimamente jurou nunca mais o ver. O dinheiro que Válter lhe dera permitiria o sustento da família durante mais um mês. E depois?

Em casa, apanhou os sapatos e engraxou-os, tentando melhorar sua aparência. Estavam velhos, mas ela não podia comprar outros. Quem daria emprego a uma pessoa mal arrumada?

Rita apareceu na porta do quarto, dizendo:

— A senhora não comeu nada no jantar. Não pode continuar sem comer. Está emagrecendo. Se ficar doente, o que será das crianças? Elas agora só têm a senhora. Venha, tome pelo menos uma xícara de café com leite, com uma fatia daquele pão doce que eu trouxe esta tarde. Está tão gostoso! As crianças adoraram.

— Estou sem fome, mas você tem razão: preciso alimentar-me.

Rita sorriu satisfeita e, notando o abatimento de Clara, tentou animá-la:

— Ainda bem que sabe disso. Esta situação é temporária. Logo encontrará trabalho e tudo estará bem. Não pode desanimar.

— Estou cansada, Rita. Tenho procurado e nada. Infelizmente não tenho formação suficiente para obter um bom emprego.

— Nesse caso, o melhor será procurar fazer alguma coisa por conta própria.

Clara sentou-se à mesa e serviu-se de café com leite, adoçando-o pensativa.

— Não tenho dinheiro para abrir um negócio. Mesmo que tivesse, não sei o que faria.

— Minha mãe sempre falava que o melhor negócio é fazer comida. As pessoas podem deixar de comprar uma roupa, um objeto de uso, mas nunca vão deixar de comer.

— Se eu pudesse abrir um restaurante ou pensão, talvez desse certo. Mas como arranjar dinheiro para tanto? Depois, sei cozinhar o trivial, mas nunca nada que as pessoas se interessassem em comprar. Não, isso não daria certo.

— Tudo dá certo quando acreditamos e nos empenhamos. Existem muitos cursos de doces, salgados, de coisas para festas. Logo a senhora, que tem tanto bom gosto! Não sei, não, mas penso que se fizesse isso ganharia muito dinheiro.

Clara sorriu e respondeu:

— Isso é você, que gosta de mim e acha que eu poderia ser bem-sucedida nisso. Amanhã tenho alguns lugares para visitar, talvez consiga alguma coisa. Vamos ver.

— O que não pode é desanimar. A senhora tem estado triste, e isso não resolve nada. Ao contrário: só atrapalha.

— Sei que tem razão, mas não me conformo com o que aconteceu. Estou arrependida, mas agora é tarde. Se pudesse voltar atrás, não faria o que fiz.

— A gente só dá valor ao que tem quando o perde. Mas, por outro lado, não adianta agora ficar se culpando e se arrependendo. O que passou passou e não volta mais. A senhora tem de tocar a vida para frente com alegria e coragem. Tudo isso vai passar e logo as coisas estarão melhores, a senhora vai ver.

Clara colocou a mão no braço de Rita, dizendo com comoção:

— Você é o anjo bom que Deus colocou na minha vida para me ajudar nesta hora difícil. Não sei o que faria sem você.

— Eu é que não sei o que faria sem aqueles dois anjinhos que estão dormindo. Por eles farei tudo que puder.

— Obrigada, Rita. Deus a abençoe.

— Por falar em Deus, dona Clara, rezar faz bem, cura as feridas da alma.

— Eu tentei, Rita, mas Deus não aceitou minhas preces e não quis me perdoar.

— Não diga isso! Deus é amor e sempre perdoa. Tenho certeza de que está ajudando a senhora e logo tudo vai melhorar.

— Gostaria de ter sua fé. Mas não me sinto com coragem de voltar à igreja. Eles não me aceitam lá.

— Eu também não vou a nenhuma igreja, mas converso com Deus todos os dias. Tenho certeza de que Ele me escuta. Não é preciso ir à igreja para encontrar Deus. Ele está em todo lugar. Eu sinto que Ele está dentro do meu coração e é lá que converso com Ele. Sabe, dona Clara, nesses momentos eu sinto um ar gostoso, como uma brisa delicada que me dá muita paz e alegria. Eu sei que é Deus respondendo à minha oração, dizendo: "Fique em paz porque eu estou aqui, protegendo-a".

Clara suspirou fundo. Bem que ela gostaria de encontrar a paz. Disse com simplicidade:

— Gostaria de aprender a rezar como você e sentir paz.

— É fácil. Quando for deitar, preste atenção aos sentimentos do seu coração e tente jogar fora toda tristeza, ressentimento, arrependimento, desânimo. Depois, pense em alguma coisa bonita, leve, agradável. Eu penso numa rosa aberta numa linda roseira. Ela me fala da bondade de Deus e da beleza da vida. Depois eu começo a conversar com Deus, conto a ele todos os meus segredos e peço-lhe que me esclareça, que me faça sentir qual é o caminho melhor, e peço que esse caminho se abra à minha frente. Depois disso, agradeço a ajuda que Ele me dá e pronto. Faça isso, dona Clara, e verá que sua vida logo começará a melhorar.

A simplicidade de Rita comoveu-a. Ela era uma mulher de fé. Foi com respeito que Clara respondeu:

— Vou tentar, Rita.

Ela sorriu alegre.

— Pode ter certeza, dona Clara, que, quando não podemos fazer nada, Deus pode. Por isso, fazemos nossa parte e pedimos a Ele que faça a Dele. Assim, o bem e a luz nos envolvem e nossa vida melhora.

Clara sorriu e deu-lhe boa noite. Uma vez no quarto, ficou pensando nas palavras que ouvira.

"As pessoas simples conseguem levar a vida melhor do que aquelas que se acreditam mais instruídas", pensou. "Gostaria muito de ter a serenidade de Rita e poder olhar a vida sem complicações."

Preparou-se para dormir. Sentou-se na beira da cama. Fazia tempo que não rezava. Estava revoltada com ela mesma pelo que fizera e acreditava que Deus não ouviria suas preces. Ela precisava ser castigada pelo seu erro.

Lembrou-se dos filhos. Eles não tinham culpa de nada. Seria justo que eles pagassem pelo crime que ela havia cometido? Não era justo, mas, de uma forma ou de outra, eles também estavam sofrendo. Reconheceu que, ao entregar-se àquela paixão, nem se lembrara dos filhos. Sentira-se dona de sua vida e mergulhara fundo na aventura. Entretanto, seus filhos eram ainda pequenos e dependentes. Sentiam falta do pai, foram obrigados a viver em um ambiente tenso, doloroso. Seu padrão de vida e de alegria havia baixado.

Querendo ou não, suas atitudes causaram sofrimento a várias pessoas, inclusive aquelas a quem ela mais amava.

Tinha sido leviana, inconsequente. Estava arrependida, mas isso não lhe devolvia a tranquilidade de antes. O mal estava feito e não havia como retroceder.

Essa importância a deprimia, aumentando sua culpa. Mas, por outro lado, sentia que, se não podia voltar à antiga situação nem contar com o apoio da família, precisava se dedicar aos filhos fazendo o possível para devolver-lhes um pouco do que haviam perdido.

Pensou em Deus. Haveria perdão para ela? Ajoelhou-se ao lado da cama e pediu ajuda. As lágrimas desciam-lhe pelas faces e ela sentiu a força do seu arrependimento pelo que acontecera.

Desesperada, disse em voz alta:

— Meu Deus! Preciso da sua ajuda. Sei que errei muito, mas estou arrependida. Peço perdão para meus pecados, mas eu mesma não consigo me perdoar. Entretanto, o Senhor é compaixão e bondade, tenha piedade de mim. Prometo que nunca mais me deixarei iludir. De hoje em diante, vou cuidar apenas da felicidade dos meus filhos. Permita, Senhor, que eu possa compensar um pouco do mal que lhes fiz. Meu dinheiro acabou. Por favor, me ajude a encontrar trabalho para que não lhes falte o sustento. Estou disposta a trabalhar o mais que puder, no que aparecer. Obrigada por ter me ouvido.

Murmurou um Pai-nosso e levantou-se. O desabafo fez-lhe bem. Sentiu-se mais calma. Deitou-se e, como o sono demorou para aparecer, tentou imaginar o que poderia fazer para ganhar dinheiro. Nenhuma ideia boa lhe ocorreu.

Finalmente sentiu sono. Ajeitou-se, respirou fundo e pensou:

— Rita está certa. Não posso desanimar. Deus vai ouvir minhas preces. Amanhã é outro dia.

Acordou e olhou no relógio. Eram sete horas. Levantou-se sentindo o cheiro gostoso de café que vinha da cozinha. Rita já havia se levantado.

Lavou-se e foi se vestindo enquanto descia para o café. As crianças ainda dormiam. Rita estava na despensa sentada no chão em meio a uma montanha de jornais e revistas.

— Você se levantou cedo hoje. Está fazendo faxina da despensa?

— É. Tive uma ideia, e, se a senhora concordar, poderemos conseguir algum dinheiro.

— O que é?

— Vender estas revistas e jornais velhos. Eles pagam um cruzeiro o quilo.

— Tem certeza?

— Tenho. Posso vender?

— Claro.

— Sem falar que abrimos espaço na despensa para guardar mais alimento.

— É, mas o dinheiro que vão pagar por isso não vai dar para comprar muita coisa. Temos espaço de sobra.

— Sabe, minha avó costumava me ensinar que a vida não gosta de ver espaços vazios em casa. Ela trata logo de mandar coisas para ocupá-los.

— Não estou entendendo aonde quer chegar.

— Nós costumamos guardar muitas coisas inúteis de que não precisamos nem nunca mais vamos utilizar. Elas ocupam muito espaço e ficam paradas atravancando a casa. Nossa vida emperra e não prospera. Por isso, de tempos em tempos precisamos reavaliar tudo, jogar fora o que não serve e dar para os outros o que não serve mais para nós, mas que ainda pode ser utilizado. Fazendo isso, movimentamos os bens e os recursos, e nossa vida prospera.

— Tem lógica... Mas isso funciona?

— Claro. Minha avó não era rica, mas nunca lhe faltou nada.

— Muito bem. Ela deveria ser sábia como você.

Rita riu satisfeita e continuou acertando a pilha de jornais. Clara ficou pensativa. Em outros tempos não se preocupava com dinheiro. Osvaldo ganhava bem, era generoso, gostava de conforto e de ver a família bem.

Lembrou que seu guarda-roupa estava atulhado de coisas que ela guardara e não usara mais: vestidos que saíram de moda, lembranças de momentos especiais, sapatos bonitos, mas que lhe apertavam os pés e por isso estavam encostados.

Havia também alguns presentes que ela ganhara e estavam sem uso, guardados, uns porque não combinavam com o estilo da casa, outros porque ela não gostara.

Terminou o café e comentou:

— Rita, preciso fazer isso nos armários da casa. Tenho muitas coisas de que posso me desfazer.

— É uma boa ideia. Posso tirar tudo de dentro, mas a senhora tem de estar junto para decidir o que vamos mandar embora.

— Vou sair agora e ver se arrumo algum emprego. Recortei vários anúncios. Quando eu voltar, veremos.

Foi a três lugares e não conseguiu nada. Abriu o envelope e tirou um dos recortes. Era de um ateliê de alta-costura na rua Barão de Itapetininga. Ela não tinha muito jeito para costura, mas ali dizia que precisavam de uma recepcionista. O salário era muito baixo, mas ela decidiu tentar. Não estava distante do local. Dava para ir a pé, o que economizaria o dinheiro do ônibus.

O ateliê estava situado no primeiro andar de um prédio bonito, e Clara gostou do ambiente luxuoso que começava no hall. Tocou a campainha e um rapaz a atendeu. Clara mostrou o anúncio e ele a mandou entrar em uma bela sala, decorada com muito bom gosto.

— Venha comigo.

Conduziu-a a um luxuoso escritório e indicou uma poltrona, dizendo:

— Sente-se, por favor. O patrão está atendendo a uma cliente muito especial. Assim que ele acabar, virá conversar.

Clara agradeceu e enquanto esperava entreteve-se olhando cada detalhe daquele escritório original e muito diferente dos que estava habituada a ver.

Depois de meia hora, a porta abriu-se e um homem moço, alto, forte e elegante, muito bem-vestido, entrou. Cabelos castanhos penteados para trás, que, apesar da brilhantina e do esforço que ele fizera para alisá-los, ainda mostravam sinais de ondas. Olhos penetrantes. Um tanto altivo, pele clara, gestos finos, mas firmes.

Clara levantou-se. Ele a olhou, examinando-a atentamente.

— Vim por causa do anúncio.

— Eu sei. Tem alguma experiência de recepcionista?

Ele a olhava firme, como querendo penetrar até em seus pensamentos. Ela sustentou o olhar e respondeu:

— Não. Para ser sincera, nunca trabalhei. Mas agora tive um problema familiar e estou precisando muito trabalhar. Tenho boa vontade e, se me ensinar, tenho certeza de que farei tudo certo.

— Você viu o salário. Acha que poderá viver com ele?

— Não é o que eu preciso para manter meu padrão de vida, mas é melhor do que nada.

— Pode dar-me referências?

— De trabalho, não. Nunca trabalhei.

— Tem disponibilidade de tempo? Aqui muitas vezes precisamos atender às clientes além do horário comercial. Você é casada?

— Sou, mas estou separada do meu marido. Tenho dois filhos pequenos para criar.

— Nesse caso...

— Mas posso dispor do meu tempo como for preciso. Tenho uma senhora que cuida da minha casa e das crianças.

Ele a observou de novo, mandou-a andar pela sala, depois disse.

— Pois muito bem: vamos experimentar. Vai ter de mudar um pouco a postura, o penteado, vestir-se melhor. Mas nós daremos um jeito nisso. Vai conversar com as clientes pelo telefone, marcar entrevistas, recebê-las aqui, cuidar do bem-estar delas enquanto esperam se eu estiver ocupado, entretê-las. E, quando elas vão sair, cuidar para que se sintam bem, verificando do que elas precisam. De acordo?

— Sim. Quando posso começar?

— Amanhã cedo iniciaremos seu treinamento. Pode vir às oito e procurar Domênico. Já o conhece: foi ele quem a fez entrar. Ele lhe dará as demais instruções.

— Estarei aqui amanhã.

Depois que ela se foi, ele chamou Domênico, deu-lhe algumas instruções e concluiu:

— Ela nunca trabalhou. Precisa de um banho de loja, mas acho que vai surpreender. Por esse salário, foi a melhor que apareceu. Tem nível. É o que interessa para nós.

O outro concordou satisfeito:

— Deixe comigo. Sei como fazer isso.

Clara saiu de lá pensativa. Estava contente por haver finalmente encontrado trabalho. O salário era insuficiente, mas não podia dar-se ao luxo de recusar. Faria economia e pelo menos não faltaria comida em casa. Depois poderia encontrar algo melhor.

Quando chegou em casa, contou a Rita a novidade:

— Resolvi aceitar. O salário é pouco, mas é melhor do que nada.

— Fez muito bem. É assim que se começa. Olhe, dona Clara, eu já tirei tudo dos armários, e, se a senhora tiver um tempo agora de ver o que vamos mandar embora, seria bom.

— Vamos lá. É bom mesmo fazer agora, porque amanhã começo a trabalhar e não terei tempo. Vamos ver.

Depois do jantar, elas começaram o trabalho. Clara avaliava e separava o que não queria mais. As crianças se divertiam ajudando. Quando acabaram, passava da meia-noite e havia algumas caixas atulhadas de coisas que Rita levou para a despensa.

Clara sentiu-se cansada, mas aliviada. Aquela limpeza fizera-lhe bem. Ia começar uma nova vida e despedira-se de alguns objetos que lhe recordavam o passado. Tomou um banho, deitou-se e dormiu tranquilamente.

Na manhã seguinte, quando chegou ao ateliê, Domênico conduziu-a a uma sala, dizendo:

— Meu nome é Domênico. Sou assistente de Gino. Ele me encarregou de prepará-la para seu trabalho.

Clara concordou com a cabeça e ele continuou:

— Este é um lugar muito bom para trabalhar. Ambiente classe A, isso é fundamental. Por isso vou ensinar-lhe como deve proceder aqui, falar com as clientes, cuidar de sua aparência pessoal. Quando alguém vem encomendar uma roupa, repara nos mínimos detalhes. Nada pode estar fora do lugar, incluindo as pessoas.

Clara havia vestido um dos seus melhores vestidos, porém ele a via como se ela fosse uma maltrapilha.

— Você vai ter de fazer parte do ambiente, com naturalidade e muita classe.

Abriu um dos armários em que havia vários vestidos, apanhou um conjunto bege e deu-o a Clara.

— Experimente este aqui. Deve servir. Pode entrar ali naquele provador.

Clara entrou segurando o cabide com a roupa. Vestiu-a e caiu-lhe como uma luva. Era um duas-peças de seda pesada, elegante e discreto.

Saiu do provador e Domênico observou-a atentamente, depois ajeitou as costuras para que o caimento ficasse impecável.

— Temos de escolher pelo menos mais dois. Depois iremos aos acessórios e finalmente à maquiagem.

Uma hora depois, Clara olhou-se no espelho, admirada. Havia se transformado em outra mulher. Parecia mais alta e esguia, elegante e discreta.

Domênico mandou que ela desse uma volta, depois disse:

— Melhorou. Agora precisa aprender a andar e a falar. Sua voz é um pouco aguda. Terá de tentar um tom mais baixo. Vou passar-lhe alguns exercícios para treinar em casa. Deseja perguntar alguma coisa?

— Sim. Esses vestidos ficarão guardados aqui ou em minha casa?

— Devo esclarecer que se trata de uma roupa cara, de qualidade, de alta-costura. Ficará responsável por elas. Se as danificar, terá de pagar o prejuízo. Mas é claro que deverá levá-las. Trabalhando para nós, vai tornar-se conhecida e não pode ser vista malvestida. Com o tempo, poderá adquirir um guarda-roupa melhor. Gino é muito generoso e costuma vestir os empregados por um preço ínfimo.

— Estou me sentindo muito elegante. Depois de usar uma roupa como esta, será difícil contentar-me com as antigas.

— Muito bem. Vejo que sabe valorizar artigos de qualidade. É um bom começo. Penso que vamos nos entender muito bem. Vamos fazer um intervalo para almoço. Pode sair se quiser. Mas à uma deverá estar de volta. Há clientes marcadas para a uma e meia. Terá de estar aqui.

— Sim, senhor.

Clara saiu, procurou um lugar para comer, pediu um sanduíche, um refresco. Notou que estava chamando atenção por onde passava. Levantou a cabeça com satisfação. Sabia que estava linda e elegante. Sentiu-se rica, e essa sensação foi tão agradável que chegou a esquecer sua falta de dinheiro, dando uma gorjeta generosa ao garçom.

Dez minutos antes da hora, estava de volta ao ateliê. Procurou Domênico.

— Quando a cliente chegar, o que deverei fazer?

— Fique do meu lado e observe. Vou atendê-la e apresentá-la a você. Cuidarei de tudo e você ficará do meu lado, observando e mostrando-se atenciosa e gentil sem exageros. Seja natural. Vamos ver como se sai. Não se esqueça de baixar o tom de voz, mas não sussurre. Fale com voz firme e clara. É horrível não poder ouvir ou entender o que as pessoas falam.

— Pode deixar. Sei como fazer isso.

Ela aceitara aquele emprego por não ter outro melhor, mas com o decorrer do dia foi mudando de ideia. O salário era pequeno, mas o que ela estava aprendendo, o contato com pessoas de alta classe, a possibilidade de vestir-se bem, ficar no meio do luxo e de coisas bonitas, tudo era extremamente prazeroso.

Era a esse mundo que ela desejava pertencer. Nunca fora ambiciosa. Tinha sido educada para o casamento. Alimentara a crença de encontrar um amor verdadeiro para o resto da vida. Mas seu sonho de amor havia naufragado.

Ela não conseguira cumprir sua parte no compromisso. Apaixonara-se por Osvaldo e colocara naquele casamento todos os seus sonhos. Entretanto, a rotina a desafiou e Válter apareceu. Ainda daquela vez acreditou haver encontrado o amor verdadeiro. Por ele arriscou tudo e perdeu. Destruiu sua família, infelicitou o marido, os filhos, ficou na penúria, para no fim descobrir que o amor por Válter, pelo qual jogara fora sua cômoda situação familiar, não passara de uma ilusão perigosa e destrutiva que desapareceu assim que os problemas surgiram.

Quanta ilusão! O amor era apenas um jogo de interesses. Agora ela sabia, e nunca mais se machucaria com ele. Dali para frente, cuidaria da sua felicidade de outra forma. Colocaria toda a sua força em ganhar dinheiro, cuidar do futuro dos filhos.

Nunca frequentara a alta sociedade. Trabalhando naquele ateliê, via a possibilidade de adquirir o verniz e a classe que lhe faltavam. Conhecendo e relacionando-se com pessoas ricas, famosas, tinha certeza de que encontraria uma oportunidade para subir na vida.

Enquanto se preparava para ajudar a atender às clientes naquele seu primeiro dia de trabalho, Clara refletia em tudo isso e tomava decisões.

Quando ela se postou ao lado de Domênico para receber aquela senhora elegante e altiva que entrou para escolher alguns modelos, não perdeu tempo. Assumiu uma postura firme de quem sabe o que está fazendo e sorriu delicadamente ao ser apresentada por Domênico.

Colocou tanta atenção em observar aquela mulher que percebeu logo que tipo de pessoa tinha na sua frente. Sentiu que não podia mostrar-se subalterna ou insegura. Aquele era o tipo de mulher que só respeitava ou dava atenção aos seus iguais, ignorando os subalternos.

Por isso, Clara mostrou-se segura e firme. Sustentava o olhar quando ela lhe dirigia a palavra e logo Domênico surpreendeu-se ao perceber que a cliente se dirigia a Clara trocando ideias e pedindo sugestões.

Quando ela se foi, depois de haver escolhido alguns modelos, Domênico procurou Gino satisfeito.

— Acho que fizemos uma ótima aquisição. Você precisava vê-la atendendo Madame Georgina. Eu estava preocupado. Sabe como essa cliente é exigente. Quando ela não gosta de uma pessoa, é como se ela não existisse. Lembra o que ela fez com a pobre Adalgisa?

— Adalgisa era bonita, mas muito insegura, não tinha garra. Gostei também do que você fez com ela. Ficou muito melhor.

— Madame Georgina falava com ela como se fosse uma amiga. Por isso as deixei mais à vontade.

— Fez bem. Eu percebi que estavam se entendendo bem.

Quando Clara chegou em casa naquela noite, Rita admirou-se:

— Dona Clara! Como está diferente! Quase não a reconheci.

— Acha que estou melhor do que antes?

— Está linda!

— De agora em diante, vou me arrumar assim. É exigência do emprego. Estou trabalhando em um lugar de luxo, onde os clientes são ricos e de classe. Ganhei mais dois vestidos, sapatos e complementos. Terei de ir impecável todos os dias.

— Está vendo só? Foi só fazer espaço nos armários que a vida lhe mandou novas roupas.

Clara parou pensativa e sorriu. Foi uma coincidência, pensou, mas não disse nada para não cortar a alegria de Rita.

Depois de jantar e de colocar as crianças na cama, Clara apanhou um caderno e sentou-se na sala. Registrou ali as impressões daquele seu primeiro dia de trabalho, bem como os dados da cliente que tivera o cuidado de anotar. Nome, sobrenome, endereço, telefone etc.

Se pretendia fazer um bom trabalho, ter um relacionamento melhor com os clientes, tinha de conhecê--los, saber coisas a respeito de suas vidas e de como se tornar para eles pessoa prestativa e agradável.

Naquela noite, ao se deitar para dormir, Clara não pensou no sofrimento do marido nem na falta de caráter de Válter. Seus sonhos agora eram outros. Eram de subir na vida tendo como escada do seu sucesso aquele modesto emprego de recepcionista de um ateliê de alta-costura.

Capítulo 7

Clara entrou no ateliê e colocou a bolsa no armário de sua sala. Depois olhou-se no espelho, ajeitando os cabelos e o vestido elegante. Sorriu satisfeita. Estava impecável, bonita e com classe.

Sentia-se muito à vontade em meio ao luxo do lugar e havia conseguido relacionar-se muito bem com as clientes que a procuravam e que pediam sugestões até para assuntos pessoais.

Naqueles seis meses que Clara trabalhava lá havia inspirado confiança às clientes, seja pela sua classe invejável, pela sua beleza e elegância ou pela segurança que demonstrava, sabendo sempre o que estava na moda, o que ficava bem a cada uma, em cada ocasião.

As indecisas penduravam-se nela, só escolhendo quando ela estava presente e dava opinião. Domênico ficava fascinado e comentava com Gino:

— Você precisava ver o que Clara conseguiu hoje. Madame Mota veio escolher um vestido para uma festa e acabou comprando quatro. Saiu daqui tão satisfeita que distribuiu gorjetas até para o porteiro.

— Essa moça vai longe. Espero que não apareça um homem para atrapalhar. Sabe como é: mulher vai bem até se apaixonar. Depois, deixa tudo que conseguiu e pendura-se no homem. É uma calamidade. Espero que não aconteça com ela.

— Eu também.

Clara preparou-se para receber a próxima cliente, uma senhora muito rica cujos olhos tristes a haviam impressionado. Soube por Domênico, que a conhecia havia muito tempo, que ela era casada com um industrial, mas que o marido a deixava de lado, mostrando-se publicamente com a amante, que apresentava como secretária, mas cujas atitudes não deixavam margem à dúvida quanto ao seu verdadeiro papel.

Por causa disso, Consuelo tornara-se triste e retraída, recusando os convites dos amigos nos quais teria de comparecer ao lado do marido. Os filhos, dois jovens, passavam pouco tempo em casa, e ela se sentia muito só.

Observando-a, Clara sentira-se incomodada. Por que uma mulher ainda jovem, bonita, rica, se sujeitava a viver dessa forma sem reagir? Se fosse com ela, já teria rompido com esse casamento que só a humilhava e fazia sofrer.

Consuelo ia ao ateliê regularmente, escolhia as roupas sóbrias como se fosse uma obrigação, olhando indiferente os detalhes de cada uma. Clara tentou aproximar-se dela desde o primeiro encontro.

— Este tom de azul fica-lhe muito bem. Realça a cor de sua pele.

— É um tanto chamativo. Prefiro o cinza. É mais discreto.

— De fato, o cinza é bonito. Por que não leva os dois? Este azul parece que foi criado para a senhora.

Colocou o vestido sobre o corpo dela em frente ao espelho.

— Veja: com ele a senhora ganha vida, fica irresistível.

Pelos olhos de Consuelo passou um brilho emotivo.

— Você acha mesmo?

— Acho. Posso fazer uma sugestão?

— Fale.

— Com este vestido, clareando um pouco o tom de seus cabelos, a senhora ficaria maravilhosa.

— Você está me tentando. Se eu esperasse alguma coisa da vida, faria isso. Mas não vale a pena. A cada alegria, a vida responde com uma tristeza; a cada ilusão, com a desilusão. Prefiro a calma e o conforto de não esperar nada. Por isso ficarei com o cinza, que é neutro.

Clara não se deu por achada.

— A senhora fala como se sua vida estivesse no fim. É tão jovem e bonita! Sua pele parece de porcelana, seu porte é de rainha, seus olhos têm um brilho especial.

Consuelo colocou a mão sobre o braço de Clara enquanto dizia:

— Você é muito amável.

— Desculpe se fui inconveniente. Mas é que aprecio o belo. Se eu pudesse, transformaria todas as clientes que entram aqui em mulheres maravilhosas. Infelizmente não tenho esse poder. Mas quando vejo uma mulher como a senhora, que possui tudo para brilhar e se conforma em ficar neutra, não me contenho.

— Sei o que quer dizer. A beleza faz parte de sua profissão.

— Também. Mas sei por experiência própria o quanto é ruim sentir-se menos, estar em segundo plano, ser posta de lado. E como é bom sentir-se bela, elegante, charmosa, atraente. Dá segurança, confiança na vida, alegria de viver.

Consuelo ficou pensativa alguns instantes, depois disse:

— Talvez tenha razão. Sabe de uma coisa? Vou levar também o azul. Em sua homenagem.

Clara sorriu satisfeita.

— Se clarear um pouco os cabelos, a homenagem seria completa.

As duas riram. A partir desse dia, Consuelo passou a ir com mais frequência ao ateliê e fazia questão de conversar com Clara.

Em uma dessas visitas ao ateliê, Consuelo lhe disse:

— Você tem me sugerido coisas que mudaram meu gosto. Fiquei mais exigente. Meus guarda-roupas estão atulhados, mas às vezes o que tenho lá não me agrada mais.

— É preciso renovar. Depois, é contra a prosperidade guardar coisas que você não usa. Deve desfazer-se de tudo que você não vai mais usar. Assim cria espaço para as coisas novas que virão.

— Não sei o que fazer com as roupas. São finas, estão em bom estado. Algumas já ficaram fora de moda.

— Poderia vendê-las e assim fazer espaço.

— Vender? Quem compraria roupas usadas? Depois, não preciso de dinheiro, teria vergonha.

— Venderia bem barato, apenas para dar dignidade a quem as comprasse e que normalmente não teria dinheiro para frequentar um ateliê como este.

— Nunca pensei nisso. Gosto de dar, mas sempre sinto que isso humilha um pouco quem recebe. Essa ideia de vender é boa, só que não teria para quem o fazer. Não conheço ninguém assim.

— Pois eu conheço. Há pessoas que se sentiriam muito felizes se pudessem vestir um dos seus vestidos.

— Nesse caso sei o que fazer. Vou escolher tudo que não vou mais usar e mandar à sua casa. Faça o que quiser com eles. Faria esse favor por mim?

— Eu?

— Sim, você. Tenho certeza de que saberia a quem vender. Não quero dinheiro nenhum. Pode ficar com ele e fazer o que quiser.

A princípio Clara se surpreendeu. Depois, pensando melhor, resolveu aceitar. Embora seu salário já houvesse sido aumentado, ainda ganhava pouco. Vendendo aquelas roupas poderia melhorar sua renda.

Dois dias depois, chegando em casa, Rita contou-lhe a novidade:

— Hoje veio aqui um carro e o motorista descarregou uma mala cheia de roupas e mais alguns pacotes. Disse que dona Consuelo mandou.

— Ela disse que ia mandar.

— Coloquei tudo no quarto dos fundos. São para a senhora?

— Não. Ela pediu para eu dar a alguém que precise. Vamos ver.

Elas subiram e abriram os pacotes e a mala. Além de roupas, havia bolsas, sapatos e até uma caixa com bijuterias.

— São de boa qualidade — comentou Rita.

— Claro. Dona Consuelo é muito rica e exigente. É tudo alta-costura.

— Por que ela deu tudo isso? Estão novas.

— Essas pessoas não gostam de aparecer com as mesmas roupas. Usam um pouco e logo as substituem. Falou que eu posso vendê-las e ficar com o dinheiro. Você conhece alguém que compre e venda roupas usadas? Ouvi falar que há gente que se dedica a isso.

— Não conheço ninguém. Por que nós não vendemos para pessoas amigas? Conheço algumas aqui em nossa rua que certamente se interessariam.

— São pessoas de classe média. Não vão querer comprar coisas usadas.

— Pois pobre é que não compraria. Não sabe valorizar uma roupa fina. Os tempos estão difíceis, dona Clara.

Sei de pessoas que lutam muito para comprar uma roupa boa. Adorariam vestir uma alta-costura. Depois, quem iria saber que comprou usada?

— Você pode ter razão.

— Vamos arrumar tudo direito neste quarto. Aqui não dorme ninguém. Esvaziamos o guarda-roupa e arrumamos como se fosse uma loja. Tem espelho grande e tudo. Depois é só conversar com as pessoas na feira, na padaria ou no mercado. Vão adorar.

— Não sei, não. Você acha mesmo?

— Tenho certeza. Antes temos de estabelecer os preços.

Rita começou imediatamente a tratar da arrumação e Clara concordou. Precisava de dinheiro. As crianças estavam sem roupas e havia uma lista de coisas que ela precisava comprar, mas que ia adiando.

Conforme Rita previra, algumas mulheres da vizinhança se interessaram e a notícia correu com rapidez. Embora não privassem da amizade de Clara, conheciam sua vida. Era com admiração que elas a viam passar, linda, elegante, vestindo roupas caras. Sabiam que ela trabalhava no ateliê.

Venderam tudo com rapidez, e o resultado as entusiasmou. Clara começou a pensar na possibilidade de falar com outras clientes, comprar tudo que elas não fossem mais usar e revender. Estaria ganhando dinheiro e ajudando para que elas renovassem seu guarda-roupa.

Antes de tomar qualquer iniciativa, procurou Gino para conversar. Não gostava de fazer nada às escondidas.

Sentada diante dele, contou o que acontecera e finalizou:

— Vendemos tudo com rapidez, e as compradoras ficaram tão satisfeitas de poderem vestir uma roupa de qualidade que pediram para que eu trouxesse mais.

Gino a observava com atenção. Ela continuou:

— São roupas de qualidade, que duram muito, e nossas clientes gostam de renovar e estar na moda. O que ganho aqui tem sido pouco para as despesas de minha família. Esse dinheiro foi muito bem-vindo. Por outro lado, adoro trabalhar aqui e não gostaria de sair. Então pensei que poderia conversar com as clientes e comprar delas, por preço módico, claro, o que quiserem vender. Assim, eu poderia comercializar essas roupas em minha casa, sem nenhuma despesa. Desejo pedir sua permissão. Acredito que todos seremos beneficiados. Eu poderei dar mais conforto aos meus filhos, as clientes se livrarão de tudo que não querem mais e farão espaço para novas aquisições, e o ateliê venderá mais. Dona Consuelo comprou um vestido e telefonou avisando que virá encomendar mais dois porque acha que está com pouca roupa.

Gino sorriu e meneou a cabeça, dizendo:

— Está quase me convencendo. Só quero saber como pretende fazer isso. Não podemos importunar as clientes com pedidos. Sou rigoroso nisso, você sabe.

— Sei. Penso que até agora não lhe dei nenhum motivo de preocupação. Tenho me relacionado muito bem com todos. Claro que farei isso discretamente.

— De que forma?

— Direi a elas que estou montando em minha casa uma loja de roupas usadas. Se elas tiverem alguma coisa para vender, eu comprarei. Só isso.

— Bem, se fizer discretamente, pode fazer. Eu mesmo tenho no depósito algumas peças um pouco fora de moda. Se você se interessar, poderá levar.

— As pessoas que compraram não têm meios para pagar uma roupa nova de seu ateliê. Acho que não conseguiria vendê-las.

— Você não entendeu. Essas roupas estão tomando espaço e ninguém vai querer comprá-las. Pode levá-las.

— Gostaria de pagar por elas. Se fizer um preço bem módico, faremos negócio.

— Vá ver as peças e faça o preço.

Clara começou a conversar com as clientes e o resultado a surpreendeu. Em pouco mais de um mês, o quarto de sua casa estava lotado e ela ganhando dinheiro.

Algumas clientes que reformaram a casa lhe ofereceram graciosamente objetos de decoração os mais variados, satisfeitas por virem-se livres do que não gostavam.

Clara aceitava tudo, depois escolhia os melhores, alguns com pequenos problemas, mas que, por serem de qualidade e bom gosto, ela tencionava restaurar. O que sobrava, separava para dar a quem aparecesse.

Logo percebeu que também para isso havia compradores. Um homem que passava uma vez por semana com um carrinho de madeira recolhendo o que pudesse aproveitar do lixo dos moradores ficou muito contente quando Clara lhe deu os vários objetos que considerava refugo.

— Muito obrigado, dona. Quando tiver mais coisas que deseja dar, espere por mim. Não dê a ninguém. Vou vender e comprar comida para meus filhos.

Clara concordou satisfeita. Comentou com Rita:

— Fico admirada em ver que há pessoas que aproveitam tudo.

— E isso começou quando a senhora resolveu dar o que não lhe servia mais. Lembra-se? Minha avó tinha razão. Se você quer ter fartura em sua casa, não guarde coisas inúteis, porque os bens precisam circular. Se fizer isso, sempre terá o suficiente.

Clara ainda não estava convencida disso, mas sorriu alegre. Podia ser coincidência, mas notava que sua vida estava mudando radicalmente. Perdera o medo do futuro, sentia-se segura, calma, contente. Até os problemas de família que tanto a atormentavam haviam diminuído.

De vez em quando se perguntava o que havia sido feito de Osvaldo. Onde estaria? Por que não dava notícias? Pensava que ele estava sendo egoísta, rancoroso, a ponto de não se interessar pela sorte dos filhos.

Isso ela não tolerava. Havia errado, estava arrependida, sentia-se culpada, reconhecia que ele não merecia isso, mas quando pensava que ele desaparecera sem se preocupar com os filhos, ignorando como eles estavam, sabendo que ela nunca havia trabalhado e que teria dificuldades para sustentá-los, uma onda de rancor a acometia.

Nervosa quando as crianças perguntavam pelo pai dizendo que sentiam saudade, ela comentava com Rita:

— Osvaldo parecia um bom pai. Mas não é. Eu estava enganada. Como é que ele pode ficar tanto tempo longe sem saber como as crianças estão?

— Ele é boa pessoa, dona Clara, mas ficou desnorteado com o que aconteceu. Parecia outro homem. Passou por mim e nem me viu. Estava fora de si. Quando ele sumiu, pensei que tivesse feito uma besteira.

— Também tive medo. Mas, se até agora não soubemos de nada, acho que não fez. Sabe como é: as más notícias chegam depressa.

— Vai ver que ele tem se comunicado com a mãe e ela tem lhe dado notícias das crianças.

— Como poderia? Dona Neusa nunca nos procurou depois do que aconteceu.

Rita hesitou um pouco, depois disse:

— Ela telefona de vez em quando para saber como estão.

— Por que não me disse nada?

— Ela implorou que eu não contasse.

— Ainda bem que ela não veio aqui. Tenho medo de que fale mal de mim para as crianças. Sei que ela faz isso com todos os nossos conhecidos. Nesse caso, é possível que ela saiba onde Osvaldo está e tenha lhe dado notícias.

— Ela disse que telefona escondido, que ninguém da família sabe. Acho que ela não sabe nada do seu Osvaldo. Sempre pergunta se ele se comunicou com a senhora ou com as crianças.

— Se houvesse conversado com ele, saberia que não ligou. Seja como for, quero esquecer essa parte de minha vida. Errei, mas agora não há como consertar. O melhor a fazer é trabalhar para criar meus filhos, educá-los bem, fazer as vezes de mãe e de pai. É só isso que eu quero. Talvez seja melhor para as crianças que ele não apareça mais. São pequenos e com o tempo vão esquecer. Vamos tocar nossa vida para frente. Tenho uma proposta a lhe fazer.

— Proposta? O que é?

— Não tenho tempo de ficar em casa e cuidar do nosso negócio. É você quem tem feito tudo. Não sei o que teria sido de minha vida sem você. Sou-lhe muito grata por isso. Assim sendo, de tudo que vendermos em nossa loja lhe darei uma comissão.

— Não precisa, dona Clara.

— Precisa, sim. Quero que seja minha sócia. E então, aceita?

— Puxa! Estou me sentindo importante. Mas o dinheiro que entra é para o sustento da casa e para o futuro das crianças. Não acho justo. Eu não preciso de nada...

— Precisa, sim. Do jeito que as coisas vão, tenho certeza de que logo estaremos ganhando muito dinheiro. Vai dar para todos nós. Outra coisa: se você é minha sócia, não deve mais me chamar de senhora.

— Não sei se me acostumo.

— Acostuma, sim. Agora vamos definir os preços naqueles vestidos que chegaram ontem.

O telefone tocou, Rita atendeu.

— É para a senhora.

Clara apanhou o telefone:

— Alô.

— Clara? Aqui é Válter. Como vai?

— Bem. O que você quer?

— Saber de você, das crianças. Gostaria de vê-la para conversar.

— Não temos nada a dizer um ao outro.

— Está zangada comigo? Outro dia vi você na rua. Tentei alcançá-la, mas você não me viu. Entrou em um prédio na Barão de Itapetininga.

— Eu trabalho lá.

— Deve ser um emprego muito bom. Você estava muito bem-vestida, elegante.

— É uma exigência do meu emprego.

— Senti saudade. Nunca esqueci os momentos que passamos juntos.

— Pois eu não sinto saudade alguma. Se pudesse voltar atrás, não faria aquilo de novo.

— Você não me ama mais?

— Para ser sincera, penso que nunca amei. Foi uma paixão que acabou no momento em que Osvaldo descobriu tudo. Se fosse amor, teria sido diferente.

— Não posso acreditar. O tempo passou, você está livre agora. Podemos recomeçar. Estou cumprindo o que lhe prometi, lembra-se?

— Lembro. Mas não desejo vê-lo mais. Decidi virar essa página da minha vida, criar meus filhos e viver em paz.

— Não acredito que uma mulher ardente como você se conforme em viver sozinha. Por que não abre o jogo? Quem é o homem que colocou em meu lugar?

— Você está delirando. Deixe-me em paz. Tão cedo não quero saber de nenhum homem em minha vida.

— Quer que eu acredite? Quando vi você tão bem--vestida, maquiada, elegante, logo vi que havia outro no pedaço. Não acredito nessa de emprego. Você nunca trabalhou na vida, não sabe fazer nada. Não vai conseguir me enganar.

— Cada palavra que você diz mostra quanto eu estava enganada a seu respeito. Você não passa de um conquistador barato, mal-intencionado. O que você pensa de mim não me interessa. Nunca mais me telefone nem apareça na minha frente.

Clara desligou o telefone irritada. Rita fitava-a admirada.

— Puxa, dona Clara, a senhora acabou com ele!

— Por causa desse mau-caráter traí Osvaldo. Se arrependimento matasse…

— A senhora ainda gosta do seu Osvaldo.

— Pensando bem, ele foi um bom marido. Sempre me tratou com carinho e respeito. Mas não gosto de pensar nele. Sinto vergonha, medo, fico deprimida. Não sei onde está, como está. Não gosto de me sentir assim. Preciso ser forte para cuidar da minha família e do nosso negócio. Aliás, não me chame mais de senhora, por favor.

— Vou tentar. A senhora… isto é, você ficou vermelha de raiva com o que Válter lhe disse.

— E não era para ficar? Ele me chamou de incapaz. Acha que se estou bem-vestida é porque arranjei um amante. Para ele uma mulher só consegue dinheiro dessa forma! Não sei como pude me envolver com esse patife.

— Ele ainda gosta de você.

Clara deu de ombros:

— Não creio. Depois do que eu lhe disse, nunca mais aparecerá.

Mas Clara estava enganada. Quando chegava em casa à noite, ele lhe telefonava insistindo em um encontro. Dizia que estava sofrendo de ciúme, que a amava, que precisava vê-la. A princípio ela tentara argumentar, convencê-lo de que nada mais era possível entre eles, mas Válter não desistia.

Tendo esgotado todos os argumentos, cansada da insistência dele, Clara não mais atendia ao telefone. Então ele passou a esperá-la perto de sua casa ou do seu trabalho, assediando-a de todas as maneiras.

Clara a cada dia ficava mais irritada, e ele se mostrando mais possessivo e apaixonado. Ela escapava o mais que podia. Em casa, comentava com Rita:

— Ele parece que se multiplica. Aparece em todos os lugares que vou. Insiste. Um horror. Até algumas clientes já perguntaram quem é esse moço que fica me esperando na porta do prédio.

— Ele vai lhe dar trabalho.

— Uma hora terá de desistir. Não quero nada com ele. Engraçado... Logo que Osvaldo foi embora, fiquei desesperada, preocupada com nossa situação. Pensei que Válter fosse assumir, tomar conta de mim e das crianças, dizer que nos ajudaria financeiramente. Afinal, ele também teve culpa no que aconteceu. Mas não: deu-me algum dinheiro, mostrou-se apavorado. Pediu para que eu não o procurasse nem telefonasse em seu emprego. Ficou louco para ver-se livre de mim e de qualquer compromisso. Agora, como eu não o quero, fica insistindo. Não dá para entender!

— É que você deu a volta por cima, está bonita, não precisou dele, mostrou seu valor. Isso mexeu com os brios dele.

— O caso é que essa insistência está me cansando. Se não fosse o receio de escândalo, daria queixa à polícia.

— O povo fala muito. Muitos ainda se lembram do seu caso com ele. O melhor é deixar que ele desista.

— É. Tem razão.

Mas ele não desistiu. Continuou assediando, chegando ao cúmulo de querer abordá-la nos fins de semana quando saía com as crianças. Clara estava cada dia mais indignada. A quem apelar?

Certa tarde, Domênico indagou:

— Tenho notado que você ultimamente tem estado nervosa. O que há? Alguma coisa aqui a está aborrecendo?

— Absolutamente. Tudo aqui está cada dia melhor. Trata-se de um assunto particular.

— Nem sempre as coisas são como desejamos.

— É verdade. Você sabe que sou separada de meu marido. A culpa foi minha. Ele foi embora, não sei onde está, nunca deu notícias. Graças ao meu emprego aqui, tenho conseguido cuidar de minha família e não há nada que eu deseje mais do que viver em paz com meus filhos. Mas não estou conseguindo.

— Por quê?

Clara suspirou fundo, hesitou, depois respondeu:

— Nunca contei como foi que arruinei meu casamento. Apaixonei-me por outro e meu marido descobriu. Arrependi-me sinceramente. Depois, descobri que o homem pelo qual me iludi não era o que eu havia imaginado e a paixão desapareceu. Restou apenas um sentimento de tristeza, de frustração. Mas agora esse homem está me perseguindo sem cessar. Deseja reatar o relacionamento, jura que me ama. Mas eu não gosto dele. Quero que me deixe em paz, mas ele não desiste.

— Por isso está tão irritada.

— Desculpe. Não percebi que estava dando na vista. Vou me controlar. Não vai prejudicar meu trabalho.

— Sei que não. Você é bastante profissional e sabe separar as coisas. Mas eu, que a conheço bem e sou seu amigo, não gosto de vê-la contrariada.

— Obrigada pelo apoio, Domênico. Se ao menos eu pudesse fazer alguma coisa para Válter me deixar em paz!

— Você pode. Conheço uma pessoa que poderá ajudá-la.

— Quem?

— Trata-se de um médium muito bom, que é meu amigo. Se quiser posso marcar uma consulta para você.

Clara assustou-se:

— Não, obrigada. Minha sogra é que gostava de andar atrás dos médiuns. Nunca aceitei isso. Não acredito que possa me ajudar. Como é que você, uma pessoa culta e inteligente, acredita nessas coisas?

— Por experiência, minha cara. Já passei por muitas coisas e não tenho mais dúvidas: sei que a vida continua depois da morte, que os espíritos dos que morreram algumas vezes ficam ao nosso redor, interferindo em nossas vidas.

— Pois eu não creio. Trata-se de uma ilusão dos inconformados com a separação dos que morrem. Uma maneira de se enganar e sofrer menos.

Domênico olhou para ela e sorriu. Apenas disse:

— Um dia você vai descobrir a verdade. Vamos deixar o tempo correr.

— É. O tempo sempre é um santo remédio.

A campainha tocou e logo entrou uma cliente e Clara apressou-se em atendê-la. Margarida era uma jovem senhora, exuberante, bonita. Filha única de pais muito ricos, casara-se muito cedo com um estudante de Direito, pelo qual se apaixonara, e tivera dois filhos. Seu marido, depois de formado, fora trabalhar nas empresas do sogro. A vida de Margarida resumia-se em cuidar do bem-estar da família e em desfilar com o marido pela melhor sociedade, participando ativamente de todos os acontecimentos importantes.

O jovem casal era conhecido pela sua filantropia, estando na frente de vários projetos sociais, sendo, por isso, constantemente citado pelos meios de comunicação, aparecendo nas revistas importantes.

Margarida era uma das melhores clientes do ateliê. Comprava muito e pagava sem regatear.

— Em que posso servi-la? — indagou Clara depois dos cumprimentos iniciais.

— Estou precisando de dois vestidos: um esporte, outro habillé.

— Vou mostrar-lhe alguns tecidos que acabamos de receber da Itália. As cores são maravilhosas. Enquanto espera, aceita um café, uma água ou um refrigerante?

— Uma água, obrigada. Acho que ainda não vi nenhum destes figurinos. São novos?

— Chegaram na semana passada. Fique à vontade.

Ela se sentou e começou a folhear o figurino. De repente parou. Seu rosto ganhou uma expressão diferente e ela disse:

— Esse homem já lhe causou muito mal. Cuidado. Precisa livrar-se dele. Se ele continuar, vai prejudicá-la ainda mais.

Clara sobressaltou-se. Olhou em volta, estavam sozinhas. Assustada, indagou:

— Para quem está dizendo isso?

— Cuidado. Ele não serve. É preciso livrar-se dele. Já prejudicou sua família, pode atrapalhar muito mais. Mande-o embora de sua vida.

Clara notou que Margarida estava pálida, olhos perdidos em um ponto distante, a voz modificada.

Clara apavorou-se. Imediatamente foi à sala vizinha e chamou Domênico:

— Venha, dona Margarida está esquisita, falando coisas sem nexo. Acho que está tendo alguma crise...

Domênico acompanhou-a. Margarida continuava na mesma postura. Ele se aproximou, dizendo com voz calma:

— O que quer?

— Avisá-la de que corre perigo. Esse homem precisa sair do caminho dela.

— Está bem. Mas ele insiste, ela não sabe o que fazer. Pode nos sugerir alguma coisa?

— Ela que reze. Vamos tentar ajudar, mas ela precisa cooperar. Você falou, ela não ouviu. Vamos ver se agora ela entende.

— Farei o possível. Obrigado pela ajuda.

Margarida deu um suspiro fundo, depois olhou para Domênico, perguntando:

— Aconteceu de novo?

— Aconteceu, Margarida.

— O que foi que eu disse?

— Clara está com um problema e você tentou orientar.

Ela passou a mão pela testa como querendo afastar a preocupação.

— Não sei por que isso acontece comigo. Fico inquieta. Nunca sei quando vai se dar. Já pensou se acontecer quando eu estiver em alguma solenidade?

— Não se preocupe. Pelas palavras que você disse, quem está fazendo isso sabe como agir. Não vai expô-la ao ridículo.

— Se ao menos eu me lembrasse...

Clara não se conteve:

— Você não se lembra do que me disse há pouco?

— Nenhuma palavra. Quando eu era criança, de vez em quando tinha algumas ausências. Nesses momentos, algumas vezes falava coisas das quais depois não me lembrava. Meus pais, preocupados, levaram-me aos maiores especialistas não só no Brasil, mas também no exterior. Nunca encontraram nenhuma doença. Como não sabiam como explicar, alguns diziam que com o tempo iria passar. E, de fato, melhorou, tanto que eu havia até me esquecido. Fazia muito tempo que não acontecia. Agora não sei o que pensar. Será que vai começar tudo de novo?

— Não. O que você tem é apenas mediunidade.

— Não pode ser.

— É verdade. Acredite. Seria muito bom se procurasse estudar esses fenômenos. Há livros muito sérios sobre esse assunto, que ajudariam a compreender melhor o que está acontecendo. Além disso, eles a orientariam como proceder.

— Estou assustada, Domênico.

— Não deve. Ser médium significa possuir mais sensibilidade, perceber o que a maioria das pessoas não consegue ver. Perceber o que há além do nosso mundo material, conhecer a vida em outras dimensões, saber muito mais a respeito do ser humano. A mediunidade é uma bênção, Margarida. Em vez de ter medo, trate de aprender como funciona. Tenho certeza de que encontrará maneira de conviver com isso e aproveitar todos os benefícios desse estado. A espiritualidade é alegria, proteção e luz.

— Começo a pensar que tem razão. Poderia indicar-me alguns desses livros?

— Certamente. Vou anotar e lhe darei uma relação boa. Vou mandar servir-lhe um café. Acho que lhe fará bem.

— Obrigada. Aceito.

Enquanto ele foi pedir o café, Clara perguntou:

— Está se sentindo bem?

— Estou. Aliás, nunca me sinto mal quando essas coisas acontecem.

Margarida estava corada e bem-disposta, muito diferente de como havia ficado naqueles instantes. Clara sorriu. Ainda bem.

Atendeu a Margarida, mas, apesar de falarem de outros assuntos, ela não conseguia esquecer aquelas palavras. Margarida não sabia nada sobre sua vida pessoal. Clara nunca havia comentado com ela.

Margarida referiu-se a Válter, com certeza. Por haver se envolvido com ele, a vida de Clara fora prejudicada. Em todo caso não tencionava dar-lhe atenção. Não sentia por ele mais nenhum tipo de atração. Ao contrário, sua presença a incomodava, causava-lhe mal-estar.

Não se sentia com o direito de atirar toda a culpa em cima dele, a responsabilidade era dos dois. Se ela não o houvesse escutado, nada teria acontecido.

Depois de tudo quanto passara, percebia que Válter não era o que ela pensava. Era um homem leviano, arrogante, fraco, preocupado com o que as pessoas pensavam dele, incapaz de um sentimento verdadeiro. Admirava-se de haver se deixado iludir por ele.

No fim da tarde, antes de encerrar o expediente, Domênico aproximou-se:

— Você ficou pensativa depois do que Margarida lhe disse.

— Fiquei. Suas palavras foram de certo modo intrigantes.

— Só intrigantes? Eles se preocuparam em mandar-lhe um recado e você parece que ainda não percebeu o alcance do que aconteceu hoje aqui.

— Eles quem?

— Amigos espirituais, espíritos desencarnados que velam pelo seu bem-estar.

Clara olhou séria para ele:

— É difícil acreditar que eles existam.

Domênico sorriu e respondeu:

— Nem tanto. Depois da prova que você recebeu hoje, já deveria acreditar.

— É. De fato. Margarida não sabia nada sobre minha vida. Falou de um homem que me persegue, e eu sei a quem se referiu. Até aí foi surpreendente. Quanto ao resto, não creio que esteja correndo algum perigo. Não pretendo nada com Válter.

— Mas ele pretende com você. Está insistindo. O recado tem fundamento, sim. Seria bom que acreditasse e tomasse alguma providência mais séria para afastá-lo de vez.

— Válter pode não ser do jeito que eu gostaria, mas trata-se de um homem civilizado, que vai entender. Depois, ele sempre teve muita sorte com as mulheres. Logo aparecerá outra e ele me deixará em paz. Você vai ver.

— Talvez o fato de ter sorte com as mulheres seja a causa de ele estar insistindo com você. Para ele, sua recusa está ferindo seu orgulho, e orgulho ferido sempre é perigoso.

— Ele não pode fazer nada.

— Seria bom que não andasse sozinha por aí.

— Não exagere, Domênico. Sei me cuidar.

— Tudo bem. Mas prometa que vai tomar cuidado. Sou seu amigo. Não quero que lhe aconteça nada de mau.

— Desse jeito você me assusta. Ficou mais impressionado do que eu com aquele recado.

— Porque sei que eles, para conseguirem transmiti-lo, tiveram de remover várias barreiras, e nunca fariam isso se não fosse realmente necessário.

Clara saiu pensando nas últimas palavras de Domênico. Olhou para todos os lados da rua, mas Válter não estava lá. Ficou aliviada. Era provável até que ele já houvesse desistido.

Capítulo 8

Clara levantou-se irritada.

— Tem certeza de que ele disse isso?

— Tenho, Clara. Se não lhe dermos o dinheiro, vai nos multar e proibir a venda em nosso bazar.

— Bem que Domênico me disse que eu deveria registrar nossa firma. Mas fiz as contas e vi que precisaríamos gastar muito. Queria esperar um pouco mais, até juntarmos o dinheiro.

— Quando ele tocou a campainha dizendo que queria fazer compras, eu fiquei desconfiada. Respondi que não tínhamos nada para vender. Então ele mostrou a carteira, disse que era fiscal e que tinha recebido uma denúncia. Não tive como impedi-lo de entrar.

— Denúncia? Quem teria feito isso? As pessoas que compram aqui são nossas amigas.

— Não sei. O fato é que ele sabia de tudo. Até o local onde está a mercadoria, o horário em que as crianças estão na escola, tudo. Foi um horror.

— O que mais ele disse?

— Que tinha de nos multar e apreender toda a mercadoria. De nada adiantou alegar que se tratava de objetos e roupas usadas, que era um bico para poder sustentar a casa, que o volume de negócios era pequeno.

Queria mandar colocar tudo no carro. Pedi-lhe que não o fizesse. No fim, pediu que lhe déssemos duzentos mil cruzeiros em dinheiro. Respondi que íamos tentar arranjar o dinheiro e pedi um prazo. Deu-nos três dias.

— Mas é muito dinheiro! Não dispomos dessa quantia.

— Eu sei, mas foi só o que pude conseguir: ganhar tempo.

Clara sentou-se passando a mão pelos cabelos, como que para afastar a preocupação.

— O que vamos fazer? Logo agora que estávamos indo tão bem...

— O melhor será registrar a firma. Temos algum dinheiro, faremos economia em casa, vamos conseguir. Não podemos desistir agora.

— Mas e se não arranjarmos o dinheiro e eles levarem toda a nossa mercadoria?

— Tenho fé em Deus que eles não vão conseguir. Hoje mesmo vou ao centro de dona Lídia pedir uma ajuda espiritual.

Clara olhou para ela e não disse nada. Por mais ajuda que tivessem, a verdade era que não tinham tanto dinheiro. Se ao menos ela tivesse a quem recorrer... Não ia pedir ajuda ao patrão. Ele já lhe dera muitas mercadorias, e não tinha coragem de pedir mais. Depois, Domênico havia insistido para que ela registrasse devidamente sua firma. Não seguira sua orientação e agora tinha vergonha de queixar-se com ele.

Dispunha de três dias para pensar, mas sabia por antecipação que não tinha de onde tirar esse dinheiro.

Foi para o trabalho e durante o dia inteiro remoeu o assunto, procurando uma solução. Passava das seis quando saiu do ateliê. Válter esperava-a na porta do prédio.

Durante alguns dias ele não havia aparecido e ela pensou que ele já houvesse desistido. Tentou desviar. Não se sentia com disposição para conversar. Mas não teve como, porque ele estava na porta.

— Como vai, Clara?

— Bem, obrigada.

Ela foi saindo e ele a segurou pelo braço.

— Espere um pouco. Quero conversar com você.

— Não temos nada para conversar. Sinto muito. Estou cansada e quero ir para casa.

— Tenho uma proposta a lhe fazer. Coisa séria.

— Não estou interessada.

— Vamos tomar um café ali na esquina. Quero que me ouça.

— Não posso. Preciso chegar em casa logo.

— Cinco minutos. Puxa, pelo menos um pouco de atenção em nome dos velhos tempos.

— Que eu não quero lembrar.

— Vamos entrar. Apenas cinco minutos, eu prometo.

Clara deixou-se conduzir desanimada. Sentou-se e esperou. Ele pediu café e alguns salgadinhos.

— Hoje fechei um bom negócio e recebi excelente comissão. Fiquei feliz. Pensei em comprar uma boa casa, em assentar minha vida, em me casar.

Ela não respondeu, ele continuou:

— Nunca deixei de amá-la, Clara. Você é a mulher de minha vida. Tentei esquecê-la, mas foi inútil. Além disso, sinto-me culpado pela sua infelicidade. Eu destruí sua paz, sua família. Seus filhos estão sem pai. Pensei muito, mas só agora tenho meios para oferecer a você e a seus filhos uma vida confortável. Por isso lhe peço que se case comigo.

— Não posso. Ainda sou casada.

— Osvaldo desapareceu. Ninguém sabe onde está. Pode ser declarado morto. Se isso demorar, podemos nos casar no Uruguai.

— Você pensou em tudo, não é? Menos que eu não desejo me casar. Estou muito bem como estou. Agora preciso ir. Deixe-me em paz.

— Estou lhe fazendo uma proposta honesta, colocando minha vida em suas mãos. Por que está sendo tão dura comigo? Prefere passar o dia inteiro trabalhando fora, longe de seus filhos, quando poderia ficar em casa, com conforto? Hoje eu posso cuidar do seu futuro.

— Não quero nada com você nem com ninguém. Agora só quero trabalhar, criar meus filhos e viver em paz.

— Você me amava. Não pode ter esquecido.

— Nunca amei você. Foi uma grande ilusão da qual me arrependi amargamente. Entenda de uma vez por todas que acabou. Deixe-me em paz.

Ele a olhou nos olhos, trincou os dentes com raiva e segurou o braço dela com força, dizendo:

— Pense bem. Se não aceitar minha proposta, vai se arrepender. Isso eu garanto!

— Não preciso pensar. Não quero nada com você. Agora vou indo. Boa noite.

Clara levantou-se e saiu. Válter seguiu-a com os olhos brilhantes de rancor. Ela teria de reconsiderar. Quando estivesse na miséria, perdesse o emprego, não lhe restaria outro recurso senão aceitar.

A cada dia desejava mais aquela mulher. Os momentos de intimidade que haviam vivido não lhe saíam do pensamento. Nunca fora derrotado por mulher nenhuma. Não seria ela a primeira.

Clara chegou em casa nervosa. Válter olhara para ela com raiva ao ser recusado. Sentiu um aperto no peito. E se o que Margarida lhe dissera fosse verdade? E se ele representasse mesmo um perigo?

Sacudiu os ombros como se isso pudesse afastar aqueles pensamentos. Estava impressionada pelo que acontecera à tarde. Válter não podia prejudicá-la. Esforçou--se para esquecer e recuperar a serenidade.

Mas o problema do dinheiro ainda estava sem solução. O que fazer?

Quando o prazo dado pelo fiscal expirou, Clara sentiu-se arrasada. Não haviam conseguido o dinheiro.

Pela manhã, Rita perguntou aflita:

— Hoje vence o prazo. Se o fiscal voltar, o que faremos?

Clara suspirou resignada.

— Não dá para fazer nada.

— Eles vão levar nossa mercadoria, vamos perder tudo.

— Estamos nas mãos deles, Rita. Não posso faltar hoje no ateliê. Devem ir algumas clientes que só compram comigo.

— Depois de termos trabalhado tanto, não é justo entregarmos tudo a eles. Seria preferível dar aos pobres.

— Concordo com você. Pelo menos teriam utilidade. Para eles não vale nada.

— Pois eu tenho fé que Deus vai nos ajudar. Dona Lídia garantiu que ia rezar por nós.

Clara não respondeu. Gostaria de ter a fé de Rita para sentir-se mais encorajada, mas não acreditava que isso as pudesse ajudar.

— Vou trabalhar. Se acontecer alguma coisa, você telefona.

Depois que ela saiu, Rita resolveu procurar dona Lídia. Deixou as crianças na escola e foi até lá.

Assim que ela abriu o portão, foi logo dizendo:

— Não conseguimos o dinheiro. Não sabemos o que fazer. Vamos perder tudo.

— Calma. Vamos ver se encontramos alguma solução. Entre. Sente-se.

— A senhora sabe o quanto temos lutado para manter a casa. Tem acompanhado nossas dificuldades.

— É verdade. Mas não se desespere. Deus vai nos ajudar.

De repente, Rita levantou-se:

— Dona Lídia, a senhora ajuda muito os pobres, teria como ir buscar aquela mercadoria?

— Temos a caminhonete, mas tem certeza de que deseja fazer isso?

— Tenho.

— E Clara, vai concordar?

— Conversamos, e ela também prefere. Precisamos ir antes que eles apareçam.

— Está bem, vou chamar Alípio.

O prédio do centro espírita ficava ao lado da casa de Lídia. Alípio morava nos fundos e dirigia a caminhonete. Ele apareceu e foram buscar a mercadoria

Colocaram tudo rapidamente na caminhonete.

— Eu vou ficar e limpar tudo. Eles não vão encontrar mais nada.

— Rita, à noite, quando Clara chegar, vocês vão até minha casa. Temos de conversar.

Eles se foram e Rita sentiu-se aliviada. Encontrara uma boa solução. Passava das três horas quando finalmente o fiscal tocou a campainha.

— Então, o prazo acabou. Como ficamos?

— Achamos que o senhor estava certo. Pode crer que nós não sabíamos que para vender aos vizinhos algumas roupas usadas teríamos de ter uma licença.

— Vão regularizar tudo?

— Não. Decidimos acabar com isso. Doamos tudo ao centro espírita de dona Lídia, que fica próximo daqui. Ela vai distribuir aos pobres.

O fiscal abriu a boca, fechou-a novamente e depois decidiu:

— Havia muita coisa. Não acredito que tenham dado tudo. Vamos fazer uma vistoria.

— Faça o favor de entrar.

Ele chamou o outro que ficara no carro e entraram. Enquanto se encaminhavam para o quarto onde estava o bazar, Rita disse amável:

— Os senhores aceitam um café? Coei agora.

Eles não responderam. Vasculharam todos os compartimentos da casa. Ao sair, o fiscal disse:

— Olhe aqui, isso não vai ficar assim. Não pense que nos enganam. De hoje em diante estarei de olho em vocês.

— Vai perder tempo. Não vamos mais vender nada.

Depois que eles se foram, Rita sentou-se na cadeira e, satisfeita, colocou café na caneca. Haviam perdido a mercadoria, mas fizeram uma caridade e ao mesmo tempo não deram dinheiro àquele malandro.

Depois de tomar seu café, Rita telefonou para Clara contando-lhe tudo. E finalizou:

— Sabe que apesar de tudo estou aliviada? Nem imagina a alegria que senti vendo a cara de decepção deles.

— Rita, você não existe! Apesar de havermos perdido tudo, também estou satisfeita. Diante das circunstâncias, foi a melhor solução.

Clara desligou o telefone contente.

— Boas notícias? — indagou Domênico, que a observava.

— De certa forma, sim.

— Observei seu nervosismo nos últimos dias.

— Agora posso contar-lhe o que aconteceu.

Em poucas palavras colocou-o a par dos acontecimentos e concluiu:

— Você tinha razão ao aconselhar que regulari-
zássemos nossa firma. Como eu não segui seu conselho,
tive vergonha de contar-lhe o que aconteceu. Agora terei
de começar do zero.

— A experiência vale mais do que muitos conselhos.
Espero que desta vez comece abrindo uma firma.

— É o que faremos.

À noite, Clara e Rita levaram as crianças e foram
conversar com Lídia, que as recebeu com prazer, con-
duzindo-as à sala de estar.

Clara não a conhecia pessoalmente, mas vendo-a
percebeu por que Rita gostava tanto dela. Era uma mulher
simples, simpática, bem-educada.

— Pedi-lhes que viessem para lhes propor um
negócio. Vocês doaram ao nosso centro o produto de
meses do seu trabalho e de onde tiravam o sustento
da própria família. Agradeço de coração terem se lembrado de nós para fazer esse donativo. Há mais de quinze
anos eu e alguns amigos abrimos este centro espírita
para ajudarmos as pessoas a estudarem a vida espiritual, e com a graça de Deus temos conseguido realizar
um bom trabalho. Tudo que fazemos aqui é gratuito.
Ninguém paga nada pela ajuda que recebe no centro,
mas, como podem imaginar, temos algumas despesas
naturais: água, luz, telefone, faxineira e alguma ajuda
aos pobres, pois mantemos uma assistência social. Há
algum tempo eu vinha pensando em obter uma forma de
cobrir as despesas sem que fosse preciso apelar para
os jantares, almoços ou chás beneficentes. Havia pensado em abrir um bazar no qual as pessoas pudessem
comprar coisas por um preço módico e que ao mesmo
tempo oferecesse pequeno lucro para manutenção da

obra. Quando Rita apareceu hoje, eu havia acabado de rezar pedindo orientação aos meus amigos espirituais para começar. Sei que para vocês deve ter sido triste, mas para nós significa que foi a maneira que Deus encontrou para nos ajudar. Sei que vocês trabalharam meses para juntar tudo isso e não é justo que percam tudo. Então encontrei uma forma que vai servir para todos nós. Resolvi montar esse bazar e dividir o dinheiro com vocês. De tudo que trouxeram, metade para o centro e metade para vocês.

Clara olhou surpreendida para ela e não encontrou palavras para responder.

— Então — continuou Lídia —, está bem assim?

— Não sei se devemos aceitar... — disse finalmente Clara.

— Devem, sim. Vocês nos ajudaram e nós nos sentiremos felizes em retribuir.

— Bem, não posso negar que o dinheiro de nossas vendas nos fará muita falta. Meu salário é insuficiente para pagar todas as nossas despesas.

— Então está resolvido. Amanhã mesmo arrumaremos tudo e abriremos nosso bazar.

— E a licença? — indagou Rita preocupada.

— Nosso centro é devidamente registrado e pode manter um bazar beneficente.

— Vamos fazer o seguinte, dona Lídia — propôs Clara. — Nós pretendemos continuar com nosso negócio. Vamos abrir uma firma, regularizar tudo. Para isso, precisaremos de dinheiro e não temos como obtê-lo. Aceitamos sua proposta só enquanto precisarmos. Assim que tivermos tudo regularizado, não receberemos mais nada.

— Isso mesmo — concordou Rita satisfeita.

— Que seja. Fica combinado assim. Agora vamos chamar as crianças que estão brincando com meus netos no quintal e tomar um café com bolo.

A partir daquele dia, Clara passou a relacionar-se com Lídia. Gostava de conversar com ela, falar da educação das crianças. Percebendo seu bom senso, aos poucos começou a falar de sua vida, abrindo seu coração como nunca fizera a ninguém.

Era um domingo à tarde e elas estavam na sala da casa de Lídia tomando café enquanto as crianças brincavam no quintal. Marcos e Carlinhos haviam se tornado amigos dos dois netos de Lídia. Eram quase da mesma idade.

Seja por causa da tarde agradável, do momento calmo, do cafezinho gostoso ou porque o carinho de Lídia a fizesse lembrar-se do aconchego familiar que havia perdido, Clara começou a falar de sua vida, contando tudo que lhe acontecera.

Lídia ouviu atenciosa e, apesar de Clara não atenuar seus erros, assumindo toda a culpa do que lhe acontecera, ela não teve uma palavra de reprovação. No final, limitou-se a dizer simplesmente:

— O importante é que com tudo isso você cresceu em experiência. Isso é o que conta.

— É verdade. Se fosse hoje, eu não teria me envolvido. Mesmo sentindo atração por outro homem, teria respeitado meu marido.

Calou-se por alguns segundos, depois continuou:

— Não sei o que foi feito dele. Isso às vezes me incomoda. Sempre foi um homem bom, marido exemplar. Nós nos casamos por amor.

— Quando se lembrar dele, não fique se culpando. Você errou, mas ficar rememorando o passado agrava o problema.

— É difícil não me sentir errada, o arrependimento dói principalmente por saber que não há como remediar. Por mais que eu faça, nunca poderei apagar da nossa lembrança o que aconteceu. Essa ferida vai machucar sempre.

— A vida prossegue, e você ainda é muito moça. Além disso, tem dois filhos para criar. Por ter cometido um erro, você não é errada. Não seja radical. Tanto isso é verdade que conseguiu manter a dignidade. Saiba que eu a admiro muito por haver assumido sua responsabilidade e estar se esforçando para refazer sua vida honestamente. Teria sido muito mais fácil aceitar o que Válter está lhe propondo, ir morar com ele e deixar que a sustentasse, bem como seus filhos.

— Se eu o amasse, talvez fizesse isso. Mas agora, olhando para ele, não sinto nada do que sentia antes. Não sei como pude trocar Osvaldo por ele.

— A paixão cega, ilude, mas um dia acaba. Não é amor.

— Tem razão.

— Um dia, quando menos esperar, o amor voltará e você será feliz de novo.

— Não, Lídia. Não quero mais me envolver com ninguém. Chega de me machucar. Não estou preparada para começar tudo de novo. Além disso, não quero dar um padrasto para os meninos.

Lídia sorriu e seus olhos brilhavam quando disse:

— O mundo dá muitas voltas, Clara. Tudo passa e se renova.

— Para mim essa fase já passou. Pretendo ganhar dinheiro para dar uma boa educação aos meninos e poder tornar-me independente pelo resto da vida. Agora descobri que sou capaz de fazer isso e sinto-me muito bem assim. Depois, não sei o que foi feito de Osvaldo. Continuo casada com ele. Às vezes penso que pode ter morrido.

— Por que diz isso?

— Era um pai muito amoroso. Não gostava de ficar longe dos filhos. Ele nunca mais nos procurou, sua família também não sabe dele. Pode ter morrido mesmo.

— Ele está vivo, Clara. Pode ter certeza.

— Por que diz isso?

— Se tivesse morrido, eu saberia.

Disse isso com tanta segurança que Clara olhou admirada para ela. Apesar de serem amigas e ela dirigir um centro espírita, nunca tinham falado a respeito. Rita frequentava as reuniões do centro e a convidara várias vezes, mas Clara nunca aceitara. Não gostava de envolver-se com nenhuma religião. Sua experiência na igreja deixara-a descrente. Curiosa, perguntou:

— De que forma?

— Meus amigos espirituais ter-me-iam avisado. Depois, enquanto você contava sua história, eu vi seu marido. Está longe, em um lugar cheio de plantas, em companhia de várias pessoas.

— Como sabe que é ele? Nunca lhe mostrei nenhum retrato e não o conheceu.

— Eu o vi e sei que é ele. É um rapaz alto, está muito magro, moreno-claro, cabelos castanhos ligeiramente ondulados, repartidos de lado, que por vezes lhe caem na testa, e ele costuma passar a mão colocando para trás. Esse é um gesto que ele sempre faz. Testa alta, olhos grandes cor de mel, lábios carnudos e bem delineados, queixo largo com ligeiras covinhas no centro.

Clara levantou-se surpreendida.

— É ele mesmo! Muitas vezes ele passava brilhantina para segurar os cabelos penteados. Mas eu preferia que ele os deixasse soltos. Parecia um menino.

Pelos olhos de Clara passou um brilho emocionado e ela não conseguiu reter as lágrimas. Passou a mão pelos olhos e disse com voz trêmula:

— Desculpe. Não pensei que a lembrança dele ainda me emocionasse. Mas é que eu não esperava e você o descreveu perfeitamente.

— Não precisa justificar-se. Sua emoção é natural. Depois, falando no assunto nos ligamos energeticamente com ele e captamos sua energia. Foi por isso que eu lhe aconselhei que, ao lembrar-se de seu marido, procure pensar só nos bons tempos. Evite dramatizar o passado. Assim como você sentiu a energia dele e isso a emocionou, ele deve ter sentido a sua, ter se lembrado. O pensamento é um correio direto, e é preciso estar atenta para não mandar para as pessoas energias pesadas e tristes.

— Ele deve ter raiva de mim. Deve estar magoado, triste.

— Está magro, sofrido, queimado de sol.

— Onde estará? Por que não nos procura pelo menos para saber das crianças?

— Não sei. Talvez a ferida ainda esteja doendo muito.

Clara ficou calada por alguns instantes, depois perguntou:

— Se eu pensar coisas boas, ele vai se sentir melhor?

— Vai ajudar.

— Vou tentar fazer isso daqui para a frente.

— Você também se sentirá melhor. É muito ruim ficar pensando no que já foi e que não tem remédio. É inútil e prejudicial. Jogue fora seu passado. Ele já foi e não volta mais.

— Não volta, mas continua me pesando. Nunca fui muito religiosa, mas tenho medo de ser castigada pelo meu pecado. Minha mãe falava isso quando eu era criança.

— Não acredite. Deus não castiga ninguém. Cada erro tem um preço que as pessoas pagam para aprender. Quando aprendem, amadurecem e erram menos. Isso é progresso, e progresso é lei da vida. Tire essas ideias de crime e castigo de sua cabeça para que não venha inconscientemente a se punir para castigar a si mesma. Muitas pessoas acabam se punindo, pensando assim "pagar" por seus erros. Criam sofrimentos inúteis e evitáveis.

— O que fazer então?

— Se alguma coisa não deu certo, não se culpe. Você fez o que lhe pareceu melhor no momento. O resultado não foi bom, você não gostou, procure agir de outra forma. É o que está fazendo no presente que determinará seu futuro.

— Tem razão. Hoje eu não me deixaria levar pela tentação.

— Pagou o preço e aprendeu. É assim que a vida ensina.

Clara ficou calada por alguns segundos perdida em seus pensamentos. Por fim, disse:

— Se eu pudesse voltar atrás, como seria bom!

Lídia sorriu e respondeu:

— Você precisou perder para valorizar.

— Eu amava meu marido.

— Se estivesse mais consciente dos seus sentimentos, não teria se envolvido com outro.

— Teria percebido que a realidade era melhor do que o sonho. Eu vivia com a cabeça cheia de sonhos, acreditava em "alma gêmea", amor arrebatador. Osvaldo, apesar das qualidades, não era um príncipe encantado.

— Essa é uma inversão de valores perigosa. Você não quis largar o sonho e ficar com a realidade. Preferiu a ilusão. Hoje você sabe que escolheu errado.

— Estou arrependida.

— Procure esquecer. Da próxima vez escolherá melhor.

— Próxima vez? Não quero mais saber de ninguém. Vou cuidar de minha vida, criar meus filhos e nada mais.

Lídia sorriu e não respondeu. Ela sabia que a ligação de Clara com Osvaldo fora rompida, mas não terminara. A sabedoria da vida um dia os colocaria de novo frente a frente e então teriam de decidir o rumo que dariam a suas vidas.

Capítulo 9

A tarde ia morrendo, já os últimos raios solares coloriam o céu. Osvaldo entrou em casa sobraçando um cesto com ervas.

Estava magro, deixara crescer a barba, vestia-se como um lavrador, mas em seus olhos havia um brilho novo, que o tornara muito diferente do que era quando, três anos antes, chegara à casa de Antônio.

O homem ferido, machucado, desiludido e triste dera lugar a outro, mais introspectivo, mais maduro, mais forte.

Tinha ido para ficar um mês, porém, nas atividades espirituais que Antônio desenvolvia com tanta dedicação descobrira, com surpresa, uma forma de sentir-se útil, de cooperar para aliviar o sofrimento das pessoas.

Sensibilizado pela maneira simples e amorosa com que Antônio desempenhava suas tarefas, identificando-se com elas, entregou-se a esse trabalho com alma, sentindo-se feliz com as curas que conseguiam.

Sua mediunidade se abriu e ele, assustado, passou a ver cenas e pessoas de outras dimensões, bem como os problemas de cada paciente.

A princípio ele se desequilibrou, mas Antônio ensinou-o a lidar com essas energias, e aos poucos ele foi se adaptando. Em pouco tempo, sua fama correu pela vizinhança e muitos o procuravam em busca de ajuda.

Sua mágoa pela traição de Clara havia desaparecido. Só a saudade dos filhos o incomodava.

Quando fez seis meses que ele estava morando na casa de Antônio, precisaram ver um doente na vila. Então, Osvaldo procurou um telefone e ligou para sua tia Ester.

Apesar do temperamento retraído dela, naquele momento Osvaldo sentia que era a única pessoa com a qual poderia manter contato sem problemas.

Ela atendeu admirada:

— Osvaldo, é você?

— Sim, tia. Como vai?

— Bem. Ainda hoje estava pensando em você.

— Por quê? Aconteceu alguma coisa?

— Não. Você desapareceu e sua família pensa até que está morto.

Osvaldo fez silêncio por alguns instantes, depois disse:

— É melhor assim. Não tenho vontade de falar com eles. Gostaria que não contasse que liguei.

— Tem certeza?

— Tenho, tia.

— E você, como está? Sabe que, se precisar de alguma coisa, farei o que puder para ajudá-lo.

— Obrigado, tia, não preciso de nada. Estou bem.

— E o coração, ainda dói?

— Já passou. A única coisa que me incomoda é a saudade dos meninos. Sabe como estão?

— Sei. Estão bem.

Osvaldo hesitou um pouco, depois disse:

— E quanto à situação financeira, isto é, como Clara está se arranjando com as despesas?

— Melhor do que você poderia supor. Está trabalhando em um ateliê de alta-costura e parece que vai bem. Rita continua com ela.

— Quer dizer que ela...

— Está sozinha. Depois que você partiu não quis nada com Válter. Pensei em oferecer ajuda, mas ela nunca me procurou e eu não quis me intrometer. Tenho falado com Rita, que me dá notícias das crianças.

— Sinto-me aliviado.

— Gostaria de saber onde você está. Poderei escrever de vez em quando e mandar notícias.

— Faria isso por mim?

— Claro, meu filho. Estou feliz por ter me ligado. Sabe que pode contar comigo.

Osvaldo deu o endereço da caixa do correio para correspondência. Assim tomou conhecimento da morte do tio e escreveu à tia falando de suas atividades espirituais, de sua certeza de que a vida continua depois da morte.

Passou a corresponder-se regularmente com ela. Pelo menos uma vez por mês ela lhe escrevia. Se antes era para falar das crianças, depois da morte do marido e da carta comovida que Osvaldo lhe mandou, ela passou a abrir-se mais, contando-lhe seus problemas.

Mesmo distantes, a amizade entre os dois estreitou-se. Era com prazer que Osvaldo recebia aquelas cartas e as respondia com carinho. Dessa forma, acompanhou os filhos a distância, sabendo que Clara abrira uma loja e cuidava da educação dos meninos com dedicação.

Ela sempre foi boa mãe, amorosa, dedicada. Como esposa, cuidou dele com carinho e, quando ele se recordava disso, ainda sentia certa revolta, perguntando-se se tudo tinha sido fingimento.

Nesses momentos, metia-se no mato, perto do rio, e entregava-se à meditação, procurando libertar-se de toda emoção desagradável, orando, em busca de conforto e esquecimento.

Depois, refeito e sereno, voltava às suas atividades com Antônio. Foi com ele que aprendeu a controlar as emoções, restaurando seu equilíbrio interior.

— Meu filho, quando a tempestade vem, nos assustamos com sua violência. Raios cortam o ar, arrancando os galhos das árvores. As plantas feridas, sem folhas, resistem como podem. Quando passa, algumas estão vergadas pelo vento forte; outras, tendo seus galhos arrancados, exibem suas feridas. Mas sua passagem deixa tudo limpo, o ar fica mais leve e algum tempo depois as feridas cicatrizam, as plantas se cobrem de verde novamente. Então entendemos que tudo aconteceu para o melhor.

— A tempestade que se abateu sobre mim passou, mas as feridas ainda não cicatrizaram.

— Você está vendo só um lado. Dessa forma não tem condições de enxergar.

— Para mim só existe um. Tenho consciência de que fui um bom marido, fiel, trabalhador, sincero, um bom pai. É difícil justificar a traição.

— Não precisa justificá-la. Apenas enxergar os outros lados.

— Só consigo ver o meu. Quando tento colocar-me no lugar de Clara na tentativa de saber por que ela me traiu, é ainda pior. Ela não tinha nenhum motivo.

— Ninguém age sem motivo.

— Ela nunca demonstrou insatisfação. Nunca deixou transparecer que estava gostando de outro.

— Você não esperava que ela sucumbisse à tentação.

— Para mim ela era uma santa, cheia de virtudes.

— Ela é apenas um ser humano. Seus erros revelam suas fraquezas, mas não anulam suas qualidades, elas ainda permanecem. Depois, o erro quando aproveitado fortalece e imuniza para o futuro. Nunca ouviu dizer que gato escaldado tem medo de água fria?

— Para mim foi como se um raio me destruísse.

— Foi um desafio difícil.

— Destruiu minha vida.

— Você quase se destruiu com a situação. Naquele tempo você colocava sua felicidade nas mãos de sua esposa. Essa é uma ilusão que infelicita e enfraquece.

— Mas o casamento é uma troca. Eu precisava fazê-la feliz e ela deveria fazer o mesmo. É o mínimo que esperamos no matrimônio. Não juramos isso no altar?

— Prometem o que não sabem se vão cumprir e passam a vida se cobrando, insatisfeitos e infelizes. Acontece muito, tanto na cidade com pessoas instruídas como aqui, com gente simples.

— Clara era uma moça direita. Nunca pensei que acabasse me traindo.

— Ela também não pensou. Mas as tentações surgem e nessa hora só os fortes resistem.

— Eu também tive tentações. Algumas mulheres me provocaram, e olhe que a sociedade é muito mais tolerante com o homem que trai. Mas eu não cedi. Fui um marido fiel. Isso é o que mais me revolta. Se eu pude resistir, por que ela não?

— Por que as pessoas não são iguais. Você foi mais forte. Mas enquanto você pode se controlar, porque usa sua força interior, nada pode fazer para impedir que ela tenha sucumbido. Acredite: na vida você só pode contar consigo mesmo. Seu poder só funciona em você. É lei universal. Nem Deus moverá uma palha se você não fizer sua parte, se não estiver pronto.

— Nesse caso não podemos confiar em ninguém. Como viver em paz dessa forma?

— É preciso usar o bom senso. Ser astuto como as serpentes, mas manso como as pombas. O povo fala isso, mas não faz.

— Não vejo como cumprir esse ditado.

— Pois para conquistar a paz interior é preciso praticar isso.

— É difícil.

— Se continuar pensando como a maioria, não consegue. Primeiro é preciso aprender como a vida é. Saber como ela age.

— Eu não quero mais me relacionar com ninguém. Nunca mais vou gostar de nenhuma mulher.

— Isso é contra sua natureza.

— Eu não poderia viver com alguém que a qualquer momento pode me trair.

— As pessoas não são iguais. O bom senso nos ensina que cada um é como é. É isso que precisamos aprender quando lidamos com os outros. O gostar de uma pessoa não nos impede de perceber seus pontos fracos. Ao bom observador não será difícil enxergar através das aparências. O perigo é que, quando alguém se apaixona, deixa de enxergar os lados negativos que o outro tem. Endeusa, como você fez. Quando a pessoa erra, faz uma tragédia. Mas com certeza sua mulher deu muitas advertências indicativas de suas fraquezas e você não quis ver.

Osvaldo ficou pensativo. Lembrou que nos últimos tempos Clara tinha se tornado mais exigente com ele, reclamando mais atenção, comprando roupas mais modernas, arrumando-se melhor e insistindo para que ele fizesse o mesmo. Seria um sinal de que ela estava em crise?

— Sinto que você percebeu e sabe o que eu quis dizer.

— É, pode ser.

— Esses sinais são um pedido de ajuda inconsciente. No momento de tentação, quando a pessoa deseja resistir, eles aparecem. Quando o outro percebe e age positivamente, fortalece a resistência.

— Quer dizer que se eu houvesse prestado atenção, entendido as atitudes dela, cooperado, Clara não teria me traído?

— É difícil dizer, mas é o que poderia ter acontecido.

Osvaldo remexeu-se na cadeira, inquieto.

— Você conseguiu fazer com que eu comece a me sentir culpado por ela ter fraquejado.

— Não é isso o que eu quero. Você não pode se culpar pela falta de habilidade para lidar com uma situação. Naquele tempo agiu como sabia. Mas agora amadureceu. Quero que aprenda a usar sua força para manter sua paz, aconteça o que acontecer. A serenidade é conquista de quem conhece a verdade das coisas e não se deixa impressionar pelo que os outros fazem.

— Gostaria de ter essa elevação.

— A serenidade é fruto de um trabalho interior constante. É preciso confiar na vida, conhecer a espiritualidade. A observação sem preconceitos, o esforço para manter um diálogo positivo com você mesmo, a ligação com a fonte do amor divino, tudo isso é uma conquista que só você pode fazer. Mas, quando conseguir, terá encontrado a paz e a felicidade verdadeiras.

Osvaldo fitou Antônio comovido. Era um homem simples, sem cultura acadêmica, mas um sábio. Abraçou-o com carinho, dizendo:

— Obrigado, mestre. Farei o possível para alcançar isso.

A partir daquele dia, Osvaldo foi perdendo a amargura e aos poucos sua mágoa foi desaparecendo. Já conseguia pensar em Clara sem revolta. Muitas vezes rememorava cenas de sua convivência e, quanto mais o fazia, mais ficava claro que ela realmente lhe dera sinais de que estava em crise. Não que a justificasse, mas questionava a fragilidade dos relacionamentos. Ninguém lhes ensinara a lidar com os problemas humanos nem com suas emoções. Nenhuma escola trata desse tema, entretanto é com ele que cada um depara no dia a dia, seja no trato com a família ou com a sociedade.

Ele começava a vislumbrar que a vida tinha outros lados para quem se dispõe a observá-la, que podem ajudar a viver melhor.

Ele colocou o cesto sobre uma mesa, sentando-se para descansar um pouco antes de preparar as ervas para fazer os remédios. Apesar do tempo decorrido e de sentir-se conformado com a situação, naquela tarde a saudade dos filhos o entristecia.

Antônio entrou convidando-o para o café. Sentados ao redor da mesa tosca, enquanto saboreavam o gostoso bolo de fubá de Zefa, Antônio perguntou:

— Não está gostando do bolo?

Arrancado de seus pensamentos íntimos, Osvaldo respondeu:

— Está bom, como sempre.

— Pois não parece. Você estava comendo com uma cara...

Zefa interveio:

— Ele cresceu bem, será que não ficou bom?

— Não é isso, Zefa. O bolo está delicioso. Eu é que não estou muito bem.

— A saudade dói — tornou Antônio —, mas só existe um jeito... — Vendo que Osvaldo olhava atento para ele, concluiu: — É você voltar para sua família.

Osvaldo colocou a caneca de café sobre a mesa e respondeu:

— Não pretendo voltar nunca mais. Aqui encontrei sossego, paz. Se não puder ficar com vocês, procurarei outro lugar, mas voltar não.

— Você pode ficar aqui pelo resto da vida. Tem me ajudado muito e sou grato. Mas, se não quer voltar, precisa aceitar a saudade e não se entristecer.

— É difícil. Mas é isso que eu quero. Tenho acompanhado a vida dos meus filhos e tudo está bem. Não estou fazendo falta. Clara está cuidando de tudo.

— Um dia terá de voltar.

— Não quero. A vida na cidade não é mais para mim. Lá tudo é falso, as pessoas vão atrás das aparências, só pensam em dinheiro. Aqui o povo é simples, amoroso, acolhedor. Tenho muitos amigos. Vocês me ensinaram a ver a vida de maneira diferente. Quero ficar. Ajudar os outros é uma bênção, e não vou perder essa chance.

Antônio fitou-o sério por alguns segundos, depois disse:

— A vida trouxe você para cá e nos deu a alegria de estarmos juntos. Mas sinto que um dia ela o levará de volta. Então, terá de enfrentar todos os desafios dos quais você está tentando fugir.

— Nada me fará voltar.

Antônio sorriu, pegou a caneca sorveu um gole de café e não respondeu. Mas em seus olhos havia um brilho malicioso que Osvaldo não viu.

Os anos foram passando e Osvaldo continuou trabalhando e morando na casa de Antônio. Era muito conhecido pelas pessoas que o procuravam ora em busca de ajuda espiritual, ora trazendo-lhe alguma guloseima caseira em agradecimento pela ajuda obtida.

Osvaldo continuava correspondendo-se com a tia regularmente. Fazia dez anos que ele deixara a família e, embora a saudade continuasse, não pensava em voltar.

Uma tarde, quando passou no correio, havia um envelope diferente. Abriu-o e leu:

"Senhor Osvaldo de Oliveira,
Saudações.

Cumpro o doloroso dever de comunicar que dona Ester dos Santos Freire faleceu no dia dezoito de outubro passado, acometida de um mal súbito. Como o senhor é seu único parente, pedimos que compareça ao nosso escritório o mais rápido possível para tratarmos das providências legais.

Assinado:
Doutor Felisberto Antunes — advogado."

Osvaldo sentiu um aperto no coração. Tia Ester nunca lhe dissera que estava doente. Chocado, conversou com Antônio:

— Eu não gostaria de ir até lá.

— Ela não tem outros parentes?

— Não. Era viúva e não teve filhos. Vivia sozinha.

— Nesse caso, é melhor ir.

— Isso aconteceu há dez dias. Ela já foi enterrada.

— Mas é bom ir até lá, cuidar das coisas dela.

— Tem razão. Eu vou, cuidarei de tudo e voltarei dentro de uma semana. Tia Ester sempre foi muito boa para mim. Ela me criou. E os meus doentes?

— Pode deixar que eu cuido deles. Fique o tempo que precisar.

— Vou pegar um cavalo e ir à vila. Tenho de ver passagem, comprar algumas roupas.

— Precisa de dinheiro?

— Não. Ainda tenho algum. Deve dar para tudo. Aqui não gasto nada.

Enquanto ele saía em busca do cavalo, Zefa apareceu na porta e perguntou:

— Aonde Osvaldo vai com tanta pressa?

— Voltar para a cidade.

— Ele volta?

— Diz que sim.

Ela abanou a cabeça, dizendo:

— Não sei, não. Alguma coisa me diz que ele vai ficar por lá.

— Pode ser. O futuro está nas mãos de Deus.

Osvaldo foi à vila e comprou a passagem de segunda classe. Tinha pouco dinheiro. Depois foi comprar roupas. Precisava pelo menos de uma calça, camisa, meias e sapatos. Terno, nem pensar. Além de o dinheiro não dar, a qualidade era tão ruim que ele preferiu nem comprar.

Sua tia era de classe e ele não podia apresentar-se àquele advogado com as roupas surradas que usava. O dinheiro era pouco e não dava para comprar tudo. Precisou pechinchar e acabou conseguindo. Gastou tudo que tinha, não sobrou nada para a viagem.

Antônio arranjou-lhe algumas economias que ele finalmente aceitou, prometendo pagar tudo quando voltasse, e Zefa preparou algumas guloseimas para ele comer na viagem. Seriam cinco horas dentro do trem.

Osvaldo não quis viajar sem se despedir da família de João, que o havia salvado e dos quais se tornara amigo. Antônio acompanhou-o até lá. Dalva havia se casado com um lavrador e vivia em sua própria casa. Diocleciano e Aninha moravam com os pais.

Osvaldo despediu-se dos amigos, afirmando que voltaria em breve. Diocleciano ofereceu-se para levá-lo à estação. Foi com emoção que Osvaldo se despediu dos amigos, prometendo visitá-los na volta para contar-lhes as novidades.

Osvaldo teve de levar não só o frango com farofa de Zefa, mas também o pão que Aninha fizera especialmente para ele. Com lágrimas nos olhos, ele disse adeus aos amigos e embarcou.

Sentou-se perto da janela e, quando o trem partiu, ficou acenando até desaparecer em uma curva. Depois, sentou-se pensativo.

Voltar! Ele estava voltando. Dez anos era muito tempo, mas ainda assim o barulho do trem, o balançar cadenciado do vagão faziam-no lembrar-se do dia em que, desorientado, louco, desesperado, embarcou sem rumo, querendo desaparecer, acabar com aquele sofrimento.

Agora, mais sereno, tendo aprendido a ver outros lados da vida, era outro homem, bem diferente do que tinha sido. Sabia que era melhor enfrentar uma situação desagradável do que fugir. Estava disposto a fazer isso. Olhando a paisagem através da janela, ele se perguntava o que aconteceria quando chegasse.

Estava decidido a não procurar a família. Seus filhos estavam crescidos, não desejava perturbá-los depois de tanto tempo de ausência. Quanto à sua mãe, seria melhor não procurá-la. Para quê? Seu irmão Antônio perdera o emprego por causa do que houve com Clara e teve dificuldade de arranjar outro. Vivia revoltado e sua mãe o apoiava. Vê-los seria reviver o rancor sem que pudesse fazer nada para ajudá-los.

O trem rodava sobre os trilhos e Osvaldo continuava pensando, pensando.

Mais uma vez a vida o chamava para novos acontecimentos. Desta vez, o que desejava ensinar-lhe? Havia aprendido a confiar na sabedoria divina, que dispõe tudo para melhor. Sabia que, embora o poder de escolha fosse de cada um, as oportunidades estavam submetidas à força das coisas e contra elas era melhor não lutar.

Antônio ensinara-o a observar os recados que a vida lhe mandava através dos fatos do dia a dia, procurando fazer o melhor e aceitando os que não pudesse mudar. Essa forma de ver a vida dera-lhe serenidade e desenvolvera sua lucidez.

Reconhecia que havia aprendido muito e que esse conhecimento aliviara seu coração inquieto, fazendo-lhe grande bem.

Ao dedicar-se com Antônio ao esclarecimento e à ajuda das pessoas que os procuravam, notando que elas, da mesma forma que ele, ficavam aliviadas e mais serenas, sentia-se gratificado.

Agora que ele estava atento procurando compreender como a vida funciona, percebeu o quanto as pessoas se infelicitavam carregando durante anos algumas crenças aprendidas, cobrando-se, mergulhando na ilusão e sofrendo por descobrir quanto estavam distanciadas da verdade.

Ele pretendia resolver os negócios da tia e voltar logo para a vida calma no sítio de Antônio. Ao chegar a São Paulo, o ruído da cidade incomodou-o e mais do que nunca firmou o propósito de ficar pouco tempo.

Tomou um táxi e foi para a casa da tia, onde o advogado o esperava. A bela casa da avenida Angélica estava igual aos anos de sua infância. Ao entrar, sentiu o mesmo cheiro de flores misturado a canela que Ester usava para perfumar todos os cômodos, e pareceu-lhe que a qualquer momento ela iria aparecer para abraçá-lo.

O doutor Felisberto aguardava-o na sala. Vendo-o, levantou-se procurando dissimular a surpresa com as mudanças que Osvaldo sofrera. Por onde ele andara todos aqueles anos? Lembrava que ele era um jovem elegante, bem-vestido, muito diferente do homem que estava cumprimentando, que mais parecia um camponês.

Em poucas palavras o advogado contou a doença de Ester, que a levara em menos de uma semana. E finalizou:

— Nós éramos muito amigos, e eu a visitava sempre. Uma tarde ela me chamou e disse que queria fazer o testamento. Pensei que fosse um capricho, mas agora sei que ela sabia que lhe restava pouco tempo de vida.

— Em suas cartas ela nunca me disse que estava doente.

— Eu também não percebi. Parecia bem. Mas insistiu na urgência e fiz-lhe a vontade. Sou seu testamenteiro e, como cuidei de seus negócios desde o tempo do doutor Freire, tenho todos os documentos em minhas mãos para a prestação de contas. Mas você deve estar cansado da viagem. Vim para dar-lhe as boas-vindas e marcar um encontro para isso e para a leitura do testamento.

— Não estou cansado. Pode marcar com as outras pessoas hoje mesmo.

— Não há outras pessoas. Só você. Como sabe, ela não teve filhos. Deixou tudo para você.

Osvaldo levantou-se admirado:

— Para mim? Ela tinha outros sobrinhos.

— Segundo as próprias palavras dela, eles nunca a visitaram ou tiveram para com ela alguma manifestação de amizade. Ela gostava de você como um filho. Adorava suas cartas, que conservava caprichosamente guardadas em uma caixa, relendo-as de vez em quando. Várias vezes a surpreendi nesse mister. Ela sorria e falava-me da sua sabedoria e do seu progresso.

Os olhos de Osvaldo brilharam emocionados. Pena não haver descoberto antes o quanto eles se afinizavam.

— Não sei o que dizer. Não esperava isso.

— Você herdou tudo que ela possuía. Tornou-se um homem rico.

Osvaldo sentou-se de novo, passando a mão pelos cabelos. O advogado continuou:

— Vamos fazer o seguinte: descanse hoje, e amanhã voltaremos a conversar. Cuidei para que a casa se mantivesse como ela sempre foi. Naturalmente, você vai morar aqui. Eis as chaves. No escritório, na gaveta da escrivaninha, há uma carteira com dinheiro. É um adiantamento para suas despesas. Voltarei amanhã à uma hora para nossa reunião. Os criados também vão participar, porque ela os gratificou no testamento.

Osvaldo concordou e o advogado retirou-se. José apareceu na sala perguntando se ele desejava alguma coisa. Tratava-se de um antigo empregado, ainda do tempo que seu tio era vivo, que ficou na casa cuidando de tudo com dedicação mesmo depois da morte do patrão. Osvaldo recordava-se dele.

— Como vai, José?

— Triste com a morte de Dona Ester.

— Todos estamos.

Ele se remexeu um pouco inquieto, depois perguntou:

— O senhor não quer um café, um lanche, uma água?

— Vou tomar um banho e depois tomarei um café.

— Os outros empregados são os mesmos de antes?

— Não. Só minha mulher e eu continuamos. As outras o senhor não conhece. Já que tocou no assunto, senhor, Rosa está inconformada. Além de sentir falta da amiga de tantos anos, a quem adorava, está com medo do nosso futuro. Estamos velhos demais para encontrar trabalho. Se nos despedir, não teremos para onde ir.

Osvaldo olhou sério para ele. Essa era uma realidade que ele teria de enfrentar.

— Não se preocupe, José. Farei o que puder por vocês.

— Obrigado, senhor. Venha comigo. Já arrumei o quarto, e sua bagagem está lá.

Observando o luxo da casa, Osvaldo lembrou-se de que na cidade as pessoas vestiam-se de outra maneira. Teria de comprar algumas roupas para representar a tia com dignidade.

— Dona Neusa telefonou perguntando se o senhor já havia chegado.

Osvaldo estremeceu:

— Ela sabe que eu viria?

— Sabe. Quando Dona Ester morreu, ela veio e conversou com o doutor Felisberto. Ficou sabendo que o senhor viria para a leitura do testamento.

Osvaldo mudou de assunto. Preferia não se encontrar com a mãe e o irmão.

— Quero sair e fazer algumas compras.

— Vou mandar tirar o carro.

Osvaldo lembrou que a tia tinha um motorista sempre à disposição.

— Está bem.

Depois que José saiu, foi ao escritório, abriu a gaveta da escrivaninha e encontrou a carteira com dinheiro. Abriu-a e verificou que havia mais do que necessitava. Pensava em comprar pouca coisa, apenas o suficiente para alguns dias. Assim que resolvesse tudo, voltaria para o campo.

Ao sair, José acompanhou-o até a garagem, perguntando:

— A que horas deseja o jantar?

— Na que vocês costumavam. Não quero quebrar a rotina da casa.

— Dona Ester jantava às sete.

— Para mim está bem.

Vendo-o acomodar-se no carro e sair, José foi à cozinha, onde Rosa o esperava.

— E então? — indagou curiosa.

— Pode servir às sete.

— Não foi isso que perguntei. Quero saber como ele está.

— Mudado. Nem parece o mesmo. Mais velho, e parece que mais determinado.

— Confirmou se vamos ficar aqui?

— Disse que vai nos ajudar.

Rosa suspirou triste. Depois disse:

— Espero que ele não pense em vender a casa e ir embora. Afinal, não guarda boas recordações daqui. Se dona Ester não tivesse morrido, não teria voltado.

— Não vamos pensar no pior. Saiu para comprar roupas. Estava precisando mesmo. Esse é um sintoma de que está voltando para a cidade. Vamos fazer tudo para que ele se sinta bem aqui e deseje ficar.

— Isso mesmo. Eu sempre gostei de Osvaldo. Foi sempre muito educado e nos tratou com respeito. É um bom moço e não merecia o que a esposa fez.

— Não vamos julgar. Nós não sabemos como aconteceu. Depois, não temos nada com isso. Não é delicado nos metermos nos assuntos dos patrões.

— Será que ele vai ver os filhos? Dona Ester me disse que Clara nunca mais se casou. Certamente arrependeu-se do que fez.

— Já disse que não temos nada com isso e é melhor você não ficar por aí comentando sobre o assunto.

— Nem precisa recomendar. Sei o meu lugar. Mas vou rezar para ele. É um bom moço e merece ser feliz.

José abanou a cabeça e não respondeu. Saiu para verificar a correspondência. Precisava cuidar de tudo para que Osvaldo se sentisse confortável e bem atendido.

Capítulo 10

Quando o advogado chegou, pouco antes da uma no dia seguinte, encontrou Osvaldo bem-vestido e barbeado.

Depois dos cumprimentos, ele informou:

— Não sei se já entrou em contato com sua mãe e irmão. Eles virão para a abertura do testamento.

Osvaldo fez um gesto de contrariedade:

— O senhor me disse que seriam apenas eu e os criados.

— Pelo testamento, sim. Mas dona Neusa insistiu, dizendo que queria estar presente porque se considerava parente de dona Ester e esperava que ela a houvesse contemplado no testamento. Embora sabendo que ela não herdou nada, não pude negar-lhe esse direito. Parece que isso o contraria.

— Na verdade, não pensei em reencontrar minha família. Sempre vivi afastado deles. Para mim é suficiente saber que estão bem.

José aproximou-se, dizendo que dona Neusa e Antônio haviam chegado. Osvaldo suspirou resignado e resolveu:

— Acomode-os na sala. Iremos em seguida.

— Pode ir, senhor Osvaldo. Ficarei no escritório esperando para a reunião.

Quando Osvaldo entrou na sala, Neusa levantou--se da poltrona chorando e dizendo:

— Meu filho! Finalmente! Por onde andou todos estes anos? Por que não deu notícias? Não pensou em nosso sofrimento?

— Preferi me afastar. Foi melhor assim.

— Como pôde ser tão ingrato? Sou sua mãe! Você fala como se eu não existisse nem me preocupasse com você. Quase morri de desgosto com o que aconteceu. Sem falar que aquela infeliz afastou as crianças de nós. Não permite que nos visitem.

Osvaldo fez um gesto enérgico:

— O passado morreu e não quero falar nele. Só voltei porque o advogado pediu. Espero que se contenha.

— Está vendo, Antônio? Bem que você disse que não deveríamos vir. Você foi o mais prejudicado. Depois de tudo que sofreu, ele nem o cumprimentou.

— Teria cumprimentado se você me tivesse dado tempo. Como vai, Antônio?

— Mal. Depois do que aconteceu, nunca mais consegui um bom emprego. Vocês destruíram minha vida.

Osvaldo olhou com seriedade para eles e disse calmo:

— Você está nos dando um poder que não temos. Seria bom prestar mais atenção e procurar descobrir por que você não obtém sucesso profissional. Tenho certeza de que encontrará outras razões, mais verdadeiras.

Apanhado de surpresa, Antônio não respondeu de pronto. Havia um brilho diferente nos olhos de Osvaldo que o fez ficar calado.

Ele continuou:

— Quanto a você, mãe, já devia estar habituada com minha ausência. Desde criança vivi longe de casa. Não seria agora, depois de velho, que você gostaria de ficar ao meu lado. Depois, pensamos de modo diferente. Por isso é melhor continuarmos vivendo um longe do outro. Agora vamos para o escritório. O doutor Felisberto está esperando para a leitura do testamento.

Os dois se entreolharam, não disseram nada e o acompanharam. No escritório já estavam, além do advogado, os empregados da casa.

Depois que todos se acomodaram, o advogado procedeu à abertura do testamento. Ester havia deixado boa soma em dinheiro para o motorista e para as duas criadas. Quanto ao casal, José e Rosa, além da soma em dinheiro, ela deixou uma casa na Vila Mariana. Todos os outros bens legou a Osvaldo.

Quando Felisberto encerrou a leitura, Neusa não escondia a decepção.

— Que ingratidão! — comentou amargurada. — Pensei que ela me fosse reconhecida por tudo que fiz por ela.

O advogado sentiu vontade de perguntar o que ela havia feito para Ester, mas conteve-se. Ele não podia expressar opinião. Sabia que Neusa nunca se importara com a cunhada.

— Estou à sua disposição para as providências legais. Para quando deseja marcar nossa reunião? — indagou Felisberto.

— Podemos fazer agora?

— Sim. Tenho em mãos todos os documentos.

— Nesse caso, vamos fazer uma pausa para um café e depois continuaremos.

Foram para sala e Neusa aproximou-se de Osvaldo, dizendo conciliadora:

— Você agora é um homem rico. Tenho certeza de que não se esquecerá de sua família. O mal que fizeram a Antônio precisa ser reparado.

Osvaldo respondeu com naturalidade:

— Nos últimos dez anos vivi sem dinheiro e posso garantir que foi uma experiência enriquecedora.

Antônio interveio:

— Não sei como. Tenho sofrido privações, vivido humilhado.

Osvaldo fitou-o sério:

— Só se sente humilhado quem é orgulhoso. E o orgulho é uma ilusão que fecha muitas portas.

— Não entendo aonde quer chegar. Sou uma pessoa humilde. Se não tivesse humildade, não teria me rebaixado vindo aqui hoje mendigar ajuda.

— Se você fosse humilde, não se sentiria rebaixado.

Neusa interveio:

— Não precisa ofender seu irmão. Pensei que você estivesse arrependido pelo mal que nos fez.

Osvaldo levantou-se dizendo com voz calma:

— Eu nunca lhes fiz mal. Estou em paz. Minha consciência não me acusa de nada. Quanto ao destino que darei ao dinheiro que tia Ester generosamente me deixou, ainda não sei o que farei. Agora, se nos der licença, tenho de conversar com o doutor Felisberto.

Neusa levantou-se:

— Está nos mandando embora?

— Claro que não. Podem ficar, se quiserem.

— Agora você vai ficar morando aqui, com certeza — considerou Neusa. — Pretende ver seus filhos?

— Esse é um assunto meu. Não pretendo ficar aqui.

— Vai sumir de novo?

— Não, mãe.

— Pelo menos vá nos ver em casa e nos avise para onde vai.

— Antes de ir embora converso com vocês.

Osvaldo foi para o escritório com o advogado. Neusa, a pretexto de falar com Rosa, foi à cozinha, observando tudo com olhos cobiçosos. Tanta riqueza!

A conversa com Rosa não esclareceu nada. Onde Osvaldo teria ficado todos aqueles anos?

Só resolveu ir embora depois de ter percorrido a casa toda e se informado nos mínimos detalhes do que havia, das roupas aos objetos de arte. Quanto a joias, não conseguiu descobrir nada. Ela sabia que Ester possuía muitas joias de família. Onde estariam?

Quando saíram, ela comentou com Antônio:

— Osvaldo está mudado. Parece outra pessoa: calado, sério.

— Não gostou nada de nos ver. Ele não pretendia nos procurar. Ia embora sem nos ver.

— Não acredito nessa história de ir embora. Ele sempre gostou do luxo. Não terá coragem de abandonar uma casa tão rica. Disse isso para despistar.

— Para mim há um rabo de saia metido nisso. Ninguém me tira da cabeça que ele se arranjou com outra e não quer que ninguém saiba.

— Será? Depois do tombo que levou, ainda teria partido para outra?

— Por que não? Osvaldo não é homem para ficar sozinho. Mesmo quando era solteiro, vivia cheio de namoradas. Sempre deu sorte com as mulheres.

— Já você, não.

— Eu é que não quero. Mulher só serve para atrapalhar. Depois, não estou disposto a trabalhar para sustentar ninguém.

Neusa suspirou resignada:

— Para viver com você, só uma Amélia mesmo.

— Eu estava muito bem. Se não fosse pelo que aconteceu...

— Não vamos falar nisso de novo. Agora precisamos ficar de olho aberto. Aquela desavergonhada continua sozinha. Já pensou se ele resolve voltar com ela?

— Ele não seria tão trouxa!

— Você é que pensa. Osvaldo sempre foi louco por ela. Ele vai ver os filhos, se encontram, e aí só Deus sabe o que pode acontecer. Se ele cair nas mãos dela de novo, não vai nos dar nada. Ela não vai deixar.

— Isso não pode acontecer. Você precisa conversar com ele. Clara está sozinha, mas isso não quer dizer que tem levado uma vida honesta.

— Por incrível que pareça, há quem diga isso.

— Temos de fazer com que ele acredite no contrário. Assim não irá à procura dela.

— É. Posso tentar. Mas você sabe como é: ele nunca me ouve.

— Precisamos semear. O resto fica por conta da imaginação dele. Afinal, deve se lembrar do passado. Sabe o que vou fazer? Falar com Válter.

— Para quê? Ele prometeu nos ajudar, mas não cumpriu.

— Ele pode cooperar. Pelo que sei, não esqueceu Clara. Depois que ela não quis mais, ele ficou morrendo de amores.

— Depois de tanto tempo!

— De vez em quando ele ainda fica cercando--a. Se Osvaldo os vir juntos, vai pensar que continuam se amando.

— Sabe que é uma boa ideia? Pode dar certo.

— Hoje mesmo vou procurá-lo.

Clara chegou em casa cansada. Tivera um dia exaustivo atendendo a uma cliente muito exigente preocupada com o enxoval da filha. Apesar disso, estava satisfeita. Os negócios haviam prosperado.

Depois que deu toda a mercadoria para o centro espírita, ela e Rita decidiram abrir uma loja. As clientes de Gino, quando souberam do ocorrido, resolveram colaborar. Logo novas mercadorias começaram a chegar, não só roupas, mas também muitos objetos antigos que elas restauravam para vender.

Abriram uma firma, alugaram por um preço módico uma casa antiga em um local movimentado e se mudaram para lá. Na parte térrea montaram a loja, e se instalaram no andar de cima. Assim, Rita poderia cuidar da loja e das crianças. O aluguel da casa de Clara ajudava nas despesas.

Com criatividade, disposição e pouco dinheiro, restauraram o prédio e abriram a loja com mercadorias usadas. Foi um sucesso. As clientes do ateliê as indicavam para as amigas e elas mesmas compravam.

O movimento aumentou tanto que Clara pensou em deixar o ateliê. Gino, porém, não concordou. Reconheceu quanto ela contribuíra para o crescimento de seu negócio oferecendo-lhe uma participação nos lucros igual à que Domênico recebia.

Satisfeita, ela colocou uma empregada para os serviços domésticos em casa e uma balconista na loja.

Quando a viu entrar, Rita comentou:

— Você não devia ficar no ateliê até esta hora. Está com cara de cansada.

— Nada que um bom banho não resolva. Há momentos que não dá para deixar a cliente. Você sabe como é.

— Vá tomar seu banho enquanto Diva providencia o jantar.

Quando Clara, mais refeita, sentou-se à mesa, Rita sentou-se também.

— Tenho uma novidade para contar.

Enquanto se servia, Clara respondeu:

— Conte. O que é?

Rita hesitou um pouco, depois disse:

— Você sabe que dona Neusa telefona de vez em quando para perguntar das crianças, não sabe?

— O que ela quer é bisbilhotar sobre nossa vida. Você nunca me contou, mas eu sempre desconfiei.

— Pois é. Afinal, ela é avó dos meninos e eu não vi nada de mau em dar-lhe notícias deles.

— Não a estou recriminando. Ela nunca aceitou meu casamento com Osvaldo. Aliás, ele também não tinha afinidade nenhuma com ela. Nunca fomos muito próximos antes e não vejo motivo para nos aproximarmos agora, depois que nos separamos.

— Ela ligou na semana passada. Perguntou se Osvaldo havia nos procurado.

— Ela pensa que eu sei onde ele está.

— Desta vez foi diferente. Ela disse que dona Ester morreu e que ele estava sendo procurado pelo advogado.

Clara olhou com seriedade para Rita. Depois comentou:

— Dona Ester foi quem criou Osvaldo. Íamos à sua casa algumas vezes. Mas, apesar do respeito que ele tinha por ela, nunca fomos muito próximos. Ela era muito rica e não se dava com a família dele. O que será que esse advogado deseja?

— Ela não disse. Apenas comentou que, se nós sabemos onde ele está e não contamos, estamos pre- judicando a justiça.

— Ela está jogando verde.

— Disse que viu o nome de Marcos na lista dos estudantes aprovados. Ela sabe que ele entrou na faculdade.

Clara suspirou fundo, depois deu de ombros e comentou:

— Ainda bem que os meninos se conformaram com a ausência da família do pai. Nunca demonstraram vontade de procurá-los.

— Mas o pai eles ainda não esqueceram. De vez em quando voltam ao assunto.

— Comigo eles não comentam. O que dizem?

— Falam da falta que sentem dele. Eram muito ligados a Osvaldo. Preocupam-se com a falta de notícias.

— É natural. Às vezes penso que me culpam pelo que aconteceu. Nunca tocaram no assunto, mas é claro que sabem por que o pai desapareceu. Quando percebo isso, morro de vergonha e arrependimento. É doloroso reconhecer que eles têm motivos para me culpar e envergonhar-se de mim.

— Não pense assim. Eles a amam muito. Sabem como você tem trabalhado para criá-los. Depois, você tem levado uma vida irrepreensível. Se bem que eu penso que ainda é muito moça para ficar sozinha. Deveria refazer sua vida.

— Estou muito bem. Sou livre e vivemos em paz. É só o que desejo agora.

— Será que esse advogado vai encontrar Osvaldo?

— Não sei. Depois de tantos anos...

— Devem ter anunciado no jornal. É o que fazem se o assunto for urgente.

Clara ficou pensativa por alguns instantes, depois disse:

— Gostaria de saber.

— Por que não telefona para a casa de dona Ester e pergunta?

— Não.

— Por quê? Afinal você é esposa dele e precisa saber se ele está vivo. Os meninos gostariam de obter notícias.

— De fato, esta incerteza é preocupante. Em todo caso, se ele estivesse vivo, teria pelo menos se interessado em saber dos filhos. Era tão apegado a eles! Não posso crer que os tenha esquecido.

— Vai ligar para lá?

— Não saberia o que dizer.

— Nesse caso eu ligo. Tenho certeza de que dona Neusa não vai nos avisar se ele voltar. Ela não gostaria que vocês voltassem a se ver.

— Disso tenho certeza. Por outro lado, só em falar no assunto sinto-me angustiada. Parece que o tempo não passou e que de repente Osvaldo vai entrar por aquela porta para me cobrar. Não sei o que faria se isso acontecesse.

— Se ele não fez isso durante todos estes anos, não o fará agora. O tempo apaga muitas coisas.

— Pois para mim não apagou. O trabalho me ocupa, os filhos me chamam à responsabilidade, me motivando a reagir. Porém, quando me recordo do que fiz, a consciência da minha culpa me atormenta. Eu gostaria de esquecer, mas reconheço que não é possível.

— Está sendo muito rigorosa. Você errou, arrependeu-se, assumiu a responsabilidade pela família com dignidade. Não pode se punir pelo resto da vida por haver sucumbido a uma paixão. Você é um ser humano. Se cometeu um erro, não é errada por isso. Tenho certeza de que aprendeu e não o faria novamente.

— Disso pode estar certa. Se eu pudesse voltar atrás, apagar o passado e começar de novo, jamais faria o que fiz.

— Dona Lídia sempre diz que nós aprendemos mais com nossos erros do que com os acertos.

— Ela está certa. Muitas vezes tem me ajudado com seus sábios conselhos. É uma amiga dedicada.

— Ela fica feliz quando você vai ao centro assistir suas palestras.

— Os meninos a adoram. Marcos está sempre lá. Às vezes tenho receio de que esteja abusando. Lídia é muito ocupada.

— Que nada! Ele a tem auxiliado. Sabe o que ele estava fazendo sábado passado? Ajudando a preparar as sacolas de alimentos para os pobres.

— Marcos?

— É. Também levou Carlinhos e mais dois colegas da escola. Você precisava ver a alegria deles separando os alimentos. Eu fiquei observando. No final, dona Lídia fez uma oração e serviu um lanche. Sabe o que era? Bolachas dessas mais baratas, refresco e bolo de fubá.

— Eles não gostam dessas coisas.

— Aqui em casa. Lá, comeram com vontade e alegria. Se não estivesse vendo, não acreditaria.

— É surpreendente. Fico contente por eles estarem ajudando Lídia. É muito bom fazer alguma coisa em favor dos necessitados.

Clara foi para o quarto. Rita procurou na lista o telefone da casa de Ester e ligou. Uma voz de homem atendeu e ela perguntou:

— Por favor, o senhor Osvaldo está?

— Quem está falando?

Rita hesitou um pouco, depois disse:

— É a empregada de dona Neusa, a mãe dele.

— Aqui é José. Ele já se recolheu, pediu para não ser incomodado. É urgente?

— Não. Pode deixar. Era só para saber como ele está.

— Muito bem.

— Obrigada.

Ela desligou sentindo o coração descompassado. Imediatamente subiu ao quarto de Clara.

— Acabo de telefonar.

— E então? Você parece que viu assombração.

— Ele está vivo, Clara, e voltou!

Clara sentiu as pernas bambearem e sentou-se na cama.

— Tem certeza?

— Tenho. Perguntei por ele, e um tal de José disse que ele já havia se recolhido e pediu para não ser incomodado.

— Você falou que era daqui?

— Claro que não. Disse que era da casa de dona Neusa.

— Então ele está vivo! Meu Deus! Não sei o que dizer.

— Será que ele vai aparecer? Vai querer ver os filhos.

— Nem fale uma coisa dessas! Sinto calafrios só de pensar nisso. Espero que não venha...

— É melhor se preparar. Ele pode aparecer a qualquer momento.

— Não sabe nosso endereço.

— Não será difícil descobrir.

Clara passou a mão pelos cabelos tentando controlar o nervosismo.

— Tem razão. Se ele voltou, é possível que procure os filhos. Precisamos estar preparadas.

— É melhor contar aos meninos.

— Não. Isso não. Eles vão querer procurá-lo. O melhor é esperar. Pode ser que ele vá embora de novo sem nos procurar.

— Não creio.

— Talvez tenha esquecido o passado, refeito sua vida e não queira mais nada com sua antiga família. Ele chegou e não nos procurou.

— Pode não ter tido tempo.

— Parece até que você quer que ele venha.

— Seria bom. Pelos menos seu desaparecimento seria esclarecido e todos ficariam em paz.

— Lídia garantiu que ele estava vivo. Ela estava certa.

— É verdade. Eu me lembro disso.

— Se ele aparecer, não sei o que fazer.

— Amanhã vou falar com Lídia e pedir ajuda espiritual. Pelo menos você ficará mais calma.

— Faça isso.

Osvaldo olhou para o relógio: passava das oito da noite. Seu pensamento estava nos filhos. Como estariam? Fazia uma semana que voltara e quanto mais pensava neles mais sentia vontade de procurar uma aproximação.

Sua aparência modificou-se. Vestia-se com apuro, cortou os cabelos, modernizou-se. Ao tomar posse dos bens que Ester lhe deixara, descobriu admirado que se tornara rico.

Sentado em uma poltrona na sala de estar, Osvaldo analisava os últimos acontecimentos e se perguntava por que Deus o chamara de volta e colocara em suas mãos aquela fortuna.

Pressionado pela dor, ele abandonara tudo e se acomodara no ambiente singelo do campo, em meio aos amigos sinceros, fascinado pela descoberta da espiritualidade, disposto a dedicar-se à ajuda das pessoas simples daquela região pelo resto da vida.

De repente, quando menos esperava, tudo se modificou, arremessando-o de volta ao confronto com um passado que julgava enterrado.

A princípio, pensara em acabar logo com sua tarefa ali e voltar para o sítio de Antônio. Mas que destino dar à casa, aos objetos de estimação de Ester, suas joias e lembranças? E o dinheiro, o que fazer com ele?

Apesar da vida simples que seus amigos levavam no sítio, nada lhes faltava. Viviam alegres, dando graças a Deus por tudo que possuíam. Osvaldo pensava que eles não precisavam de nada. Ao contrário. Eram ricos de valores espirituais que estão muito acima do que o dinheiro pode comprar.

Talvez fosse melhor ele ficar por algum tempo na cidade. Acreditava que os recursos que lhe chegaram às mãos tinham uma finalidade. Precisava descobrir qual.

Lembrava-se de que, quando conheceu Antônio, ele lhe disse que precisava se recuperar por causa dos filhos. Seria por causa deles que a vida o trouxe de volta? Estariam precisando dele?

Precisava descobrir. Por outro lado, sabendo-os tão próximos, o desejo de vê-los se acentuara. Reconhecia que faltara à sua responsabilidade de pai, abandonando-os. Mas não se culpava. Fazia tempo que aprendera que a culpa só agrava o problema, impedindo a solução.

Tinha sido um fraco por ter se fechado em sua dor, deixando seus filhos. A vida estava agora lhe devolvendo a chance de retomar essa responsabilidade.

Porém como fazer isso? Fazia muito tempo. Talvez nem se lembrassem dele. Também não queria rever Clara. Só em pensar que estavam na mesma cidade, que de uma hora para outra poderiam cruzar-se na rua, estremecia angustiado.

Claro que não a amava mais. Depois do que ela fez, o único sentimento com relação a ela era a mágoa. Tinha consciência de haver sido um marido amoroso, fiel, sincero.

Angustiado, passou a mão pelos cabelos como que tentando afastar os pensamentos desagradáveis.

Por que depois de tantos anos a ferida ainda estava aberta? Acreditava haver esquecido, mas agora, seja pela proximidade, seja por saber que o confronto com o passado seria inevitável, parecia-lhe que o tempo não havia passado.

Talvez fosse melhor mandar o advogado procurá--los. Estava disposto a dividir com eles a fortuna que herdara. Era o mínimo que podia fazer.

Mas, ao mesmo tempo, a saudade, a curiosidade de saber como eles eram, o que pensavam da vida, a vontade de reassumir sua função de pai eram muito fortes em seu coração.

Gostaria de vê-los, dizer-lhes que durante aqueles anos todos nunca deixara de pensar neles, que os amava muito. Pedir-lhes que o perdoassem pela omissão e compreendessem que ele não tivera forças para agir de outra forma.

Mas até que ponto eles sabiam a verdade? O que Clara lhes teria dito para explicar sua ausência? Certamente ocultou sua traição. Era provável que seus filhos o estivessem odiando, acreditando que ele se fora em busca de aventuras.

Inquieto, Osvaldo começou a andar pela sala de um lado para o outro angustiado. Depois decidiu. Não podia continuar cultivando esses pensamentos. Precisava encontrar a paz. Só na paz é que as soluções dos problemas aparecem.

Foi para o quarto, sentou-se em uma poltrona, fechou os olhos e começou a meditar, buscando jogar fora todos os pensamentos negativos. Aos poucos foi se sentindo melhor. Depois, evocou a presença dos espíritos que sempre o ajudavam.

Sentiu-se como se ainda estivesse na modesta sala do sítio de Antônio, desenvolvendo suas atividades de ajuda. Uma brisa suave, leve, envolveu-o e ele orou pedindo orientação, lucidez, equilíbrio.

Viu formar-se diante de si uma claridade, e de dentro dela apareceu uma mulher linda, cujos olhos brilhantes e muito lúcidos o fitaram com amor. Emocionado, Osvaldo sentiu que as lágrimas desciam pelas faces.

Ela se aproximou dizendo:

— A hora é de calma e gratidão. Tudo passa e as pessoas amadurecem. Não permita que a mágoa tolde a lucidez do seu espírito, dificultando sua caminhada. Do passado resta apenas o progresso alcançado na experiência vivida. Todos mudaram. Hoje tudo está diferente. Não olhe para trás nem julgue ninguém. Deixe falar o coração no amor incondicional e certamente você encontrará a paz e a felicidade que procura. Que Deus o abençoe.

A visão desapareceu e Osvaldo, comovido, orou agradecendo. Sentiu-se calmo e refeito. Não ia decidir nada naquele momento. Trabalharia seu coração para manter o equilíbrio e a paz, cultivando pensamentos otimistas e generosos. Tinha certeza de que encontraria uma boa maneira para fazer o que deveria.

Capítulo 11

Clara acordou e, apesar de ser ainda muito cedo, levantou-se. Tivera uma noite péssima, povoada de pesadelos, onde Osvaldo aparecia nervoso cobrando o passado. Por mais que ela tentasse escapar fechando portas e janelas, ele sempre conseguia entrar, fulminando-a com os olhos ora cheios de ódio, ora cheios de sofrimento.

Agoniada, ela tentava em vão escapar, porém uma voz a acusava, dizendo:

— Traidora! O que fez de sua vida? Por que jogou fora o amor de um homem bom, honesto, que a amava tanto?

Ela chorava e repetia:

— Estou arrependida, foi uma ilusão! Eu não sabia o que estava fazendo! Deixe-me em paz!

Acordava molhada de suor e tentava sair daquela angústia afirmando que era apenas um pesadelo, como tantos outros que já tinha tido. Tentava relaxar e dormir novamente, porém cenas do passado reapareciam em sua lembrança e ela se remexia na cama esforçando-se para jogar fora aqueles pensamentos.

Ficou nessa luta interior até que, quando o dia já estava quase amanhecendo, conseguiu adormecer.

Acordou e olhou para o relógio. Seis horas. Muito cedo para trabalhar. Apesar disso, foi tomar um banho e preparar-se. Qualquer coisa era preferível àquele tormento.

Angustiada, reconheceu que, apesar do tempo decorrido, o passado continuava vivo em seu coração, como uma chaga dolorida. Por que não conseguia esquecer? E Osvaldo, como estaria? Teria esquecido, refeito sua vida, perdoado? Certamente não. Nunca procurou os filhos. Clara não teve coragem de contar-lhes a verdade. Disse apenas que eles haviam se desentendido e que Osvaldo partira para sempre.

Contudo, desconfiava de que eles soubessem de tudo porque, depois das indagações dos primeiros tempos, nunca mais perguntaram pelo pai. Mas ela sabia que eles sentiam sua falta. Tentava recompensá-los de alguma forma, interessando-se pelos seus problemas, conversando e apoiando sempre.

Eles a amavam e respeitavam muito, tinha certeza disso. Mas, agora, o que fazer se Osvaldo aparecesse? E se ele contasse aos filhos a razão de sua prolongada ausência?

A esse pensamento estremecia. Passara todos aqueles anos cultivando o arrependimento, levando vida irrepreensível, como querendo provar a si mesma que não era tão leviana como se julgara. A sensação de culpa castigava-a e para amenizá-la ela resolvera tornar-se uma mulher fechada, dedicando-se exclusivamente ao trabalho e à família.

Não podia ficar tão perturbada com a proximidade de Osvaldo. Precisava reagir, ser natural. Mas como se a simples ideia de sua proximidade a abalava tanto?

Quando ela desceu para o café, Rita já estava na cozinha. Vendo-a, tornou:

— Humm... Você está com uma cara! Pelo jeito não dormiu bem.

— Dá para notar?

— Dá. Ainda é muito cedo. Por que não ficou mais um pouco na cama?

— Achei melhor levantar. Não ia conseguir dormir mesmo.

Marcos entrou na cozinha dizendo alegre:

— Bom dia! O que estão maquinando logo cedo?

Clara beijou o filho e respondeu:

— Nada importante.

— Vá sentar-se na copa que vou servir seu café. Não pode atrasar-se hoje. Não disse que tinha prova?

— Disse. Mas ainda é cedo. É bom encontrar as duas juntas para o café.

— Vá indo, Clara, que vou colocar mais xícaras na mesa.

Clara acompanhou o filho, olhando-o embevecida. Marcos completara dezoito anos e tornara-se um lindo rapaz. Fragilizada pelas recordações do passado, ela notou a grande semelhança que havia entre ele e Osvaldo. Os mesmos cabelos castanhos ondulados que lhe caíam pela testa larga embora ele tentasse segurá-los no lugar, a pele morena, o corpo alto elegante e o sorriso cativante mostrando dentes alvos e bem distribuídos.

Marcos possuía um encanto especial. Era sensível, amoroso, honesto. Estava no primeiro ano da faculdade. Escolhera Letras porque sonhava ser escritor. A princípio Clara se opusera. Mulher prática, tendo se habituado a lutar pela subsistência, preferia que ele tivesse escolhido outra carreira. Marcos, porém, sabia o que queria e insistiu. Assim, Clara acabou concordando.

Carlos era diferente do irmão. Mais claro, cabelos castanhos lisos, era alegre, cheio de entusiasmo. Onde ele estivesse havia risadas, piadas, música, movimento. Enquanto Marcos era introvertido, Carlos era o oposto, não gostava de ficar só, vivia rodeado de amigos. Aprendera a tocar violão e cantar com desenvoltura. Por isso, era muito solicitado para festas, ao que Clara costumava dizer:

— Com esses filhos estou bem arranjada. Um é sonhador, o outro é boêmio.

Porém dizia isso com olhos cheios de orgulho, feliz com a alegria que ambos traziam à sua vida.

Depois que Marcos saiu, Clara comentou:

— Não é justo, Rita.

— O quê?

— Não é justo que, depois de eu ter lutado tanto para educar os meninos, dar-lhes uma vida digna, Osvaldo apareça para perturbar nossa paz.

— Ele ainda não nos procurou.

— Mas eu sinto que é só questão de tempo. Ele vai procurar os filhos. E, quando isso acontecer, não sei o que lhes dizer.

— Não diga nada. É natural que um pai queira ver os filhos.

— Depois de dez anos sem dar uma notícia?

— É difícil responder, porque não sabemos o que lhe aconteceu esse tempo todo.

— O mais provável é que tenha refeito sua vida e nos esquecido.

— Posso perguntar uma coisa?

— O quê?

— Às vezes penso que você nunca deixou de amar seu marido.

— Por que diz isso?

— Porque, quando ficou livre para levar adiante seu romance com Válter, você não quis. Bem que ele insistiu.

— Eu nunca amei Válter. Você sabe disso.

— Sei. Mas você teve outras oportunidades. Sei de vários homens que estiveram interessados e você recusou.

— Fiquei vacinada. Essa história de amor só serve para nos trazer problemas.

— Você ainda gosta de Osvaldo. Reconheça.

— De jeito nenhum. Fico apavorada só em saber que ele pode aparecer de uma hora para outra. Se o amasse, ficaria feliz.

Rita sacudiu a cabeça pensativa. Depois disse:

— O que você tem é medo do que ele pode lhe dizer. Mas, se o passado estivesse esquecido, talvez pensasse de outra forma.

— Você está enganada. Claro que me arrependo do que fiz, mas é por causa dos meninos, da dor que causei a Osvaldo, que não merecia. É remorso, apenas isso.

Rita sorriu e não respondeu. Ela sabia que Clara fechara o coração com medo de sofrer e bloqueara seus sentimentos. Mas acreditava que um dia ela não iria mais conseguir segurar e a verdade viria à tona com toda a sua força.

Clara saiu para o trabalho. Chegando ao ateliê, foi verificar a agenda. Margarida estava marcada para as dez. Dez minutos antes ela chegou. Tinha um casamento e queria sugestões para o que usaria.

Clara recebeu-a com alegria. Era pessoa agradável e de bom gosto. No começo queria ser atendida só por Domênico, mas com o tempo acabou gostando de ser atendida por Clara.

As duas mergulharam no mundo da moda, dos tecidos, dos desenhos que Gino criara exclusivamente para ela. Estavam entretidas e Clara havia esquecido as preocupações de momentos antes. Quando ela parou, fixou-a séria, dizendo:

— Não adianta fugir, Clara. A vida está retomando tudo que ficou inacabado. É hora de mudança. Fique calma e aceite o que não pode evitar.

Clara empalideceu. Margarida estava diferente do habitual, sua voz modificara-se, seus olhos estavam parados e perdidos em um ponto distante.

— Por que está dizendo isso? O que você sabe?

— Tudo.

— Tudo o quê? O que vai acontecer? Conte-me o que está vendo.

— Estou vendo o passado. Há várias possibilidades para o futuro. O que vai acontecer depende do livre--arbítrio de cada um. Lembre-se de que a calma facilita a manifestação do bom senso. Não fantasie, prefira a verdade. A dor é fruto da ilusão, não entre nela. Não julgue ninguém. Ligue-se com Deus, tenha fé. Estamos ajudando vocês.

Antes que Clara respondesse, Margarida sacudiu a cabeça, passou a mão pela testa e, fixando-a assustada, perguntou:

— Aconteceu de novo, Clara?

— Sim. Você disse coisas como da outra vez.

— Espero não tê-la assustado.

Domênico apareceu na porta e Margarida correu para ele dizendo:

— Aconteceu de novo, Domênico. Pensei que estivesse equilibrada e isso não se repetisse.

— Como está se sentindo? — indagou ele.

— Bem. Você sabe: agora estou frequentando um grupo de estudos e treinando minha mediunidade. Depois que comecei a ir lá, nunca mais havia me acontecido. Será que estou tendo uma recaída?

— Não, Margarida. Acalme-se. Acredito que eles tenham se utilizado de você para ajudar Clara. Foi necessidade do momento. Aliás, nestes últimos dias tenho observado que Clara não está bem. Preocupada, nervosa, alheia.

— Tem razão, Domênico — interveio Clara. — Aconteceram algumas coisas que me deixaram nervosa.

— O que me incomoda — disse Margarida — é que quando isso ocorre eu saio do ar. Não lembro nada. Fico insegura.

— Você me deu bons conselhos que procurarei seguir. Obrigada.

— Viu? — comentou Domênico. — Foi o que eu disse. Os espíritos usaram sua mediunidade para ajudar Clara. Essa é sua missão: ser canal dos espíritos. Continue estudando e não tema. Você está bem protegida.

Depois que Margarida se foi, Clara conversou com Domênico contando o que a estava incomodando e as palavras que Margarida lhe dissera. E finalizou:

— Estou apavorada. Se ele aparecer, não sei o que dizer aos meus filhos. Nunca falamos sobre o passado. Temo que eles me desprezem.

— Por que se atormenta se nada ainda aconteceu? Se Osvaldo aparecer, diga a verdade, seja sincera. Seus filhos são adultos, fale com eles com sinceridade. Não se antecipe imaginando o que eles irão pensar ou dizer. Chega de se culpar. Você errou, mas percebeu isso e tem se portado com dignidade. Pense que você é uma excelente mãe e uma mulher que assumiu suas responsabilidades de família com coragem e honestidade.

Clara sentiu os olhos úmidos e considerou:

— Obrigada, Domênico. Você é meu amigo.

— Estou sendo sincero, Clara. Não se perturbe pelo que já foi. Você é forte, lúcida e vai resolver essa situação muito bem.

As palavras de Domênico tiveram o dom de acalmar a ansiedade de Clara. Porém, no fim da tarde, ela foi chamada ao telefone.

— Dona Clara de Oliveira? Aqui quem fala é o doutor Felisberto Antunes, advogado. Estou representando seu marido Osvaldo de Oliveira e desejo marcar uma entrevista com a senhora a fim de tratarmos de assuntos que interessam à sua família. Quando poderia me receber?

Clara estremeceu e seu coração começou a bater descompassado. Ela se esforçou para manter a calma. Respirou fundo e respondeu:

— Quando quiser.

— Quer que a procure em casa ou a senhora prefere vir ao meu escritório?

Ela preferiu ir ao escritório. Não queria que os filhos soubessem. Precisava saber o que Osvaldo pretendia antes de falar com eles. Marcaram para a tarde seguinte.

Quando desligou o telefone, Clara estava tremendo. Vendo-a, Domênico considerou:

— Você está pálida! Era seu marido?

— Era o advogado dele. Tentei ficar calma, mas não consegui.

Domênico apanhou uma xícara de chá e ofereceu a ela, dizendo:

— Beba. Vai fazer-lhe bem.

As mãos dela tremiam e ele a fez sentar-se, ajudando-a a segurar o pires. Ela sorveu alguns goles e tentou sorrir.

— Sou uma tola mesmo. Ficar deste jeito só porque o advogado dele me procurou. Vai ver que quer a separação judicial para ver-se livre de mim. Estou aqui me recriminando pelo passado e pode ser até que ele já tenha esquecido e esteja vivendo com outra.

— Você foi avisada que não deveria entrar na ilusão. Como pode pensar isso se ainda não sabe o que aconteceu? Controle-se. Procure o advogado, informe-se e depois, só depois, tome sua decisão.

— Tem razão. É que esse assunto me deixa nervosa. Ele nunca deu notícias! Agora depois de dez anos está de volta!

— Não adianta se atormentar. Seria bom procurar o centro de dona Lídia e buscar ajuda espiritual. O passe vai acalmá-la.

— É o que farei. A noite passada já dormi mal, preciso descansar para a entrevista de amanhã.

Ela foi ao centro e conversou com Lídia, que repetiu as mesmas palavras de Margarida. Sentiu-se aliviada e mais calma. Foi para casa, deitou-se e dormiu. Entretanto, acordou às duas da manhã e não conseguiu mais dormir. Ficou revirando na cama, pensando em sua vida.

As cenas dolorosas do passado vieram-lhe à memória e ela sofreu novamente as emoções desencontradas já vividas, como se aqueles fatos houvessem acontecido na véspera.

Percebeu que o tempo decorrido não a fizera esquecer. E Osvaldo, teria conseguido? Como estaria sua vida? Estaria sofrendo ainda tanto quanto ela?

A ansiedade reapareceu forte e Clara não conseguiu ficar na cama. Foi à cozinha, fez um café e sentou-se, tomando alguns goles e olhando através da janela as primeiras luzes do amanhecer.

Apesar da culpa e do arrependimento que sentia, ela pensou que de certa forma Osvaldo, tendo abandonado a família sem se preocupar com o bem-estar dos filhos, não tinha mais o direito de recriminá-la pelo seu erro.

Ela falhou em seus deveres, mas ele errou também. O que teria sido dos meninos se ela não houvesse conseguido sustentá-los? Esse pensamento deu-lhe coragem para enfrentar a visita ao advogado e evitar que Osvaldo procurasse os filhos. Ele não tinha esse direito depois de não haver se preocupado com eles durante dez anos. Por que agora se aproximar deles novamente? Eles já estavam habituados a viver longe do pai. Uma aproximação agora não viria perturbá-los?

Quando entrou no escritório do advogado horas mais tarde, Clara estava decidida a resolver tudo com ele e evitar que Osvaldo se encontrasse com os filhos. Se ele aceitasse continuar longe dos meninos, ela assinaria a separação nas condições que ele quisesse.

Felisberto recebeu-a cortesmente. Convidou-a a sentar-se na poltrona em frente à sua escrivaninha, sentou-se por sua vez e foi direto ao assunto:

— Seu marido pediu-me que a procurasse para colocá-la a par de alguns fatos que são do interesse de ambos.

— Acho estranho que depois de nos haver abandonado sem nenhuma notícia durante dez anos reapareça e deseje comunicar-se conosco. Muitas vezes acreditei que ele tivesse morrido, o que explicaria essa prolongada ausência. Reconheço que errei e provoquei a nossa separação, mas nossos filhos não tinham culpa alguma. Durante estes anos todos ele nunca se preocupou em saber como eles estavam, se bem alimentados, com saúde, escola. Não consigo entender por que agora ele aparece do nada e se julga com o direito de nos procurar.

— Devo dizer-lhe que ele estava morando no interior de Minas Gerais, no campo, levando vida simples. A única pessoa com a qual se correspondia era sua tia Ester, que, como a senhora sabe, o criou.

— Estou surpresa. As relações dele com a tia sempre foram formais.

— É verdade. Fui advogado de dona Ester e fui seu procurador mesmo depois da morte do doutor Freire. Convivi com ela durante anos. Ela ficava muito feliz quando recebia uma carta do senhor Osvaldo. Várias vezes comentou que ele havia mudado muito e seu relacionamento com ele se tornara profundo e amigo. Posso dizer-lhe que dona Ester amava-o como um filho. Assim, tornou-o herdeiro de todos os seus bens, com exceção de algumas doações aos empregados.

Clara ouvia atenta e esperou que ele prosseguisse:

— Após a morte de dona Ester, chamei-o para a abertura do testamento. A bem da verdade, ele não desejava voltar. Entretanto, quando ponderei que precisava decidir o destino das coisas dela, ele resolveu.

— Quer dizer que ele está em São Paulo?

— Está morando na casa dela, que agora lhe pertence.

— Se ele veio apenas para resolver esse assunto, certamente não ficará por aqui — tornou ela com certo alívio.

— Isso não sei. Acontece que dona Ester possuía muitos bens. Seu marido agora é um homem rico. Talvez ele mude de ideia.

— Por que lhe pediu para me procurar? Deseja a separação?

— Não falou sobre isso. Ele pretende cuidar do futuro dos filhos. Deseja vê-los para decidir o que fazer.

Clara levantou-se irritada.

— Exatamente o que eu não quero. Os meninos eram apegados ao pai e sofreram muito com a separação. Custaram a acostumar-se com sua ausência. Agora que estão bem, que esqueceram tudo, ele volta e quer reabrir uma ferida que já cicatrizou. Não posso concordar. Não é justo para eles.

— Acalme-se, senhora. Estamos aqui para conversar. Aceita um café, uma água?

— Água, por favor.

Ela se sentou novamente, respirando fundo, tentando controlar a raiva.

O advogado chamou a secretária e pediu a água, que foi servida em seguida. Clara tomou alguns goles. Felisberto apanhou o maço de cigarros tirou um e perguntou com um sorriso:

— Incomoda-se se eu fumar?

— Não. Esteja à vontade.

Ele acendeu o cigarro vagarosamente e depois de algumas baforadas colocou-o no cinzeiro.

— Vocês estão vivendo uma situação delicada. Não é fácil resolver os problemas do coração. — Ela concordou com a cabeça e ele continuou: — Entretanto, há momentos em que precisamos enfrentar o inevitável. É difícil julgar, e eu de modo algum me colocaria nessa posição. A senhora se enganou, arrependeu-se, lutou para criar seus filhos sozinha e receia que seu marido traga de volta velhos problemas não resolvidos.

— Ele não tem o direito de reabrir essa ferida.

— Por outro lado, ele sofreu todo esse tempo a distância, sem coragem para enfrentar a volta, talvez pretendendo evitar a dor que ainda machucava seu coração. Era dona Ester quem telefonava para sua casa, tinha notícia dos meninos e escrevia a ele contando. Quando chegou aqui, pretendia voltar o quanto antes. Senti que desejava fugir das lembranças que a distância não havia conseguido apagar.

Clara sentiu que as lágrimas ameaçavam rolar e baixou a cabeça tentando impedi-las. Felisberto continuou:

— Porém, de posse da fortuna, desejou procurá-los para dividir o dinheiro. Seu marido, dona Clara, é um homem de bem. Raramente tenho encontrado alguém tão generoso. Ele não tem intenção de perturbar os filhos, mas de torná-los felizes. Por outro lado, a senhora não pode tomar uma decisão como essa sem que seus filhos saibam. Nós não sabemos como eles lidaram com a ausência do pai. Pode ser que essa carência os esteja infelicitando, fazendo-os se sentirem rejeitados. Posso garantir que o senhor Osvaldo os ama muito e acredito sinceramente que um encontro com eles faria bem a todos. Colocaria as coisas no lugar.

As lágrimas estavam rolando pelos olhos de Clara e o advogado deu-lhe uma caixa de lenços de papel. Ela apanhou um, enxugou as lágrimas e não respondeu. Felisberto considerou:

— Não acha que seria mais adequado conversar com seus filhos, que já estão adultos, contar-lhes a verdade e perguntar se eles desejam ver o pai?

— O que está me pedindo vai ser muito difícil para mim.

— Não creio. Para uma mulher que conseguiu se levantar, assumir a própria responsabilidade, educar seus filhos com respeito e carinho, será até fácil. Garanto que se sentirá aliviada se fizer isso.

— Vou pensar, doutor.

— Faça isso. Pense com calma e me ligue quando decidir.

Ele estendeu um cartão. Ela o guardou na bolsa e saiu. Felisberto chamou a secretária e informou:

— Vou até a casa do senhor Osvaldo. Não voltarei mais hoje. Se precisar, ligue para lá.

Durante o trajeto, Felisberto foi pensando no drama daquela família. Ester tinha sido para ele uma amiga querida. Na convivência estreita que haviam tido depois da morte do doutor Freire, aprendera a admirá-la pela sua inteligência, força e dotes de coração.

Ester costumava desabafar com ele seus problemas e ele a apoiava fazendo o que podia para que ela ficasse bem. O drama de Osvaldo a comovia e muitas vezes ela lhe dissera o quanto lamentava. Apesar de estar distante, acompanhava a vida de Clara e seus filhos com atenção, disposta, se fosse o caso, a auxiliá-la.

A atitude digna e forte de Clara rompendo com o amante, trabalhando, dedicando-se aos filhos, impressionou-a e desfez a impressão desagradável que tinha dela. Quando passou a corresponder-se com Osvaldo e tornaram-se mais íntimos, Ester ficou sabendo quanto ele sofrera e ainda sofria.

Nas cartas que escrevia ao filho adotivo, contava a atitude digna que Clara adotara, na esperança de que ele conseguisse perdoá-la e voltar ao convívio dos seus.

Apesar de desejar a reconciliação do casal, não tinha muitas esperanças. Sabia que a traição era difícil de superar, principalmente para um homem.

Felisberto costumava uma ou duas vezes por semana ir tomar o chá da tarde com Ester. Ela vivia muito só e essas visitas eram sempre prazerosas. Sentavam-se na sala e, entre uma xícara de chá e outra, trocavam ideias sobre todos os assuntos.

Nesses encontros era comum Ester mencionar Osvaldo, contar as notícias que recebera e comentar sobre quanto gostaria que ele voltasse. Felisberto sabia que o que ela mais queria era que Osvaldo e Clara se reconciliassem e a família pudesse refazer-se.

— Vou deixar esta casa para Osvaldo. Eu gostaria muito que ele viesse morar aqui com a família — costumava dizer.

— Depois de tanto tempo vai ser difícil.

Ela sorria e respondia:

— Pode ser difícil para nós. Mas sempre coloco esse desejo nas mãos de Deus. Para Ele tudo é fácil.

Pensando na amiga, Felisberto se dispusera a fazer todo o possível para apoiar Osvaldo no que ele desejasse, embora não acreditasse que ele viesse a reconciliar-se com a mulher.

Osvaldo recebeu-o na sala de estar, e, apesar de todo o controle que se esforçava por manter, Felisberto percebeu logo o brilho ansioso de seu olhar.

Sentado à sua frente foi direto ao assunto:

— Clara esteve em meu escritório hoje.

Osvaldo remexeu-se na cadeira e perguntou:

— Como está ela?

— Nervosa, como era de se esperar.

— Quero saber tudo.

Felisberto relatou a conversa e finalizou:

— A reação dela é natural. Não conseguiu segurar as lágrimas. Você sumiu e durante dez anos ela nunca soube nada. Chegou a imaginar que estivesse morto. Sabe Deus quais pensamentos passaram por sua cabeça durante esses anos todos. De repente você reaparece e deseja ver os filhos.

— É um desejo justo.

— Ela alega que você os abandonou e nunca procurou saber deles. Mas eu lhe contei a verdade: você estava distante, mas informava-se sobre eles. Tenho certeza de que, se eles tivessem tido algum problema, você os teria procurado.

— Com certeza. Sei que fui egoísta. Pensei apenas em mim. Não nego a minha covardia em enfrentar a rea-lidade. Confesso que se fosse hoje, com o que aprendi, teria agido diferente. Fui fraco, mas fiz o que pude na época. Reconheço que não tinha cabeça para agir de forma mais adequada. Por isso não me culpo.

— Faz bem. De nada adianta atormentar-se por algo que já foi.

— Porém nunca deixei de amar meus filhos e sentir saudade deles. Tem sido muito doloroso estar ausente, não acompanhar o crescimento deles, nem ajudá-los a enfrentar a vida.

— Ainda está em tempo. Felizmente, Clara tem sido excelente mãe. Seus filhos estão muito bem.

Osvaldo não respondeu, mas pelos seus olhos passou um brilho de emoção. Ficou pensativo por alguns instantes, depois disse:

— Ela vai conversar com eles, dizer que desejo vê-los?

— Como já disse, a princípio ela não queria que você os procurasse. Não deve ser fácil para ela falar com eles sobre isso. Não sabemos o que ela lhes teria dito durante todo este tempo. Mas eu lhe disse que eles tinham o direito de saber que você voltou e deseja vê--los. Espero tê-la convencido. Vai me telefonar para dar uma resposta.

Osvaldo passou a mão pelos cabelos, inquieto, depois decidiu:

— Estou disposto a falar com eles mesmo que não queiram. Há muitas coisas que precisamos esclarecer. Não quero deixar uma situação equivocada entre nós.

— Tem razão. Clara levou um choque com sua volta. Mas vai acalmar-se, refletir e concordar. Ela me pareceu uma mulher muito lúcida, que sabe o que quer.

— Não é essa a impressão que guardo dela.

— Ela era muito jovem quando se casaram. Hoje está mais experiente. O tempo passa, a vida modifica as pessoas. Você também está muito diferente do jovem que conheci: mais maduro, mais equilibrado, mais seguro.

— É, todos amadurecemos. Reconheço que um encontro entre nós significa uma volta ao passado. A vida nos deu dez anos para aprendermos a lidar melhor com nossos sentimentos. Se hoje nos coloca frente a frente, é porque estamos em condições de resolver melhor nossas diferenças.

— De fato. Cada um teve tempo para avaliar melhor as atitudes passadas.

— Apesar disso, é um momento penoso que todos precisamos enfrentar.

— Talvez não seja tão penoso quanto pensa.

Osvaldo sorriu levemente e concluiu:

— Pode ser. Abraçar meus filhos de novo me fará muito feliz. Mal posso esperar.

— A vida tem suas compensações. Agora preciso ir. Assim que tiver a resposta de Clara, telefonarei.

Depois que o advogado se foi, Osvaldo continuou sentado na sala, pensativo. Estremecia só em pensar que dentro de pouco tempo estaria abraçando os filhos.

Felisberto propusera-lhe um encontro com Clara para tratarem diretamente da separação legal e dos assuntos de família. A princípio ele recusara. Não desejava vê-la. Felisberto insistira.

— Vocês precisam conversar. São pessoas civilizadas e podem educadamente decidir suas pendências. Quando se separaram, estavam em estado de choque, bloqueados pelas emoções descontroladas. O tempo, como você mesmo disse, amadurece. Se deseja ter um bom relacionamento com seus filhos, não pode continuar odiando a mãe deles.

Ele prometeu pensar. Apesar do tempo decorrido, a mágoa continuava machucando seu coração. Mesmo sabendo que Clara se arrependera e continuava sozinha, trabalhando para o sustento dos filhos, ele não conseguia esquecer seu amor traído.

Talvez fosse melhor não vê-la. O advogado poderia tratar de tudo. Decidiu não se encontrar com ela. Sua preocupação era só com os filhos. Eles haveriam de entender seu ponto de vista.

Clara chegou em casa nervosa. Rita esperava-a com impaciência. Vendo-a entrar, perguntou:

— Então?

— Ele voltou e quer ver os filhos.

— É natural.

— Não penso assim. Osvaldo está rico. Tia Ester deixou-lhe toda a sua fortuna. Deseja dividir o dinheiro com os filhos.

— É justo.

— Agora? Depois do duro que nós demos para sustentar os meninos, ele aparece do nada e quer assumir seu lugar de pai? Não posso concordar.

— Você vai ter de falar com Marcos e Carlinhos.

— É isso que eu quero evitar. O que lhes direi? Que meu marido me surpreendeu aos beijos com o amante e nos abandonou? Não tenho coragem para fazer isso.

— Não precisa se expor desse jeito. Basta dizer que ele se foi porque se desentenderam.

— Marcos tinha oito anos. Embora nunca tenhamos falado no assunto, ele deve saber a verdade.

— Por que não tem uma conversa franca com eles? Diga a verdade. Depois desse deslize, você tem levado vida decente. Não tem do que se envergonhar.

— Pois eu me envergonho. Não sei onde estava com a cabeça quando me iludi com Válter.

— Você era jovem e isso pode acontecer a qualquer uma. Mas sofreu, assumiu sua vida com dignidade.

— Apesar disso, tremo só em pensar que teremos de conversar sobre isso.

— Pois eu acho que será muito bom. Você nunca os esclareceu sobre o passado. Nem sequer sabe o que eles pensam a respeito. Podem ter guardado impressões erradas a respeito de vocês. A verdade em qualquer tempo é sempre um bem. Não deve temer essa conversa. Eles já são adultos. Seja sincera, exponha seus sentimentos, diga-lhes como aconteceu. Tenho certeza de que se sentirá aliviada depois disso.

— Você acha mesmo?

— Tenho certeza.

— Fale com Lídia. Peça-lhe para fazer uma prece por mim.

— Por que não vai até lá falar com ela? Garanto que se sentirá muito melhor.

— Irei depois do jantar. Preciso de forças para enfrentar essa situação.

Clara subiu para tomar um banho e Rita ficou pensando em como a vida muda situações, separa ou agrupa pessoas na sequência interminável do destino, trabalhando as emoções de cada um, tentando desenvolver a consciência, renovando valores, ensinando sempre.

O que ela estaria querendo ao trazer Osvaldo de volta? A resposta estava guardada nos segredos do tempo, contudo ela sabia que, quando a vida age, sempre faz o melhor.

Capítulo 12

Depois do jantar Clara foi procurar Lídia. Esta a recebeu com prazer e levou-a para a sala, dizendo alegre:

— Eu a estava esperando.

— Rita falou que eu viria?

— Não, mas eu sei que alguma coisa aconteceu hoje que a deixou nervosa.

— É verdade. Vim pedir ajuda. Sei que é muito ocupada e não gosto de incomodá-la.

— Ele voltou, não é mesmo?

— Como sabe?

— Meus amigos espirituais me contaram. A hora da verdade chegou e você está com medo de enfrentar.

Clara baixou a cabeça e não conseguiu suster as lágrimas.

— Estou com medo, Lídia.

— Não há o que temer. Seu marido é um homem bom, ama a família. Só deseja o bem de todos.

— Ele sempre foi bom e amoroso. Eu é que pus tudo a perder. Fui a culpada pela nossa infelicidade. Terei de conversar com meus filhos sobre isso e não tenho coragem.

— Você nunca se perdoou, não é mesmo?

— Não. Ah, se eu pudesse voltar atrás...

— Não pode. É para frente que se anda. Por que não se vê como é agora? Por que continua se condenando por um erro perdido no passado, esquecendo tudo de bom que fez depois? Não acha que está sendo muito severa consigo?

— Quanto mais eu penso em como Osvaldo era bom, como ele me amava, como ele nos tratava, mais eu me culpo. Não consigo esquecer. Sinto-me suja, errada, fracassada.

— Você se iludiu, mas aprendeu. Na vida o que importa é o amadurecimento. Um erro pode ensinar mais do que muitos acertos. Provoca dor, mudanças, situações, mas desenvolve a consciência, obriga a reavaliar valores. Ninguém evolui sem a bênção da experiência. Ela tem um preço, e você o pagou com juros nesses dez anos de vida digna. Fale com seus filhos, diga a verdade. Tenho certeza de que eles a amarão mais ainda. Agora vamos fazer uma prece juntas, pedir a Deus que lhe dê discernimento e coragem para vencer mais essa etapa de sua vida.

Lídia pegou-a pela mão e levou-a até o salão do centro espírita ao lado e indicou uma cadeira. Ficou em sua frente, colocou as mãos sobre sua cabeça e murmurou sentida prece pedindo luz e esclarecimento para ela e todos de sua família.

Clara sentiu que uma brisa leve e agradável a envolvia e aos poucos foi se acalmando. Quando Lídia terminou, tocou-a no braço e ela se levantou, abraçando a amiga:

— Obrigada, Lídia. Sinto-me aliviada. Deus lhe pague pelo bem que me fez.

Lídia sorriu e respondeu:

— Vá em paz, Clara. Venha sempre que precisar.

Clara voltou para casa sentindo-se melhor. A irritação, a revolta e o medo haviam desaparecido. Ela conversaria com os filhos. Sentia-se preparada.

Esperou que voltassem da escola e jantassem. Depois os chamou e disse:

— Preciso conversar com vocês. Vamos até a sala.

Depois que se acomodaram, Clara disse com voz que se esforçava por tornar natural:

— Precisamos falar sobre um assunto muito sério. Sinto que deveríamos ter conversado anos atrás, porém não tive coragem. Vocês se conformaram com as explicações que dei na época e nunca mais falamos sobre esse assunto.

Fez ligeira pausa, respirou fundo e ficou calada durante alguns segundos. Os dois notaram seu constrangimento. Marcos adiantou-se:

— Se vai falar sobre nosso pai, não precisa. Sabemos por que ele foi embora e nunca mais voltou.

Apanhada de surpresa, Clara sentiu a boca seca e o coração bater mais forte. Esforçou-se para dominar a emoção e respondeu:

— O que é que sabem? Que eu me iludi, errei, joguei fora o amor de um homem bom que nos amava?

Apesar do esforço por controlar-se, Clara não conseguiu reter as lágrimas. Os dois rapazes correram a abraçá-la, emocionados. Carlinhos perguntou com voz trêmula:

— Por que está falando nisso agora? Teve notícias de papai? Ele está morto?

Ela rompeu em soluços abraçada aos filhos. Marcos acariciava seus cabelos dizendo:

— Mãe, não se torture. Seja o que for que tenha acontecido, nós estamos aqui do seu lado. O passado não importa, nós a amamos e não queremos que sofra. Por favor, não chore!

Quando ela parou de chorar, sentou-se no sofá com um filho de cada lado, segurando a mão deles. Disse por fim:

— O pai de vocês voltou. É sobre isso que precisamos conversar.

Em poucas palavras, Clara contou-lhes a entrevista com o advogado, finalizando:

— Ele deseja vê-los.

— Ele quer voltar para casa? — indagou Carlinhos.

— Não. Deseja falar com vocês.

Carlinhos teve um gesto nervoso. Levantou-se dizendo:

— Falar o quê? Depois de nos ter abandonado todos estes anos, o que ele quer? Por que não ficou lá de uma vez?

Marcos abraçou o irmão e disse:

— Calma, Carlinhos. Não vamos nos precipitar. O que mais ele disse?

— Quer cuidar do futuro de vocês, agora que está rico. Herdou a fortuna de tia Ester. Parece que é muito dinheiro.

— Não quero nada dele — argumentou Carlinhos, irritado. — O dinheiro dele nunca nos fez falta. Temos você, que trabalhou duro para nos sustentar, enquanto ele nunca se preocupou conosco.

— Não deve julgar seu pai com tanta severidade. Não sabemos como foi sua vida estes anos todos — disse Clara.

Fez pequena pausa e continuou:

— Até amanhã fiquei de dar uma resposta ao advogado. Ele prometeu respeitar a decisão de vocês. Portanto pensem bem. Têm até amanhã para decidir.

— Por mim já decidi — tornou Carlinhos com raiva.
— Não desejo vê-lo.

— Eu quero conversar com ele. Sinto saudade. Sempre foi amoroso e amigo. Desejo ouvir o que ele tem para nos dizer. Assim como não me atrevo a julgar o que houve entre vocês dois, não posso condená-lo sem ouvi-lo. Por mim, pode dizer que irei. Quanto a você, Carlinhos, melhor pensar bem antes de decidir. Você era mais agarrado a ele do que eu. Não creio que sua decisão venha do seu coração. Pense bem para não se arrepender depois.

— Já decidi. Não vou me arrepender. Pode dizer que não quero vê-lo. Está decidido.

— Temos prazo até amanhã no fim da tarde. Não ligarei antes. Se mudar de ideia, me diga.

Quando eles se foram, Rita entrou na sala indagando:

— E então, como foi?

— Penoso. Mas estou aliviada. Marcos quer ver o pai; Carlinhos, não. Está com raiva por ele ter nos abandonado.

— Ele era o mais agarrado ao pai.

— É mesmo.

— Deve ter sofrido muito com a separação.

Clara ficou pensativa.

— Eles sabiam de tudo — comentou triste.

— Claro. Eram grandes já. Marcos algumas vezes tentou conversar comigo. Também sentiu muita saudade do pai.

— Nunca me disseram nada. Pensei que houvessem esquecido.

— Viram sua luta para sustentá-los. Certa vez, Marcos viu você chegar acompanhada por Válter. Lembra quando ele a seguia por toda parte?

— Ele viu?

— Viu e ficou muito nervoso. Procurou-me para saber se você pretendia se casar com ele, e disse que, se você fizesse isso, fugiria de casa e nunca mais voltaria.

— Puxa! Você nunca me contou isso!

— Para que preocupá-la? Eu sabia que você não queria nada com Válter. Conversei com Marcos, contei-lhe que Válter gostava de você, mas não era correspondido.

— Esse Válter só me trouxe problemas. Ainda bem que nos últimos tempos desapareceu.

— Pedi para dona Lídia interceder e nos ajudar.

— Talvez por isso ele tenha se afastado. Nunca mais soube dele.

— Vai ver que arranjou outra, se casou.

— Antes assim.

— Você nunca pensou em voltar a casar?

— Nunca. Estou bem, não preciso de ninguém para me arranjar problemas.

— Diz isso porque nunca se apaixonou novamente.

— Uma vez foi suficiente para não entrar nessa outra vez.

— Ainda gosta de Osvaldo?

Clara sobressaltou-se e fitou-a séria. Depois respondeu:

— Não.

— De vez em quando noto você triste, distante. Imaginei que estivesse com saudade dele.

— Há momentos em que sinto saudade do passado. Nós tivemos bons momentos juntos. Depois me recordo do que aconteceu e a culpa me incomoda.

— Sente falta dele?

— Sinto falta da segurança daqueles tempos. Há muito aceitei o irreparável. Assumi o que fiz. Desde então só conto comigo.

— Pretende passar a vida inteira sozinha?

— Por que não? Tenho os filhos e, quando eles se casarem ou se forem, procurarei viver o resto da vida em paz. É só o que desejo.

Rita olhou para Clara e não respondeu. Várias vezes se perguntara o que aconteceria se um dia Osvaldo voltasse. Agora, estava acontecendo.

No dia seguinte, Clara ligou para o advogado e disse que Marcos concordava, mas Carlinhos, não. Ele continuava se recusando a ver o pai.

Felisberto ligou para Osvaldo e comunicou o que ela lhe dissera. Ele pediu que Marcos fosse à sua casa no dia seguinte. Mandaria o carro buscá-lo à hora que desejasse.

Naquela noite antes do jantar, Clara chamou os filhos e disse:

— Seu pai vai mandar o carro buscá-los amanhã. A que horas desejam ir?

— Eu não vou — respondeu Carlinhos, nervoso.

— À tarde. De manhã tenho aula. Pode ser depois das duas. — Olhando para o irmão, Marcos continuou: — Não seja teimoso. Está se precipitando. Pelo menos ouça o que ele tem a dizer.

— Não quero. Ele nos deixou e nunca perguntou o que nós pensávamos. Agora é tarde. Ele que volte para onde estava.

Clara olhou para os dois e disse simplesmente:

— Façam como quiserem. Vou marcar para amanhã às duas da tarde. Você, Carlinhos, tem até lá para pensar.

Na tarde seguinte, quando o carro chegou, Marcos foi sozinho. Carlinhos continuou se recusando a ver o pai. No trajeto, Marcos sentia-se inquieto, emocionado.

Recordava-se da última vez que vira o pai e sentia voltar a angústia daquele dia. Suas palavras ainda estavam ecoando em sua memória:

"Aconteceram algumas coisas que me forçam a ir embora de casa. Quero que sejam sempre bons meninos e obedeçam à sua mãe."

Só ficou sabendo o motivo da partida do pai quando sua avó Neusa foi até lá e brigou com sua mãe. Escondido em um canto da sala, ouviu tudo quanto ela dissera e chorou muito.

Sua mãe amava outro, por isso seu pai partira. Naquela hora teve certeza de que ele nunca mais voltaria. O medo de que ela tentasse dar-lhe outro pai incomodou-o durante muito tempo.

Se ela resolvesse ficar com Válter, ele fugiria de casa. Ele havia sido o culpado de tudo. Sua mãe era casada e ele não tinha o direito de conquistá-la.

Por isso, sempre que Válter telefonava ou procurava Clara, Marcos ficava nervoso, irritado, escondia-se procurando ouvir o que conversavam. Várias vezes desabafara com Rita, que o tranquilizava dizendo que sua mãe não pensava em casar com Válter.

Agora, depois de tantos anos, ele se perguntava o que havia acontecido de verdade. Se Clara amasse Válter de fato, teria feito o possível para viver com ele. Sabia que ele estava muito apaixonado, mas ela o recusara. Então por que se envolvera?

Lembrava-se de que certa vez Neusa o procurara na saída da escola. Depois de pedir o endereço de Osvaldo com insistência e ele responder que não sabia, ela continuou:

— E vocês, como estão vivendo? Válter dá dinheiro para sua mãe?

Irritado, Marcos respondera:

— Minha mãe está trabalhando e ganha o suficiente para nos sustentar. Não precisa do dinheiro de ninguém.

— Vou entrar na justiça e pedir a guarda de vocês. Quero que venham morar comigo.

— Não faça isso, vó. Nunca vou abandonar minha mãe.

— Ela não merece. Seu pai sempre foi um bom marido e ela o traiu. Arranjou um amante. Você não pode querer viver ao lado dela depois do que ela fez.

— Isso não é verdade! A senhora nunca gostou de minha mãe. Ela é muito boa. Não quero que fale mal dela...

Naquele instante Rita aproximou-se, abraçando-o. Olhando para Neusa, disse com voz firme:

— O que disse a ele? Deixe o menino em paz.

— Eu só disse a verdade. Quero que eles venham morar comigo. Clara não tem moral para cuidar deles.

Marcos soluçava abraçado a Rita que respondeu irritada:

— Como se atreve a dizer uma coisa dessas a uma criança? Não tem vergonha de fazer mal a seu próprio neto? Vamos embora, Marcos, sua avó não está bem da cabeça.

Antes que ela tivesse tempo de responder, Rita puxou Marcos pela mão e foram embora. No caminho, Rita disse-lhe que Neusa falava aquilo porque não gostava de Clara, só por implicância. Ao que Marcos respondera:

— Meu pai foi embora porque minha mãe estava namorando Válter.

Chocada, Rita disse:

— Ele é um conquistador barato que se aproveitou da ingenuidade de sua mãe e a envolveu. Ela nunca amou Válter. Se isso fosse verdade, depois que seu pai foi embora ela teria se casado com ele.

Após esse dia Marcos passou a ficar dentro da escola esperando Rita chegar para sair. Não queria mais ver a avó.

O carro parou na entrada da casa e Marcos desceu com o coração aos saltos. José abriu a porta e, vendo-o, não se conteve:

— Você deve ser Marcos! Meu Deus, como está bonito! Entre. Seu pai o espera na sala.

Sentindo as pernas bambas, Marcos acompanhou José até a sala. Osvaldo levantou-se imediatamente e abraçou-o emocionado.

— Meu filho! Finalmente posso abraçá-lo! Que saudade!

Marcos não encontrou palavras para responder. As lágrimas desceram pelas faces e os soluços brotaram no peito, fazendo transbordarem as emoções por tantos anos contidas.

Osvaldo deixou que as lágrimas lavassem o rosto e continuou apertando o filho nos braços.

Aos poucos ambos se acalmaram e por fim Osvaldo disse com voz trêmula:

— Venha, Marcos. Vamos conversar.

— Por que nos deixou sem notícias? Por que nos abandonou?

— Tem razão por estar sentido comigo. Reconheço ter sido egoísta e haver pensado apenas em mim. Mas confesso que não tive coragem de voltar. Eu estava muito descontrolado. Queria desaparecer do mundo. Mesmo agora, depois de tantos anos, é difícil falar sobre isso. Reconheço que fui fraco, deveria ter ficado, enfrentado. Mas não pude. Gostaria que entendesse isso.

— Você pensou que mamãe estivesse amando outro. Mas não era verdade.

— Não falemos disso agora.

— Eu preciso falar pai. Minha mãe pode ter sido ingênua, ter se envolvido, mas ela não amava Válter. Durante muito tempo ele a perseguiu, mas ela nunca quis nada. Neste tempo todo só pensou em trabalhar para nos sustentar.

— Não voltei para cobrar nada de ninguém. Eu assumo minha fraqueza de deixá-los sem recursos para se manter. Porém, eu não tinha nada para oferecer. Ganhava bem, mas era um empregado. Quando deixei o emprego, fiquei sem recursos.

— Como viveu estes anos todos?

Osvaldo estendeu as mãos calosas, dizendo com simplicidade:

— Como um lavrador. Apesar de tudo, quero dizer que gosto muito de vocês. Senti muita saudade. Várias vezes pensei em voltar para vê-los. Tia Ester mantinha-me informado de tudo que se referia a vocês.

Marcos fitou-o com os olhos úmidos. Por alguns segundos não conseguiu responder. Seu pai não os esquecera, como havia pensado. Não os havia abandonado.

Vendo-o em silêncio, Osvaldo continuou:

— Durante estes anos, tia Ester foi minha confidente e amiga.

— Minha mãe disse que vocês, apesar de viverem na mesma casa, nunca foram íntimos.

— É verdade. Ela era muito reservada, e eu, tímido. Porém, depois que o tio morreu, passamos a nos escrever e pudemos nos conhecer melhor. Tia Ester era uma mulher maravilhosa.

— Nunca nos visitou. Rita é que sempre conversava com ela ao telefone. Mamãe não ficava sabendo.

— Depois que fui embora, tia Ester telefonou para sua mãe. Queria conversar com ela, oferecer apoio, mas Rita informou-a que Clara não desejava receber ninguém. Então tia Ester disse que, se um dia Clara mudasse de ideia, ela teria prazer em recebê-la. Como ela nunca a procurou, tia Ester manteve-se afastada. Entretanto, nunca deixou de se interessar por vocês e sempre me mandava notícias.

— Não sabia que dona Ester havia nos procurado. Mamãe sempre nos dizia que ela era uma mulher muito rica e muito orgulhosa.

— Ela era reservada. Orgulhosa, não. Respeitava as pessoas e procurava não se intrometer na vida de ninguém. Mas era mulher sensível, amorosa, digna.

— Você a admira.

— Muito. Eu aprendi a estimá-la de verdade.

— Vovó Neusa é muito diferente dela.

— Eu sei. Ela deve ter dado trabalho a vocês. É sempre muito inquieta, quer fazer as coisas do seu jeito. Carlinhos não quis vir. Deve estar magoado comigo.

— É. Ele era muito apegado a você. Depois que você foi embora ele deu trabalho. Chorava muito, perguntava quando você voltaria. Não dormia direito. Dormia na cama da mamãe, abraçado a ela. Com o tempo foi esquecendo, não falou mais. Quando soube da sua volta, ficou revoltado.

Foi a vez de Osvaldo ficar calado. A emoção embargou sua voz. Cabeça baixa, esforçou-se para controlar-se. Percebendo como ele se sentia, Marcos levantou-se e, colocando as mãos nos ombros dele, disse com suavidade:

— Ele ainda está sofrendo. Mas isso vai passar.

Osvaldo abraçou o filho, apertando-o de encontro ao peito.

— Obrigado, meu filho. Sempre amei muito vocês. Estou certo de que um dia ele entenderá isso.

— Ele perguntou se você iria voltar para casa. Quando mamãe respondeu que não, ele se zangou.

Osvaldo puxou Marcos para o sofá e sentou-se ao lado dele.

— Ninguém mais do que eu gostaria que tudo tivesse sido diferente, que nada houvesse acontecido. Mas não foi assim. Apesar de tudo, reconheço que aprendi muito, amadureci. Conheci pessoas simples, bondosas, iluminadas, que me ensinaram a enxergar a vida com outros olhos.

— Você se casou de novo?

— Não. Estou me referindo aos amigos com os quais tenho vivido desde que saí de casa. Com eles aprendi que fugir não adianta nada, uma vez que a dor, a saudade, a infelicidade estão dentro de nós e nos acompanham em todo lugar. Quando precisei voltar, minha primeira reação foi de não vir, de continuar vivendo no campo, como até agora, mas entendi que a vida quer que eu aprenda a ser forte e corajoso, que essa é a única maneira de resolver os problemas que nos angustiam e nos ferem o coração. Por isso estou aqui.

— Não é o que mamãe pensa. Eu a ouvi dizendo a Rita que você nunca mais voltaria. Talvez tivesse se casado e formado outra família.

— Isso nunca passou pela minha cabeça.

Marcos calou-se por alguns segundos, depois disse:

— Você tem muita raiva de minha mãe?

Apanhado de surpresa, Osvaldo pensou um pouco antes de responder. Depois olhou para Marcos nos olhos e falou sério:

— Muitas vezes me perguntei por que ela deixou de me amar, por que me trocou por outro. Reconheço que sentia frustração, impotência, raiva. Mas a vida me ensinou que qualquer julgamento é errado, uma vez que nossa visão é enganadora e não estamos dentro da pessoa para saber o que ela sente. Passei muito tempo deprimido, magoado, sem vontade de viver, mas a sabedoria e a fé de um homem simples e bom fizeram-me entender quanto estava errado.

— Como assim?

— O amor é um sentimento espontâneo, aparece independentemente da nossa vontade e, quando acaba, não há nada a fazer. Eu não tinha o direito de exigir o que sua mãe não tinha mais para dar. Ela deixou de me amar, apaixonou-se por outro. Lamento que não tenha tido coragem para me contar. Embora sofrendo, eu teria deixado o caminho livre. A traição deixou-me inconformado durante muito tempo. Hoje, porém, percebendo o quanto fui fraco, fugindo sem coragem de enfrentar a verdade, reconheço que não tenho o direito de exigir dela um comportamento que eu mesmo não consigo ter.

Marcos abriu a boca e fechou-a de novo sem encontrar palavras para responder. A postura do pai, sua generosidade emocionaram-no muito. Osvaldo notou e, procurando dar um tom natural à voz, considerou:

— Chega de falar do passado. Quero saber tudo sobre você: o que tem feito, quais seus planos para o futuro.

— Você pretende ficar na cidade?

— Sim. Tia Ester manteve os negócios do tio e colocou tudo em minhas mãos. Estou assumindo o comando. Soube que você está na faculdade.

— Estou fazendo Letras. Gosto de escrever.

— Tia Ester contou-me que você escrevia para o jornal do colégio desde os dez anos.

— É verdade. Desejo ser escritor. Mamãe gostaria que eu escolhesse outra carreira porque essa não dá futuro em nosso país. Pode ser que ela tenha razão, mas eu já decidi. Prefiro ser pobre e fazer o que me dá prazer a ganhar dinheiro em uma profissão de que não gosto.

— Você está certo. A vocação é fundamental para fazer um bom trabalho. Foi bom tocar nesse assunto, porque agora tudo mudou. Estamos ricos. Você não precisa se preocupar com o futuro. Por isso resolvi ficar aqui, assumir os bens que tia Ester me deixou.

Osvaldo fez ligeira pausa, hesitou um pouco e depois disse:

— Fale-me de Carlinhos. Como ele é?

— Seu temperamento é alegre, brincalhão. Vive agarrado a um violão que carrega aonde vai, gosta de cantar e contar piadas.

— Não fazia essa ideia dele. Já escolheu uma carreira?

— Ainda não. Mamãe tem conversado com ele, tentando orientá-lo. Mas ele não leva nada a sério.

Os dois continuaram conversando e aos poucos Marcos sentiu-se alegre e muito à vontade. Osvaldo contou-lhe que havia aberto uma conta bancária em seu nome e depositado boa soma em dinheiro. Todos os meses lhe daria uma mesada para as despesas. Pediu--lhe que assinasse os papéis do banco e logo receberia os talões de cheques.

— Carlinhos ainda não pode abrir conta em banco. Mas todos os meses meu procurador irá à sua casa entregar-lhe o dinheiro. Diga-lhe isso.

— Ele vai relutar em aceitar. É muito teimoso.

— Mandarei mesmo assim. Gostaria de falar com ele, contar o que me aconteceu depois que os deixei, explicar por que não dei notícias. Quero pedir-lhe que compreenda e me perdoe. Sou apenas um homem. Se possuo algumas qualidades, tenho ainda muitos pontos fracos. Mas, todo este tempo, jamais os esqueci. Peça-lhe que venha me ver. Faça melhor: traga-o aqui.

— Farei o possível para que ele compreenda.

Passava das dez da noite quando o carro de Osvaldo deixou Marcos em casa. Clara chegara do trabalho nervosa, preocupada. Sabendo que Marcos estava com o pai, ela não conseguiu trabalhar direito. A tarde custou a passar.

Domênico notou sua inquietação e tentou conversar:

— O que está acontecendo Clara?

— Marcos foi encontrar-se com o pai. Liguei para casa e até agora ainda não voltou.

— É natural. Depois de tantos anos, têm muito que conversar.

— É isso que me preocupa. Deve estar com raiva de mim. Certamente vai voltar ao passado, dar sua versão dos fatos. O que Marcos vai pensar?

— Não dramatize, Clara. Você não sabe o que está acontecendo de verdade. Se ele ama o filho, não vai lhe dizer nada que possa causar-lhe mal. Você me disse que Osvaldo era um homem bom, educado, muito diferente da megera de sua sogra.

— É. Ele era. Mas depois do que fiz pode ter mudado.

— O que a está incomodando é a antiga culpa que nunca a deixou estes anos todos. Quando vai perceber que o passado morreu? Você hoje é uma mulher digna que vive do seu trabalho e não tem nada de que se envergonhar.

— É, tem razão. Mas Osvaldo pode não pensar assim.

— Deixe de fantasiar. Vou mandar fazer um chá que vai acalmá-la. Em sua cabeça acho que já imaginou a conversa dos dois, falando o pior. Quando vai aprender a não se atormentar com o que ainda não aconteceu? Calma. Tem de primeiro saber a verdade para depois decidir como agir.

— Você está certo. Vou tentar esquecer este assunto.

Mas, apesar de tentar, não conseguiu. Cada vez que o telefone tocava, ela sentia o coração bater descompassado, imaginando que seria Marcos. Ao chegar em casa às oito e saber que ele ainda não havia voltado, ela não conseguiu dominar o medo:

— Como, Rita, Marcos ainda não voltou? Vai ver que ele vai tentar me tirar os filhos. Acho que é isso que ele quer. Esperou que crescessem e agora apareceu para roubá-los de mim. Ainda bem que Carlos não quis ir. Eu não devia ter deixado Marcos comparecer a esse encontro.

— Calma, Clara. Osvaldo não fará nada disso. Depois de tantos anos, é natural que eles conversem, matem a saudade.

— Ele bem que podia ter ficado lá onde viveu todos estes anos. Por que voltou? Por quê? Onde está Carlinhos?

— No quarto. Disse que tinha de estudar para a prova de amanhã. Ele não quis ir ver o pai, mas ficou triste o dia inteiro. Nem tocou no violão. Adalberto veio chamá-lo para ir ao clube, mas ele não quis ir.

— Nossa vida estava calma, tudo em seu lugar, e agora virou de pernas para o ar. Tenho vontade de ir falar novamente com aquele advogado e pedir-lhe que deixe meus filhos em paz.

— Você está com medo de dividir o amor de seus filhos com Osvaldo. Mas ele é o pai. Tem todo o direito de estar com eles.

— Eu sei, Rita. É isso que me assusta. Ele tem direito e eu não vou poder fazer nada.

— É melhor aceitar, deixar as coisas correrem normalmente. Não há razão para se preocupar. Ele não quis lhe tirar os filhos naquele tempo, não vai fazer isso agora. Depois, deve saber que você tem lutado, trabalhado, mantido seus filhos com dignidade. Não há razão para que ele faça uma coisa dessas.

— É. Acho que tem razão. Vou tomar um banho, me acalmar.

Quando Marcos entrou em casa, foi direto para o quarto falar com Carlinhos. Clara, que estava em seus aposentos, foi ter com eles.

Carlinhos estava deitado e, vendo o irmão abrir a porta, fechou os olhos. Marcos acendeu a luz, dizendo:

— Sei que está acordado e louco para saber tudo.

— Apague a luz. Quero dormir. Amanhã tenho prova logo cedo.

Clara entrou dizendo:

— Puxa, Marcos, você demorou. Por que não me ligou?

— Nós ficamos conversando, o tempo foi passando. Jantamos e quando dei por mim passava das nove e meia.

— Você sabe que não gosto que ande pelas ruas à noite.

— Papai mandou o carro me trazer.

Marcos ficou calado por alguns segundos e notou que, apesar de disfarçarem, tanto a mãe quanto o irmão esperavam que ele contasse tudo. Depois continuou:

— Nosso encontro foi muito bom. Ele não nos abandonou. Recebia notícias nossas por tia Ester. Ela lhe escrevia regularmente.

— Ele diz isso, mas nunca nos procurou. Não acredito em nada que ele diz agora — tornou Carlinhos com raiva.

— Você está enganado. Ele não voltou porque estava muito triste com a separação. Não teve coragem. Pediu perdão por isso.

— O que mais ele contou? — indagou Clara.

— Bem... Ele disse que pensava em não voltar nunca mais. Porém, quando tia Ester morreu e deixou--lhe a herança, ele sentiu que precisava assumir esses bens. Fez isso pensando em nós, em nosso futuro.

— Nós vivemos sem ele todos estes anos e podemos viver o resto de nossas vidas. Não precisamos dele. Mamãe sempre foi suficiente para nos sustentar. Depois, logo estaremos trabalhando e cuidando das despesas. Ele que volte para o lugar onde viveu este tempo todo.

— Você está sendo injusto, Carlinhos. Papai nunca nos esqueceu. Preocupa-se com nossa felicidade. Agora que está rico, deseja nos proporcionar uma vida melhor.

— Não quero nada dele.

— Pois ele abriu uma conta no banco em meu nome e vai nos dar todos os meses uma mesada.

— O que ele quer é comprar nossa amizade. Pois comigo não vai funcionar. Não vou aceitar nada dele.

— Apesar disso, ele vai mandar o dinheiro para cá todos os meses.

— Carlinhos tem razão. Não precisamos do dinheiro dele. Amanhã mesmo falarei com o advogado dele sobre isso. Não queremos nada.

— Pois eu aceitei — retrucou Marcos com voz firme.

— Sinto que papai nos ama, sempre nos amou e se preocupa com nosso bem-estar. Gosto dele. Sempre foi um pai carinhoso e um homem de bem. Se foi embora, teve seus motivos. Não devemos julgar. Cada um tem seus pontos fracos. Ele não teve forças para voltar depois do que aconteceu. Agora deseja compensar sua ausência, mostrar que sempre nos amou. Não vejo por que recusar. Eu vi suas lágrimas quando me abraçou, senti sua emoção ao falar de você, Carlinhos. Este encontro me fez muito bem. Reencontrei um pai que havia perdido e um homem muito generoso que me inspirou respeito e admiração.

Os olhos de Marcos brilhavam emotivos e Clara sentiu um aperto no coração. O que teriam conversado?

Depois de alguns instantes de silêncio, Clara tornou:

— De fato, seu pai sempre foi um homem bom.

Clara teve vontade de perguntar se ele havia comentado sobre ela, mas não teve coragem. Marcos percebeu o que ela queria saber, mas não disse nada. Era-lhe difícil mencionar o deslize de sua mãe que ocasionara aquela separação. Por isso disse apenas:

— Agora vou me deitar. Ele me pediu que o convencesse, Carlinhos, a ir visitá-lo. Quis saber como você era, do que gostava, tudo. Poderemos ir amanhã à tarde.

— Eu não vou. Não quero ir.

— Vai se arrepender. Está sendo injusto.

— Cuide de sua vida e eu cuidarei da minha. Agora apague essa luz. Quero dormir.

Marcos e Clara apagaram a luz e saíram. Carlinhos remexeu-se na cama, pensando com raiva:

"Ele não me ama! Se me amasse, não teria me abandonado. Não vou perdoar. Não vou!"

As lágrimas desciam-lhe pelas faces e ele as enxugou com a ponta do lençol, dizendo rancoroso:

— Ele vai ver. Tem de sofrer muito para pagar o que me fez.

Clara acompanhou Marcos até a porta do quarto:

— Filho — disse por fim —, seu pai falou alguma coisa sobre o passado?

— Eu é que perguntei se ele ainda sentia muita raiva de você.

Clara levou a mão aos lábios para abafar uma exclamação assustada:

— Você não devia ter perguntado isso.

— Eu quis saber. Ele disse que muitas vezes se perguntou por que você tinha deixado de amá-lo. Sentiu raiva, frustração, mas depois reconheceu que quando o amor acaba não se pode fazer nada. Disse que aprendeu com a vida que não podia julgar você, porque sua visão era enganadora. Ele não estava dentro do seu coração para saber o que você sentia. Fiquei emocionado, mãe. Meu pai é um homem de sentimentos nobres. Por isso não quero que falem mal dele.

Clara sentiu que as lágrimas estavam prestes a cair e disse emocionada:

— Você está certo. Seu pai sempre foi um homem nobre e bom. A única culpada fui eu. Ele não merecia o que fiz.

Marcos abraçou-a com carinho:

— Eu penso como ele, mãe. Você se envolveu, não pensou no que poderia acontecer. Mas o passado passou. Você era muito jovem. Não deve se culpar. Nós a amamos muito e a respeitamos pelo que é e sempre foi. Tenho orgulho de ser seu filho. Sempre a amarei. Pode ter certeza disso.

Clara, abraçada ao filho, deixou que as lágrimas lavassem o rosto e aliviasse sua culpa do passado. Quando parou de chorar, sentiu-se mais calma.

— Obrigada, meu filho. Eu também o amo muito.

Beijou-o com carinho e foi para o quarto. Deitou-se e finalmente conseguiu adormecer.

Capítulo 13

No dia seguinte Clara acordou pensando na conversa que tivera com os filhos. Não achava justo que Osvaldo voltasse depois de tantos anos reclamando seus direitos de pai.

Ele deixou claro que voltara por causa do dinheiro. Se Ester não lhe houvesse deixado a herança, nunca mais o veriam. Era esse o amor, a saudade que dizia sentir dos filhos?

Ela, abandonada, sem profissão, sem dinheiro, nunca os abandonou. Lutou para sustentá-los. Depois de tudo ele aparecia, usando o poder do dinheiro para seduzi-los.

Carlinhos estava certo: não precisavam dele, não queriam seu dinheiro.

Marcos deixara-se seduzir. Havia sido criado com pouco dinheiro. Se não faltou o essencial, também não puderam permitir-se a nenhum luxo. Um jovem fica fascinado com certas facilidades que o dinheiro pode comprar. Certamente ele já estaria pensando no que fazer com a mesada que o pai lhe dera.

Não pretendia recusá-la. Seria difícil convencê-lo. Para ela isso representava um perigo maior. Com o tempo, Marcos poderia querer ir viver com o pai.

Pensando nisso, ela sentiu um aperto no peito. Osvaldo não tinha esse direito. Os filhos eram dela, uma vez que ele os abandonara durante tantos anos.

Iria falar com o advogado e recusar sua oferta.

Desceu para tomar café e Rita, olhando-a, perguntou:

— Você está bem?

— Mais ou menos. Não me conformo com tudo isso que está acontecendo.

— Como foi o encontro de Marcos com o pai?

— Veio todo entusiasmado só porque Osvaldo vai dar-lhe uma boa mesada. Nem me consultou e já aceitou.

— É natural. É seu pai.

— Que nunca se importou com eles. Carlinhos foi taxativo: não quer nada do pai.

Rita não respondeu. Sabia que estava sendo difícil para Clara aceitar aquela mudança.

Clara mal tocou nos alimentos. Rita considerou:

— Você não comeu nada. Hoje vai trabalhar o dia inteiro. Precisa alimentar-se melhor.

— Meu estômago está embolado. Parece que não digeri o jantar de ontem.

— Você não digeriu a volta de Osvaldo. Nunca pensou que um dia isso aconteceria?

— Não. Pensei que tivesse morrido, casado de novo, sei lá. Quanto mais o tempo passava, menos eu acreditava que ele pudesse voltar.

— Mas voltou. Você precisa aceitar essa realidade.

— Vou procurar o advogado dele e dizer que não queremos seu dinheiro.

— Não pode fazer isso. Ele tem o direito. Depois, os filhos são seus herdeiros. Você não vai poder evitar.

— Isso é que me apavora. Por que ele voltou, por quê?

— Não adianta questionar. Aconteceu e você não vai poder fazer nada. Por acaso ele falou com Marcos sobre o passado?

— Deu uma de bonzinho. Marcos mencionou o assunto e ele se mostrou compreensivo. Não me acusou de nada.

— Isso é bom. Ele não tem intenção de colocar seus filhos contra você.

— Isso é pior. Sua generosidade aumenta minha culpa diante deles.

— Você está exagerando. Preferia que ele a acusasse?

Clara calou-se. A atitude digna do marido aumentara sua sensação de culpa.

Vendo que Clara não respondia, Rita continuou:

— Marcos mostrou-se magoado com o passado?

— Não. Ao contrário: foi carinhoso, disse o quanto me amava.

— Você tem dois filhos maravilhosos. Não deve se preocupar tanto. Eles a amam muito. Não precisa ter receio da amizade deles com o pai. Seu lugar sempre estará garantido no coração deles. Não quer um pedaço deste bolo? Está uma delícia.

Quando Clara chegou ao ateliê, Domênico logo notou que ela não estava bem. Procurou conversar, e ela lhe contou o que a preocupava. Depois de ouvir tudo, ele comentou:

— Rita tem razão. Ele é o pai. Tem o direito de dar o que desejar aos filhos. Desista de procurar o advogado. Não vai poder fazer nada.

— Mesmo assim quero tentar. É um direito meu.

— Vai torturar-se inutilmente.

Clara passou o dia inteiro nervosa. Fez imenso esforço para controlar-se. Gino exigia que as clientes fossem tratadas com carinho e alegria. Não podia deixar que seus problemas particulares prejudicassem seu trabalho.

O dia custou a passar, e Clara esforçava-se para controlar a inquietação. No fim da tarde, quando se preparava para sair, Domênico aproximou-se, dizendo:

— Você está precisando de ajuda. Por que não procura aquela sua amiga do centro espírita?

— Ela não vai poder fazer nada. Estou nervosa por causa da situação com meu ex-marido.

Domênico olhou sério para ela e respondeu:

— Não é apenas isso. Há todo um envolvimento espiritual que está agravando o problema.

— Se ele não tivesse aparecido, eu não estaria deste jeito.

— Mesmo assim, uma ajuda espiritual vai acalmá-la. Você se sentirá melhor.

— É. Pode ser. Dona Lídia é uma pessoa bondosa, e conversar com ela só pode me fazer bem.

Ao sair do trabalho, Clara foi direto procurar Lídia. Encontrou-a rodeada de algumas pessoas, separando roupas usadas que deveriam dar a algumas famílias assistidas pelo centro.

Vendo-a, Lídia foi abraçá-la, dizendo alegre:

— Que bom vê-la! Vamos entrar.

— Queria conversar um pouco, mas não desejo interromper seu trabalho. Voltarei outro dia.

— Nada disso. Estamos terminando. Vamos até minha casa tomar um café.

Clara acompanhou-a. Lídia convidou:

— Venha até a cozinha.

— Não se incomode com café.

— Pensando melhor, acho que seria bom um chá. Você está precisando. Sente-se aqui enquanto apanho as xícaras.

Clara sentou-se sentindo o aroma delicado do chá que ela colocara nas xícaras e estava enchendo com água fervendo da garrafa térmica.

— Você está muito nervosa, Clara. Prefiro que não fale nada agora. Aproveite este momento para harmonizar seu espírito conturbado. Confie em Deus. Na vida tudo acontece para o melhor. Não se torture questionando o futuro. Não desperdice sua força com coisas que ainda não aconteceram.

Clara fez menção de falar, mas Lídia não lhe deu tempo e continuou:

— Hoje quero que volte aqui às oito. Não se atrase porque a porta estará fechada. Não falte.

— Está bem. Virei.

— Sinto que está inquieta, angustiada. Essa sensação poderá aumentar à medida que se aproximar a hora de vir. Não tenha medo. Venha mesmo assim.

— O que está acontecendo? Domênico me disse que há um envolvimento espiritual.

— É verdade. Está na hora de você começar a compreender a espiritualidade. Temos conversado. Você tem tido algumas oportunidades, mas não as aproveitou.

— Tenho receio.

— Confie. A vida faz tudo certo. Agora vá. Estarei esperando. Não se atrase.

Clara saiu pensativa. Chegando em casa, desabafou com Rita:

— Não sei por que as pessoas são tão fanáticas. Estou nervosa, e Domênico me mandou procurar o centro espírita. Falei com Lídia e ela me mandou ir à noite à sessão. Não tenho vontade nenhuma de ir.

Rita olhou para Clara e comentou:

— Pois eu acho que deve ir.

— Você também? Domênico disse que estou com envolvimento espiritual. Lídia pensa o mesmo. Essas pessoas têm mania de culpar os espíritos por tudo que nos acontece. Estou nervosa por causa de Osvaldo. Não tem nada a ver com espíritos.

— Nesse caso, por que fica tão nervosa quando fala nisso?

— Reconheço que o aparecimento de Osvaldo me tirou o sossego. Mas daí a ter de ir ao centro...

Rita deu de ombros.

— Se pensa assim, não vá. Seja lá o que for que aconteça, você pode aguentar sozinha mesmo.

— Do jeito que você fala, parece que vai mesmo acontecer alguma coisa ruim.

— Você está sendo muito pessimista. Não aconteceu nada de mau e você já está vendo tudo negro.

— Vocês é que dão a entender que, se eu não for ao centro, tudo pode piorar.

Rita sorriu e considerou:

— Isso não é verdade. Os problemas, os desafios em nossa vida aparecem pela necessidade que temos de aprender e evoluir. Ninguém nem nada os poderá evitar. Acontece que, com a ajuda espiritual, você poderá enfrentá-los com mais coragem. Por isso eu disse: se você acha que pode fazer isso sozinha, não precisa ir.

— Você sabe que não vou conseguir. Estou muito deprimida, inquieta, com medo.

— Nesse caso deveria buscar ajuda. Por que está sendo tão resistente?

— Gosto de questionar as coisas. Vou tomar um banho. Não quero me atrasar.

Rita sorriu satisfeita. Havia muito notava que Clara estava sensível, nervosa, mesmo antes de Osvaldo aparecer. Percebia que a sensibilidade dela estava desabrochando. Fizera algumas tentativas de interessá-la no assunto, mas sentia sua resistência. Por experiência própria, sabia que tudo tinha o tempo certo e que deveria esperar amadurecer.

Faltavam cinco minutos para as oito quando Clara entrou no salão do centro, onde Lídia a conduziu a uma cadeira ao redor da enorme mesa em que na penumbra algumas pessoas já estavam sentadas, meditando em silêncio.

Clara sentia o peito oprimido, uma desagradável sensação de opressão, uma vontade enorme de sair correndo, de gritar. Arrepios corriam-lhe pelo corpo, suas mãos estavam geladas e inquietas.

Foi difícil controlar-se enquanto Lídia fazia uma prece, evocando a proteção de Deus e a ajuda espiritual.

Clara arrependia-se de ter ido. Seu corpo formigava e ela fez menção de levantar-se, porém suas pernas não lhe obedeceram. Sentia um suor gelado molhando-lhe o corpo e tremia qual folha sacudida pelo vento.

Não suportando mais a pressão, deu um violento soco na mesa e gritou com voz rouca:

— O que querem de mim? Não acham que já sofri o bastante? Por que me atormentam? Até quando sofrerei pelo meu crime? Não acham que já paguei pelos meus erros? Que justiça é essa que exige cada vez mais, sem dó nem piedade?

Os soluços irromperam fortes e Clara sentiu que perdia completamente o controle. Apavorada, quis deixar o corpo, porém Lídia colocou a mão em sua nuca, dizendo com voz suave:

— Acalme-se. Queremos ajudá-la.

— É mentira! Querem me expor ao vexame de um julgamento público. Não vou suportar isso!

— Não há aqui nenhum juiz. Somos todos amigos e companheiros interessados em seu bem-estar.

— Não acredito! Minha culpa está mais viva. Por mais que eu tente esquecer, os fatos se repetem. Não suporto mais.

— Peço aos presentes que orem em favor dela.

Os presentes oravam e só se ouviam os soluços de Clara. Lídia continuou:

— Há quanto tempo carrega essa chaga viva em sua alma? Está na hora de libertar-se dela.

— Como?

— Perdoando, deixando o passado ir, esquecendo.

— Impossível. Ainda está doendo. A traição não se esquece assim. Acham que fui dura? A vingança era meu prêmio. E eu pensei que com ela pudesse apagar meu sofrimento. Mas foi inútil. A culpa tem me atormentado.

— Desejamos ajudá-la. Mas precisamos que coopere conosco. Pense que a vingança só agravou sua dor e procure perdoar-se compreendendo que errou porque não tinha entendimento para agir de outra forma. O que faria se tudo acontecesse hoje?

— Faria tudo diferente. Mas naquele tempo eu não sabia.

— Compreenda isso e não se culpe mais. A vida está lhe oferecendo uma nova oportunidade de progresso. Você é um espírito eterno destinado a viver na luz. A felicidade é o objetivo maior da vida. Está na hora de deixar o passado e recomeçar.

— Ah, se eu pudesse...

— Você pode. A seu lado há um amigo que irá conduzi-la a um lugar de refazimento. Deus a abençoe.

Clara suspirou e estremeceu. Sentiu um brando calor invadir seu corpo. Lídia aproximou-se colocando em sua mão um copinho com água. Clara bebeu e sentiu--se muito aliviada.

Quando a sessão terminou, ela esperou que as pessoas se fossem e aproximou-se de Lídia. Perguntou:

— Poderia me explicar o que aconteceu comigo hoje?

— Você não sabe?

— Fiquei muito mal. Falei todas aquelas coisas, mas elas não fazem nenhum nexo para mim. Era como se eu fosse outra pessoa.

— Isso mesmo. Era outra pessoa falando através de você. Como se sente agora?

— Muito aliviada. Toda a minha inquietação desapareceu como por encanto.

— Você tem mediunidade.

— Eu? É difícil acreditar. Nunca me envolvi com essas coisas.

— Por que duvida? Passou pela experiência e continua resistente?

— Mediunidade é um dom especial. Uma missão. Eu sou uma pessoa comum, nunca fui dada aos assuntos religiosos.

— Engana-se. Mediunidade é um dom natural, comum a todas as pessoas. Manifesta-se em determinadas circunstâncias.

— Sempre ouvi dizer que os médiuns têm uma missão especial. Confesso que não me sinto preparada para nada disso.

Lídia sorriu e considerou:

— A abertura da sensibilidade ocorre por vários motivos. Problemas emocionais, fraqueza ou doença física, amadurecimento do espírito, necessidade de cuidar dos problemas da própria alma sob a óptica espiritual. Você falou em missão. Cuidado com isso. A verdadeira missão de cada um é cuidar do próprio desenvolvimento interior, desenvolver a lucidez, aprender como a vida funciona.

— Sempre me disseram que a missão de um médium era dedicar sua vida a ajudar os outros.

— Para fazer isso é preciso sentir o amor incondicional, sem o qual ninguém está preparado. Para dar é preciso ter. É sempre muito agradável pensar que somos melhores do que os demais porque praticamos o que chamam de caridade. Mas a ajuda verdadeira, efetiva, que eleva as criaturas ensinando-as a caminhar com as próprias pernas, raramente é feita. Ao desenvolver a mediunidade, muitos se apressam a fundar obras assistenciais, sem meios nem recursos próprios para manutenção de seus projetos. Para isso procuram arrecadar dinheiro, incomodando os outros para que comprem suas rifas e mantenham seu projeto.

— Mas a senhora mantém aqui um trabalho de ajuda aos pobres.

— Mas não peço nada a ninguém. Abrimos nossa livraria, que mantém as despesas do centro. Dessa forma, além de divulgar os ensinamentos espirituais, não incomodamos ninguém.

— Apesar do que diz, ainda acho que a senhora tem uma missão especial. É tão dedicada!

— Quando despertamos para a espiritualidade, o bem se torna natural como o ar que respiramos. Ainda assim, erramos muitas vezes, porque nosso conceito de bem é ainda precário. No desempenho das minhas atividades tenho aprendido muito com a vida. A cada dia descubro uma coisa nova, portanto estou cuidando do meu progresso espiritual, que é o mais importante para mim. Sabe, a mediunidade nos abre as portas do mundo espiritual, descortina as infinitas possibilidades que nos esperam no futuro. A noção de eternidade nos faz olhar o mundo de maneira mais serena. Pense nisso, Clara. Agradeça a Deus ter revelado a você esse caminho.

Lídia falava com fluência. Seus olhos brilhavam luminosos e suas palavras vibrantes tocaram o coração de Clara.

— De fato, sinto que alguma coisa mudou em mim. Gostaria de aprender. O que me aconselha?

— Estudar o assunto.

— Quem era a mulher que falou através de mim? Senti que era mulher.

— Um espírito necessitado que você atraiu.

— Como assim?

— Ela sentia muita culpa pelos erros passados.

— Mas então ela era ligada a mim de alguma forma? Por que me procurou?

— Não creio que fosse ligada ao seu passado. Você ainda não se perdoou pelos erros que cometeu. Ultimamente essa sensação tornou-se mais presente. Ela se aproximou por afinidade. Viu você e sentiu-se confortada porque pensava igual a ela.

— Nos últimos dias tenho estado muito inquieta, nervosa. Tenho dormido mal. Seria por causa da presença dela?

— Quando um espírito se liga a alguém sensível, ambos se influenciam, trocam energias. Com a influência dela, sua sensação de culpa tornou-se muito maior. Entendeu?

— Sim. Se eu não me sentisse culpada, não a teria atraído?

— É provável que não. Mas há outras emoções que poderiam atraí-la. O que você precisa compreender é que, de acordo com nossos sentimentos, atraímos a companhia das pessoas. E isso vale também para as pessoas encarnadas.

Clara ficou pensativa por alguns segundos. Depois considerou:

— Não sabia disso. Mas noto que é difícil progredir espiritualmente. Se por um lado a consciência do bem nos faz enxergar melhor nossos erros, por outro a culpa atrai espíritos desequilibrados.

— Não é a consciência do bem nem o conhecimento da verdade que nos prejudicam, mas a maneira como encaramos esses fatos.

— Como assim?

— Você alguma vez desejou fazer algo errado?

— Claro que não.

— Mas errou mesmo assim.

— É que eu era inexperiente. Hoje teria agido de outra forma.

— Então do que se culpa? A inexperiência é natural.

Clara fitou-a admirada. Lídia prosseguiu:

— Você sempre fez o melhor que sabia. Mas é claro que não sabia tudo.

— É verdade.

— É difícil admitir que pretendia ser melhor do que é. A pretensão é porta aberta ao desequilíbrio.

— Não me julgo pretensiosa...

— Engana-se. Você não se conforma em ter errado, continua se punindo. Gostaria de nunca errar, de fazer tudo certo para ser uma pessoa maravilhosa. Mas acontece que a sabedoria só se conquista pela experiência. Como experimentar sem errar?

Clara ouvia emocionada. Vendo que Lídia se calara, disse:

— Reconheço que naquele tempo eu não tinha amadurecimento.

— Nesse caso, por que exige de si uma coisa que não tinha para dar? Reconheça que você foi inteligente o bastante para não repetir o erro. Soube reconquistar sua dignidade, recuperar sua integridade. Você transformou um ato leviano numa preciosa lição de vida. Ganhou muito através dela.

Clara levantou a cabeça e olhou séria para Lídia. Havia em seus olhos um brilho novo.

— Entendo o que quer dizer. Tenho perdido muito tempo me criticando pelo que fiz, me culpando, imaginando como teria sido minha vida se eu não tivesse feito o que fiz. Mas a verdade é que, por mais que me culpe, por mais que me condene, não poderei voltar atrás. O passado não tem remédio. O melhor é esquecer.

— O melhor é compreender. Enquanto conservar a mágoa pelo que fez, pelo que seu marido fez, não conseguirá libertar-se dessa culpa. Torna-se preciso ir fundo na questão. Assim como você não soube fazer o melhor e resistir à tentação do momento, seu marido também não conseguiu reagir aos fatos de outra forma. Você está apreensiva com relação a ele, sente-se ofendida porque ele desapareceu deixando em suas mãos toda a responsabilidade de manter a família. Mas entenda que ele também fez o que acreditou melhor para ambos. Certo ou errado, quem tem condições de avaliar? Eu não me atreveria a fazê-lo. Quem poderia entrar no coração dele e sentir o que ele sentiu?

As lágrimas desceram pelas faces de Clara, que não encontrou palavras para responder. Lídia abraçou-a com carinho, dizendo:

— Pense nisso, Clara. "Não julgueis para não serdes julgados." São palavras de Jesus.

— Tem razão. Farei isso.

— Sua sensibilidade se abriu. Você tem mediunidade. Precisa estudar esse assunto para entender as leis universais. Lembre-se de que você é a responsável por tudo quanto lhe acontece. Assim, apesar de registrar com mais intensidade as energias que a cercam e perceber os pensamentos dos outros, deverá guiar-se pelo seu bom senso, comandar sua vida do seu jeito, sem se impressionar com as ideias alheias. Estará cercada de energias de todos os tipos, e é preciso ter discernimento para escolher o próprio caminho.

— Não sei se estou preparada...

— Se não estivesse, a vida não lhe teria concedido essa capacidade. Tenho alguns livros básicos que gostaria de emprestar-lhe.

— Gostaria muito de me informar.

Lídia foi à outra sala e voltou com um livro que entregou a Clara. Ela leu: *O Livro dos Espíritos*, de Allan Kardec.

— Lerei com prazer.

— Como está se sentindo?

— Muito mais leve. Parece que me livrei de um grande peso.

— É assim mesmo. Agora vá e volte na próxima semana para continuar seu tratamento.

Clara chegou em casa e Rita esperava-a. Vendo-a, disse:

— Fiz um chá com aqueles bolinhos de que você gosta. Você não comeu quase nada hoje.

— Aqueles de banana?

— Esses mesmos. Estão quentinhos.

Sentadas à mesa da copa, elas se serviram e Rita considerou:

— Você parece muito melhor.

— Agora. Mas a princípio fiquei muito mal. Nem sei como não saí de lá correndo.

— Em certos casos é assim mesmo. O que importa é o resultado.

Clara contou o que havia acontecido e Rita comentou:

— Bem me pareceu que você possuía mediunidade. Você tem muita intuição. Às vezes sabe das coisas antes de acontecerem.

— É verdade. Mas acho que sou muito ignorante em relação a esses assuntos. Eles são muito mais importantes do que eu supunha. Agora quero estudá-los. Tenho perdido muito tempo com coisas que só me prejudicaram. É hora de aprender a conhecer mais da vida para poder viver melhor.

— Assim é que se fala. Que bom que entendeu.

Clara foi ver os filhos que estavam dormindo, depois foi se deitar. As palavras de Lídia não lhe saíam da cabeça.

Lembrou-se de Osvaldo, de como ele era carinhoso com ela e com os filhos. De seu envolvimento com Válter. De como fora ingênua deixando-se levar pela conversa dele. Pelos elogios que ele fazia de sua beleza, de sua inteligência. Da proximidade que ele explorava furtivamente quando não havia ninguém por perto. Da mediocridade de sua sogra, sempre vigiando seus passos, criticando tudo. Osvaldo nunca lhe dera ouvidos. Se ele pensasse como sua mãe, não teriam vivido tantos anos juntos.

A recordação provocava nela uma sensação desagradável, mas ao mesmo tempo reconhecia que havia aprendido muito. Lídia tinha razão ao afirmar que a vida ensina.

Acendeu a luz do abajur, levantou-se e foi até uma gaveta da cômoda. Tirou uma caixa na qual guardava as fotos de família. Abriu-a e começou a contemplá-las. As fotos dos meninos desde quando nasceram, as suas, as de seus pais.

Desde que se separara de Osvaldo, havia jogado fora todas as fotos dele, inclusive a do casamento. O passado era página virada, e estava disposta a esquecer.

Levou um susto quando encontrou uma foto dos dois sorrindo. Como ela ficara entre as outras? Segurou-a disposta a rasgá-la, mas ficou olhando. Aquele havia sido um tempo feliz. Naquele tempo amava o marido. Viu a data: o primeiro aniversário de casamento. Tinham ido jantar fora para comemorar.

Olhos perdidos no tempo, Clara recordou-se daquela noite e algumas lágrimas brilharam em seus olhos.

O que havia feito de suas vidas? Como tinha sido capaz de jogar fora aqueles momentos felizes?

Pôs-se diante do espelho e examinou detidamente seu rosto. Era ainda moça e bonita. Muitos homens a haviam cortejado depois da separação. Por que nunca mais fora capaz de amar?

Medo de sofrer, de assumir responsabilidades, falta de confiança em si, em seus sentimentos?

Por que ao pensar no marido sentia um aperto no peito, uma desagradável sensação de opressão, de tristeza, de fracasso? Seria arrependimento, culpa?

Apesar de ter errado, ela não era uma fracassada. Estava cuidando da família, havia recuperado a dignidade, sabia que tinha capacidade para sustentar os filhos com conforto. Tornara-se independente.

Então, que sentimento era esse que a incomodava? Lembrou-se das palavras de Lídia:

"Você sempre desejou fazer o melhor. Acontece que não sabia tudo".

Era verdade. Ela havia se iludido com Válter, mas em nenhum momento pensara em magoar o marido nem em provocar aquele drama. Reconhecia que fora ingênua e pagara um preço alto por isso.

Em compensação, tornara-se mais consciente, amadurecida. Lídia estava certa. Ela não tinha culpa de ter sido ignorante nem Osvaldo por não haver encontrado forças de voltar e enfrentar a situação.

A esse pensamento, Clara sentiu-se aliviada. Ao mesmo tempo, reconhecia que, se Osvaldo voltara, tinha sido porque decidira encarar a família. Estava sendo corajoso, e ela precisava fazer o mesmo.

Decidiu não intervir mais no relacionamento dele com os filhos. Com sua leviandade já o punira uma vez. Não faria isso de novo.

Apanhou novamente a foto e olhou-a pensativa. Osvaldo era um homem atraente, elegante, inteligente. Depois de tantos anos vivendo no campo, como estaria?

Respirou fundo, guardou a caixa e deitou-se novamente. Sentia-se melhor e desta vez não demorou a adormecer.

Capítulo 14

Osvaldo olhou para o relógio com certa impaciência. Estava na hora de Carlinhos sair. Fazia dois meses que ele se encontrara com Marcos e o relacionamento deles estava melhor a cada dia.

Contudo, Carlinhos se negava a encontrá-lo, não tocando na generosa mesada que ele estava mandando. Cansado de esperar, Osvaldo havia tomado uma resolução. Estava esperando-o na saída do colégio. Ele teria de ouvi-lo.

Os meninos estavam saindo e Osvaldo observava-os com atenção, tentando reconhecer o filho. Marcos havia lhe dado algumas fotos.

Depois de uns poucos minutos, ele o viu em companhia de um colega. Conversava animado. Emocionado, Osvaldo aproximou-se:

— Carlinhos!

Ele parou surpreendido e empalideceu. O rapaz fez menção de se afastar, mas Osvaldo segurou-o pelo braço.

— Quero falar com você.

— Mas eu não quero. Vou embora.

O amigo olhava-os surpreendido e perguntou:

— O que está havendo? Quem é ele?

— Sou o pai de Carlinhos. Precisamos conversar.

O menino olhou admirado para ambos e tornou:

— Nesse caso vou indo. Até amanhã.

Carlinhos não respondeu. Estava pálido e nervoso. Osvaldo disse-lhe sério:

— Não suporto mais esta situação entre nós. Temos de esclarecer as coisas.

— Para mim está muito claro. Vivi até agora sem você, posso continuar vivendo. Minha mãe nunca nos abandonou.

— Venha. Vamos conversar em outro lugar.

— Não quero. Vou embora.

Osvaldo continuava segurando o braço dele.

— Não vai, não. Venha, vamos até o carro.

— Você está me obrigando a fazer uma coisa que eu não quero.

— Não compreende que não podemos deixar como está? Se depois de nossa conversa você decidir que nunca mais quer me ver, saberei respeitar. Mas precisa me dar a chance de explicar o que aconteceu. Vamos.

Carlos não respondeu e acompanhou-o. Uma vez no carro, Osvaldo considerou:

— O que vou lhe dizer não significa uma crítica à sua mãe. Reconheço que o amor independe da nossa vontade. Assim como ele vem, pode ir embora. Foi o que nos aconteceu. Sua mãe apaixonou-se por outro e não teve coragem para me dizer.

— Isso não é verdade. Depois que você nos abandonou, ela não quis nada com ele.

— Ela tomou essa decisão depois. Mas, quando os surpreendi juntos, fiquei louco. Essa possibilidade nunca havia passado pela minha cabeça. Eu continuava a amá-la como no primeiro dia.

— Do jeito que você fala, ela foi a única culpada. Mas eu não penso assim. Mamãe tem sido maravilhosa. Trabalhou muito para nos manter enquanto você não se importou com nossas necessidades.

— Você tem razão, mas eu também não tinha como sustentá-los. Minha cabeça estava perturbada. Havia abandonado o emprego e não podia pensar em nada que não fosse a dor que me atormentava. Você não pode saber o que é esse inferno: o ciúme, a sensação de fracasso, a perda da confiança e até da vontade de viver.

— Você fugiu, não teve coragem de enfrentar. Desapareceu quando nós mais precisávamos de você.

— Reconheço que fui fraco. Não me culpo, porque sei que naquele momento estava impossibilitado de fazer outra coisa. Meu mundo desabou de tal forma que perdi o senso. Pensei em morrer.

Carlos olhou para ele assustado. Osvaldo continuou:

— Minha família me cobrava uma atitude. Queriam que matasse meu rival, mas sou contra qualquer tipo de violência. Não desejava me vingar. Resolvi desaparecer. Tomei um trem, mas meu tormento era tanto que em um momento de irreflexão quis morrer e pulei do vagão em movimento.

Carlinhos ouvia em silêncio, mãos crispadas, rosto ansioso. Osvaldo, olhos perdidos em suas lembranças, prosseguiu:

— Deus quis me poupar de cometer esse desatino. Fiquei desacordado e fui salvo por um camponês e seu filho que passavam pela estrada e me recolheram. Sua família, gente simples e boa, fez tudo para salvar minha vida. Foi Antônio, um curandeiro da roça, quem me fez voltar à vida e cuidou de mim. Mais tarde, fui morar com a família dele em seu sítio, onde ele me ensinou muitas coisas. É um homem sábio, que muito me ajudou a retomar aos poucos a coragem de continuar vivendo. Eu gostaria de ter agido diferente, mas não pude.

As lágrimas lavavam o rosto de Carlos e ele não conseguia falar. Emocionado, Osvaldo continuou:

— Durante esse tempo todo senti muita saudade de vocês, da nossa vida juntos, mas não tinha coragem de voltar. Pretendia viver o resto dos meus dias naquele ambiente simples, com aquelas pessoas que me ensinaram a bondade, uma vez que eles vivem ajudando todos que os procuram. Porém não suportei a saudade e, uma tarde em que fomos à vila, telefonei para tia Ester. Então fiquei sabendo como vocês estavam. Desde então, passamos a nos corresponder. Tia Ester falava com Rita para saber de vocês, depois me escrevia contando. Soube que vocês me davam por morto. Achei melhor deixar assim. Mas tia Ester morreu e me encarregou de cuidar de tudo que possuía. Fez-me seu herdeiro e decidi voltar. Pensei que podia dividir esses recursos com vocês e compensá-los de alguma forma pelo tempo que ficamos separados.

— Nós não precisamos do seu dinheiro — disse Carlos com voz magoada.

— Não é apenas isso que vim lhes oferecer. Não entende como me sinto? Vivi todo o tempo sem nenhum recurso financeiro, e isso pouco me importava. Voltei para dizer que sempre amei vocês, que não pude fazer melhor do que fiz porque sou fraco. Mas o amor que existe em meu coração continua o mesmo. Não houve um dia sequer que eu tenha deixado de pensar em vocês, em como gostaria de abraçá-los e dizer o que me vai no coração.

Carlos esforçava-se para manter-se firme, mas não pôde conter os soluços. Osvaldo abraçou-o, beijando seus cabelos com carinho, misturando suas lágrimas.

— Filho, como desejei abraçá-lo como agora! Diga que me perdoa e não me negue o conforto da sua amizade.

Carlos não pôde responder de pronto. Continuaram abraçados durante alguns instantes. Depois ele respirou fundo e respondeu:

— Perdoe-me, pai. Eu também sofri muito por não ter você e não saber onde se encontrava. Muitas vezes acordava durante a noite e não conseguia mais dormir pensando onde e como você estaria, se havia morrido, se estava doente, passando necessidade. Foi horrível.

Osvaldo apertou-o de novo em seus braços e beijou-lhe a testa, dizendo:

— Esse tempo passou, meu filho. Eu voltei e pretendo nunca mais deixá-los.

— Você vai voltar para casa?

— Isso não é possível. Mas estarei sempre com você e seu irmão.

— Você não perdoou mamãe. Ainda guarda ressentimento do passado.

— Eu não a condeno. Assim como eu, ela fez o que pôde diante do que sentia. Mas compreenda que nosso relacionamento rompeu-se naquele tempo e não tem volta. Ela não me ama mais. Depois, muitas coisas aconteceram todos estes anos. Nossos caminhos são diferentes. Mas isso não muda em nada o fato de que vocês são meus filhos e eu os amo muito.

— Você não a ama mais?

Apanhado de surpresa, Osvaldo não soube o que dizer. Ficou calado por alguns instantes, e Carlinhos continuou:

— Você diz que ela não o amava mais. Contudo, ela nunca arranjou outro. Teve oportunidade. Eu vi. Mas nunca quis. Sempre pensei que ela nunca o esqueceu.

— Não alimente ilusões, meu filho. O que passou não volta, por mais saudade que tenhamos.

— Você tem outra mulher?

— Não.

— Vocês são novos ainda. Por que continuam sozinhos?

— Talvez porque uma vez foi o bastante para não desejar repetir a dose. Mas falemos de você. Gostaria que me falasse do que gosta, quais seus planos para o futuro.

Osvaldo sentia-se feliz por ter rompido a barreira que o separava do filho. Dali para frente, ele poderia tornar-se mais amigo deles, ajudá-los a viver melhor, com mais conforto, amor e alegria.

Deixou o filho em casa com a promessa de se encontrarem para um jantar no fim de semana.

— Vou ligar para Marcos e combinar — disse ele na despedida.

Carlos entrou em casa e Rita fitou-o admirada.

— Aconteceu algo? — indagou, notando seus olhos vermelhos.

— Papai estava me esperando na saída da escola. Estivemos conversando.

Rita parou o que estava fazendo e disse:

— Vocês se entenderam?

— Sim. Ele me explicou muitas coisas e fez-me mudar de ideia.

— Fico feliz. O senhor Osvaldo foi sempre um homem bom, um pai amoroso.

— Acho que ele ainda ama mamãe.

— Pode ser. Ele era muito apaixonado por ela.

— Bem que eu notei. Quando ele falava nela, seus olhos brilhavam. Mas ele disse que não pretende voltar para casa.

— É melhor você não se envolver nesse assunto. Sua mãe pode não gostar.

— Ela já chegou?

— Ainda não. Mas ela tem estado nervosa. Teme que vocês se apeguem a ele e a deixem.

— Isso nunca vai acontecer. O lugar dela é sagrado. Tanto eu quanto Marcos sabemos como ela nos quer bem e tem se esforçado para nos dar conforto e amor.

Rita sorriu e passou a mão no rosto dele, acariciando-o.

— Eu sei disso. Vocês são os melhores filhos do mundo. Agora vá tomar banho que sua mãe logo estará aqui para o jantar.

Enquanto ele subia contente, Rita não continha a alegria. Depois de tantos anos, as coisas estavam começando a voltar aos devidos lugares. Não acreditava na reconciliação de Osvaldo e Clara. Mas achava muito bom que os meninos pudessem conviver com o pai, usufruindo seu carinho e proteção.

Clara chegou em casa uma hora depois e Marcos já estava presente. Rita mandou servir o jantar e não lhe contou nada. Preferia que Carlinhos o fizesse.

Depois do jantar, Carlos chamou a mãe, dizendo:

— Aconteceu uma coisa que preciso lhe contar.

— O que foi? — indagou Clara, preocupada.

— Vamos nos sentar na sala.

Depois de acomodados, ele continuou:

— Papai foi me esperar na escola e tivemos uma conversa.

Clara empalideceu, mas esperou que ele prosseguisse.

— Ele me contou tudo que lhe aconteceu depois que saiu de casa.

Com voz emocionada, Carlos relatou o que Osvaldo lhe contara. Clara sentia o peito oprimido, enquanto a sensação de culpa reaparecia com toda a força.

As lágrimas começaram a cair e ela disse em tom amargurado:

— Eu sei que fui culpada de tudo. Você deve estar me odiando. Se soubesse como me arrependo! Mas agora é tarde. O mal já está feito e não há como voltar atrás.

Carlos abraçou-a com carinho:

— Não se culpe, mãe. Papai fez-me entender que tanto você quanto ele eram muito jovens e não tinham maturidade para agir de outra forma. Ele não a condena. Ao contrário. Aceita os fatos como são. Disse que ninguém manda no coração, que você deixou de amá-lo, apaixonou-se por outro e não teve coragem para dizer a verdade.

Clara levantou o rosto lavado em lágrimas e perguntou admirada:

— Ele disse isso mesmo? Não me odeia pelo que fiz?

— Não vi ódio nem ressentimento em seus olhos. Notei só amor. Cheguei a pensar que ele ainda ama você. Ele também não se casou mais. Vive sozinho.

Clara ficou calada por alguns instantes. A postura nobre do marido a comovia. Era a primeira vez que via um homem traído, da forma como aconteceu, não guardar rancor.

— Pode ser que ele não me odeie. Mas amar não acredito. Você está exagerando. O que eu fiz, nenhum homem perdoa. O que mais ele lhe contou?

— Mais nada. Só disse que o relacionamento de vocês não tem nada a ver com seu amor de pai. Ele quer conviver conosco, nos apoiar e proteger. Por fim, combinamos jantar no sábado.

Clara suspirou resignada. O aperto no peito continuava, mas ela sentia que não poderia impedir Osvaldo de conviver com os filhos. Seria puni-lo duas vezes.

Vendo que ela continuava pensativa, Carlos abraçou-a, dizendo:

— Papai é um homem bom e eu gosto dele. Mas você vem em primeiro lugar. Não pense que vou esquecer o que tem feito por nós. — Beijou-a na testa e continuou: — Não fique triste por ele ter voltado. Tenho certeza de que vamos viver muito melhor sem aquela mágoa no coração. Eu gostaria muito que você também esquecesse o passado. Chega de culpar-se, de ficar lembrando o que já foi e não tem remédio. Mãe, de agora em diante, vamos começar uma vida nova. Meu maior desejo é vê-la feliz.

Clara apertou o filho nos braços, beijando-o na face.

— Obrigada, meu filho. Você tem razão. Precisamos enterrar esse passado de uma vez. Vocês são jovens, precisam viver em um ambiente alegre e merecem ser felizes. Nunca mais voltaremos a este assunto.

— Agora gostei! — disse Marcos, que havia alguns minutos estava parado na soleira ouvindo a conversa sem querer interromper. — Finalmente vocês entenderam. O passado está morto e não tem volta. Vamos tocar nossas vidas para frente com alegria. Nossa felicidade depende de como olhamos a vida. Vamos pensar sempre no melhor.

Clara abriu os braços e os três juntaram-se no mesmo abraço.

Mais tarde, quando os rapazes se recolheram, Rita, satisfeita, aproximou-se de Clara.

— Agora está tudo bem.

— Não sei. Ainda sinto meu peito oprimido.

— Deveria sentir-se aliviada. Estava com tanto medo!

— Ainda estou. Você acha que Osvaldo pode estar fingindo?

— Como assim?

— Dizendo aos meninos que não me odeia. Isso não é natural. No fundo, ele deve estar com raiva, me culpando.

— Você está fantasiando. Não sabe o que vai no coração dele. Osvaldo foi sempre um homem muito bom.

— Nenhum homem perdoa o que eu fiz.

— Você também precisa parar de culpar-se. Você se odeia pelo que fez e por isso não aceita que ele não faça o mesmo. Quer dividir sua culpa com ele. Só que ele entendeu diferente. Carlinhos me contou que ele reconhece que vocês eram imaturos. Cada um foi fraco em um ponto, e deu no que deu. Aliás, já ouvi dona Lídia falando sobre isso. Ela pensa como ele.

Clara suspirou pensativa.

— Ele sempre foi melhor do que eu. Pode ser mesmo que tenha conseguido não guardar rancor.

— Assim é melhor. Você não pode julgar os outros por você. Cada pessoa tem seu próprio modo de ver e sentir as coisas. — Fez uma pequena pausa e comentou: — Deu para perceber que você continua gostando de Osvaldo.

— É verdade. Eu o admiro e desejo muito que ele seja feliz. Carlinhos disse que ele também não se casou mais. Depois do que passamos, não dá para começar tudo de novo. Eu nunca mais quero ninguém.

Naquele momento em sua casa, Neusa, mãe de Osvaldo, preparava-se para dormir quando Antônio bateu na porta do quarto e foi entrando:

— Mãe, tenho uma novidade.

Ela se interessou imediatamente:

— O que é?

— Hoje fui ao bar de José e encontrei Válter.

— Aquele sem-vergonha?

Antônio deu de ombros e disse malicioso:

— Homem é homem. Clara é que foi sem-vergonha. Se ela não lhe desse trela, ele não teria feito nada.

— Os dois são farinha do mesmo saco. Já disse que não gosto que você converse com ele.

— De vez em quando nos encontramos, e não posso evitar. Afinal, ele é meu amigo, sempre foi bom para mim. Arranjou aquele emprego que eu nunca deveria ter largado. Nunca mais arranjei nada tão bom. Temos vivido mal. Para dizer a verdade, é Válter que ainda tem me arrumado uns bicos para ganhar algum. Não posso perder essa amizade por causa de um irmão que nunca se importou conosco. Agora que voltou rico, bem que podia nos ajudar. Mas até hoje nem perguntou se precisamos de alguma coisa.

— Deixe seu irmão em paz. Ele sempre foi ingrato mesmo. Mas temos de engolir tudo e nos aproximarmos dele. Uma hora ele vai ver quanto precisamos de dinheiro e vai nos ajudar.

— Tomara. Mas Válter ouviu falar sobre a herança de Osvaldo e me procurou para saber dos detalhes. Estava muito irritado. Disse que tia Ester deveria ter deixado esse dinheiro para nós, não para Osvaldo.

— Conheço aquele bajulador. Disse isso para agradar, e você entrou logo na dele.

— Ora, mãe, que interesse ele pode ter? É ele quem tem nos ajudado. Sabe o que ele me disse?

Neusa balançou a cabeça negativamente e ele continuou:

— Que ainda ama Clara. Está disposto a casar-se com ela.

— Casar como, se ela já é casada?

— Há jeito para tudo. Basta ter dinheiro. Conheço gente desquitada que se casou por contrato ou em outro país e hoje vivem muito bem, criaram família e são respeitados.

— Ele nunca deveria pensar em fazer isso com Clara. Assim como ela traiu Osvaldo, pode fazer o mesmo com ele.

— Foi o que eu disse a ele. Mas Válter acredita piamente na honestidade dela. Tem vigiado seus passos e disse que ela nunca andou com ninguém. Nem com ele.

— Ainda bem. Já pensou nos meninos?

— São seus netos, mas nunca nos visitam. Ela não deixa.

— Por isso não a perdoo.

— Eu acho que Clara não vai dar mais confiança a Válter. Se não ficou com ele quando estava sem saber de Osvaldo, agora que ele voltou rico vai querer dar em cima dele de novo.

Neusa pôs as mãos na cabeça.

— Deus nos livre e guarde! Tudo menos isso!

— O pior, mãe, é que aquele bobo pode bem cair nessa. Nunca vi ninguém mais mole do que ele.

— Amanhã mesmo vou fazer-lhe uma visita. Preciso sondar o que ele pensa e, se for preciso, abrir-lhe os olhos.

— Tempo perdido. Ele nunca nos ouviu!

— Mas vou tentar. É meu dever de mãe.

No dia seguinte, Neusa foi à casa de Osvaldo. José atendeu-a e informou que o patrão estava tomando café na copa. Ela foi entrando sem esperar que ele o avisasse. José seguiu-a contrariado.

Quando entraram na copa, ele foi logo dizendo:

— Desculpe, mas não pude evitar.

— Está tudo bem — respondeu Osvaldo, levantando-se para cumprimentar a mãe.

— Meu filho! Eu vim porque estava com saudade. Você nunca vai nos visitar, saber como estou.

— Sei que está muito bem. Já tomou seu café?

— Já. Mas é claro que não foi tão farto quanto este. Antônio está desempregado desde... — Hesitou um pouco. Depois, vendo que Osvaldo continuava calado, continuou: — Você sabe: ele perdeu aquele ótimo emprego por causa de Clara. Nunca mais conseguiu outro igual.

Osvaldo havia se sentado novamente, levou a xícara de café com leite aos lábios e disse calmo:

— Se ele se esforçar, poderá arranjar outro melhor.

— Eu sou testemunha de como ele tem se esforçado. Mas está difícil.

— Sirva-se à vontade — disse ele.

Ela se serviu de café com leite e uma generosa fatia de bolo, dizendo com voz queixosa:

— Ainda bem que você voltou. Precisa saber como temos sofrido todos estes anos. Há dias em que não temos nada para cozinhar. — Suspirou resignada e concluiu: — Mas eu não vim aqui para me queixar nem lhe trazer problemas.

— É bom saber disso.

— Vim para dizer que Antônio esteve com Válter e ficou sabendo muitas coisas.

Osvaldo olhou para ela com seriedade e respondeu:

— Não quero falar sobre esse assunto.

— Mas eu preciso dizer. Ele ainda está apaixonado por Clara, deseja casar-se com ela, por contrato ou sei lá como. Está achando que ela não vai aceitá-lo porque você voltou rico. Ela agora vai preferir voltar para você. Isso seria uma vergonha. Você não pode concordar com uma coisa dessas.

Osvaldo trincou os lábios, procurando conter a raiva. Fitou-a sério e respondeu:

— Eu disse que esse assunto não me interessa. Você insiste, e isso me irrita.

— É que eu sou sua mãe. Não posso permitir que você volte para ela. O que os outros vão dizer? Diga-me que não pretende perdoá-la. Ela infelicitou toda a nossa família e merece ser castigada.

Osvaldo levantou-se tentando manter o controle.

— Não lhe dou o direito de meter-se em minha vida, muito menos dizer o que devo ou não fazer. Este assunto diz respeito apenas a mim e a meus filhos. Não admito que se intrometa.

— Apesar de tudo, você ainda a defende! Antônio tem razão: se ela quiser voltar, você vai cair feito um bobo.

— Eu lhe disse para não falar nisso, mas você insiste. Não vou ficar ouvindo. Tome seu café e depois vá embora. Enquanto estiver pensando dessa forma, não venha mais aqui.

— Meu filho! Está expulsando a mim, que sou sua mãe, para defender aquela desclassificada? Não posso acreditar.

— Acredite — disse ele com voz fria. — Agora preciso sair. Se for para falar do passado, não venha mais me visitar.

Ele saiu, deixando Neusa, que estava com cara chorosa, mas logo mudou a fisionomia e tratou de saborear as guloseimas que havia sobre a mesa. José observava-a furtivo e não conteve o riso. Conhecia Neusa o suficiente para saber o quanto era fingida. Considerou que felizmente o patrão não se deixara envolver pelas palavras dela.

Osvaldo fechou-se no escritório pensativo. Apesar de não levar a sério nada do que Neusa dizia, não conseguiu deixar de pensar em suas palavras. Não acreditava que Clara aceitasse casar-se com Válter. Se ela gostasse dele, teria ficado a seu lado quando se separaram.

As informações que lhe deram eram de que Clara rompera com Válter havia muitos anos, demonstrando claramente que não desejava viver com ele. Por que agora, tantos anos depois, quando a vida o trouxe de volta, Válter reaparecia insistindo no mesmo propósito?

E se desta vez Clara se dispusesse a aceitá-lo? Osvaldo sentiu um aperto no peito e levantou-se nervoso. Ele não tinha mais nenhum direito sobre Clara. Ela era livre para fazer o que quisesse com sua vida. Por que então essa inquietação, esse medo? A mágoa que tentara eliminar e julgava extinta ainda estaria em seu coração?

Lembrou-se dos filhos. Era por isso que ele não desejava que eles reatassem. Só pelos filhos.

Esse pensamento o acalmou. Clara era dona de si e não lhe devia nenhuma explicação. Mas a ideia de que Válter a estivesse procurando para reatar deixava-o irritado.

— Qualquer um, menos ele — pensava nervoso.

Habituado a estudar os acontecimentos do dia a dia na tentativa de compreender o que a vida desejava ensinar-lhe, pensava que o fato de sua volta ter reacendido o interesse de Válter por Clara precisava ser analisado.

Sentia que a vida os estava reunindo, trazendo o passado à tona por alguma razão. Mas para quê?

Se ele não odiava ninguém, se havia conseguido compreender a atitude de Clara, se via em Válter um conquistador como tantos outros que se prevaleceu da fraqueza de uma mulher, por que tinha que rever tudo outra vez?

Sabia que, quando uma situação está espiritualmente resolvida, ela não se repete e as pessoas envolvidas só voltam a se encontrar se o quiserem. Se o passado estava de volta, se a vida estava reunindo as pessoas, era porque ainda havia problemas inacabados, fatos a serem esclarecidos.

Osvaldo suspirou fundo. Bem que ele gostaria de não voltar a esse passado, mas ao mesmo tempo sentia que, se a ferida doía, ainda estava preso a ele.

Seu primeiro impulso foi de ir embora, voltar para o interior, onde a vida era simples e calma. Daria toda a sua fortuna para os filhos e viveria o resto de seus dias trabalhando com Antônio. Tinha saudade dos momentos de oração e da alegria de viver entre pessoas amorosas e sinceras.

Sentou-se na cama e passou a mão pelos cabelos, angustiado. Lembrou-se dos filhos, de seus encontros com eles e o prazer que havia sentido em estar ao lado deles. Lembrou-se dos projetos que haviam feito. Ele não queria separar-se deles de novo.

Fugir não era solução. Aonde quer que fosse viver, os problemas não resolvidos iriam junto, dentro do seu coração.

Enquanto trabalhava com Antônio, muitas vezes tinha sido procurado por pessoas que em meio aos próprios problemas emocionais buscavam a ajuda espiritual para um conselho, uma palavra de esclarecimento.

Ele as ouvia com atenção e sob a inspiração dos amigos espirituais procurava tornar clara a situação, analisando-a sob a óptica da espiritualidade.

Respeitando o livre-arbítrio de cada um, esclarecia as possibilidades, nunca opinando sobre o que deveriam fazer.

Algumas frases que os amigos espirituais costumavam dizer vieram-lhe à mente: "Já se perguntou o que a vida quer lhe ensinar com isso?" ou "Cada um é responsável por tudo quanto lhe acontece. Como é que você atraiu tudo isso?".

Reconheceu que era mais fácil ser canal dos espíritos, aconselhar os outros, do que fazer.

Uma coisa era certa: fugir seria repetir o mesmo erro. Não. Ele precisava ficar e enfrentar o que viesse. Sentia-se arrastado de volta ao passado. Nos fatos que tanto o infelicitaram ainda havia lições que ele não aprendera. Por isso a vida o chamava a recapitular.

Emocionado, Osvaldo ajoelhou-se e orou pedindo aos amigos espirituais que o inspirassem para que conseguisse perceber a verdade.

De repente sentiu-se forte, disposto a enfrentar o futuro e aprender as lições que lhe faltavam. Certa vez firmara interiormente o propósito de trabalhar a favor das energias da vida.

Sabia que, para isso, teria de ficar atento aos sinais que ela lhe daria. Para segui-los era preciso não julgar ninguém, estar aberto aos acontecimentos, olhar os fatos sempre pelo lado positivo.

Para trabalhar a favor da vida é indispensável acreditar que ela sempre faz o melhor, visando ao progresso de todos.

Osvaldo levantou-se sentindo um brando calor dentro do peito. O aperto e a angústia haviam passado.

Capítulo 15

Passava das sete quando Clara saiu do trabalho. A noite já havia descido e estava fria. Ela estugou o passo procurando cobrir parte do rosto com a echarpe, pois o vento estava gelado.

De repente, alguém segurou seu braço. Ela se voltou e deparou com Válter.

— Clara! Temos de conversar!

— Não tenho nada para falar com você — disse ela soltando o braço em um gesto brusco.

— Por favor! Não seja rancorosa. Em nome dos velhos tempos, ouça o que tenho a dizer.

— Tenho pressa. É tarde e estou cansada.

— Não faça isso comigo. O que tenho a lhe dizer é importante. Vamos entrar aqui, tomar um café ou um chocolate.

Ela o fitou séria e indagou:

— Aconteceu alguma coisa?

— Sim. Venha comigo.

Desta vez ela concordou. Ele estava abatido, e Clara resolveu ouvi-lo.

Sentaram-se em um canto discreto, e ele pediu chocolate quente para os dois.

— E então? — indagou ela, inquieta.

— Estive com Antônio e ele me informou que Osvaldo voltou.

Vendo que ela continuava calada, ele continuou:

— Disseram-me que ele foi procurá-la. Fiquei receoso. Ele pode querer se vingar de nós.

— Não se preocupe. O passado está morto.

— Mas ele agora está rico. Tem estado com seus filhos. Vai querer voltar para você.

— Pare de fantasiar os fatos. Não sei o que Antônio ou Neusa lhe disseram. É verdade: Osvaldo voltou, procurou os filhos. Tem todo direito de estar com eles. É só isso. Nada mais.

— Mas ele está sozinho. Tenho certeza de que deseja voltar para você.

— Esse é um problema meu e você não tem nada com isso. Não tenho nenhum compromisso com você e não gosto que fique se intrometendo em minha vida. O que houve entre nós foi um acidente do qual estou muito arrependida e gostaria de esquecer. Não quero que você se envolva em minha vida particular.

— Isso quer dizer que, se ele desejar voltar, você o aceitará?

— Não tenho de lhe dar satisfações.

— Eu sei. Você ainda ama Osvaldo. Por isso me mandou embora de sua vida. Eu que sempre a amei, que durante estes anos todos não tive outra mulher e desejo me casar com você.

— Pare com isso — tornou ela irritada. — Eu não amo você. Nunca o amei. Tivemos um caso que, agora sei, foi apenas uma fantasia para mim. Eu era muito jovem, imatura. Se fosse hoje, não teria me envolvido com você.

— Você diz isso agora. Mas naquele tempo bem que gostava! Estremecia quando eu a tocava. Acha que esqueci?

— Pois trate de esquecer.

— Eu vim falar com você porque desejo que reconsidere. Continuo querendo me casar.

— Eu ainda estou casada legalmente.

— Isso me intriga muito. Você nunca pediu a separação legal porque tem esperanças de que ele volte e reate o casamento.

Clara levantou-se:

— Você está louco. Preciso ir embora.

O garçom trouxe o chocolate e Válter pediu:

— Sente-se. Tome seu chocolate. Ainda não terminei. Ouça o que tenho a dizer.

Ela se sentou novamente.

— Seja breve. Se for para continuar o mesmo assunto, não vou ouvir.

— Estou preocupado. Osvaldo pode ter voltado para vingar-se.

— Agora você mudou. Primeiro ele ia voltar para mim, agora vai se vingar.

— Claro. Ele deseja voltar não por amor, mas para se vingar. Se você o aceitar, ele a fará sofrer muito. Até a família dele pensa isso.

— Não acredito em nada disso.

— Pois devia acreditar. Por esse motivo a procurei. Desejo protegê-la. Você ainda é casada legalmente, mas está separada há muitos anos. Poderemos requerer o desquite e nos casarmos no Uruguai. Comigo do seu lado, ele não se atreverá a assediá-la. Estou disposto a tudo para provar-lhe quanto a amo. Apesar de dizer que não me quer, sei que sob as cinzas do seu coração ainda há uma chama que devidamente alimentada voltará a arder.

Clara suspirou fundo e levantou-se, desta vez disposta a ir embora.

— O que você diz não tem cabimento. Não quero casar com ninguém. Sou suficiente para cuidar de minha vida e de minha família. Não preciso de homem algum que me defenda, muito menos de você. Por favor, deixe--me em paz. Não me procure, porque será inútil.

— Pelo menos pense no que eu lhe disse. Não responda agora. Dentro de uma semana voltarei a procurá-la.

— Não volte, porque não desejo mais vê-lo.

Ela saiu rapidamente e Válter acompanhou-a com os olhos até que ela desaparecesse. A semente estava lançada. Amava aquela mulher. Durante aqueles anos tivera outros relacionamentos sem expressão. Nenhuma mulher era como ela. Depois, o fato de Clara o haver repelido estimulava sua admiração.

Sempre tivera sucesso com mulheres. Por que Clara resistia?

Apesar da resistência dela, estava convencido de que, se insistisse, poderia reconquistá-la. Continuou tomando seu chocolate, pensando em qual seria o próximo passo para alcançar seus objetivos.

Clara chegou em casa nervosa. Rita notou logo:

— Aconteceu alguma coisa? Você está com uma cara!

— Estou cansada e tive de aturar Válter.

— De novo?

— Pois é. Uma desgraça nunca vem só. Já não chega Osvaldo, agora Válter.

— O que ele queria?

— Veio com uma conversa de que precisa me proteger de Osvaldo, que ele vai querer voltar para mim só para se vingar. Quer fazer um contrato de casamento no exterior, disse que me ama. Tive vontade de atirar a xícara de chocolate na cara dele.

— Será que ele pensa mesmo isso?

— Esteve falando com Antônio e Neusa. Certamente eles também temem que Osvaldo volte para a família.

— Principalmente por causa do dinheiro que ele tem.

— Eles estão todos fora da realidade. Osvaldo nem sequer deseja falar comigo. Nunca me procurou, nem vai procurar. Quando está com os meninos, não toca no meu nome. São eles que falam, e ele, para não os magoar, desconversa e não fala mal de mim.

Rita olhou para Clara com seriedade e tornou:

— E, se ele quisesse voltar, você o aceitaria?

Clara estremeceu:

— Você também?

— Trata-se apenas de uma hipótese. Se acontecesse, o que você faria?

— Isso nunca acontecerá. Nosso relacionamento acabou no dia em que ele nos apanhou juntos. Essa é a verdade. Não gosto que fiquem fantasiando sobre isso. Os meninos poderão iludir-se. Sinto que eles, apesar de tudo, continuam acalentando a ideia de ter o pai de volta em casa. Quero que eles vejam as coisas como são. Era isso que eu temia quando Osvaldo decidiu se aproximar deles.

— Até agora ele tem se mostrado muito discreto.

— Mais uma razão para os meninos não ficarem pressionando. Para mim é muito desagradável. Osvaldo me deixou e nunca mais me procurou. O amor que sentia por mim transformou-se em decepção, raiva, desencanto. Por delicadeza ele não fala mal de mim com os meninos, mas é claro que seus sentimentos por mim não podem ser amistosos depois do que lhe fiz.

— Você está prejulgando sem saber o que se passa no coração dele.

— Tenho certeza de que é isso que ele pensa. Não quero que os meninos fiquem puxando-o para aproximar-se de mim. Não tenho nenhuma vontade de encontrar-me com ele. Além de embaraçoso, seria horrível. Só em pensar nisso, fico angustiada.

— Então não pense. Afinal, não sabemos o futuro. Mas estou intrigada com a volta de Válter. Parece que a vida tem algum motivo especial para reuni-los de novo.

— Deus me livre! Não diga uma coisa dessas! Mas já deixei claro que não quero nada com ele. Pedi que não me procurasse mais.

— Se ele tem alguma coisa em mente, vai procurá-la de novo.

— Pois está perdendo tempo. Ele que cuide de sua vida. Não me pareceu bem. Estava abatido, com cara de doente.

— Ele deseja comover você.

— Pois pode desistir. Por que será que as pessoas teimam em viver no passado? Eu não gosto nem de lembrar o que passou. O que eu quero é ser livre, encaminhar meus filhos na vida, viver em paz. O passado está morto, enterrado. Tanto Válter quanto Osvaldo precisam entender isso. Agora vou subir, tomar um banho.

Depois que Clara se foi, Rita ficou pensativa. Sabia que as pessoas decidem, mas quem determina os fatos é a vida. Se ela estava aproximando os três, retomando problemas passados, era porque eles não estavam resolvidos.

Sabia também que quando isso acontece é porque todos estão amadurecidos o bastante para solucioná-los de forma satisfatória.

Restava saber como cada um reagiria tendo de reviver fatos dolorosos que os fizeram sofrer. Sentiu que Clara precisava ser paciente, prestar atenção aos acontecimentos, não tomar decisões apressadas.

Claro que esse reencontro era uma excelente oportunidade para lavar as feridas da alma, reconquistar o equilíbrio perdido, amadurecer. Clara teria calma suficiente para aproveitá-la?

— Precisamos confiar em Deus! — murmurou ela.

— Ainda bem que Clara começou a entender a vida espiritual. Isso vai ajudá-la a ver as coisas de uma forma melhor.

Carlinhos entrou na cozinha:

— O que foi, Rita, falando sozinha?

— Estava pensando alto. Ainda não estou caducando.

Ele a abraçou, beijando-a delicadamente na face:

— Eu não quis dizer isso. Como você vive falando de espíritos, pensei que estivesse conversando com eles.

— Também. Ou você acha que está sozinho só porque não é capaz de vê-los?

— Bem que eu gostaria, mas eles se escondem de mim. Acho que é porque duvido que eles estejam à minha volta.

— Qualquer dia destes você vai ver um bem ao lado de sua cama.

Carlinhos olhou para o lado e disse em tom jocoso:

— Por favor! Vocês sabem que eu acredito. Não precisam ir me visitar no quarto. Retiro tudo que disse.

— Também não precisa ter medo. Aqui em nossa casa só aparecem espíritos de luz.

— Não foi o que me pareceu. Você estava com uma cara! Mas eu acho que foi a conversa com mamãe.

Rita olhou séria para ele:

— Você ouviu nossa conversa?

— Ouvi. Mas foi sem querer. Eu estava na sala ao lado e vocês falavam alto. Vou conversar com Marcos. Esse Válter não pode vir amolar mamãe de novo. Já chega o mal que nos fez. Se voltar a procurá-la, vamos ter de falar com ele. Temos de defender mamãe.

Rita aproximou-se de Carlos, colocou a mão em seu braço e disse séria:

— Você não fará isso. Se sua mãe souber, ficará muito zangada.

— Ele não pode ficar amolando-a. Nós agora somos grandes e podemos defendê-la. Ele precisa saber que ela não está sozinha.

— Você não vai fazer nada. Sua mãe sabe se defender muito bem, não precisa que vocês se intrometam. Depois, ela não quer nada com ele. Disse-lhe isso com firmeza. Duvido que ele volte a incomodá-la.

Carlos cerrou os punhos e disse com raiva:

— Ele que não volte mesmo. Se ele insistir, vai se ver comigo!

O tom de sua voz assustou Rita, que respondeu:

— O ódio é muito ruim e pode causar muito mal. Não abrigue esse sentimento em seu coração.

— Há muito tempo eu tenho raiva desse sujeito.

— Você vai me prometer que se esforçará para tirar isso de seu coração.

— Não posso. Ele foi culpado de tudo. E agora, quando nosso pai volta, ele reaparece. Desta vez, não vou permitir que ele nos perturbe de novo.

Rita tentou fazê-lo mudar de postura, mas foi inútil. Ela nunca imaginou que ele guardasse tanta raiva do passado. Seu temperamento alegre, jovial, encobria o que lhe ia na alma. Esse era um perigo que ela desconhecia. Quando ele se afastou, ela ficou pensando se deveria ou não contar a Clara.

Achou melhor poupá-la e conversar com Lídia, pedindo orientação e ajuda espiritual.

No sábado, Osvaldo mandou o carro apanhar os filhos para um almoço em sua casa. Depois da visita de sua mãe, Osvaldo havia se sentido inquieto e preocupado.

As palavras dela trouxeram cenas do passado que julgava esquecidas. Viu Clara nos braços de Válter, recordou-se da dor, da mágoa, da viagem de trem, de tudo que havia passado.

Procurou conforto na prece, pedindo ajuda aos seus amigos espirituais. Depois disso, sentiu-se mais calmo.

Os filhos chegaram trazendo de volta a alegria. Junto a eles, interessando-se pelo que diziam, Osvaldo sentia-se revigorado.

Depois do almoço, sentados na varanda, Osvaldo notou que Carlos estava mais quieto do que o costume.

— Aconteceu alguma coisa? Você hoje está muito quieto.

— Não aconteceu nada — apressou-se Marcos a responder.

— Não é o que parece. O que há, meu filho? Se tem algum problema, fale. Vamos tentar resolver juntos.

Carlos continuou calado e foi Marcos quem respondeu:

— Ele está com algumas ideias bobas na cabeça. Nada de mais. Logo vai passar.

Osvaldo não insistiu. Notou que Carlos cerrara a boca com força, como que para se impedir de falar.

Esperou um tempo e, quando Marcos se distraía na biblioteca procurando alguns livros antigos dos quais gostava, Osvaldo aproximou-se de Carlos e alisou-lhe os cabelos com carinho.

— Sinto que você não está bem. Fale o que o está incomodando. Estou aqui para apoiar. Abra seu coração. Sou seu pai, gosto muito de você.

— Se eu falar, você vai brigar comigo. Depois, não é justo trazer esse assunto a você, depois de tudo.

— Fale, meu filho. Confie em mim. Nunca vou ficar bravo com você. O que é?

— Outro dia, sem querer, ouvi uma conversa de mamãe com Rita. Isso me deixou com muita raiva.

— Continue.

— Aquele sujeito está perseguindo mamãe outra vez.

Osvaldo empalideceu.

— Que sujeito?

— Válter. Ela não quer, mas ele está atrás dela de novo. — Carlos cerrou os punhos com raiva. — Se ele continuar, vai se ver comigo!

Osvaldo tentou controlar a emoção. Respirou fundo, depois respondeu:

— Tem certeza?

— Tenho. Houve um tempo que ele ia esperá-la na saída do trabalho, mas ela nunca quis nada com ele. Chegava nervosa, irritada, dizia que não podia nem ouvir o nome dele. Aí ele acabou desistindo. Mas, agora, começou tudo de novo. Ele foi o culpado de tudo quanto nos aconteceu. Por causa dele você nos deixou, estivemos separados. Agora que está de volta, não vou permitir que ele faça tudo de novo.

— Acalme-se, meu filho. Ela não o quer, e ele acabará desistindo outra vez.

— Foi o que ela disse a Rita. Mas eu sei que ele não vai desistir. Vai infernizar nossa vida de novo.

Marcos, de volta à varanda, ouviu parte da conversa e interveio:

— Eu disse para ficar calado. Papai não merece passar por isso.

— Deixe-o, Marcos. Ele fez bem em abrir o coração.

— Mamãe não gosta desse sujeito. Tenho certeza de que vai sumir outra vez. Não precisava perturbar você com esse assunto.

— Estou aqui para apoiar vocês em tudo. Haja o que houver, aconteça o que acontecer, podem contar comigo. Gostaria, Marcos, que não me escondessem nada. Podem ter certeza de que farei o que puder pelo bem-estar da minha família.

Alisou os cabelos de Carlos com carinho e continuou:

— Quero que você se esforce para banir a raiva do seu coração. Cuidado com o julgamento. As pessoas erram porque não sabem fazer melhor. Não atire toda a culpa do passado sobre Válter. No que aconteceu, todos tivemos nossa parcela de culpa. Ele, por desejar seduzir uma mulher comprometida; ela, por se deixar envolver; eu, por não ter sabido manter acesa a chama do amor que um dia nos uniu. Pense nisso, meu filho, e esqueça o passado.

Marcos sentiu que as lágrimas afloravam, enquanto Carlos dizia emocionado:

— Pai, como você é nobre! Você não merecia o que lhe fizeram.

— Engano seu. Se eu não merecesse, não teria acontecido. Saiba que cada um é responsável por tudo que lhe acontece. Nossas atitudes determinam os fatos em nossas vidas. Embora cada um tenha sua parcela de responsabilidade, de minha parte sei que amadureci e aprendi muito com essa experiência. Meu espírito enriqueceu. Conheci a vida espiritual, aprendi outros valores mais verdadeiros e eternos. Por isso, meus filhos, não lamentem meu sofrimento. Ele foi necessário e abençoado.

Os três se uniram em um abraço e por alguns instantes os dois rapazes não conseguiram articular palavra. A postura digna de Osvaldo emocionava-os, mas ao mesmo tempo fazia-os notar a diferença de atitudes entre ele e Válter.

Carlos não se conteve:

— Válter não tem o direito de interferir em nossa vida.

— Eu não diria isso. Agora sua mãe está separada, é livre. Se quiser viver com ele, é um direito dela.

— Eu não quero. Odeio aquele sujeito! — tornou Carlos com raiva.

— Ela não fará isso! — interveio Marcos em tom conciliador. — Tenho certeza de que ele está perdendo seu tempo.

— Seja como for, vocês não devem se preocupar. Ela já afirmou que não gosta dele. Por isso, é melhor deixarem de pensar nisso — disse Osvaldo tentando acalmá-los.

Apesar disso, ele sentia o peito oprimido. Dissimulou tentando aparentar calma e satisfação. Contudo, depois que os rapazes se foram, sentou-se na biblioteca, colocando a cabeça entre as mãos.

O que dissera era verdade. Se Clara decidisse viver com Válter, ele não poderia intervir. Estava de mãos amarradas. Depois de desaparecer durante dez anos, não tinha o direito de intrometer-se na vida dela.

Tentou acalmar-se, pensar que ela era livre, que o melhor era esquecer esse fato, mas não conseguia tirar a tristeza e a dor que lhe causava a ideia de que Clara pudesse ir morar com Válter.

Inquieto, começou a andar de um lado para o outro, esforçando-se para libertar-se desse receio. José aproximou-se dizendo:

— Está se sentindo bem?

Arrancado de seus pensamentos íntimos, Osvaldo olhou para o velho empregado e respondeu:

— Estou um pouco esgotado. Vou para o quarto descansar.

Depois que ele se afastou, José meneou a cabeça pensativo. Sabia que não estava sendo fácil para Osvaldo enfrentar o passado. Desejava de coração que ele conseguisse esquecer.

Uma vez no quarto, Osvaldo sentou-se na cama e lembrou-se de Antônio. Sentiu saudade da presença do amigo querido que, quando Osvaldo estava com problemas, dizia as palavras certas que o faziam retomar a calma, a alegria.

Naquele momento estava se sentindo sem chão, pensamentos contraditórios o atormentavam. Que bom se pudesse estar com ele naquele momento!

De repente decidiu. Iria vê-lo. Levantou-se e foi ter com José.

— Avise o motorista que prepare o carro. Amanhã ao raiar do dia viajaremos para Minas.

— Está bem. Vou dizer a Rosa para arrumar sua mala. Quanto tempo vai ficar?

— Três ou quatro dias.

José tratou de cumprir a ordem. Depois de avisar o motorista, foi ter com Rosa:

— Osvaldo vai viajar. Você precisa arrumar a mala dele. Disse que ficará uns quatro dias.

— Sabe para onde ele vai?

— Para Minas.

— Será que ele deixou alguma mulher por lá?

— Não creio. Ele está preocupado com alguma coisa e vai pedir conselho àquele curador que é seu amigo.

— É algo com Carlinhos. Ele estava triste, abatido, nem brincou comigo. Tomara que não seja nada grave.

— Vá logo, porque ele quer sair muito cedo amanhã.

Depois que Rosa arrumou a mala e se foi, Osvaldo fez uma lista. Pretendia parar em algum lugar e comprar presentes para os amigos. Não queria esquecer ninguém.

Depois, levou seu pensamento a Deus, pedindo ajuda para retomar sua paz, deitou-se e tentou dormir. Mas não conseguiu. As cenas do passado reapareciam e ele se esforçava para mudar o teor de seus pensamentos.

Entretanto, eles voltavam, ora revendo a cena do beijo entre Clara e Válter, ora a despedida dos filhos, as palavras de sua mãe incentivando-o à vingança. Até o rosto de seu irmão Antônio, irônico, acusando Clara de prejudicá-lo no emprego.

Quando se esforçava para pensar em outras coisas, o rosto raivoso de Carlos e suas palavras reapareciam. Ele não podia deixar-se envolver por esses pensamentos negativos. Precisava confiar na vida. Sabia que ela faz tudo certo, que precisava enfrentar os fatos com coragem e determinação.

Contudo, a descoberta de que ainda continuava vulnerável, que apesar do esforço feito, do que aprendera sobre espiritualidade, ainda se impressionava com o passado, um sentimento de medo, de insegurança o atormentava, deixava-o deprimido e insatisfeito.

Ele voltara certo de que, tendo observado os fatos sob a óptica da espiritualidade, havia vencido o passado. Não obstante, a sensação de insegurança, o medo do futuro, a dor pressionando seu peito como nos primeiros dias demonstravam que ele conhecia melhor a situação, mas ainda não a havia assimilado. Compreendia, mas não vivia o que sabia.

Ele que desejava progredir espiritualmente, que pretendia tornar-se mais evoluído para viver melhor, ser mais feliz, voltara à estaca zero.

Ao pensar nisso, sentia-se fraco, infeliz, desanimado. Remexeu-se na cama e só muito tarde conseguiu dormir. Quando José bateu na porta do quarto para acordá-lo, levantou-se sobressaltado.

Ao descer para o café, o dia estava começando a clarear. Vendo seu rosto abatido, Rosa observou:

— Você precisa alimentar-se bem. O pão está quentinho, e fiz aquele bolo de que gosta.

— Obrigado, mas estou sem fome.

— Nada disso! A viagem vai ser longa, e não pode ir de estômago vazio.

Ela mesma passou manteiga no pão, juntou uma generosa fatia de queijo, pôs café com leite na xícara e tornou:

— Se não comer, vou ficar triste. Onde já se viu sair assim?

Osvaldo resolveu experimentar e comeu tudo. Ela colocou boa fatia de bolo no prato e pediu:

— Experimente e veja se está bom.

Ele sorriu. Rosa observava-o atenta.

Osvaldo comeu o bolo e disse sorrindo:

— Esse ficou o melhor de todos.

— Você sempre diz isso. Vou fingir que acredito.

— É verdade. É tão bom que só posso dizer isso.

O carinho de Rosa e a perspectiva de rever os amigos dos quais tanto gostava o fizeram sentir-se mais animado.

Estava entardecendo quando finalmente chegaram ao sítio de Antônio. Nequinho, que estava na beira da estrada, aproximou-se curioso.

Osvaldo, vendo-o, mandou parar o carro, abriu a porta e disse:

— Então, Nequinho, não conhece mais os amigos?

— Nossa! É o seu Osvaldo! Quando vi o carro, me assustei. Puxa, todo mundo vai ficar alegre!

Osvaldo ria da cara do rapaz, que gesticulava sem parar.

— Abra a porteira e entre no carro.

Nequinho obedeceu. Esperou o carro passar, fechou a porteira e entrou no carro.

— Que beleza! Eu nunca vi um carro de luxo como este!

Osvaldo sorriu alegre. No terreiro, desceram. Zefa e dois rapazes aproximaram-se admirados. Osvaldo abraçou-a e logo Antônio apareceu na varanda:

— Mas é meu amigo Osvaldo! Que surpresa boa!

Correu a abraçá-lo, e Osvaldo sentiu a voz embargada. Um brando calor inundou seu peito enquanto apertava o amigo em seus braços.

— Que bom estar aqui!

O motorista esperava ao lado do carro. Osvaldo apresentou-o:

— Este é Justino, trabalha comigo.

Depois dos cumprimentos, foram entrando. As panelas fumegavam no fogão e Osvaldo aspirou com satisfação o cheiro gostoso e familiar da comida de Zefa. Ninguém fazia um feijão e arroz como ela.

Justino colocou as malas do patrão no quarto e esperou. Osvaldo disse-lhe com simplicidade:

— Pode colocar suas coisas ao lado das minhas.

— E voltando-se para Antônio: — Aquelas camas não estão ocupadas?

— Sabe que não? Ainda na semana passada estava lá o Ernesto do sítio de dona Eunice. Ficou para tratamento, mas já sarou e foi-se embora ontem.

— Estou com sorte. Não queria ter de ir para o hotel na vila e ficar longe de vocês.

— E acha que eu ia deixar? — disse Zefa com largo sorriso. — Hoje é dia de festa e de alegria.

— Nesse caso, Justino pode ficar no meu quarto comigo. Há duas camas lá.

Justino remexeu-se inquieto.

— O que foi, Justino? — perguntou Osvaldo.

O motorista hesitou um pouco, depois disse:

— Não precisa se incomodar comigo, seu Osvaldo. Posso dormir em qualquer lugar. Até no carro, se for preciso. Assim o senhor fica mais à vontade.

— Não se preocupe com isso, Justino. Na cama vai ficar mais bem acomodado.

— É que não fica bem, o senhor é meu patrão.

— Eu entendi. Você não se sente à vontade de dormir no mesmo quarto comigo.

Antônio interveio:

— Ele pode dormir com Nequinho. O quarto dele tem duas camas.

— Obrigado, seu Antônio. Sinto-me melhor assim. Não quero incomodar seu Osvaldo.

Enquanto esperavam o jantar, Osvaldo abriu as malas e distribuiu os presentes com alegria. Depois do jantar, enquanto Zefa lavava os pratos e Nequinho ajudava, os colonos e Justino se recolheram, Antônio acompanhou Osvaldo até o quarto e sentaram-se para conversar.

Osvaldo quis saber tudo sobre os conhecidos, principalmente sobre a família de João. Soube que Aninha estava namorando um próspero sitiante da região e todos estavam muito bem.

— Estou com muita saudade. Amanhã iremos até lá. Nunca esquecerei o que fizeram por mim.

Antônio tirou do bolso um pedaço de fumo e uma palha de milho e começou a preparar um cigarro, como sempre fazia. Depois de acendê-lo e tirar algumas baforadas, disse com naturalidade:

— Estava esperando você. Sabia que viria.

Osvaldo respirou fundo e respondeu:

— As coisas não estão fáceis. Depois de tudo que vocês fizeram por mim, cheguei a pensar que havia aprendido como as coisas são. Mas não era verdade. Vocês perderam tempo comigo. Não aprendi nada. Continuo sendo inseguro, desequilibrado, incapaz.

— Por que pensa isso?

Osvaldo contou-lhe detalhadamente tudo que aconteceu desde que voltara a São Paulo. Antônio ouvia em silêncio, atento, fumando seu cigarro de quando em quando.

— Eu entendi os fatos passados, reconheci minha parcela de culpa, pensei que tivesse dissolvido a mágoa, mas ontem descobri que estava me iludindo. A ferida ainda está aberta. Tenho medo do futuro. Sou um fraco que, mesmo traído, ainda sente ciúme. Não nego que, só em pensar que Clara pode ir viver com Válter, fico desesperado. As lembranças ruins reaparecem com força, e está difícil aceitar isso. Pensei em voltar para cá definitivamente. Mas há meus filhos. Agora que eles estão me aceitando, que me perdoaram, como abandoná-los de novo? Por isso vim buscar ajuda. Sinto que é preciso continuar lá, mas terei coragem? Pode chegar uma hora em que eu não consiga me controlar e acabe por intrometer-me na vida de Clara. Não tenho esse direito. Estamos separados e ela é livre.

— Você é muito forte e corajoso, meu filho. Está tomando a decisão certa. Fugir é inútil, porque as emoções estão dentro de você. Irão junto para onde você for. Agora é hora de enfrentar seus medos.

— Mas sinto-me fraco, vulnerável.

— Porque está analisando a situação de forma errada.

— Você acha?

— Está colocando sua força contra você, julgando-se fraco, incapaz, só porque não consegue entender como a vida trabalha. O desenvolvimento da consciência, o progresso do espírito, isso demanda tempo. O fato de conhecer algumas leis naturais não significa que tenha terminado seu trabalho. O conhecimento ilustra, mas a experiência assimilada traz a sabedoria. Quem estuda pensa que sabe; quem experimenta descobre quanto ainda precisa aprender.

— Mas, depois de ter entendido, pensei que nunca mais fosse sentir o que estou sentindo. Descobri que não aprendi nada, que não aproveitei a oportunidade que Deus me deu. Ao contrário: dei um passo para trás.

— Mais uma vez você está enganado. A cabeça compreendeu, mas o coração ainda não.

— Acho que nunca aprenderei.

— Não é verdade. Você tem aprendido muito. Está muito diferente de quando chegou aqui. Mas, apesar disso, ainda há muitas coisas mal resolvidas dentro de você. Por isso a vida juntou vocês. Essa é uma boa oportunidade para que possam se libertar do peso que carregam no coração.

— Reconheço que cheguei aqui destruído, amargurado, sem vontade de viver, e vocês me devolveram a paz, a alegria. Mas agora estou confuso. Sinto o peito oprimido. Vim em busca da paz que perdi.

— Assim como dentro de você estão os problemas não resolvidos, há também a fé em Deus, a sua força de espírito eterno. Não tema o futuro. Renove sua fé na vida. Os desafios aparecem quando se está em condições de vencê-los. Você tem tudo para isso.

— Deus o ouça. Suas palavras tiveram o dom de me acalmar. Era disso que eu estava precisando.

— Reflita, meu filho. Tudo que precisa está dentro de você. É só prestar atenção. Com paciência e bom senso, encontrará todas as respostas.

— O que me angustia é não saber o que fazer com meus sentimentos. Como me livrar da mágoa que ainda sinto? Como trabalhar o medo que me atormenta?

Antônio tirou algumas baforadas do cigarro devagar, depois disse:

— Se passar por cima do orgulho, encontrará a resposta.

— Joguei fora o orgulho quando aceitei minha parcela de culpa na traição de Clara. Quando reconheci que ela não era culpada por ter deixado de me amar.

— Mas é o orgulho que o impede de ver com clareza o que se passa em seu coração.

— É um sentimento opressivo, desagradável, que me traz sofrimento. Quero me ver livre dele.

— Nesse caso, a pressa atrapalha. Tenha paciência com você, mas não se poupe. Se deseja entender o que sente, precisa mergulhar fundo nessa energia e ir prestando atenção em como ela é. A chave está dentro de você.

— Não tenho dormido bem, tenho andado confuso.

— Sabe, meu filho, é difícil para um homem, da forma como é educado e de como a sociedade pensa, aceitar que, apesar da traição, o amor ainda continua lá.

Osvaldo sobressaltou-se. Ia retrucar, mas Antônio não lhe deu tempo:

— Bem que você gostaria de ter matado esse sentimento naquele dia. Mas isso não aconteceu. O amor verdadeiro é indestrutível. Apesar de tudo, você ainda ama Clara.

— Isso não é verdade. Não posso amá-la. Clara morreu para mim. Ela não me quer. Sinto-me o pior dos homens por sentir ciúme dela. Isso não é justo.

As lágrimas desciam pelo rosto de Osvaldo sem que ele tentasse detê-las. Antônio colocou a mão em seu braço e disse com simplicidade:

— Chore. Fale da sua dor. Reconheça que ainda gosta dela.

— Não posso. Ela não merece. Seria a humilhação maior.

— O orgulho não vai lhe dar a paz que procura. Ao contrário: ele torna seu amor mesquinho e mascara o que é. Você ama Clara. Sempre a amou. Não é verdade?

Osvaldo soluçava desconsolado enquanto Antônio, colocando a mão sobre sua cabeça, orava em silêncio. Aos poucos ele foi se acalmando.

Vendo-o mais calmo, Antônio continuou:

— Não tenha medo da verdade. O verdadeiro amor é incondicional. Nada que Clara tenha feito vai mudar isso.

— Mas esse amor sem esperança está me tirando a paz. Estou cansado e não quero mais sofrer.

— O que tira sua paz é negar o que sente. É o fato de pensar que amando Clara você se diminui. O amor é bênção que nos torna melhores. Não combata esse sentimento. Ao contrário, deixe-o fluir livremente.

— Não posso. Esse amor é impossível!

— Saia da ilusão. Esse amor está aí, dentro de seu coração. Não adianta negar. Reconheça que ama Clara. Diga isso agora em voz alta para que tome consciência.

Osvaldo hesitou um pouco, lembrou-se de Clara, reviu seu rosto jovem e bonito, lembrou-se do tempo de namoro e sentiu um calor agradável no peito. Então disse com voz apaixonada:

— Eu amo Clara! Sempre a amei!

— Não é errado amar. Lembre-se disso.

— Sinto que ainda a amo como no primeiro dia. Reconhecer isso vai ser meu castigo pelo resto da vida.

— Ao contrário: vai libertá-lo do orgulho, das convenções ilusórias do mundo. Como se sente agora?

Antônio falava com voz modificada, suas palavras eram muito diferentes da sua forma habitual de expressar-se.

— Melhor. A opressão desapareceu.

— Não tenha medo do que sente. Permita-se amá-la embora estejam separados. Aos poucos notará que seu amor apenas pede que o deixe fluir naturalmente. Fazendo isso, reconquistará sua paz.

Antônio apanhou o cigarro que ficara esquecido sobre a mesinha e acendeu-o novamente. Depois levantou-se, dizendo:

— Deite-se. Vou buscar um chá especial. Você vai dormir muito bem esta noite.

Osvaldo sentiu-se exausto. Preparou-se para dormir, deitou-se. Antônio trouxe o chá:

— Beba tudo.

Ele obedeceu. Depois disse sorrindo:

— O que estava faltando era seu carinho. Já estou muito bem.

— Bobagem, meu filho. Você já pode andar sozinho. Eu é que estava precisando de você. Hoje estou feliz. Deus o abençoe.

Ele se foi e Osvaldo virou-se de lado. Depois de alguns instantes, mergulhou em um sono tranquilo e reparador.

Capítulo 16

Clara apressou o passo, procurando vencer rapidamente a distância que faltava para chegar ao ateliê. Mas não conseguiu escapar de Válter, que a alcançou, segurando seu braço.

— Espere. Está fugindo de mim?

— Estou atrasada. Não posso perder tempo.

— Temos de conversar.

— Não tenho nada a falar com você.

Ela puxou o braço e continuou caminhando depressa. Válter a seguiu:

— Vou esperá-la no fim da tarde. Hoje não me escapa. Vai ter de me ouvir.

— Não quero. Deixe-me em paz.

— Não posso. Você não sai do meu pensamento. Iremos conversar em algum lugar discreto. É importante para nosso futuro.

— Meu futuro não tem nada a ver com você. Tire essa ideia da cabeça.

Haviam chegado a seu destino, e Clara entrou no prédio quase correndo.

Domênico, vendo-a chegar ofegante, perguntou:

— Aconteceu alguma coisa? Você está pálida.

— O de sempre. Válter agora deu para me perseguir.

— De novo? Ele havia desistido.

— Também pensei isso. Mas agora não sei o que deu nele, cismou comigo outra vez.

Domênico olhou pensativo para ela, depois disse:

— Você continua indo àquele centro espírita?

— Sim. Por quê?

— Você está nervosa, e a ajuda espiritual lhe trará calma.

— Nos últimos tempos minha vida estava tranquila. Consegui esquecer o passado, manter minha família, pensei que tudo continuaria assim. De repente, as coisas mudaram. Primeiro Osvaldo apareceu do nada querendo ver os filhos. Agora Válter, com quem em má hora me envolvi e estraguei minha vida, reaparece como naqueles tempos, me perturbando. Não sei o que pensar.

Domênico olhou em seus olhos e disse:

— Para mim está muito claro. O passado está de volta para permitir que vocês se entendam melhor.

Clara sobressaltou-se:

— Entre nós é impossível qualquer entendimento. A presença de Osvaldo me incomoda, torna maior a consciência da minha culpa; a de Válter lembra quanto fui ingênua e vulgar. Desejo distância tanto de um quanto de outro. Chega de sofrer por um passado que não tem remédio. Não posso voltar atrás e apagar o que já foi. Acho que já sofri bastante, paguei caro por minha ingenuidade. Tenho direito de desfrutar de paz e de tranquilidade.

— Enquanto não olhar os fatos de frente, não conseguirá o que deseja.

— Tudo que podia fazer a respeito, já fiz. Agora desejo esquecer.

— Não vai conseguir enquanto conservar a culpa no coração.

— Você está dizendo que a situação não tem remédio?

— Claro que tem. Mas, se você foge, recusa o remédio, como quer sarar? A evolução caminha em ciclos. A vida deu-lhes vários anos para meditação e agora os está aproximando. É sinal de que podem trabalhar seus sentimentos e procurar alternativas de convivência que aos poucos vão diluindo o antagonismo que ainda sentem. É a chance de se libertarem de todas as mágoas e seguirem adiante. Quando isso acontecer, cada um trilhará o próprio caminho em paz.

Clara sacudiu a cabeça negativamente.

— Não. Se isso precisa ser assim, ainda não estou pronta.

— Se não estivesse, a oportunidade não viria.

— Do jeito que você fala, não tenho saída.

— Claro que tem. Só que deixar para depois é como jogar a poeira debaixo do tapete: a sujeira não aparece, mas continua lá. Procure se acalmar, preste atenção no que sente.

— Ao contrário. O que mais desejo é jogar fora esta sensação de perigo que me amedronta, esta culpa que me oprime, esta cobrança que aparece forte quando recordo o passado. Sinto raiva por Osvaldo ser sempre o marido bom, dedicado, que, apesar de haver sofrido ao ponto de tentar o suicídio, não fala mal de mim. Preferia que ele me condenasse, me odiasse, até me perseguisse. Ele é sempre impecável, enquanto eu...

Domênico colocou a mão sobre o ombro dela, dizendo com voz firme:

— Não sabia que você era tão moralista.

— Moralista, eu?

— Sim. Em vez de criticar seu marido por ser do jeito que é, seria melhor admitir que você ainda não perdoou seu erro passado. Aconteceu há tanto tempo e você ainda deseja continuar sendo castigada. Ou melhor, está se castigando, sofrendo, exagerando os fatos. Não faça isso com você.

— Não é tão simples como você diz.

— É, sim. Osvaldo voltou, mas, pelo que me contou, está sendo discreto e educado. Não a incomodou em nada. Ao contrário: deseja dar apoio os filhos, melhorar a condição financeira deles. Nem sequer a procurou. Quanto a Válter, não pode obrigá-la a fazer o que não quer. Diga não com firmeza e ele acabará desistindo como da outra vez.

— Então tudo continuará como está. Você disse que a vida nos reuniu para entendimento. Isso eu não quero.

— Entendimento não significa que você deva viver ao lado deles, mas apenas que podem conversar, esclarecer pontos obscuros e acabar com a mágoa que os incomoda. Entender significa analisar as coisas do ponto de vista espiritual, compreendendo as diferenças de cada um, aceitando sua parte de responsabilidade, seus limites e a parte deles. Feito isso, notarão que o passado passou e tudo será diferente. Podem ou não desejar conviver. Mas isso não será penoso como agora. Dependendo de como as coisas fluírem, pode até ser agradável estar junto.

— Você diz isso com uma certeza!

— É assim. As coisas dependem de como você as vê. Quando se olha do ponto de vista espiritual, que abrange a felicidade de todos, fica mais fácil. Pense, Clara. Aceite a presença deles em sua vida como uma necessidade do momento, apesar de desejar desligar--se deles.

— Só em pensar nisso fico angustiada.

— Então não pense. Seja natural. Não os procure, mas, se for procurada, converse, tente dizer o que sente. Isso pode ajudar. Lembre-se que se atormentar, como está fazendo, torna tudo mais difícil. Você diz que sabe o que quer. Então não tem o que temer. É esclarecer e posicionar-se. Apenas isso.

— Vou pensar no que me disse.

— Pense. Você tem bom senso. Logo estará melhor.

— Obrigada. Já me sinto melhor.

No fim da tarde, quando Clara saiu do trabalho, encontrou Válter à sua espera. Seu primeiro impulso foi fugir, mas lembrando-se das palavras de Domênico resolveu enfrentar.

— Clara, vamos conversar ali na confeitaria.

— Estou com pressa. Tenho de ir para casa.

— Por favor, não tomarei muito tempo.

Resignada, ela o acompanhou. Talvez, se o ouvisse e explicasse de novo o que pensava, ele a deixasse em paz.

Uma vez sentados em uma mesa, ele pediu suco e alguns petiscos. Depois olhou para ela com olhos apaixonados e disse:

— Clara! Tenho sofrido tanto. Não posso esquecer o que houve entre nós!

— Sinto muito. O passado acabou. Prefiro não recordar. Gostaria que entendesse que não é possível nada entre mim e você.

— Por quê? Somos moços ainda. Temos muitos anos pela frente. Por que ficarmos separados, sozinhos, se podemos reatar nosso amor?

— Eu não amo você. Depois, estou muito bem. Tenho meus filhos, nunca me senti só.

Válter trincou os lábios com raiva e respondeu:

— Ele voltou! Por isso está me rejeitando. Agora ele está rico e você está arrependida de ter se separado.

Clara levantou-se irritada. Válter levantou-se também, dizendo nervoso:

— Sente-se, Clara. Estou desesperado. Se não me ouvir, vai se arrepender.

Havia algo na voz dele que a fez sentar-se de novo, assustada. Resolveu contemporizar:

— Você está enganado. Essa ideia nunca me passou pela cabeça. Nunca mais vi Osvaldo e não pretendo ver. Se é isso que o incomoda, saiba que nossa separação é irreversível.

— Você diz isso agora. Mas sei que ele tem saído com os filhos. Está rodeando para se achegar.

Clara sacudiu a cabeça energicamente.

— Não sei de onde tirou isso. Ele nem procurou me ver, o que achei muito bom. Quanto aos filhos, nada posso fazer. Ele tem direito de vê-los.

— Sei que ainda estão casados legalmente. Isso me atormenta.

— Não vejo por quê. Nós não temos nenhum compromisso. Sou uma mulher livre. Trabalho para me sustentar. Não preciso do dinheiro dele para nada. Só não posso impedir, nem seria razoável, que ele sustente os filhos. É um direito deles. Gostaria que me deixasse viver em paz. Chega de intervir em minha vida. Garanto a você que não tenho nenhuma intenção de viver com ele e muito menos com você. Estou muito feliz assim. O que eu quero é cuidar de minha vida e dos meus filhos, nada mais. Pode entender isso?

— Não. Eu amo você. Depois que Osvaldo nos surpreendeu juntos, nunca mais minha vida foi para frente. É verdade que tenho algum dinheiro, mas a vida amorosa está estragada. Não consigo me relacionar com outra mulher. Você não sai do meu pensamento. Só de imaginar que ele é seu marido e que, se quiser voltar para você, nada o impedirá, fico louco.

Ela abanou a cabeça desanimada.

— Acho que deveria procurar a ajuda de um médico. Sua cabeça não está bem. Depois que Osvaldo me deixou, nunca mais tive nada com você. Por que não aceita que foi tudo uma ilusão da nossa juventude? Por que teima em querer uma coisa que nunca terá?

— Não pode ser verdade. Você me amava. Correspondia aos meus carinhos. Lembra-se?

— Eu estava iludida. Se o amasse, teria ido viver com você.

— Eu agora sou empecilho à sua reconciliação com ele. Enquanto eu estiver vivo, ele não vai esquecer.

— Não é nada disso. Está ficando tarde, tenho de ir. Não adianta ficarmos aqui repetindo a mesma coisa. Você está resistente. Não quer ver a verdade. Vá para casa, pense bem, reconheça que o melhor será não nos vermos mais.

Ele segurou a mão dela com força e disse com voz rancorosa:

— Não vou desistir. Se um de nós precisar morrer para conseguir o que quero, garanto que não serei eu.

Clara empalideceu e disse nervosa:

— Você está louco! Não pode estar falando sério. Não há motivo para violência.

— Vai depender de você. Estou no limite da minha paciência.

Clara levantou-se decidida. Estava muito assustada. Não podia ficar ali ouvindo aquelas ameaças.

— Nem ouse fazer nada contra Osvaldo. Ele foi vítima nisso tudo e nunca tentou nada contra você.

— Estou impressionado em ver como o defende! Ainda diz que não pensa em voltar com ele?

— Vou embora. Não dá para ficar aqui ouvindo suas ameaças.

Ela se voltou rápida e saiu quase correndo. Ele a deixou ir, seguindo-a com os olhos. Naquele momento, duas sombras escuras o abraçaram alegres, enquanto ele pedia uma bebida forte ao garçom.

Clara chegou em casa abatida. Domênico tinha razão ao aconselhá-la a ouvir o que Válter queria dizer. Apesar de aterrorizada, descobrira o quanto ele estava perturbado. Estaria mesmo pensando em matar Osvaldo ou disse aquilo apenas para pressioná-la?

Difícil saber, mas havia muito rancor em sua voz. E se fosse verdade? E se ele estivesse louco a ponto de agredir Osvaldo?

Vendo-a entrar, Rita assustou-se com sua palidez.

— Clara, o que aconteceu?

— Válter. Ele enlouqueceu.

Em poucas palavras contou o que haviam conversado, e Rita considerou:

— É um homem sem escrúpulos. Nunca se sabe de suas intenções.

Clara torceu as mãos, nervosa.

— Não sei o que fazer. E se ele for procurar Osvaldo?

— Não sei se teria coragem de agir frente a frente. Pode armar alguma cilada.

— Que horror! Nem diga uma coisa dessas.

— Trata-se de um homem que se vale de jogos e manipulações para conseguir seus fins.

— Por isso, não sei até que ponto sua ameaça é real.

— Você precisa fazer alguma coisa. Não pode facilitar. E se estiver mesmo pensando em agredir Osvaldo? Você precisa avisá-lo para que fique atento.

— Tenho medo de piorar as coisas. Ele pode ficar com raiva e tomar a iniciativa. Não sei o que poderia acontecer. Meu Deus, isso nunca terá fim?

— Calma, Clara. Não adianta ficar assim. Temos de ter a cabeça lúcida para pensar no que fazer.

— Não posso falar com os meninos, porque eles poderiam querer fazer alguma coisa por conta própria. Principalmente Carlos. Esse não pode nem saber.

— Nesse caso, você é quem terá de ir procurar Osvaldo.

Clara sobressaltou-se:

— Eu? Você enlouqueceu? Não quero vê-lo. Seria uma situação muito constrangedora. Depois, nem sei se ele me receberia. Nunca quis me ver. Não. Isso é impossível.

— Então não sei o que fazer. Ele precisa ser avisado. Se acontecer alguma coisa, você nunca se perdoará.

— Já chega a culpa que carrego no coração.

— Por que não fala com dona Lídia?

— Estou me sentindo exausta. Não vejo a hora de ir me deitar.

— Nada disso. Você vai tomar um banho e jantar muito bem. Não pode ficar sem se alimentar. Depois iremos juntas ver dona Lídia. Se não procurar ajuda espiritual, vai passar a noite em claro. Pode ficar doente. Tome um banho morno e se sentirá melhor.

Clara pensou um pouco e resolveu ir. Depois do banho, ficou mais calma. Rita insistiu, e ela comeu um pouco, sentindo-se mais forte.

Elas chegaram à casa de Lídia pouco antes de começarem as reuniões do centro. Lídia abraçou-as com carinho. Informada do que acontecera, disse com voz calma:

— Você precisa reagir. Não pode se entregar ao desânimo. Vamos pedir ajuda aos amigos espirituais. Mas devo esclarecer que eles trabalham com suas energias. Você vai precisar ser o ponto de apoio da ajuda deles. Sem isso, não poderão fazer nada.

— Vai ser difícil. Estou muito assustada.

— Onde está sua fé? Você merece ser feliz. Depois, seu marido é um homem de bem, terá proteção. Você precisa confiar na vida.

— Parece que o tempo não passou. Só que a situação está invertida. Osvaldo foi a vítima e Válter ainda quer atingi-lo. Não é justo.

— Mais uma razão para confiar na vida. O que você precisa é enfrentar o medo. A certeza de que está sendo protegida pelas forças do bem a ajudará a conseguir isso.

— Sinto o peito oprimido, tenho a sensação de que vai acontecer alguma coisa ruim.

— É só uma impressão, que você não deve alimentar. Pense que ela pode estar sendo sugerida pelo seu medo ou até mesmo por entidades desencarnadas que desejam desequilibrá-la para poderem sugar suas energias.

— Pensei que fosse intuição de algo que vai ocorrer.

— Impressão é muito diferente de intuição. Quando você pensa, ouve ou vê alguma coisa, pode impressionar-se com ela. Essa impressão poderá ser leve e passageira ou forte e constante. Depende do grau de importância que lhe der. Certamente nunca acontecerá o que teme, a não ser que se obstine tanto e acabe atraindo exatamente o que não deseja. Já a intuição é a linguagem da alma. Quando ela fala, você sente que é verdade. Sabe que aquilo é do jeito que ela lhe mostra.

— Tenho andado confusa. Como diferenciar uma coisa da outra?

— É fácil. Quando se impressiona, está olhando com os olhos do mundo, das aparências, do que há fora de você. Na intuição, está observando a vida com os olhos da alma.

— Gostaria de entender melhor.

— Você se impressionou muito com o que Válter lhe disse, apesar de reconhecer que ele pode querer apenas pressioná-la. Na sua cabeça já formulou várias desgraças e ficou muito assustada.

— É que ele pode estar falando sério.

— Pode. Mas seu descontrole não vai ajudar em nada. Ao contrário: está confundindo sua cabeça, impedindo-a de encontrar uma solução boa.

— Isso é verdade. O que me aconselha?

— Não saberia dizer. Mas eu, quando sinto que não tenho como resolver um assunto desagradável, faço minha prece com humildade e coloco o caso nas mãos de Deus. Depois, procuro fazer minha parte, melhorando meu padrão de pensamento. É o mínimo para que nossos amigos espirituais possam me inspirar e ajudar. Para isso eles precisam me encontrar serena, confiante, disposta a fazer o que for necessário. Quando menos espero, a situação fica mais clara e tudo se resolve.

— Gostaria de ser como a senhora — tornou Clara.

— Você é uma mulher forte, corajosa. Tenho certeza de que poderá fazer isso melhor do que eu.

— Vou experimentar.

— Nós podemos receber ajuda espiritual? — indagou Rita.

— Claro. Ia sugerir que tomassem um passe.

Elas foram para uma sala iluminada por delicada luz azul, onde havia algumas pessoas em prece e música suave. Clara sentou-se no lugar que lhe foi indicado e, enquanto uma pessoa em sua frente trabalhava suas energias, ela orou fervorosamente pedindo inspiração e força para fazer o melhor.

Lágrimas lavavam seu rosto e aos poucos a opressão no peito desapareceu, enquanto uma brisa suave e delicada dava-lhe agradável sensação de conforto.

Depois de beber a água que lhe ofereceram, Clara saiu em silêncio. Sentia-se mais calma.

— Este lugar é uma bênção — comentou Rita ao saírem.

— É verdade. Sinto-me muito melhor.

No dia seguinte, na mesa do café, depois que os meninos saíram, Clara considerou:

— Estive pensando, Rita. Você tem razão: Osvaldo tem de ser prevenido.

— Você irá procurá-lo?

— Não. Você irá em meu lugar.

— Eu?

— Sim. Contará a ele o que está ocorrendo para que fique atento.

— Está bem, irei.

— Precisa tomar cuidado com o que vai dizer. Diga apenas que Válter está com raiva dele e nós desconfiamos que ele pode prejudicá-lo de alguma forma. Não convém dizer que ele o ameaçou até de morte.

— Terei de falar a verdade, senão ele não vai tomar cuidado.

— Vai ter de notar como ele reage. Não quero provocar um mal maior. Se ele ficar muito revoltado, suavize o caso.

— Quando quer que eu vá?

— Hoje mesmo. Ligue para a casa dele e combine a hora.

Acertaram que ela iria a casa dele às duas horas.

Foi com impaciência que Osvaldo esperou que Rita chegasse. Ele sabia que ela continuava morando com a família, e os meninos falavam muito bem dela.

Quando José a introduziu à sala onde Osvaldo esperava, ele se levantou emocionado. Ela estava mais cuidada, bem-vestida, mas seu rosto pouco havia mudado. Ele a abraçou com prazer.

— Rita, o tempo não passou para você! Está mais bonita.

— O senhor também, continua o mesmo.

— Sente-se, mas, por favor, não me chame de senhor.

Ela sorriu levemente e respondeu:

— Sempre o chamei assim.

— Depois do que tem feito pelos meus filhos, você é como se fosse da família.

— Obrigada.

Vendo que ela hesitava um pouco, ele tornou:

— Sua visita me dá muito prazer. Mas percebo que você tem alguma coisa para me dizer.

— É verdade. Nem sei como começar. Aconteceram algumas coisas que nos deixaram apreensivas. Clara me pediu que viesse aqui para lhe contar.

Osvaldo esforçou-se para conter a emoção. Clara a enviara!

— Alguma coisa com os meninos?

— Não. Eles estão muito bem. Mas o assunto é delicado e por isso Clara preferiu deixá-los fora disso.

— Do que se trata?

— Bem, não sei se o senhor… se você sabe o que aconteceu em nossa casa depois que foi embora.

— Os meninos contaram como sobreviveram. Sei como você ajudou Clara a manter a família. Sei que agi mal abandonando-os daquele jeito. Mas fiquei transtornado, Rita, quase perdi a razão.

— Não precisa explicar nada. Eu sabia que minha presença o faria se recordar do passado. Mas vim para lhe falar do presente.

— Vocês estão precisando de alguma coisa? Eu disse ao advogado que se colocasse à disposição de Clara.

— Também não é isso. Não estamos precisando de nada. Clara tem um bom emprego e temos nossa loja. Nada nos falta financeiramente. Depois que nos deixou, Clara se arrependeu muito do que fez e rompeu com Válter definitivamente. Ele a perseguiu durante muito tempo. Por fim, vendo que ela não o queria, deixou-a em paz.

— Eu sei. Marcos me contou.

— E agora, depois que você voltou, ele recomeçou a persegui-la.

Osvaldo crispou as mãos, irritado:

— O que ele pretende, uma vez que ela não o quer?

— Deseja viver com ela.

Osvaldo empalideceu, mas controlou-se e não respondeu. Rita continuou:

— Ela não quer. Não gosta dele. Ao contrário, diz que sua presença a faz recordar o erro, sentir-se mais culpada. Ele vai esperá-la na saída do trabalho e insiste. Ontem ela concordou em ouvi-lo. Pensou que, se explicasse a verdade, ele desistiria. Ele, porém, está muito desequilibrado. Tem medo de que vocês se reconciliem, tem ciúme, raiva de você e... — ela hesitou um pouco e depois concluiu: — Clara ficou com medo de que ele o procure e o prejudique de alguma forma.

Osvaldo levantou-se e começou a andar de um lado para o outro nervoso. Era o cúmulo. O homem que lhe roubara o amor de Clara, que destruíra sua vida e sua família, ainda tinha o desplante de chantageá-la e ameaçar a paz que eles tão duramente estavam tentando reconquistar.

— Clara mandou dizer que tenha cuidado, que fique atento. Ele está muito perturbado e é capaz de tudo. Ela teme por sua segurança.

Osvaldo parou e olhou para ela emocionado. Apesar de tudo, Clara ainda se preocupava com ele. Sentiu um brando calor no peito e esforçou-se para dominar a emoção. Quando se viu mais calmo, disse:

— Agradeça a ela por ter enviado você para me avisar. Mas diga-lhe que não tenha medo. Sei me cuidar. Depois, penso que esse sujeito não terá coragem de vir me enfrentar.

— Bem, o recado está dado. Espero que não fique aborrecido por eu ter vindo. Sabia que minha presença o faria recordar-se do passado.

— Não. Foi muito bom ver você.

— Posso fazer-lhe uma pergunta?

— Faça.

— Você ficou muito tempo longe. Conseguiu reconstruir sua vida?

— Consegui com muito esforço compreender os fatos. Vivi no inferno, mas encontrei amigos dedicados que me ajudaram e me ensinaram a olhar a vida de outra forma. Eu era uma pessoa sem Deus. Foi preciso o vendaval que me abateu para que eu me voltasse para Ele. Assim consegui sobreviver em paz.

— Você nunca foi religioso.

— E não sou. Mas creio na espiritualidade.

Rita levantou-se e Osvaldo pediu:

— Por favor, não vá ainda. Fique. Tome um chá comigo. Gostaria de conversar, contar-lhe o que tem sido minha vida agora.

Ela concordou. Ele mandou José servir um lanche e, enquanto tomavam o chá, Osvaldo contou-lhe tudo que havia acontecido com ele desde que saíra de casa.

Rita ouvia emocionada, bebendo suas palavras, sensibilizando-se com o drama que ele vivera. Osvaldo não omitiu nada e finalizou:

— Agora já sabe de tudo. Tem sido difícil ficar aqui, onde o passado ainda me constrange. Muitas vezes pensei em voltar para o interior, continuar meu trabalho espiritual, reencontrar minha paz.

— Pretende ir embora de novo?

— Quando Carlos me contou que Válter voltou a assediar Clara, fiquei perturbado. Não sei se teria condições de suportar tudo de novo. Fui procurar Antônio em busca de conselho.

— Carlos me disse que você havia viajado.

— Voltei ontem. Estive lá durante uma semana, visitei os amigos. Antônio fez-me compreender que só enfrentando meus medos conseguirei vencer os desafios.

— Esse seu amigo deve ser muito inteligente.

— Ele, além de ser um homem bom, é um excelente médium curador. Suas palavras são inspiradas por espíritos de luz que irradiam energias de refazimento e paz.

— Quer dizer que ele o aconselhou a ficar aqui?

— Não. Ele somente me fez sentir que eu preciso ficar aqui. Há também os meninos. Não desejo mais me separar deles.

— Fico feliz que seja assim. Eles são rapazes inteligentes, bons, bem-educados e apoiados pela mãe, mas precisam do pai. Você desenvolveu mediunidade, estudou a vida espiritual. Agora entendo por que, apesar do que aconteceu, conseguiu não guardar rancor de Clara.

Osvaldo fez um gesto largo:

— Ninguém pode obrigar uma pessoa a sentir amor. Ela deixou de me amar, interessou-se por outro. Só lamento que não tenha tido coragem de me contar. Apesar de sofrer, eu a teria deixado ir. Nós nos amávamos. Muitas vezes tenho me perguntado como foi que eu a perdi, que atitudes tomei que a decepcionaram. Mas agora isso é inútil.

— Você precisa saber o que tem sido nossa vida desde que nos deixou. A princípio ela ficou destruída, inconformada, com medo. Dona Neusa e seu irmão Antônio a ameaçaram, querendo saber onde você se encontrava. Muitas vezes, os atendi ao telefone. Eles diziam que iriam à justiça para lhe tirar os filhos. Uma vez dona Neusa insultou Clara, que a pôs para fora.

— Eu não sabia.

— Minha irmã foi embora para o interior e eu passei a morar na casa de Clara.

— No meu tempo você não dormia em nossa casa. Ainda bem que foi ficar com eles.

— Foi bom para mim também. Clara não saía de casa e não queria ver ninguém. Sua mãe e irmão apareceram lá, mas eu não os deixei entrar. Válter estava apavorado, com medo de sua reação. Procurou-a para dizer que precisavam dar um tempo até que tudo se acalmasse. Clara achou bom. Também não queria vê-lo. Aquela atração que a fizera fraquejar desapareceu no dia em que você os surpreendeu. Ficou apenas a consciência de sua culpa. Ela chorava muito e foi difícil acalmá-la. Por fim, o dinheiro de reserva acabou e ela resolveu reagir.

Rita continuou contando, e a cada palavra Osvaldo ia imaginando as cenas, como em um filme.

Confortava-o saber que Clara não continuara seu romance com Válter.

— Você pode imaginar como foi difícil para uma mulher que era só dona de casa encontrar um jeito de ganhar a vida. Mas, por outro lado, foi uma forma de sair da depressão e lutar para sobreviver. Seu amor pelos filhos a motivou. Depois, Clara é inteligente, trabalhadora — finalizou Rita.

— Você disse que Clara está estudando a mediunidade. Isso é bom.

— Sim. O conhecimento da espiritualidade nos tem ajudado muito. Dona Lídia, a dirigente do centro, é pessoa muito boa, ligada aos espíritos de luz. Tem nos aconselhado sempre que precisamos.

Osvaldo fechou os olhos por alguns instantes, depois disse:

— Tem razão. Atrás de sua aparência modesta esconde-se um espírito iluminado que veio com mandato espiritual.

— Você esteve com ela?

— Ainda não.

— Como sabe isso?

— Enquanto você falava, eu a vi. É uma mulher forte, meia-idade, veste-se sempre de cores alegres, cabelos louros, curtos, ondulados, rosto redondo e simpático. Quando sorri, aparecem duas covinhas na face. Seus olhos são penetrantes e firmes.

Rita admirou-se:

— Isso mesmo. Ela é assim. Você é médium mesmo.

Osvaldo sorriu:

— Eu lhe disse que tenho trabalhado com os espíritos.

— Tem frequentado algum lugar aqui?

— Ainda não. Mas tenho mantido contato com meus amigos espirituais. Foram eles que me avisaram que você viria.

— Que bom! O conhecimento espiritual nos ajuda a compreender melhor o que nos acontece. Já conseguiu perdoar Clara?

Osvaldo estremeceu, ficou calado alguns instantes. Por fim disse:

— Consegui entender como aconteceu. Pensei que houvesse perdoado, mas o perdão liberta e torna possível esquecer. Alguns dias notei que a antiga ferida ainda sangra de vez em quando. Só posso dizer que continuo me esforçando. Um dia conseguirei.

— Mas você não a condena.

— Não. Isso não. Entendo que toda pessoa é livre para amar quem quiser, tem o direito de escolha.

— Nesse caso, por que a mágoa?

— Porque ela não foi sincera. Se tivesse me contado o que sentia, teríamos resolvido tudo de maneira civilizada.

— Clara teve medo da sua reação.

Osvaldo respirou fundo e respondeu:

— Teria sido doloroso de qualquer forma. Mas eu teria me afastado e deixado o caminho livre.

— Você teria sido capaz disso?

— Teria. Eu a amava e desejava sua felicidade acima da minha.

— Desculpe tocar em assunto tão íntimo. Eu acompanhei o sofrimento dela e das crianças. São como minha família. Farei o que puder para que sejam felizes.

— Tenho certeza disso. Admiro sua dedicação.

— Há muito que Clara deixou de ser minha patroa. Tornou-se mais que uma amiga querida, mas uma irmã. Fico tranquila sabendo que você não cultiva nenhum rancor.

— Amo meus filhos. O que puder fazer pelo bem--estar deles, farei. Você pode contar comigo para o que precisar.

Estava escurecendo quando Rita deixou a casa de Osvaldo. Depois que ela se foi, ele se sentou na sala, pensativo. Clara havia se preocupado com ele! Sua raiva por havê-los abandonado sem recursos teria passado?

O que haveria de verdade na ameaça de Válter? Teria sido apenas uma maneira de pressionar Clara? Era provável que sim. Mas a ideia de que a presença de Válter incomodava seus filhos o fazia sentir que precisava tomar alguma providência. Talvez fosse prudente investigar a vida de Válter, saber como ele agia, o que fazia. Olhou para o relógio: passava das seis. Ligou para Felisberto e convidou-o para jantar em sua casa, precisavam conversar.

Felisberto, por sua postura ética, a lisura com que tratara os negócios de Ester durante tanto tempo, granjeara não só sua confiança, mas também sua amizade.

Depois do jantar, sentados na sala de estar, Osvaldo contou ao advogado o que estava ocorrendo. Finalizou:

— Talvez não signifique nada. Acha que eu deveria tomar alguma providência?

— Sim. Clara se preocupou. Pode ter notado algo mais sério.

— Foi o que pensei. Mas não sei o que fazer.

— O melhor seria investigar a vida desse Válter. Saber como ele é pode nos dar uma ideia mais verdadeira. Conheço um investigador de confiança que faria isso para você. De posse desses dados, decidiremos o passo seguinte.

— Bem pensado. Gostaria de falar com ele amanhã mesmo.

— Está bem. O número de seu telefone está em minha agenda em casa. Hoje mesmo falarei com ele.

— Estarei esperando.

Depois que Felisberto se foi, Osvaldo sentiu-se mais calmo. Válter havia machucado sua família uma vez, não iria permitir que fizesse isso de novo.

Na hora de dormir, Osvaldo sentou-se na cama, fechou os olhos e evocou a presença de seus guias espirituais. Sentiu uma brisa leve e um brando calor à sua volta e orou pedindo proteção e ajuda para aqueles que amava. Depois se acomodou, sentindo-se calmo, e logo adormeceu.

Capítulo 17

Quando Rita chegou em casa, já encontrou Clara esperando.

— Puxa, você demorou!

— Não pensei que você já estivesse em casa.

— Vim mais cedo. Estava ansiosa para saber tudo. Como foi?

— Bem. A princípio eu estava constrangida. Não sabia como ele iria reagir. Mas nossa conversa foi melhor do que eu esperava.

— Como assim?

Rita ficou pensativa por alguns segundos, depois considerou:

— Osvaldo está mudado. Parece outra pessoa.

— Mudado como? Está mais velho, magro, abatido ou o quê?

— Nada disso. Fisicamente está até melhor.

— Explique-se.

— Não sei dizer. Seus olhos, sua postura, seu jeito, está diferente. Está mais bonito, elegante. Apesar de o nosso assunto ser delicado, ele me pareceu mais seguro, firme. Nossa conversa foi franca, e senti que ele está mais verdadeiro, mais amadurecido.

— Por que demorou tanto?

— Bem, ele me tratou com muito respeito e consideração. Conversamos muito e o tempo foi passando. Quando eu quis vir embora, ele me pediu para ficar mais um pouco.

— Deu meu recado sobre Válter? O que ele disse?

— Sim. Ele me pediu que lhe contasse tudo que nos aconteceu durante o tempo que ele esteve ausente.

— Não foi para isso que você foi lá.

— Eu não queria tocar no passado. Sabia que seria doloroso para ele. Não queria que me interpretasse mal. Mas Osvaldo se mostrou interessado. Emocionado, notei que se esforçava para manter o controle.

— Não sei se foi bom ter pedido a você para procurá-lo.

— Ao contrário. Foi ótimo. Adorei ter ido.

Clara ficou calada por alguns instantes. Depois perguntou:

— Sobre o que mais falaram?

— Ele ficou emocionado quando soube que foi você quem me mandou lá, e nervoso quando contei que Válter continuava perseguindo-a. Mandou dizer que não precisa se preocupar. Não vai deixar que ele faça nada.

— Não disse o que pretende fazer para impedir isso? E se for procurar Válter?

— Osvaldo não fará nada disso.

— Por que tem tanta certeza?

— Agora ele conhece a espiritualidade. Desenvolveu mediunidade, trabalha com os espíritos.

Clara surpreendeu-se:

— Ele? Nunca se interessou por religião.

— Você já sabe a história. Carlos contou. Quando ele se jogou do trem, foi socorrido e assistido por um curador. É assim que são chamados os médiuns no campo. Então, tudo aconteceu. Tenho certeza de que Osvaldo é dos bons.

— Por quê?

— Quando mencionei dona Lídia, descreveu-a minuciosamente. Ele a viu mesmo.

— Como pode ser isso?

— Vidência. Garanto que muito verdadeira. Acertou tudo. Isso me acalmou. Tenho certeza de que ele não fará nada errado. Depois, ele olha nos olhos quando fala e inspira muita confiança.

Clara não respondeu de pronto. Rita continuou:

— Você não precisa ter medo da convivência dele com os meninos. Ele só fará o que for bom.

Clara hesitou um pouco, depois perguntou:

— Ele falou alguma coisa de mim?

— Falamos do passado, de tudo.

— Ele... conseguiu esquecer, refazer sua vida afetiva?

— Não. Quando lhe perguntei se havia perdoado você...

— Não devia ter perguntado isso... — interveio Clara, aflita.

— Ele me deu abertura, e eu quis saber. Respondeu-me que durante todos estes anos pensou que tivesse conseguido perdoar. Mas agora descobriu que a ferida ainda sangra. A mágoa ainda está lá.

Clara levantou-se nervosa:

— Ele ainda me odeia! Eu sabia! Suas palavras para os meninos não eram verdadeiras.

— Em nenhum momento ele pareceu odiá-la. Ao contrário. Fala em você com respeito e certa deferência.

— Não creio. Se não me odiasse, teria perdoado e esquecido. Se ainda sofre, é porque me odeia.

— Ou ama. Um amor impossível também dói.

— Você está fantasiando.

— Se eu fosse você, iria conversar com ele.

— Está louca?

— Não. Tenho certeza de que a conversa seria muito oportuna e elucidativa. Vocês teriam muito a se dizer e, quem sabe, poderiam resolver todas as pendências do passado.

— Eu não teria coragem para isso. Já chega a consciência de minha culpa. Não preciso ouvir as acusações dele.

— Lembre-se de que todo assunto mal resolvido retorna para dar a chance a que os envolvidos se libertem. A volta dele é uma excelente oportunidade para isso.

— Não quero ouvir mais nada sobre esse assunto. Fiz a minha parte avisando-o. Agora posso ficar em paz.

Rita não respondeu. Ficou olhando para ela até que desaparecesse na curva da escada. Depois dirigiu-se à cozinha para cuidar do jantar. Sentia-se leve, alegre, como se tivesse se libertado de um grande peso. Cuidando dos afazeres, chegou até a cantarolar.

Carlos, que chegava, observou:

— Que bom! Cantando, o jantar vai ficar mais gostoso.

— Vou fazer aquela sobremesa de que você gosta.

— Oba! Mas você só faz em dia de festa.

— Pois vou fazer hoje.

— O que vamos comemorar?

— Nada. Estou alegre, só isso.

— Então você deveria ficar alegre mais vezes.

— Vá tomar banho, que logo o jantar estará pronto.

No dia seguinte, Válter foi procurar Antônio em casa. Convidado a entrar, Neusa apareceu logo e olhou contrariada para ele.

Antônio explicou:

— Válter veio nos ajudar. Estamos precisando, uma vez que quem deveria não faz nada.

Neusa mordeu os lábios com raiva.

— Os filhos são ingratos mesmo.

— Como vai a senhora, dona Neusa?

— Como Deus quer. Há pessoas que nascem para sofrer...

— Sente-se, Válter — interrompeu Antônio, maneiroso. — Você precisa entender, mãe, que Válter nunca deixou de ser meu amigo.

— Por causa dele você perdeu o emprego.

— Por causa dela, isso sim. Homem é homem. A sem-vergonha foi ela.

— Não falemos do passado. Vim aqui como amigo. Nós sempre fomos amigos.

— Mãe, vá fazer um cafezinho para nós. Queremos conversar.

Depois que ela foi para cozinha, Válter disse baixinho:

— Vim aqui para ajudar mesmo.

— Tem algum emprego para mim?

— Ainda não. Mas estou procurando. Quero encontrar alguma coisa à sua altura. Você precisa ser valorizado, não explorado. Terá de ganhar bem e trabalhar pouco.

— É exatamente o que tenho procurado todos estes anos.

— Sabe que não é fácil. Mas, se me ajudar, tenho certeza de que conseguirei.

— Farei qualquer coisa para ter uma renda boa. É horrível viver sem dinheiro. Minha mãe está velha, cansada, precisa de conforto.

— Não pensei que estivessem passando necessidade. Seu irmão voltou rico.

Antônio levantou-se nervoso.

— Pois ele não dá nada. É como se não existisse. Nem parece da família.

— Por que não mandou sua mãe falar com ele?

— Ela foi, mas ele não fez nada.

— Isso é que é ingratidão. Você perdeu o emprego por causa de Clara.

— Não me conformo.

— Não fiz de propósito. Aquela mulher me alucina.

— Ainda gosta dela?

— Nunca consegui esquecê-la. Daria tudo para que me aceitasse. Eu estava quase conseguindo, mas então Osvaldo voltou, rico, bem-posto, dando tudo para os filhos e para ela. Então ela me rejeitou. Não quer mais saber de mim. Estou desesperado.

— Por que não tenta esquecer? Ela não quer nada com você mesmo.

— Não consigo. Tenho certeza de que, se ele não tivesse aparecido, ela me aceitaria.

Antônio pensou alguns segundos, depois disse:

— Você acha que ele vai voltar a viver com ela depois de tudo?

— Acho. O tempo passou e ele era louco por ela. Pode querer isso mesmo. Por que resolveu voltar?

— É. Custa-me crer que ele tenha o desplante de viver com ela como se nada houvesse acontecido. Precisaria não ter vergonha na cara.

— A paixão é cega. Olhe, preciso que você descubra em que pé estão as coisas entre eles.

— É difícil. Nosso relacionamento não é bom. Ele nem sequer me ouve.

— Não ouve porque você não sabe chegar. Só reclama. Vá lá como quem não quer nada, aproxime--se dele. Fale nos laços de família, diga que são irmãos e precisam entender-se melhor, que sua mãe sofre por ver que vocês não se dão. Enfim, mostre-se arrependido por haver brigado com ele. Peça apoio, ajuda. Mostre desinteresse. Não fale em dinheiro, por favor.

— Não sei se poderei fazer isso. Não é do meu feitio.

— Eu sei. Mas preciso que descubra o que quero saber. Em troca arranjo um emprego daqueles para você. Dinheiro no bolso todo mês. Pouco esforço.

— A oferta é tentadora. Verei o que posso fazer.

— Nada disso. Você vai começar hoje mesmo.

Neusa chegou com o café e serviu-os em silêncio. Havia ficado escondida ouvindo a conversa. Depois que Válter se foi, ela comentou:

— Ele está louco. Não sabe o que diz.

— Você ouviu?

— Tudo. Não acredito que Osvaldo esteja pensando em voltar com ela.

— Não sei, não. Ele era louco por Clara, lembra?

— Lembro. Você vai fazer o que ele pediu?

— Estou pensando...

— Seria bom. Ele está com ciúme. Mas o bobo do Osvaldo bem pode estar pensando mesmo em ir viver com ela. Por outro lado, seria bom você se aproximar dele, tentar conquistar sua amizade. Assim, ele acabaria por nos ajudar. Seria bom, porque não temos dinheiro nem para o essencial.

— Vou tentar, mãe. Você sabe que sou bom para representar. Vai ser um papel e tanto.

Válter deixou a casa de Antônio satisfeito. Antônio era fácil de manipular e lhe traria todas as informações sobre o rival. Então faria o plano para tirá-lo do caminho definitivamente.

Uma semana depois, no fim da tarde, Osvaldo, sentado em seu escritório em casa, meditava sobre sua vida. Rever os amigos no interior havia sido maravilhoso, mas ele sentia que aquele tempo havia acabado. Estava na hora de retomar a vida na cidade.

Além disso, havia os filhos. Eles tinham dado novo sentido à sua vida. Não se sentia com forças para deixá-los. A cada dia, mais se sentia feliz por estar com eles, descobrindo um pouco mais dos seus gostos e preferências, apoiando-os com carinho e firmeza. Esse carinho preenchera sua solidão.

Independentemente disso, desejava trabalhar, ocupar-se, sentir-se útil. Ainda não decidira o que fazer, mas tinha certeza de que seria alguma coisa voltada à espiritualidade.

Acreditava que a vida lhe colocara nas mãos uma fortuna para que a usasse em favor do progresso seu e de todos. Nunca tivera ambições próprias. Ao contrário: depois do drama que vivera, acostumara-se a viver na simplicidade do campo, satisfazendo-se com quase nada. Bastavam-lhe o carinho dos amigos, as belezas da natureza, o trabalho com os espíritos cuja sabedoria e bondade o enterneciam.

As mudanças que ocorreram mostravam que ele precisava mudar o rumo e seguir adiante. Agora estava vendo claro.

Assumir conceitos de espiritualidade significava viver de acordo com eles todos os instantes de sua vida. Só assim poderia sentir-se verdadeiramente feliz, realizado.

Nos últimos anos, atendendo às pessoas, assistindo ao sofrimento humano, pudera perceber claramente que a infelicidade do homem é causada pelo desconhecimento das leis cósmicas. Descobriu que a ingenuidade tem um preço alto e não isenta ninguém da responsabilidade de suas atitudes.

Estava certo de que a harmonia, a felicidade que o homem deseja só virá quando ele aprender e respeitar as leis cósmicas, olhar a vida como é, desenvolver a consciência vivenciando os valores eternos da alma. Ninguém a pretexto de assumir uma religião, seja qual for, encontrará o equilíbrio interior cumprindo regras em sua maioria originadas de crenças sociais, distorcidas da verdade. A conquista da espiritualidade é um trabalho interior incessante, é o reconhecimento do próprio potencial, o esforço paciente de se ver sem máscaras ou subterfúgios, aceitando tanto as qualidades como os pontos fracos, sem culpas ou reprimendas, procurando vencê-los com bondade e firmeza. É fazer o possível para essa conquista, mas aceitando todas as determinações da vida que não pode mudar, procurando tirar delas todo bem que conseguir perceber. A confiança na vida é fundamental para quem deseja cuidar do seu mundo íntimo e harmonizar-se com as forças positivas do universo.

Osvaldo tinha profunda consciência de todas essas coisas. Suas experiências com os espíritos, os desafios que enfrentou na vida, a ajuda que recebeu de Deus quando descrente e incapaz de pensar com clareza, a proteção divina que nunca o abandonou nesses momentos infundiam-lhe a certeza de que a conquista da felicidade era questão de tempo e de bom desempenho. Ele sentia que estava descobrindo como fazer isso.

Mostrar tudo às pessoas, ensiná-las a observar a vida, buscar caminhos novos de aprimoramento e equilíbrio interior, tudo isso seria a forma de realizar a profilaxia da dor, dos sofrimentos.

Ajudar quem está sofrendo em um leito de dor, mitigar a fome dos miseráveis são tentativas válidas de ajudar, são bênçãos de amor que dão mais ao que faz do que ao que recebe. Contudo, poder evitar a dor antes que ela chegue é dar a cada um o poder de saber que é o criador do próprio destino. É torná-lo consciente do próprio poder, é colocar em suas mãos meios de viver melhor, de conquistar a sabedoria, de tornar-se lúcido e seguro em seus passos.

Essa é a maior ajuda que se pode dar. Porém não é a mais fácil. É preciso que a pessoa queira e se disponha a enfrentar seus medos e suas crenças erradas do passado, deixar o conforto do comodismo para experimentar o novo, recomeçando sempre, corrigindo rumos, buscando compreender melhor.

Osvaldo perguntava-se como fazer isso. Os espíritos lhe haviam dito através de Antônio, na reunião de despedida que fizeram antes de seu retorno, que sua tarefa maior era a de cuidar da própria evolução, estudando a vida, estudando a si mesmo. Só assim estaria pronto para um dia realizar seu desejo de ajudar efetivamente o progresso da humanidade.

Os conflitos que ainda se debatiam dentro dele informavam-no de que estava longe de conseguir o próprio equilíbrio. Não seria cedo para iniciar um trabalho de ajuda espiritual às pessoas? Ele havia feito isso sob a orientação e proteção de Antônio. Sozinho, conseguiria o mesmo sucesso?

Mas ao mesmo tempo sentia-se muito motivado. Fechou os olhos e evocou seu guia espiritual. Queria orientação. Sentiu um calor agradável no peito e nas mãos e uma paz confortadora. Continuou absorvendo essas energias alguns instantes e de repente ouviu distintamente:

— Quando o trabalhador está pronto, o trabalho aparece. Confie e espere.

Tudo desapareceu, ele abriu os olhos e entendeu que precisava ficar atento e perceber quando as coisas começassem a acontecer. A vida fala com as pessoas através de sinais aos quais é preciso saber observar. Seus recados são claros, mas há que ter olhos de ver.

O telefone tocou e José entrou dizendo:

— É Rita, quer falar com o senhor.

Ele atendeu em seguida. Depois dos cumprimentos, ela tornou:

— Ontem fui ao centro e conversei com dona Lídia. Ela se interessou muito pelos trabalhos de cura que você fazia com o curador no interior. Disse que gostaria muito de conhecê-lo.

Osvaldo sentiu uma sensação agradável e respondeu:

— Ótimo. Eu também gostaria muito. Ela disse quando pode ser?

— Quando quiser.

— O mais rápido possível.

— Bom, hoje ela começa o atendimento às oito. Se chegar antes, poderão conversar com tranquilidade.

— Agora são seis e meia. Acha que é muito cedo?

— Não. Pode ir.

Passava um pouco das sete quando Osvaldo chegou à casa de Lídia. Ela o recebeu com alegria e conduziu-o a uma pequena sala onde poderiam conversar à vontade.

Osvaldo gostou dela imediatamente. Seu rosto simpático, sua maneira de sorrir e olhar nos olhos das pessoas transmitiam confiança. Seu jeito simples deixou-o logo à vontade.

Depois de sentarem-se no sofá, ela tornou:

— Havia muito o esperava. Sabia que viria. Isso me dá muito prazer.

— Obrigado. Estou contente por encontrá-la. Ainda há pouco, pedia ao meu guia espiritual uma orientação.

— O trabalho espiritual é uma bênção para o médium. Traz alegria, alimenta a alma. Quem o experimentou um dia não consegue mais viver sem ele.

— Tem razão. Recebi tanto bem, tantas alegrias nos contatos com os trabalhadores do bem que estou ansioso para recomeçar. Nos últimos dias tenho me debatido na dúvida. Deixei a proteção e os cuidados do meu amigo e mestre Antônio, voltei para a cidade, envolvi-me nos conflitos mal resolvidos do passado. Lá no interior, sentia-me seguro, apoiado, distante de tudo. Cheguei a imaginar que havia vencido as angústias que me levaram para lá. Entretanto, os conflitos ainda me afligem. Penso que ainda não estou pronto para os trabalhos espirituais.

— Você teve uma pausa, que o aliviou temporariamente para que pudesse entender a vida como ela é, jogar fora crenças erradas, descobrir o mundo dos espíritos, encontrar seu mundo interior, suas necessidades como espírito eterno que estão acima dos problemas materiais. É preciso viver no mundo, mas acima de tudo é preciso usar as experiências do mundo para amadurecer o espírito, tornar-se mais espiritual.

Osvaldo estava comovido. Os olhos de Lídia brilhavam irradiando uma luz que ele sentiu como um banho de energia positiva em seu corpo. As lágrimas começaram a descer pelo rosto e ele as deixou cair.

— É isso que tenho procurado fazer. Mas às vezes ainda confundo meus sentimentos, misturo emoções, sinto-me perdido.

— Você foi provado no ponto mais difícil. A vaidade cega e complica tudo. Sem ela, você há muito teria percebido a verdade e talvez já houvesse encontrado a felicidade.

— Há muito que perdi a vaidade. No campo, vivi na mais absoluta pobreza, convivi com a vida bem simples, onde a vaidade é esquecida.

— Apesar disso, a mágoa ainda o desafia. Não é fácil deixar os conceitos do mundo. As regras, as convenções de uma sociedade materialista têm a força de crença da maioria, assim tornam-se barreiras difíceis de serem derrubadas. Às vezes, é preciso muito sofrimento, muita dor, muitas perdas para que a pessoa se dê conta de que a vida tem outros conceitos, mais verdadeiros.

— Eu mudei muito. Antes eu era um homem tranquilo, seguindo as regras da sociedade, julgando-me inteligente por haver escolhido o caminho da honestidade, da família, do trabalho. Sempre cumpri com todas as regras e era muito respeitado por todos.

— Mas você precisava crescer. Deixar o comodismo de uma situação conquistada, segura, e buscar os desafios do desenvolvimento. Por isso foi submetido a esse teste. Precisava despertar para a espiritualidade. Estava na hora de olhar a vida real, como é, sem as ilusões acomodadas do mundo. Por isso se casou com uma mulher que, apesar de valorosa, deixou-se levar pelas ilusões da vaidade. Viu-se admirada, sentiu-se valorizada, curiosa, diante dos apelos do sexo. Também ela precisava aprender os verdadeiros valores espirituais. Ela mudou, amadureceu. Reconheça que ambos cresceram.

— Isso é verdade. Mas agora que meus filhos compreenderam que eu os amo muito e perdoaram os anos de ausência, sinto que não estou tão só. Tenho boa situação financeira, mas quero trabalhar, ser útil. E, embora não me sinta preparado, preciso do trabalho espiritual. Mas ainda não sei o que e como fazer.

— Não se apresse. A vida lhe mostrará o caminho quando chegar o momento. Agora, quanto ao trabalho espiritual, está mais do que preparado para recomeçar. É isso que está me dizendo Alberto. Você o conhece?

— É um dos espíritos que nos ajudava a atender às pessoas lá no interior.

— Ele o aconselha a rever seus conhecimentos de cura memorizando e procurando ter um lugar onde possa fazer exatamente o que fazia lá, do mesmo jeito e com as mesmas coisas. Quando tiver feito isso, o resto virá naturalmente. Está dizendo também que confie em você e não se deixe levar pelas sugestões de espíritos perturbados. Você tem conhecimento e domínio, fé e coragem para não se deixar envolver. Recuse os pensamentos negativos de qualquer tipo. Procure olhar todos os acontecimentos de forma positiva. Você sabe que só o bem é real. Fora dele, não existe mais nada. O mal é ilusão.

Lídia levantou-se e colocou a mão sobre a cabeça de Osvaldo, dizendo:

— Que Deus o abençoe. Lembre-se de que estaremos ao seu lado e o ajudaremos sempre, desde que faça sua parte, conservando pensamentos positivos. Eles são nosso ponto de ligação porque nos permitem ter acesso ao seu mundo interior.

Lídia calou-se e Osvaldo emocionado abriu os olhos sentindo-se aliviado como há muito não se sentia.

— Obrigado, dona Lídia. Deus a recompense pelo bem que me fez.

Ela o abraçou comovida e respondeu:

— Eu que agradeço pela oportunidade de conhecer você e um espírito como Alberto.

Em seguida ela lhe pediu que explicasse o trabalho que ele e Antônio realizavam, e Osvaldo contou tudo nos mínimos detalhes.

Quando ele se despediu, estava sereno e contente, pensando no que fazer para atender ao que Alberto lhe pedira.

Passava das oito quando chegou em casa e José o esperava para servir o jantar. Enquanto comia, continuava pensando. José comentou:

— Aconteceu alguma coisa? O senhor está calado, parece preocupado.

— Não. Estou bem. Mas gostaria de retomar minhas experiências com as ervas, como fazia no interior. Já lhe falei sobre isso.

— Boa ideia.

— Não é fácil. Estamos na cidade.

— Mas pode fazer isso no sítio. Nunca esteve lá? Dona Ester adorava ir lá, passava dias cuidando das flores. Esse sítio é seu agora.

Osvaldo admirou-se:

— É, há um sítio. Como me esqueci disso? Onde fica?

— Não levará uma hora para chegar lá.

— Você sabe onde é?

— Claro.

— Amanhã mesmo iremos até lá. Quero conhecer o lugar. Puxa, como não pensei nisso antes?

José sorriu alegre e respondeu:

— Tudo vem na hora certa!

Osvaldo olhou sério para ele e disse:

— Deus falou pela sua boca. Como é esse lugar?

— No escritório há documentos, fotos, plantas, tudo. Se quiser, podemos ver agora.

Osvaldo concordou com entusiasmo. No escritório, José abriu um armário e entregou-lhe volumoso pacote que Osvaldo abriu curioso. Tratava-se de uma propriedade de vinte e cinco alqueires, muito bem-cuidada, tendo a casa principal mais a do administrador e algumas casas de empregados, um lago, muitas árvores e flores.

— Iremos para lá amanhã bem cedo.

— Rosa pode ir conosco? Ela adora aquele lugar. Dona Ester quando ia, sempre nos levava.

Osvaldo sorriu e considerou:

— Claro. Sairemos ao clarear do dia.

— Combinado. Deixaremos tudo pronto ainda hoje. Vou pedir a Rosa que arrume sua mala.

— Não precisa. Eu mesmo faço. De sítio eu entendo.

Osvaldo foi para o quarto, arrumou a bagagem, depois preparou-se para dormir. Deitou-se emocionado, lembrando-se dos últimos acontecimentos. Sentia em tudo que acontecera a mão invisível dos amigos espirituais mostrando-lhe o caminho a seguir.

Uma onda de alegria banhou seu coração. Tinha certeza de que estava sendo abençoado pelas forças do bem e conduzido para uma vida melhor.

Naquele instante, em pensamento agradeceu a Deus por tudo que estava recebendo e fez intimamente o voto de dedicar-se ao trabalho espiritual com disposição e sinceridade.

Depois, sentindo-se tranquilo e alegre, adormeceu.

Capítulo 18

— E então, nada ainda? — perguntou Válter irritado.

— Nada. Não consigo encontrar Osvaldo.

— Acho que você está com má vontade. Desse jeito não dá. Uma semana e não conseguiu nada. Afinal é seu irmão. Ele se recusa a falar com você?

— Não é isso. Ele tem viajado muito. Fui lá semana passada e me disseram que ele tinha ido para o sítio em Jundiaí.

Válter olhou desconfiado:

— Que sítio é esse?

— O sítio de tia Ester. Ele agora deu para ficar lá o tempo todo. Veio à cidade duas vezes nesta semana, fez compras e voltou no mesmo dia.

— Não está me enganando?

— Claro que não. Estou desesperado para ter aquele emprego que você me prometeu.

— Só depois de conseguir o que eu preciso. Por que não vai até lá?

— Eu? Nunca estive naquele lugar, nem sei onde fica.

— Como não sabe? Esse sítio não era de sua tia?

— Era, mas ela nunca nos convidou para ir lá. Você sabe que ela não ligava para nós.

— Humm... ela devia ter seus motivos — resmungou ele.

— Ela era orgulhosa só porque era rica. Sabe como é...

— Sei. Você tem ao menos uma ideia de quando ele vai voltar?

— Não. Mas deixei recado para a empregada me avisar assim que ele chegar.

— Acha que ela fará isso?

— Claro. Eu disse que era urgente, que mamãe está doente e precisando de ajuda.

— E se ele não se importar?

— Ele é durão, mas vai querer saber o que ela tem. Fique calmo. Ele volta e cumprirei minha palavra.

— Espero que seja logo.

Quando Válter se foi, Antônio entrou em casa. Vendo-o, Neusa indagou:

— Válter estava esperando você. Está impaciente. Ainda não falou com Osvaldo?

— Não. Ele foi para o sítio e não voltou ainda. Eu contei isso para Válter.

Neusa deu de ombros. Não gostava de Válter, mas precisava suportá-lo por causa do emprego que ele conseguiria para Antônio. Por isso concluiu:

— Espero que ele não demore muito. Em breve, não teremos nada nem para comer.

— Vou ver se arranjo um bico enquanto isso. Talvez volte a ajudar Miguel no bar. Não gosto daquele serviço, mas em último caso...

— Faça isso, pelo menos.

Válter saiu nervoso do encontro com o amigo. Sentia-se inquieto. Pensava em Clara, e as imagens dos momentos de amor que viveram juntos no passado voltavam à sua lembrança, exasperando-o.

Não podia compreender por que ela o recusava depois de ter traído o marido por sua causa. Agora ela se tornara mais bonita, tinha mais classe, não era mais aquela jovem insegura, ingênua. Transformara-se em uma mulher atraente, e sua recusa só aumentava seu interesse.

Conquistar Clara tornou-se para ele uma obsessão. À noite, imaginava fantasias sexuais com ela e acabava insone, insatisfeito. O que ele não sabia era que seus pensamentos atraíram a presença de alguns espíritos que se alimentavam das energias sexuais e que o excitavam ainda mais a fim de conseguirem o que pretendiam.

Algumas vezes, ele acabava se levantando e saindo em busca de alguém com quem pudesse satisfazer sua vontade, percorrendo o mundo dos escravos do sexo, dando vazão ao que sentia. Depois, ao alívio temporário se seguia a depressão, a raiva, e a insatisfação continuava. A sede não se apagava, e no dia seguinte tudo recomeçava.

Era o inferno, e ele culpava Clara acreditando que, quando ela o aceitasse, tudo se resolveria. Só ela seria capaz de matar sua sede de amor, de acabar com aquela insatisfação que o atormentava.

Nessa fantasia, ele ficava a cada dia mais e mais envolvido por espíritos perturbados que somavam seus desequilíbrios aos dele em uma simbiose de difícil solução, uma vez que se alimentavam mutuamente, misturando suas energias, numa cumplicidade absoluta.

Clara também se sentia inquieta, perturbada. Não dormia bem, tinha pesadelos nos quais sempre havia um homem querendo agarrá-la, dizendo obscenidades, inspirando pensamentos mórbidos.

Ela havia conversado com Lídia, que a aconselhara a continuar frequentando o tratamento espiritual. Ela havia emagrecido e não se alimentava bem.

Domênico conversava com ela tentando ajudá-la a sair desse estado aconselhando-a a resistir, colocando sua força interior em ação para rechaçar essas energias.

Ela tentava e, ao fazer isso, sentia-se melhor, porém os pensamentos depressivos e a culpa do passado reapareciam e ela voltava ao estado anterior.

Quando ela chegou ao centro naquela noite, Lídia esperava-a e levou-a até a sua sala, dizendo:

— Sente-se, Clara. Ontem à tarde conheci seu marido.

Clara sobressaltou-se:

— Ele veio aqui? Não desejo encontrá-lo.

— Acalme-se. Ele veio, conversamos, só isso.

Clara levantou-se.

— Vou embora. Osvaldo pode aparecer de novo. Não quero encontrá-lo.

— Não se preocupe. Ele não virá.

— O que ele veio fazer aqui? Falar sobre nossos problemas?

— Não. Sente-se, por favor. Estou lhe contando porque pensei que gostaria de saber. Ele veio conversar sobre mediunidade. Rita falou-lhe sobre nosso trabalho e ele nos fez uma visita.

Clara ficou calada por alguns segundos, depois tornou:

— Pode ser apenas um pretexto para se aproximar. Osvaldo nunca se interessou por esse assunto. Não creio que seja médium.

— Mas é. Ele não só tem muita sensibilidade como assumiu voluntariamente o trabalho espiritual.

— É difícil crer.

— Seu marido é um homem de extrema sensibilidade e experiência no trato com os espíritos. Conversamos sobre espiritualidade. Contou-me os trabalhos que realizava no interior em companhia de um senhor de nome Antônio. Aprendeu a utilizar-se das ervas e dos elementos naturais e, sob a orientação de espíritos iluminados, trabalhava na cura e orientação das pessoas, ajudando-as.

— Não sei o que dizer. Para mim é difícil imaginá-lo como um missionário, prestando socorro.

— Ele fazia esse trabalho no interior e não sabia se deveria dar continuidade a ele aqui, na cidade.

— Se os espíritos de luz o acompanhavam, deveriam dizer-lhe o que fazer.

— Eles não fazem isso nunca. Inspiram e esperam a pessoa decidir o que deseja fazer. Depois, Osvaldo confessou-me que as emoções que tem experimentado depois que voltou à cidade o deixavam em dúvida se estava preparado para o desempenho da mediunidade.

Clara baixou a cabeça tentando dominar a emoção. Falar de Osvaldo, saber como ele estava depois de tantos anos, conhecer o que ele sentia, deixava-a comovida. Lídia continuou:

— Gostei de conhecê-lo e também ao seu mentor espiritual, que se manifestou naquele momento. Foram momentos de iluminação e paz. Estou lhe contando para que não se deixe dominar pelas emoções do passado. Seu marido é um homem bom, amadurecido, de sentimentos elevados. Queria que soubesse que pode confiar nele.

Clara levantou-se.

— Falar sobre ele ainda me perturba — disse ela tentando sorrir. — Apesar disso, obrigada por ter me contado.

Quando Clara deixou o centro depois de receber o tratamento espiritual, não conseguia esquecer as palavras de Lídia.

Osvaldo seria mesmo um médium, um iniciado nas coisas do espírito? Estaria sendo sincero? Ela sabia que Lídia era uma pessoa séria, tinha conhecimento e não iria prestar-se a uma mentira. Depois, se ele estivesse fingindo, ela saberia.

Após tantos anos, como Osvaldo estaria? Lembrou-se de seu rosto jovem, descontraído, seu sorriso bonito que cavava duas covinhas em sua face morena. Lembrou-se de como ele era bonito e de como haviam se amado nos primeiros tempos.

Estava quase em casa quando sentiu que alguém a segurava tentando abraçá-la. Desvencilhou-se assustada:

— Válter! Você me assustou. O que faz aqui a esta hora?

— Não deveria andar por estas ruas sozinha à noite. Quando quiser sair, posso acompanhá-la.

— Obrigada, mas não é preciso. Fui perto e sei cuidar de mim.

— Estou aqui para cuidar de você. Venha, vamos para algum lugar onde possamos conversar.

Tentou abraçá-la, e Clara empurrou-o com força.

— Não se atreva a tocar em mim. Não vou a nenhum lugar com você. Ainda não se convenceu disso?

— Você fala, mas é difícil acreditar. Olhe, tenho sonhado com você em meus braços, como naqueles tempos, trocando beijos, carinhos. Venha, vamos nos amar...

Tentou agarrá-la, mas Clara empurrou-o com tanta força que ele perdeu o equilíbrio. Ela aproveitou o descontrole dele e correu para casa. Entrou e fechou a porta com chave, respirando fundo.

Marcos apareceu no hall:

— O que foi, mãe? Aconteceu alguma coisa?

— Nada. Um homem parecia estar me seguindo e me assustei.

— É melhor não sair à noite sozinha.

— A casa de dona Lídia é perto. Não há perigo.

— Quando quiser ir lá, posso acompanhá-la.

— Obrigada, meu filho. Mas não é preciso. Venha, vamos tomar um lanche na cozinha.

Marcos abraçou-a olhando sério, como que desejando perceber o que estava acontecendo. Clara sorriu procurando tranquilizá-lo.

— Não se preocupe. Não foi nada.

— Não é o que parece. Está pálida. É aquele sujeito outra vez?

— Não.

— Se ele continuar importunando, darei queixa à polícia. Nunca pensou em fazer isso?

— Não é o caso. Ele é inofensivo. Sabe que nunca vou aceitá-lo. Logo desistirá.

Marcos ficou silencioso por alguns instantes, depois disse:

— Vou ficar atento. Se notar que ele a está seguindo outra vez, tomarei providências.

Clara sorriu tentando fingir-se despreocupada.

— O que é isso? Já disse que sei cuidar de mim. Você não precisa se envolver.

— Não vou deixar que ele estrague nossa paz.

Enquanto comiam o lanche, Marcos pensava na promessa que fizera ao pai de ficar atento e pedir-lhe ajuda caso precisasse.

Uma semana depois, Osvaldo entrou em casa apressado. Voltara do sítio para um encontro com os filhos. Queria tomar um banho e ver se tudo estava em ordem para o jantar.

Ele estava empolgado com o sítio. Fizera algumas mudanças, adaptando-o para o trabalho que pretendia fazer. Escolhera uma área fértil onde plantara as ervas que costumava usar. Havia escrito para Antônio, contando seus planos e pedindo ajuda na compra de algumas mudas que não conseguira encontrar. Mandara dinheiro e estava esperando que elas chegassem.

Depois que decidiu iniciar esse trabalho, seu sexto sentido ampliou-se. Começou a ver a aura das pessoas, a ouvir seus pensamentos, a ver os espíritos que as rodeavam.

Emocionado, Osvaldo não contava nada a ninguém, procurando compreender o que via, guardando na intimidade do coração seus contatos mais profundos com a espiritualidade.

Ao contato com as energias mais puras dos espíritos de luz, não continha as lágrimas de alegria, mas, ao mesmo tempo, sentia que essas dádivas lhe estavam sendo feitas para que ele pudesse ser um canal derramando-as sobre as pessoas.

Em um desses momentos, viu Alberto aproximar--se em um halo de luz com tal realismo e beleza que ele se ajoelhou dizendo entre lágrimas:

— Meu Deus! Permita que eu fique para sempre assim, nessa luz.

Alberto sorriu e respondeu:

— Você será nosso canal. Seu trabalho será conviver com as trevas do mundo mantendo essa luz no coração. Não é um trabalho fácil. Vai depender de você, de suas escolhas e atitudes, para conseguir realizá-lo. Momentos haverá em que o passado, as emoções vão cobrar seu preço no caminho do seu amadurecimento. No entanto, você tem tudo para sair vencedor. O trabalho de alívio do sofrimento humano a que se propôs antes de nascer será uma ferramenta de apoio na sua jornada. As bênçãos dos que forem aliviados em suas dores o acompanharão, fortalecendo sua fé. Estaremos do seu lado. Confie e espere.

— Qual será o próximo passo? Estou pronto para começar a atender as pessoas?

— Continue se preparando. Quando for a hora, tudo acontecerá naturalmente.

Depois do banho, Osvaldo desceu e José entregou--lhe a correspondência. Havia uma carta de Antônio informando que estava preparando pessoalmente as mudas e que as enviaria assim que estivessem prontas. Estava contente por vê-lo realizar esse trabalho. Osvaldo sentiu-se feliz com as palavras dele.

Havia um recado do detetive encarregado de obter informações sobre Válter. Ele desejava vê-lo. Iria procurá--lo no dia seguinte.

Os meninos chegaram e Osvaldo abraçou-os com carinho.

— Que história é essa de ficar no sítio? — indagou Marcos. — Está com saudade do campo?

Osvaldo sorriu e respondeu:

— É um lindo lugar. Vocês precisam conhecer. Quando estou lá, esqueço de tudo, não tenho vontade de voltar.

— Espero que não nos deixe por causa disso — tornou Carlos.

— Nada disso. Vocês nunca mais se livrarão de mim. Estarei sempre com vocês.

— Ainda bem — disse Marcos. — Sentimos muito sua falta.

— Estou fazendo algumas reformas, por isso tenho me demorado lá. Não será sempre assim.

Depois do jantar agradável, em que Osvaldo quis ouvir tudo sobre o que cada um estava fazendo e pensando, ele perguntou:

— E em casa, tudo em paz?

Marcos trocou um olhar com Carlos, depois disse:

— Nem tanto. Desconfio que aquele sujeito continue importunando mamãe. Ela encobre para não nos preocupar. Mas há alguns dias ela chegou em casa correndo, pálida, e tenho certeza de que foi por causa dele.

Carlos cerrou os punhos dizendo entre dentes:

— Se eu pego aquele sujeito...

Osvaldo interveio:

— Nada disso. Vocês não vão fazer nada. Eu estou tomando providências. Só quero que fiquem atentos, que me contem tudo que souberem. O resto deixem comigo.

No dia seguinte, Osvaldo recebeu a visita do detetive com o relatório contendo os antecedentes de Válter, bem como seus passos nos últimos dias.

Descobriu que ele continuava trabalhando para a mesma empresa, ganhava bom salário, mas vivia endividado porque gastava em noitadas, com mulheres. Tinha justificada fama de boêmio, porquanto continuava solteiro apesar das muitas mulheres com quem mantivera relacionamento.

Embora fosse muito conhecido nas rodas que frequentava, não tinha amigos mais íntimos. Havia a relação de tudo que ele fizera nos últimos dez dias.

Osvaldo ficou sabendo que ele ia quase todas as tardes esperar Clara na saída do trabalho.

— Como pode ver, nem sempre ele a aborda. Quando o faz, ela o repudia, não dando chance de conversar. Ele fica muito irritado e tenta retê-la. Como você pediu que interferíssemos apenas no caso em que ele se tornasse mais agressivo, nós só os observamos.

— Eles nunca notaram a presença de vocês?

— Nunca. Temos sido atentos, mas discretos. Ela não quer nada com ele. Dá para notar que fica muito nervosa ao vê-lo. Se ele continuar insistindo, seria bom tomarmos uma providência mais séria.

— O quê, por exemplo?

— Dar queixa à polícia.

— Eu não poderia fazer isso. Seria intrometer-me na vida dela.

— Ela é quem deveria dar a queixa.

— Clara só tomaria uma atitude dessas se estivesse correndo algum risco.

— Pelo que observei, ela pensa que pode lidar com o problema sozinha. Não acredita que ele possa tornar-se mais agressivo. Mas eu noto que a cada dia ele parece mais irritado. Conquistá-la tornou-se uma espécie de obsessão. Daí a perder o controle é um passo muito pequeno.

— Concordo. Quero que continue vigiando seus passos e, se for preciso, intervenha.

— Está bem. Eu o manterei informado.

Depois que o detetive se foi, Osvaldo lembrou-se da cena de amor que surpreendera entre Clara e Válter. A expressão apaixonada de Clara havia sido substituída pelo terror quando os surpreendeu. Naquele dia, teve certeza de que ela amava Válter.

Apesar de sua revolta pela traição, da dor pela rejeição, dos conselhos do irmão e da mãe querendo que ele se vingasse, havia preferido desaparecer, deixar o caminho livre para que ela fosse feliz com o homem pelo qual havia atirado fora um casamento estável, colocando em jogo a estima e o respeito dos filhos.

Era preciso muito amor para que ela arriscasse tudo. Agora se perguntava: Onde estava esse sentimento? O caminho continuava livre. Por que ela agora repudiava o homem pelo qual o havia trocado?

Rita dissera que Clara nunca havia amado Válter. Deixara-se seduzir, envolvera-se, porém arrependera--se em seguida. Depois da separação não se envolvera com ninguém.

Esse pensamento fazia seu coração bater mais forte. Eles haviam vivido bons momentos juntos. Durante os últimos anos, Osvaldo recordava-se deles com saudade, mas ao mesmo tempo perguntava-se quando e por que ela deixara de amá-lo.

Sempre que esses pensamentos reapareciam, Osvaldo reagia. O fato de Clara não querer Válter não significava que ainda se recordasse com saudade dos momentos que estiveram casados.

Estava conformado com o fato de Clara não o amar mais. Reconhecia que o amor acontece, independe até da vontade. Houve tempo em que havia feito tudo para banir esse sentimento do coração, porém ele havia resistido, continuava lá. Aprendera a conviver com ele sem esperar retribuição.

Apesar de não querer admitir, o fato de Clara repelir Válter, de continuar sozinha, confortava-o.

No dia seguinte foi procurar Lídia, levando algumas garrafadas que havia feito. Sendo recebido com alegria, detalhou seus projetos, finalizando:

— Pretendo voltar para o sítio dentro de dois dias. Gostaria muito de receber sua visita. Se quiser ir, mandarei meu motorista buscá-la.

— Está bem. Assim que puder, combinaremos a data.

— Preparei essas garrafadas do jeito que fazíamos no sítio de Antônio. Não sei se deveria: na cidade as pessoas pensam de outra forma. Se não quiser usar, pode jogar fora.

— De forma alguma. Só preciso aprender a utilizá--las. Aqui, como no campo, há pessoas muito pobres, que não podem comprar remédio. Quando tenho um caso desses, os espíritos tentam ajudar, indicam algumas ervas. Mas fica difícil para mim, porque sempre vivi na cidade. Não tenho nenhum conhecimento.

Osvaldo explicou para que servia cada uma das garrafadas.

— Coloquei um rótulo, não há como se enganar. Gostaria que as experimentasse quando houver um caso desses. Não ignoro que há leis severas com relação a isso, para evitar abusos. Estou criando um laboratório, no sítio, onde desejo ter profissionais capacitados. Quero fazer tudo dentro da lei.

Lídia sorriu satisfeita.

— Faz bem. A sociedade tem regras que preservam a saúde, e nós precisamos respeitá-las.

— Os espíritos deram-me essa orientação. Suge-riram também que eu monte um grupo de pesquisa. Dizem que a natureza tem tudo para curar qualquer doença. Afirmam que não há moléstia incurável. O que há são pessoas resistentes, repetindo os mesmos erros, obtendo os mesmos resultados. Os remédios aliviam e ajudam, mas a chave da cura está em descobrir a atitude causadora, procurar saneá-la. Claro que isso só acontecerá se o paciente cooperar.

— Está certo. É ele quem deve aprender com essa experiência.

— Em nossa pesquisa precisaremos considerar não só os elementos materiais das plantas, mas também seu potencial energético. Há casos em que é preciso atingir as camadas mais profundas e delicadas do corpo astral.

— Trata-se de um trabalho maravilhoso. Se me permitir, gostaria de acompanhar todos esses processos.

— Quando eu tiver tudo organizado, poderemos tratar de alguns casos.

— Faço votos de que seja logo. Tenho alguns pacientes que gostaria de ajudar.

— Nesse caso, vou incluí-los em minhas meditações. Talvez Alberto nos instrua a respeito.

— Que boa ideia! Isso mesmo. Vou anotar os nomes para você.

Osvaldo voltou para casa alegre. Tinha certeza de que estava fazendo a escolha certa. Conversou com Felisberto, que o orientou quanto às exigências da legislação.

— Você precisa pensar em como manter esse empreendimento. Ele precisará tornar-se rentável para manter sua continuidade. Depois, toda pesquisa é cara. Você precisa do retorno do seu capital. Do contrário, em pouco tempo não terá como sobreviver.

— O trabalho com os espíritos não pode ser cobrado.

— Concordo. Mas você vai empregar pessoas especializadas não só para as pesquisas, mas também para o laboratório. Precisa pensar em uma forma de renda que mantenha as despesas.

— No sítio, Antônio não precisava de nada disso.

— No interior eu entendo. Mas aqui as leis são rigorosas. Além das exigências trabalhistas, há fiscalização da Saúde etc. Se deseja fazer uma obra bem-feita, precisa perder o preconceito que tem com o dinheiro.

Osvaldo assustou-se:

— Não sou preconceituoso.

— Tenho notado que não valoriza o dinheiro. Claro que ele não é o valor mais importante, mas sem ele nenhuma grande obra beneficente se mantém. Até os discípulos de Jesus fracassaram nesse aspecto. Só quando se tornou religião oficial que o cristianismo se propagou.

— Não está sendo muito rigoroso?

— Não. O dinheiro é um valor necessário. Merece nosso respeito. O problema está no uso que fazem dele.

— Quanto a isso concordo. Muitas pessoas mergulham na avareza, na cobiça, por causa dele.

— Você está invertendo as coisas. São as pessoas desonestas, corruptas, desequilibradas que abusam não só do dinheiro, mas também de todos os recursos que conseguem obter. Quem consegue usufruir a riqueza de maneira equilibrada, contribuindo para a evolução e o bem-estar do homem, tem mais mérito do que aquele que foge com medo de errar. Porque o progresso da humanidade é feito com muito dinheiro. As grandes fortunas é que bancam as pesquisas em todas as áreas. Com relação ao dinheiro, em minha profissão tenho visto de tudo: desonestidade, avareza, má-fé. Mas tenho também presenciado atos de grande desprendimento, de dedicação ao bem-estar do próximo, de amor à vida. Sua tia Ester soube lidar muito bem com o dinheiro.

— É verdade. Tia Ester foi admirável. Já percebi que não vai ser fácil fazer o que eu pretendo.

— Terá de ser bem planejado legalmente. Pode contar comigo. Não quis que começasse um projeto sem base. Apesar de ser um trabalho espiritual, neste mundo há que cumprir as leis sociais. Tenho visto pessoas que têm contato com os espíritos, se entusiasmam e logo querem fundar um grupo, uma obra assistencial. Não se preparam convenientemente, não se perguntam se estão capacitadas e acabam arranjando problemas em vez de solucioná-los.

— Não sabia que o senhor conhecia tanto esse assunto.

— Creio na reencarnação, tive algumas provas disso. Respeito o espiritismo, que ensina a lidar com a mediunidade e a entender a evolução do homem. O problema são as pessoas. Elas interpretam a espiritualidade a seu modo, cometendo todos os disparates. É uma pena.

— Apesar disso, há muitas obras assistenciais espíritas socorrendo, consolando, confortando muita gente.

— Na verdade, quem se converte ao espiritismo se entusiasma, quer fazer caridade, está sendo sincero. Mas ajudar é uma arte difícil e é preciso conhecimento, estudo, discernimento.

— Tenho pensado muito a respeito. A ajuda só é eficiente quando a pessoa que recebe está receptiva, aberta, com vontade de melhorar. Mestre Antônio nunca fazia nada pela pessoa. Procurava fazer com que ela se motivasse a fazer por si. Atendia oferecendo remédio, energias espirituais, mas nunca ia além disso.

— É um homem sábio.

— De fato. Amoroso, alegre, educado, conversava esclarecendo situações, mas a decisão era sempre da pessoa. É assim que pretendo trabalhar.

— Estou vendo que você está preparado. Gostaria de participar. Sinto que está na hora de me aprofundar no trabalho espiritual.

— Fico feliz em poder contar com você. Vou pensar em tudo que conversamos. Gostaria que você também pensasse na melhor maneira legal de iniciarmos nosso projeto.

Depois que Felisberto se foi, Osvaldo ficou pensando naquela conversa. O advogado estava certo: era preciso planejar com cuidado a parte material. Reconhecia que sem uma boa base ele não poderia desenvolver um trabalho sério e proveitoso, como queriam os espíritos.

Sabia que, por mais amor que tivesse em seu coração, todo trabalho astral era realizado pelos espíritos. A ele, como médium, cabia organizar o atendimento, manter o lugar limpo, agradável, bonito, formando um ambiente alegre onde os espíritos iluminados tivessem condições físicas de atuar com proveito.

Sabia que todos os problemas humanos decorrem dos conceitos errados, dos vícios de julgamento, da maneira inadequada de observar os fatos. Assim sendo, a cura só se daria quando as pessoas harmonizassem sua maneira de ver, renovassem seus conceitos, reavaliassem os fatos de maneira mais real e positiva.

Essa era a parte que lhe competia fazer. Enquanto os espíritos cuidavam dos problemas da pessoa no astral, ele, médium, deveria cuidar da conscientização, contribuindo para a renovação gradativa daquele espírito.

Os remédios, a energização, o apoio, o esclarecimento eram ferramentas que ele precisaria ministrar com lucidez, sob a inspiração dos espíritos. Mas o êxito da cura só se daria quando a pessoa fizesse sua parte.

Diante disso, ele pensou que o importante seria fazer bem a parte que lhe cabia, sem se preocupar com os resultados.

Capítulo 19

Por causa de uma cliente, Clara saiu do ateliê mais tarde do que de costume. Olhou para o relógio: passava das nove. Estava cansada e com fome. A noite fria e a garoa insistente fizeram-na caminhar depressa até o estacionamento onde guardava seu carro. Quando chegou à porta, encontrou Válter à espera. Esboçou um gesto de contrariedade e tentou desviar-se, mas ele a segurou dizendo:

— Você não vai fugir de mim. Estou cansado de correr atrás de você. Hoje vamos decidir tudo de uma vez por todas.

— Não há o que decidir. Eu já disse que não quero nada com você. Por favor, deixe-me em paz. Estou cansada, quero ir para casa.

— Chega de desculpas. Hoje você não me escapa.

Clara sentiu um cheiro forte de bebida e sentiu um arrepio percorrer seu corpo.

— Você bebeu. Pare de me perseguir.

Ele segurou seu braço com força, querendo arrastá-la. Ela resistiu assustada. Conseguiu desvencilhar-se e entrou no estacionamento procurando alcançar o carro. Ele a alcançou e tentou abraçá-la. Clara, tentando livrar-se, olhou em volta à procura de ajuda.

O estacionamento estava vazio e mal iluminado. Válter abraçou-a forte tentando beijá-la.

— Você é minha! — repetia com voz rouca. — Não vou deixá-la para o idiota do Osvaldo. Agora venha comigo.

Reunindo suas forças, Clara empurrou-o e ele cambaleou. Aproveitando-se, ela procurou a chave do carro na bolsa, mas não a encontrou logo.

— Desta vez você não vai escapar — disse ele com raiva.

Clara recuou nervosa. Válter havia sacado um revólver e apontava-o para ela.

— Você vai fazer o que eu mandar, senão acabo com você aqui mesmo. Estou decidido. Se não quer ser minha, não será de mais ninguém.

Clara parou estarrecida. Nesse momento ela viu um homem aparecer atrás de Válter. O homem encostou um revólver em suas costas e disse com voz firme:

— Largue essa arma ou eu atiro.

Apanhado de surpresa, Válter estremeceu. O homem insistiu:

— Largue ou eu atiro. Juro que não estou brincando. Ponha a arma no chão e levante as mãos.

Lentamente Válter obedeceu. O homem aproximou-se apalpando o corpo de Válter para ver se havia outra arma. Não encontrou nada. Clara olhava calada, pálida.

— Não se assuste, dona Clara. Sou da polícia. A senhora vai ter de me acompanhar até a delegacia.

— O senhor chegou em boa hora. Mas prefiro ir para casa. Estou no limite das minhas forças.

— Lamento, mas, se a senhora não formalizar a queixa, não poderei detê-lo.

Clara suspirou resignada:

— Está bem.

— É uma formalidade necessária. Prometo que vou liberá-la o mais rápido possível. A senhora quer ir no meu carro conosco?

— Obrigada, mas eu o acompanharei com o meu.

— Está calma o bastante para dirigir? Está trêmula.

— Estou bem agora.

Na delegacia, o detetive, depois de pedir ao delegado que prendesse Válter, foi ter com Clara, que o esperava.

— Agora podemos conversar. Meu nome é Durval Menezes, sou detetive particular.

— É um prazer conhecê-lo. Se você não tivesse aparecido, nem sei o que poderia ter acontecido. Nunca pensei que Válter pudesse chegar a tanto.

— Ele está desequilibrado. Eu temia o que aconteceu hoje.

Clara não conteve a curiosidade:

— Não estou entendendo. Do jeito que está falando, parece que já o conhecia. Depois, chegou me chamando pelo nome. Tenho certeza de que não nos conhecemos.

— Fui contratado pelo senhor Osvaldo de Oliveira para protegê-la e a seus filhos. Ele estava muito preocupado com a segurança da família.

Clara abriu a boca e fechou-a novamente. Não sabia o que dizer. Por fim indagou:

— Faz tempo que o senhor trabalha para ele?

— Quase um mês. Durante esse tempo, eu e meu sócio temos acompanhado Válter. O senhor Osvaldo desejava saber se ele oferecia algum tipo de perigo. Acabamos entendendo que sim, uma vez que observamos que ele estava ficando pior a cada dia.

— Vocês trabalharam muito discretamente. Nunca notei nada. Mas foi bom você estar ali naquela hora.

Ele sorriu satisfeito e respondeu:

— Era preciso vir à delegacia e dar a queixa. Assim, ele ficará detido algum tempo. Poderemos avaliar melhor os riscos.

— Ele estava com muita raiva, nos ameaçou.

— É natural. Mas ele será alertado. Agressão a mão armada é grave. Foi preso em flagrante, o que nos possibilitará conseguir uma prisão preventiva.

Clara suspirou triste:

— Não sei o que fazer. Ele ficará preso durante algum tempo, mas quando sair vai continuar me perseguindo. Parece loucura. Ele havia desistido, mas ultimamente voltou pior.

— Por isso, a senhora vai formalizar a queixa, contando a perseguição que tem sofrido. Isso poderá intimidá-lo.

— Espero que sim.

Uma hora depois, Clara foi para casa. Sentia-se triste, preocupada. Aquela situação estava tomando um rumo muito perigoso. Sentiu vontade de sumir, mudar-se com a família para um lugar distante, sem deixar endereço, para que ele não pudesse encontrá-la.

Vendo-a entrar, Rita abraçou-a inquieta.

— Ainda bem que você chegou! Eu estava angustiada, aflita, com um pressentimento ruim o dia todo.

— Realmente, por pouco não aconteceu uma tragédia.

— Você está pálida. Venha, sente-se aqui e conte-me tudo.

Clara contou tudo em poucas palavras. Quando terminou, Rita não se conteve:

— Abençoado Osvaldo! Ele tomou providências, conforme me prometeu.

— Depois do que eu lhe fiz, não esperava isso dele.

— Eu, sim. Tinha certeza de que nos protegeria. Vamos à cozinha, vou preparar alguma coisa quente para você comer.

— Minha fome desapareceu. Sinto um bolo no estômago.

— Nada disso. Você vai tomar pelo menos uma sopa. Temos aquela de que você gosta.

— Não sei o que será de nós daqui para frente. Válter estava com muita raiva, não vai desistir. Estou desanimada.

— Nada disso. Além de Osvaldo, há a proteção divina, que nunca nos desampara. Somos pessoas boas, estamos fazendo nossa parte, por isso não devemos temer nada nem ninguém.

— Estou precisando do seu otimismo.

— Acho melhor reagir. Você tem andado muito deprimida nos últimos tempos. Esse não é seu natural.

— Desde que Osvaldo voltou, não tenho estado bem. Preferia que ele continuasse lá onde esteve todos estes anos.

— Assim você não teria de pensar nele nem enfrentar o passado. Mas o que tenho aprendido é que não adianta fugir dos problemas. Eles aparecem para podermos encontrar soluções.

— Estou cansada, confusa. Não estou com cabeça para tomar decisões.

— Nesse caso, deixe o tempo correr. Mesmo assim, precisa fazer sua parte: reagir, olhar a vida pelo lado positivo. Ninguém pode ser feliz sem procurar alegria, bons pensamentos, luz.

— Dona Lídia sempre nos ensina isso. Vou tentar, mas há momentos em que a tristeza, o medo, a insegurança aparecem com força e não consigo sair deles.

Rita sorriu.

— Você tem estado muito dramática. Leva tudo muito a sério. Às vezes, é bom brincar com os problemas, olhar o lado engraçado das coisas.

— O que aconteceu hoje não tem graça nenhuma.

— Tem, sim. Fico imaginando a cara de Válter quando viu o detetive aparecer com revólver e tudo.

— Nessa hora eu não tinha nenhum senso de humor. Não sabia quem ele era. Cheguei a pensar que fosse um assalto.

— Viu como olha tudo pelo lado pior? Ele a estava socorrendo.

— Agora eu sei.

— Sabe de uma coisa? Depois desse susto, Válter vai desaparecer por um bom tempo. Quanto tempo ele ficará detido?

— Não sei. Mas, agora que você falou nisso, me recordo que ele, de rubro que estava, ficou pálido, tremia. Nessa hora a paixão acabou depressa. Ele tentou negar, porém o detetive sabia de tudo.

— Pois eu queria mesmo ter visto a cara dele na delegacia.

— A cara de quem? — indagou Carlinhos.

As duas tentaram disfarçar:

— Não vimos você chegar — disse Clara, tentando sorrir.

— Eu estava no quarto e ouvi vocês conversando. Desci para comer alguma coisa.

— É isso que dá não jantar direito. Você come na rua e fica mal alimentado — reclamou Rita.

— Não adianta fugir do assunto. Ouvi muito bem quando falou "a cara dele na delegacia".

Clara trocou um olhar com Rita e decidiu:

— Foi Válter. Ele ficou inconveniente e dei parte dele na polícia.

Carlos sentou-se, dizendo com animação:

— Até que enfim reagiu! Como foi?

Clara contou por alto o que havia acontecido. Carlos considerou:

— Papai disse que tomaria conta de nós. Tomou mesmo. Agora esse sujeito não terá coragem de voltar. Vou contar a Marcos.

Ele subiu apressado, e Clara tornou:

— Não sei se fiz bem em contar.

— Fez, sim. Os meninos estavam preocupados. Agora ficarão mais tranquilos.

Elas ficaram silenciosas por alguns instantes. Foi Rita quem quebrou o silêncio:

— Você não acha que deveria falar com Osvaldo e agradecer?

Clara sobressaltou-se:

— Você está louca?

— Seria o mais acertado.

— Nada disso. Depois de tudo que tenho passado, ainda ter de ouvir as acusações dele? Já basta a culpa que me atormenta.

— Você se atormenta sem necessidade. Ele não está lhe cobrando nada. Ao contrário: reconhece que você tinha o direito de preferir outro. Só lamenta que não tenha tido a coragem para dizer-lhe a verdade.

— Não quero vê-lo nunca mais.

— Até parece que foi ele quem errou...

— Não precisa me lembrar disso. Assumo o que fiz. Mas prefiro que ele me ignore. Não lhe pedi nem lhe pedirei nada. O que ele fez foi porque quis.

— Está bem. Se prefere assim... Nesse caso não tocarei mais no assunto.

— Eu sei que o defende, gosta dele. Mas o que quer?

— Nada. Só penso que seria bom se vocês pudessem se perdoar, mesmo que nunca mais se encontrassem depois. Ele é o pai de seus filhos e isso você nunca vai poder mudar. Quanto ao passado, não estou aqui para julgar nada. Se vocês erraram, não é da conta de ninguém. Mas guardar ressentimentos, manter-se como inimigos, faz mal.

— Se eu pudesse, arrancava essa culpa do peito, talvez assim conseguisse esquecer. O que mais me incomoda é ter causado tanta confusão por causa de um traste como Válter.

— Talvez, se conversar com Osvaldo, falar tudo que sente, ouvir o que ele tem a dizer, consiga lavar a alma e esquecer. Você pode não querer, mas eu sei, eu sinto que um dia a vida ainda moverá o destino e fará isso acontecer.

— Pode ser, mas agora não posso. A sopa estava boa, fez-me sentir melhor. Estou com sono e vou me deitar — despediu-se Clara.

Rita também foi para o quarto. Sentou-se na cama e orou pedindo harmonia e paz para todos da casa. Sentiu-se bem e acomodou-se para dormir.

Semanas depois, Osvaldo estava trabalhando no galpão que havia construído no sítio quando um dos empregados o chamou:

— Seu Osvaldo, chegaram visitas para o senhor.

Ele parou o que estava fazendo.

— Mande entrar na sala e esperar. Eu já vou.

Espiou pela janela e reconheceu sua mãe e seu irmão. Fez um gesto de contrariedade. Como eles haviam descoberto o sítio?

Lavou as mãos, livrou-se do avental e foi ter com eles na sala.

Vendo-o entrar, Neusa levantou-se e o abraçou.

— Meu filho! Você nunca nos visita, viemos ver como está. Eu estava morrendo de saudade.

— Tenho andado ocupado, mãe.

Antônio aproximou-se:

— A mãe estava me deixando louco. Queria ver você de qualquer jeito.

— Aconteceu alguma coisa?

Neusa hesitou um pouco, depois disse:

— Não. O de sempre: Antônio ainda não arranjou emprego e continuamos passando necessidade. Mas não vim por causa disso. É que eu estava mesmo querendo vê-lo, saber como vão as coisas.

— Está tudo bem. Não precisam se preocupar. Como me encontraram aqui?

— Eu sabia que tia Ester tinha este sítio. Uma vez, com um amigo, passei perto daqui. Foi há muito tempo, mas não esqueci. Quando sua empregada me disse que você estava aqui, resolvemos vir. É um lindo lugar, e agora é todo seu. Mas acho que não rende dinheiro. Sítio só dá despesa e trabalho. Você pretende vender?

— Não. Tenho um projeto para ele.

Pediu que se sentassem, chamou Rosa e solicitou que preparasse um lanche. Neusa olhava tudo atentamente, admirando-se de que alguém colocasse tanto luxo e objetos caros no meio daquele mato.

— Como vieram até aqui? A estação fica longe.

Antônio esclareceu:

— Há um ônibus que passa a um quilômetro daqui. Descemos e viemos andando.

— Podiam ter me avisado, e eu os mandaria buscar na estação. Temos telefone.

— Nem pensei que pudesse haver telefone em um sítio! — retrucou Neusa. — Naturalmente, é coisa de milionário, como você.

Osvaldo desconversou. Perguntou que tipo de emprego Antônio estava procurando, quanto queria ganhar, e ele disse:

— Bem, você sabe que não tenho muita saúde. Por isso não posso fazer serviço pesado. Mas tenho de ganhar bem. Quero dar conforto à nossa mãe. Ela depende de mim.

Osvaldo não respondeu logo, e Antônio continuou:

— Não tenho conseguido nada. Já que estamos tocando nesse assunto, talvez você, que está rico agora, possa nos ajudar. Afinal, somos sua família. Sei que você não gosta de nós, mas, que diabo, temos o mesmo sangue. Não pode renegar sua família.

Osvaldo olhou sério para eles e disse com voz firme:

— Você tem razão. Apesar de nossos desentendimentos, posso ajudá-los.

O semblante de Neusa distendeu-se:

— Eu sabia, meu filho, que você não ia nos deixar ao desamparo.

Rosa avisou que o lanche estava pronto, e Osvaldo convidou-os para ir à sala onde seria servido.

Ao entrar na solarenga sala de jantar, mobiliada com gosto e luxo, os olhos de Neusa brilharam de cobiça. Sentada à mesa bem-posta, olhando a louça bonita, o lanche apetitoso, ela pensava que seria bom irem morar com o filho e usufruir tudo aquilo.

Terminado o lanche, Osvaldo conduziu-os de volta à sala. Depois de se acomodarem, Neusa não se conteve:

— Este lugar é muito lindo. Gostaria até de morar aqui.

— Seria maravilhoso — ajuntou Antônio.

— Vocês estão acostumados a viver na cidade. Não se acostumariam a viver aqui. Amanhã mesmo falarei com o meu advogado para providenciar uma mesada.

Os olhos dos dois brilharam curiosos. Neusa perguntou:

— Posso saber de quanto? Gastamos muito com remédios, a casa é nossa, mas está velha, precisando de reforma.

— Vou pensar. Apesar da minha ajuda, Antônio terá de trabalhar. Um homem não pode viver na ociosidade.

Antônio irritou-se:

— Está me chamando de vagabundo? Deus sabe que tenho me esforçado.

— Não disse isso. Só penso que a vida sem trabalho acaba por trazer doenças. Basta olhar para a água parada para entender isso. Assim somos nós. Precisamos desenvolver nossa capacidade, usar a inteligência, aprender coisas novas. Caso contrário, morreremos mais cedo.

— Vou continuar procurando.

Osvaldo pensou um pouco, depois disse:

— Talvez possa arranjar um trabalho para você.

— É preciso escolher bem — atalhou Neusa com ar preocupado. — Antônio é muito fraco. Não quero que ele fique pior. Afinal, é meu arrimo na vida.

— Não se preocupe. Ele vai encontrar trabalho. Vou ver o que posso fazer. Estou organizando uma empresa.

Os olhos de Antônio brilharam de alegria.

— Conheço serviço de escritório. Posso ser o gerente.

Osvaldo sorriu e respondeu:

— Poderá, depois de provar sua capacidade.

— Posso saber empresa de quê?

— Por enquanto, não. O projeto está em fase de organização. Mas, se você quiser trabalhar, terá essa possibilidade. Mas desde já adianto que não terá nenhum privilégio por ser meu irmão.

— Está bem. Quando estiver pronto, me avise.

— Quando chegar a hora, falaremos. Agora preciso voltar ao trabalho.

— Pensei que poderíamos ficar aqui alguns dias... — disse Neusa.

— Não podem. Não temos acomodações suficientes. Meu carro vai levá-los à estação. Há um ônibus que sai daqui a uma hora. Dá tempo até para dar uma volta na cidade.

José conduziu-os à rodoviária. Durante o trajeto eles fizeram perguntas, tentando descobrir detalhes sobre a vida de Osvaldo. José, porém, não lhes satisfez a curiosidade.

Quando se viu a sós com a mãe, Antônio comentou:

— Sujeito antipático esse José. Nunca gostei dele.

— A culpa toda é de Ester e de Osvaldo, com essa mania de dar asa a um empregado.

— Estou curioso para saber que empresa ele vai montar.

— Não fique muito entusiasmado. Pode não ser bom para você trabalhar com ele. Disse que não vai lhe dar nenhum privilégio.

— Nem sei se essa tal empresa sai mesmo. Afinal, ele não precisa trabalhar. Quanto será que ele vai nos dar de mesada?

— Estou morrendo de curiosidade. Espero que não seja uma porcaria que não dê para nada.

— Seja como for, ele mudou de ideia. Não queria nos dar nada, agora vai mandar alguma coisa. Devemos aceitar tudo. Depois, com o tempo pediremos aumento.

Ela concordou satisfeita.

Osvaldo, depois que eles se foram, voltou ao galpão para continuar o trabalho. Durante a conversa com os dois, havia sentido vontade de ajudá-los.

Estava querendo dedicar-se ao trabalho espiritual, ser canal dos espíritos. Desejava evoluir, aprender a ciência de viver melhor, ser feliz, encontrar harmonia, paz.

Tudo isso tinha um preço: precisava fazer a sua parte, agir de acordo com as leis cósmicas. Não podia mais ser intolerante, pretensioso, julgar os outros.

Sua mãe nunca havia sido o que ele gostaria. Para ele, Neusa era egoísta, mesquinha, maldosa, ambiciosa. Porém, ela lhe dera a oportunidade de viver no mundo.

Isso não aconteceu por acaso. A vida age com sabedoria, e cada um é responsável por tudo quanto lhe acontece. Por mais que as aparências enganem, não existem vítimas. Ele se perguntava por que havia atraído uma mãe como ela e um irmão preguiçoso, mentiroso, fraco como Antônio. A presença deles o havia tornado consciente de que, sendo intolerante, recusando-se a dividir com eles um pouco do que possuía, estava sendo julgamentoso, vaidoso, colocando-se acima deles.

Essa era uma perigosa ilusão que Osvaldo não queria. Ao contrário, escolhera o caminho do progresso espiritual. Para seguir adiante, precisaria manter atitudes coerentes. Sem isso, de nada valeria todo o esforço.

Não seria demasiada pretensão desejar ajudar os outros antes de resolver os problemas pessoais que trouxera nesta encarnação?

A convivência com eles sempre lhe fora desagradável. Era livre para afastar-se deles. Mas, fazendo isso, estaria fugindo, adiando a solução.

Eles eram como eram. Nada poderia fazer quanto a isso. O problema era ele, Osvaldo. Por que não podia aceitar as diferenças que havia entre eles? Por que se julgava melhor a ponto de desprezar sua mãe e irmão?

De repente, a resposta a todas essas perguntas apareceu clara:

— Vaidade. Só vaidade!

Ele se julgava mais honesto, mais sincero, mais trabalhador, muito melhor do que sua família!

A emoção da descoberta fez brotar lágrimas em seus olhos. Logo ele, pensando em se tornar um mensageiro da espiritualidade!

Sentiu-se arrasado. Foi para o quarto, sem vontade de continuar a trabalhar. Sentou-se na cama, orou durante alguns minutos pedindo ajuda. Depois, deitou-se e adormeceu.

Pouco depois se viu em uma sala clara e bem-arrumada. Os móveis antigos lembravam a casa de Ester, mas ele sabia que estava em outro lugar. Viu um homem sentado em luxuosa poltrona em frente a uma escrivaninha lavrada, e, embora seu rosto fosse diferente, sabia que era ele.

De repente, dois homens entraram fazendo grande alarido, arrastando um negro que se debatia assustado.

— O que foi, Juventino? — indagou o fidalgo.

— Este safado estava fugindo, carregando este saco de joias de dona Ofélia.

No mesmo instante entrou na sala uma mulher de meia-idade, fisionomia sisuda. Vendo-os, gritou enfurecida:

— Que atrevimento. Minhas joias! Isso não pode ficar assim.

O fidalgo levantou-se irritado. Tinha horror a brigas e a confusões que lhe tirassem o sossego. Não gostava de misturar-se com as questões domésticas. Mais para ver-se livre do problema, ordenou:

— Coloque-o no tronco por quinze dias a pão e água.

Eles arrastaram o escravo para fora. A dama, segurando seu precioso saco, despejou o conteúdo sobre a mesa, conferindo tudo enquanto o fidalgo aguardava com impaciência que ela terminasse.

Osvaldo viu-se transportado para outro lugar. Um barracão escuro, iluminado por algumas tochas, enquanto alguns negros cantavam tristemente ao redor de um corpo estendido no chão. Depois se viu vagando por lugares escuros, procurando inutilmente a saída, sem encontrar. Vultos sombrios o rodeavam, chamando-o de assassino.

"Devo estar no umbral", pensou Osvaldo.

Mentalmente pediu socorro e orou chamando por Alberto. Pouco depois, viu-se em uma sala simples e agradável. Olhou em volta e viu Alberto aproximando-se.

— Graças a Deus — disse ele aliviado. — Estava em apuros.

— O que acha que aconteceu? — perguntou ele sorrindo.

— Penso que voltei a uma vida passada. Não foi nada bom. Estou confuso. Descobri quanto ainda sou vaidoso. Isso não é um progresso?

— Sim. Conhecer nossos pontos fracos nos ajuda a vencê-los.

— Nesse caso, eu deveria ter me sentido melhor.

— Tomando consciência de sua vaidade, você trouxe à tona as energias correspondentes que acumulou através do tempo e com elas as lembranças das atitudes que tomou na época e que estão influenciando sua vida na atualidade. É uma excelente oportunidade que lhe está sendo oferecida para limpar sua aura e seguir adiante. Ninguém pode progredir, conquistar a paz, a felicidade, sem passar por esse processo.

— Quer dizer que foi bom.

— Você nunca aceitou sua família como é. Sempre desejou que eles mudassem para que pudesse amá-los. Hoje você percebeu que estava enganado. A dificuldade é sua. Descobriu o que significa a palavra compaixão.

Osvaldo sentiu um calor agradável invadir-lhe o peito.

— Eu quero aprender. Tenho sido omisso com eles. Estou arrependido. Desejo compensá-los pelo meu erro.

— Cuidado. A culpa é tão perigosa quanto a omissão. Por causa dela você pode ceder às fraquezas deles, atendendo a tudo que pedirem. Amar uma pessoa como ela é não nos impede de perceber seus pontos fracos. A ajuda que alguém pode dar será sempre a de apoiar os pontos positivos e nunca ceder às fraquezas. O amadurecimento demanda tempo. Por isso, não espere nada deles. Contente-se em conquistar seu próprio progresso.

— Não é fácil fazer o que me pede. Desejo ajudá-los, mas como passar por cima das maldades que eles fazem e ainda manter a boa vontade? Como não me sentir culpado quando notar um defeito deles, o que vai acontecer sempre, uma vez que são como são?

Alberto sorriu:

— Sabia que a crueldade pode ser uma maneira equivocada de se defender ou uma forma de chamar a atenção e conseguir um pouco de valorização?

— Não. Nunca analisei desse modo.

— Tente fazer isso. Medite também sobre como a cobrança da culpa é um instrumento da vaidade.

— Não é resultado do arrependimento?

— Não. Quem se arrepende aprende com os erros, não fica se culpando por não ter feito tudo certo. Cuida de não fazer de novo. Agora tenho de ir. Pense, Osvaldo. Tenho certeza de que encontrará o melhor caminho.

— Vou tentar. Obrigado por ter me ouvido.

Alberto abraçou-o e Osvaldo mergulhou em um sono profundo e reparador. Quando acordou, havia anoitecido. Sentiu-se renovado e sereno.

Sentou-se na cama e recordou palavra por palavra o que havia conversado com Alberto. Sentiu-se mais forte, confiante.

Faria sua parte com disposição e firmeza. Mesmo evitando criar expectativas a respeito do comportamento deles, tinha certeza de que ele, Osvaldo, se sentiria bem melhor por ter tentado ajudá-los.

Capítulo 20

— E então, conseguiu as informações? — indagou Válter.

— Sim. Osvaldo vai abrir uma empresa e me convidou para trabalhar lá.

— E você acreditou? Só se for para ele sugar seu sangue. Nunca fez nada pela família, não vai ser agora.

— Prometeu falar com o advogado e nos dar uma mesada.

— Não acredito. Você acha mesmo que ele fará isso? Deixe de ser bobo. Ele quis ver-se livre de vocês.

Antônio meneou a cabeça pensativo e considerou:

— Acho que você está enganado. Ele me pareceu mudado. Conversou bem, nos ofereceu um lanche caprichado. Ele nunca nos prometeu nada. Sempre foi durão.

— Não é isso que me interessa. Ele falou em Clara?

— Nem tocou no nome dela.

— Como assim? Mandei vocês lá para isso. Preciso saber como estão as coisas entre eles. Você é um inútil mesmo.

— Veja lá como fala comigo. Sou seu amigo, viajei, gastei dinheiro para ir até aquele sítio por sua causa.

— É, mas cuidou mesmo foi de arrumar sua vida.

— O que quer? Não podia deixar que ele soubesse por que fomos até lá. Depois, também tenho de cuidar dos meus interesses.

— Acho bom mesmo. Faça isso enquanto pode. As coisas poderão mudar.

— O que quer dizer com isso?

— Nunca se sabe. A vida tem seus mistérios. Assim como ele ficou rico, pode vir a perder tudo de novo.

— Você está mal-humorado. Desde quando anda bebendo logo cedo?

— Você não tem nada com isso. Bebo para afogar minhas mágoas.

— Se continuar assim, nunca vai conquistar Clara e ainda pode perder o emprego.

— O que é isso? Você agora virou conselheiro? Não sabe nem cuidar da própria vida e se mete a cuidar da dos outros. Chega de conversa fiada. Se quer acreditar que Osvaldo vai lhe dar mesada, emprego, tudo, faça bom proveito. Quando der com os burros n'água, virá correndo me pedir ajuda, como sempre fez. Mas desta vez vou querer fatos concretos antes de dar-lhe algum dinheiro. Consiga as informações, e eu lhe pagarei.

Antônio olhou o rosto corado de Válter e decidiu contemporizar. Afinal, ele poderia ter razão.

— Não se ofenda, amigo. Essa foi uma primeira visita. Verei o que posso conseguir.

— Que seja breve. Não aguento mais esperar pelo pior.

Antônio despediu-se e foi para casa. Neusa, vendo-o entrar, foi dizendo:

— Faço votos de que Osvaldo resolva logo. Consegui fazer um almoço simples com dificuldade. Amanhã não temos dinheiro nem para o pão.

— Válter não acredita que Osvaldo vai nos dar mesada.

— Deixe-o. Está com raiva por ter ficado preso. Apesar do coração duro, Osvaldo prometeu, e ele sempre cumpriu o que prometia.

— Estou torcendo para isso.

Osvaldo, acompanhado de Rosa e José, regressou à casa da cidade na hora do almoço. Havia conhecido Honório, um cunhado do antigo caseiro, e o contratara. Simpatizara com ele à primeira vista. Homem do campo, amava a natureza, conhecia profundamente aquelas terras e as plantas.

Era exatamente o que Osvaldo precisava. Ofereceu bom salário e moradia. Mandou ampliar e reformar uma das casas, e logo ele se mudaria com a família.

Enquanto a casa não ficava pronta, Honório iria todos os dias cuidar das plantas e ajudar na reforma. Com ele cuidando das plantas, Osvaldo teria mais tempo para providenciar os documentos para seu empreendimento, planejar e comprar o que precisava.

Felisberto esperava-o para o almoço. Depois de comerem, foram tomar o café no escritório. Conversaram sobre o projeto e, no fim, Osvaldo comentou:

— Meu irmão esteve no sítio com minha mãe. Estão sem dinheiro e decidi dar-lhes uma mesada. Gostaria que providenciasse isso.

— Está certo. Quanto pretende dar?

— O suficiente para viverem modestamente. Você conhece Antônio. Se tiver dinheiro, nunca mais vai querer trabalhar.

Felisberto sorriu e concordou. Osvaldo continuou:

— Vou arranjar-lhe trabalho. Prometi a mesada sob essas condições.

— Não será fácil empregá-lo. Eu mesmo, a pedido de Ester, tentei algumas vezes. Mas ele sempre dava um jeito de escapar.

— Ele vai trabalhar comigo, sob minha orientação.

Felisberto olhou surpreendido para ele. Osvaldo sempre mostrara aversão pelos parentes.

— Vai precisar de paciência.

— Talvez não seja tão difícil quanto parece. Estive pensando na maneira como ele foi educado. Minha mãe enviuvou muito cedo, com dois filhos pequenos para criar. Ficou insegura. Julgou-se incapaz. Por isso, me mandou para casa de tia Ester. Viveu na defensiva a vida toda. Tornou-se pessimista, e em qualquer ocasião sempre imaginava o pior. Chamava isso de prudência; eu digo que era negativismo, pois nada que ela temia aconteceu. Apesar de ser uma mulher forte, decidida, não confiou na própria capacidade. Seu conceito de Deus é mais supersticioso do que verdadeiro. Colocou toda a sua força na defensiva. Tornou-se agressiva, mal-humorada. Antônio sempre foi muito ligado a ela.

— Tenho observado que a fé, quando sincera, dá coragem, força.

— Observei que em sua insegurança eles inverteram alguns valores na tentativa de evitar sofrimento. Para eles, bondade é fraqueza, ser inteligente é ganhar dinheiro sem trabalhar, cooperar é ser explorado. Felicidade é comprar tudo que quiser e viver só se divertindo. O dinheiro acabou se tornando a coisa mais importante.

— Conheço muita gente que pensa dessa forma.

— Eles não percebem que no universo tudo se movimenta, cada ser tem uma tarefa a cumprir. A vida cobra de cada um que faça sua parte. É o preço ao receber o dom da vida.

— A maioria não pensa assim.

— É por causa disso que o mundo está no caos. A sociedade na Terra só vai melhorar quando todos aprenderem essa verdade. Enquanto isso, o sofrimento é inevitável.

— Entendi. Na tentativa de evitar o sofrimento, entram na ilusão que fatalmente os levará a ele.

— Exatamente. Meus amigos espirituais me ensinaram a observar atentamente os fatos do dia a dia e tentar descobrir como a vida trabalha. Aprendi alguns conceitos óbvios, mas que, sob o verniz da educação formal, poucos conseguem enxergar. Para isso, há que questionar as regras preestabelecidas e procurar melhores respostas. Fazendo isso, aos poucos vamos tendo uma visão da vida mais verdadeira e, a partir daí, com naturalidade, vamos modificando nossos conceitos. Assim, gradativamente vamos aprendendo a viver melhor, com mais coragem e serenidade. Pretendo passar esse conhecimento para minha mãe e Antônio.

— Acha que vai obter resultado?

— Não sei. Desejo tentar, dar-lhes a oportunidade de olhar a vida de outra forma. Porém o resultado depende deles. Vou mostrar-lhes o que aprendi, mas só eles podem decidir se aceitam ou não. De qualquer forma, estou pensando em mim. Quero fazer a minha parte. Assim, estarei em paz.

Felisberto olhou para Osvaldo com respeito e carinho.

— Você me surpreende. Dona Ester gostaria de ouvi-lo dizer essas coisas.

— Quem garante que ela não está nos ouvindo?

Felisberto sorriu e considerou:

— Gosto de seus projetos filantrópicos, das verdades que tem me mostrado, mas ainda não consigo acreditar que dona Ester possa estar nos ouvindo. Tenho pensado no assunto, lido a respeito, mas preciso de uma prova mais convincente.

— Terá, quando chegar a hora.

Passava das cinco quando Marcos e Carlos chegaram. Abraçaram o pai com carinho.

— Soubemos que havia chegado e viemos agradecer sua ajuda — disse Marcos.

— É mesmo, pai — acrescentou Carlos. — Já soube o que aconteceu?

— O que foi?

— O detetive não o procurou?

— Cheguei na hora do almoço e ainda não falei com ele. Vou ligar para lá. Mas vocês me deixaram preocupado... O que aconteceu?

Carlos respondeu:

— Foi aquele sujeito. Se não fosse você ter colocado o detetive para nos proteger, nem sei o que teria acontecido.

Marcos interveio e em poucas palavras contou tudo, conforme Clara lhes havia relatado.

— Esse homem está se revelando perigoso. Eles deram queixa na polícia?

— Sim. Ouvi mamãe conversando com a Rita. Ela disse que gostaria de agradecer sua ajuda.

Um brilho de emoção passou pelos olhos de Osvaldo.

— Ela disse isso?

— Bem, ela reconheceu que a presença do detetive foi maravilhosa — interveio Carlos. — Eu senti que ela gostaria de agradecer pessoalmente, mas não tem coragem. Afinal, vocês não se falam há muito tempo.

— Ela não precisa me agradecer. Estou fazendo isso para protegê-los. Vou ligar para Durval. Quero saber tudo e pensar no próximo passo.

Pegou o telefone e discou. O detetive não estava, e Osvaldo deixou recado.

Os rapazes resolveram ficar e esperar. Eles também queriam saber detalhes.

Estava anoitecendo quando Durval chegou à casa de Osvaldo. Vendo-o em companhia dos filhos, hesitou em falar no assunto. Osvaldo esclareceu:

— Eles sabem de tudo. Pode falar.

— Conforme eu havia suspeitado, o sujeito está ficando muito inquieto e perigoso. Leia.

Entregou-lhe algumas páginas nas quais descrevia com detalhes os fatos. Quando terminou, ele considerou:

— Não podemos deixar as coisas como estão. Vou falar com o doutor Felisberto para que tome as devidas providências legais para mantê-lo preso.

— Infelizmente ele já foi solto.

Osvaldo, irritado, indagou:

— Então o que nos aconselha?

— Ele ficou muito assustado. Nunca imaginou que alguém o estivesse vigiando. Isso deve mantê-lo afastado por algum tempo. Contudo, ele me pareceu muito irritado. Desconfio que vai dar um tempo, mas não desistirá. Por algumas frases que ele disse, notei que é rancoroso e bastante vaidoso para se conformar em perder. Para ele, esse caso se tornou uma competição em que vale tudo.

— Parece uma obsessão.

— De fato, é. Por isso não podemos descuidar. Além disso, anda bebendo demais.

Osvaldo ficou pensativo por alguns segundos, depois disse:

— E se eu for falar com ele?

Marcos interveio:

— Isso não. Ele está com muita raiva de você.

— Não quero que nada lhe aconteça — reforçou Carlos.

— Acalmem-se. Pensei em conversar com ele, sem brigar.

— Na atual circunstância, isso poderá deixá-lo com mais raiva. Ele tem muito ciúme de você — disse Durval.

— Ciúme de mim? — estranhou Osvaldo. — Nunca mais estive com Clara. Não pode ser.

— Mas é. Eu o ouvi dizer a dona Clara que vocês estavam pensando em voltar a viver juntos e que ele nunca iria permitir.

— Ele disse isso?

— Eu sempre soube disso — confirmou Carlos. — Ele não suporta a ideia de que vocês voltem a ficar juntos.

— Foi sua mãe quem disse isso? — indagou Osvaldo.

— Não — respondeu Carlos —, mas é fácil notar. Ele voltou a persegui-la depois que você apareceu. Antes havia sumido.

— Tem razão — concordou Marcos. — Como não pensei nisso antes?

Durval sorriu dizendo:

— Seus filhos são muito observadores. Foi isso mesmo. Como dona Clara o rejeita, ele imagina que é por sua causa, já que ela nunca arranjou outro depois que se separaram.

Osvaldo sentiu o coração bater descompassado e procurou controlar-se. Essa ideia era disparatada. Havia muito que Clara deixara de amá-lo. Baixou a cabeça na tentativa de esconder a emoção e tornou:

— Ele deve estar mesmo fora de si. Esquece-se de que nos separamos porque ela deixou de me amar.

— Ele está descontrolado emocionalmente. Esse é o perigo. Mas vamos continuar a vigiá-lo.

— Faça isso. A qualquer atitude suspeita, avise-me.

Depois que Durval e os meninos se foram, Osvaldo sentou-se no sofá e fechou os olhos. Desejava fazer alguma coisa mais, contudo estava de mãos amarradas.

Não se sentia com coragem de aproximar-se de Clara. Para que perturbá-la? Não desejava os agradecimentos dela. Sua proteção a fizera sentir-se mais culpada pela traição do passado. Talvez estivesse com pena dele. Isso seria insuportável.

Ele a amava como mulher. Ela sempre seria o amor de sua vida. Estava resignado a continuar amando-a a distância, mas nunca aceitaria que ela o procurasse arrependida com pena do sofrimento dele.

Percebia claramente que seus filhos desejavam que se reconciliassem. Isso seria impossível. Ele nunca aceitaria as migalhas do amor que ela se dispusesse a oferecer-lhe como recompensa pelos seus sofrimentos passados.

Naquele momento arrependeu-se de ter voltado. Se houvesse ficado no interior, nada teria acontecido. Talvez estivesse em tempo ainda de voltar para lá definitivamente.

Pensou nos projetos que havia feito, nas conversas que tivera com Antônio, no trato com os espíritos. Havia pedido oportunidade para dedicar-se ao trabalho espiritual. Deus concedera-lhe bens, colocara em suas mãos meios de realizar o trabalho.

Sempre que ele precisava de algo para o andamento do projeto, as informações, as pessoas, as coisas vinham às suas mãos com facilidade. Eram sinais de que estava trabalhando a favor da vida, de que seu caminho estava certo.

Seria justo jogar fora todas essas aspirações por causa de seus problemas pessoais?

As lágrimas desciam pelas faces e ele as enxugou decidido. Seu progresso espiritual era mais importante do que as satisfações momentâneas do mundo. Ele amava Clara e esse amor deveria ser luz em seu caminho, não dor. Amava os filhos, e esse sentimento deveria ser instrumento para que eles aprendessem os verdadeiros valores da alma.

Ali mesmo formulou o firme propósito de seguir adiante, procurando fazer sua parte da melhor maneira. Sentia que agindo assim estava agindo de acordo com o que aprendera. Tinha certeza de que um dia conseguiria encontrar a felicidade e a alegria de viver.

Aquele era o momento de plantar, e ele o faria da melhor maneira possível. A colheita viria na hora certa.

Osvaldo sentiu-se mais confiante e calmo. Quanto a Válter, aconteceria o que teria de acontecer. Fosse o que fosse que lhes reservasse o futuro, ele enfrentaria com coragem e disposição, na certeza de que não cai uma folha da árvore sem que Deus permita.

Apesar de sentir-se protegida, nos dias que se seguiram Clara não conseguia controlar o nervosismo quando ia para o trabalho ou voltava para casa. Antes de sair, olhava para todos os lados para ver se Válter a estava esperando.

O que via era um dos funcionários de Durval acompanhando-a discretamente. O detetive os havia apresentado a ela a fim de que se sentisse mais segura vendo-os.

Assim decorreu um mês sem que Válter aparecesse, e Clara começou a sentir-se incomodada pensando em quanto Osvaldo estaria gastando para manter aquela segurança.

O mais provável era que Válter, assustado, teria desistido de persegui-la.

Comentando com Domênico, ele considerou:

— Espere um pouco mais para ter certeza.

— Eu conheço Válter. Nunca foi violento.

— Mas ameaçou-a com um revólver. Não se esqueça disso.

— Ele havia bebido. Nunca andou metido com a polícia. Acho que o susto valeu. É hora de Osvaldo parar de gastar dinheiro por minha causa. Isso me constrange muito.

— Por quê? Ele fez isso espontaneamente.

— Se meus filhos não tivessem se queixado, mostrado preocupação, ele não teria feito isso.

— Você acha que não merece os cuidados dele.

— Não mereço mesmo. Ele está dando uma de bom, e os meninos a cada dia ficam mais apegados a ele.

— É natural que amem o pai, que se sintam bem reconhecendo que é um homem bom.

Clara suspirou contrariada:

— Preferia que ele continuasse longe. Durante esse tempo, vivemos em paz. Até Válter deixou de me amolar.

Domênico olhou sério para ela e disse:

— Não fuja do problema, Clara. É hora de enfrentar o passado com coragem, não de procurar culpados.

— Você não compreende que, quanto mais ele demonstra ser bom, mais minha culpa aparece?

— Não se iluda. Quando a força das coisas reúne as pessoas, não é para saber de quem é a culpa dos problemas do passado, mas para que essas culpas se diluam no entendimento.

— Nenhum entendimento será possível entre nós.

— Não é o que me parece. Ele tem se mostrado interessado em ajudar os filhos e em viver em paz.

— Um homem nunca perdoa ou esquece uma traição.

— Essa é a sua versão. Se isso fosse verdade, ele teria voltado para cobrar, pedir explicações. Pelo que me contou, ele nunca a acusou. Ao contrário: reconhece que o amor é livre e você tem o direito de escolher a quem amar.

— É disso que eu duvido. Osvaldo sempre foi muito apaixonado, ardente. Não o imaginava capaz dessa passividade.

— Quase sempre as pessoas são o contrário do que imaginamos. Se eu fosse você, procuraria saber a verdade. Tenho certeza de que lhe faria muito bem.

— Tenho medo da reação dele. Sinto vergonha também. Só em pensar nisso, meu estômago embrulha, as pernas tremem. Se ao menos ele voltasse para o mato...

Domênico sorriu e disse:

— Pare de sofrer pelo que já foi. Hoje tudo está diferente. Você é uma mulher corajosa, honesta, trabalhadora. Criou seus filhos com dignidade. Está na hora de usar toda a sua coragem, sua força, para esclarecer definitivamente sua posição com Osvaldo.

— Rita também me aconselhou ir ter uma conversa com ele.

— Faça isso.

— Definitivamente, não. Isso, não.

Naquela noite, Clara conversou com os filhos:

— Vocês vão estar com seu pai amanhã. Diga-lhe que não preciso mais de segurança. Válter sumiu e acho que nunca mais vai me incomodar. É hora de parar de gastar dinheiro com isso.

— Eu me sentiria mais tranquilo se esperasse um pouco mais — respondeu Marcos.

— Eu também — acrescentou Carlos.

— Bobagem. Ele desistiu.

Osvaldo recebeu o recado e conversou com Durval.

— Depois que o advogado dele conseguiu o *habeas corpus* para que ele espere o julgamento em liberdade, de fato ele nunca mais foi à procura dela. Nós o temos seguido: continua bebendo bastante, mas tem trabalhado e levado vida normal. A propósito, está sempre na casa de sua mãe. É companhia constante de seu irmão.

— Sempre foram amigos.

— Talvez não seja boa companhia para ele.

— Antônio vai começar a trabalhar comigo. Espero que assim deixe essa amizade. Em todo caso, estarei atento. Apesar de Clara achar que não há mais nenhum perigo, quero que vocês continuem vigilantes. Talvez não tão ostensivamente, mas a distância.

— Concordo. É provável que ele esteja esperando nosso afastamento para investir de novo.

— É o que estou pensando. Por isso, não descuide.

— Deixe comigo. Sei como fazer.

Depois que Durval se foi, Osvaldo ficou pensando em Antônio. Iria chamá-lo para começar a trabalhar.

No sítio, Honório cuidava do galpão, onde selecionava as ervas para Osvaldo começar as pesquisas. Ele se mudara para lá com a família. Seu filho Orlando ajudava-o no cultivo da terra, a esposa cuidava dos afazeres da casa. Sua filha Marta tinha ficado na capital, morando com uma tia, porque havia concluído seus estudos e trabalhava no laboratório de um hospital.

Osvaldo já havia aberto uma firma para comercializar as ervas medicinais. Contratara um farmacêutico para ter amparo legal e produzir seus próprios medicamentos. Colocaria Antônio para ajudá-lo na área administrativa.

Antes de mandar os primeiros produtos para análise a fim de obter permissão para comercializá-los, teria de preparar rótulos e também embalagens.

Havia muito trabalho a ser feito, e Antônio seria de grande utilidade. Telefonou para a casa da mãe perguntando por ele.

— Antônio saiu. Mas não deve demorar. Até que enfim você se lembrou de nós. Quer falar com ele por causa do emprego?

— Sim. Vocês estão recebendo o dinheiro direitinho?

— Sim, estamos. Mas ainda é muito pouco. Não dá para nossas despesas.

— É melhor do que nada. Logo Antônio vai começar a trabalhar e a renda de vocês vai aumentar.

— Quanto vai lhe pagar?

— Vou conversar com ele. Desde já adianto que, se ele se esforçar, vai ganhar bem.

— Ele é doente, não pode fazer muito esforço. Veja lá o que vai exigir dele.

— Fique tranquila. Sei o que estou fazendo.

Ela desligou e, quando Antônio chegou, foi dizendo:

— Osvaldo ligou e pediu para você ir à casa dele conversar. É sobre o emprego.

— Ele disse o que vou fazer e quanto vou ganhar?

— Humm... A julgar pelo pouco que ele está nos dando de mesada, não tenha muitas esperanças nesse emprego. Não quis adiantar nada. Só falou que, se você se esforçar, vai ganhar bem. Acho que ele quer é explorar você, isso sim.

— Se ele fizer isso comigo, não aceitarei. Acha que sou bobo?

Mais tarde, quando Antônio chegou à casa do irmão, este já o esperava no escritório. Sentados um em frente ao outro, Osvaldo foi direto ao assunto:

— Estou precisando muito de sua ajuda.

Não era isso que Antônio esperava ouvir. Olhou admirado para o irmão.

— Mamãe disse-me que era para falar do emprego.

— Também. Estou começando um trabalho muito importante e você é a pessoa certa para ajudar-me a realizá-lo.

Antônio endireitou-se na cadeira e levantou a cabeça, fitando-o sério. Tinha ido preparado para ouvir exigências, cobranças, análise de seus pontos fracos. Pelo caminho havia se preparado para explicar por que não conseguia emprego fixo. Tinha a lista de desculpas na ponta da língua. A atitude inesperada de Osvaldo deixou-o sem resposta.

— Para que me entenda, preciso fazer-lhe algumas confidências. Trata-se de assunto muito íntimo. Espero contar com sua discrição. Nem mamãe poderá saber disso.

— Bem… não esperava isso. Você nunca me contou nada de sua vida íntima.

— Tem razão. Reconheço isso. Porém, você é meu irmão. Nós nos separamos desde muito cedo, não tivemos ocasião para nos conhecermos melhor. Agora chegou o momento. Vamos trabalhar juntos, e meu projeto não poderá ser realizado sem a união de todos os participantes. Por isso chamei-o aqui hoje para essa conversa. Quero que saiba onde está entrando e por quê. Para isso preciso contar-lhe algumas passagens de minha vida. Quero que me prometa que esse assunto ficará entre nós. Será nosso segredo.

Antônio sentiu um arrepio percorrer-lhe o corpo. Lembrou-se de Válter. O que Osvaldo diria se soubesse que ele estava ali para fazer exatamente o contrário?

Apesar disso, havia alguma coisa no tom de voz de Osvaldo que o impressionou muito, e foi sem pensar que ele respondeu:

— Prometo. O que me contar morrerá comigo.

— Está certo.

Osvaldo começou a falar sobre sua infância, seu namoro, casamento, o nascimento dos filhos. Sua decepção, sua fuga desesperada, a tentativa de suicídio, o socorro dos amigos e finalmente a descoberta da espiritualidade.

Antônio ouvia-o comovido. A sinceridade do irmão e sua luta interior para refazer a vida o impressionaram. Nunca ninguém havia conversado com ele daquela forma.

Sentiu-se valorizado, com vontade de mostrar-se solidário de alguma forma. Osvaldo concluiu:

— Todos temos muitos desafios nesta vida. A educação, a família, a sociedade não nos preparam para enfrentá-los. Ao contrário, enchem-nos a cabeça de regras, preconceitos, ilusões, que, por serem falsos, um dia a vida os vai destruir. Então ficamos sem rumo, sofrendo, sem saber como recomeçar. Hoje sei que nossa maneira de enxergar a vida nos faz tomar atitudes cujos resultados teremos de colher algum dia. Isso é lei universal. Ninguém escapa à colheita de sua semeadura. Aprendi também que está em nossas mãos rever nossos conceitos, procurar os verdadeiros valores, que, por serem eternos, nunca mudarão. Dessa forma, nossas atitudes serão mais lúcidas e nossa vida mais serena. O sofrimento irá embora.

— Este mundo é um vale de lágrimas. Até os padres dizem isso. Não existe felicidade.

— Claro que viver aqui tem seus desafios. A Terra é uma escola espiritual onde nos matriculamos para desenvolver nossa consciência. Temos de evoluir, porque esse é o caminho da felicidade. Essa é a destinação de cada um de nós. Mas se você olhar em volta, se observar as pessoas que conhece, notará que os problemas que têm de enfrentar se devem à maneira errada de fazer as coisas.

Antônio ficou calado por alguns instantes pensando em algumas pessoas que ele conhecia. De fato, elas provocavam situações que ele tinha certeza de que nunca dariam bons resultados.

— Bom... isso é. A mãe, você sabe, ela gosta de consultar a cartomante. Às vezes, vai a um centro espírita. Sempre pensei que ela estivesse iludida. Você está dizendo que essas coisas existem mesmo?

— Estou dizendo que existe vida além da vida. Quem morre não acaba. Seu espírito vai viver em outro mundo, e lá tudo continua.

— Você nunca foi religioso. É difícil aceitar que você acredite em espíritos.

— Eu não sou místico nem religioso, se quer saber. Mas descobri uma verdade que mudou minha vida. Isso não posso negar. Um dia você também terá sua experiência espiritual. Então entenderá o que estou dizendo.

— Cruz-credo! Tenho medo de mexer com isso.

Osvaldo sorriu e respondeu:

— O fato de ignorar não quer dizer que esteja livre de ser rodeado e influenciado por eles. O mundo astral é coexistente com o nosso. Estou lhe contando tudo porque, se vai trabalhar comigo, terá de respeitar meu trabalho.

— Terei de lidar com espíritos? — indagou ele, assustado.

— Claro que não. Você vai trabalhar na área administrativa. Mas eu quero que você me ajude. Você é melhor do que eu, mais bondoso. Enquanto eu larguei a família, você cuidou da mãe com dedicação e boa vontade. Ser bom traz alegria, é gratificante. Tenho certeza de que você vai gostar muito do nosso trabalho.

Antônio sentiu os olhos úmidos. Foi com voz firme que respondeu:

— Pode contar comigo. Quando começo a trabalhar?

— Amanhã mesmo. Venha aqui às nove. Tenho uma lista de coisas para você fazer.

Antônio abraçou o irmão dizendo sério:

— Estarei aqui na hora certa.

Ele saiu pensando em tudo que haviam conversado. Durante o trajeto, passagens de sua infância lhe voltaram à mente: alguns sonhos da adolescência que nunca realizara, projetos que arquitetara, mas que não levara adiante.

Quanto tempo perdido! Sua vida era vazia, triste, solitária. Pensando nos dias sem objetivo em que gastava o tempo insatisfeito, algumas lágrimas vieram-lhe aos olhos.

Pegou o lenço e tratou de enxugá-las, olhando dos lados para ver se algum dos passageiros do ônibus havia notado. Chegou em casa sem vontade de conversar.

Neusa aguardava-o com ansiedade e foi logo dizendo:

— E então? Pela sua cara, vejo que não deu certo. Eu sabia. Osvaldo nunca vai mudar.

Antônio olhou para ela como se a estivesse vendo pela primeira vez.

— Deu certo, sim. Começo amanhã.

— É? E quanto vai ganhar?

Foi então que ele se lembrou de que nem haviam falado nisso. Respirou fundo e respondeu:

— Ainda não sei. Agora vou tomar um banho e arrumar umas coisas. Amanhã não quero perder a hora.

Neusa abriu a boca. Ia falar, mas ele não lhe deu tempo, subindo as escadas e indo para o quarto. Intrigada, ela pensou: "O que será que aconteceu? Ele está diferente. Escapou agora, mas logo mais terá de me contar tudo direitinho".

E foi para a cozinha cuidar do jantar.

Capítulo 21

Clara chegou ao centro espírita para a reunião costumeira e deparou com uma fila que virava o quarteirão. Intrigada, entrou no pátio e perguntou a uma voluntária:

— O que está acontecendo? Para que esta fila?

— Para marcar consulta com o médium de cura. Ele vem realizando verdadeiros milagres.

— Ele vai trabalhar aqui?

— Não. As pessoas terão de ir ao sítio onde ele atende. Ele curou a filha da dona Mariquinha. Lembra? Aquela que vinha sempre e tinha problema de andar. Eu vi. Depois que se tratou com ele, ficou completamente curada.

— Você já foi lá?

— Ainda não. Mas pretendo ir.

— Você não está doente.

— Não. Mas ele dá aulas, ensina a manter a saúde.

— É médico?

— Não. Os espíritos é que fazem tudo. Dizem que são eles que o ensinam a fazer os remédios de ervas que dá ao povo.

— Tenho visto dona Lídia dar esses remédios sem receita médica. Não será perigoso?

A outra sorriu e respondeu:

— Se fosse dona Lídia não o faria. Depois, esses medicamentos têm licença e tem um farmacêutico responsável. O nome dele está no rótulo.

Clara olhou para as pessoas da fila. Eram de todas as idades, algumas bem-vestidas, outras mais humildes. Ela entrou, foi para a reunião costumeira. Estava frequentando o centro uma vez por semana e sentia-se muito bem.

Dormia melhor, sentia-se mais calma, e Válter não voltara a incomodar desde que haviam dado parte dele na delegacia, havia quase um ano.

Lídia dissera-lhe que suas energias eram boas para ajudar as pessoas. Por isso, depois de um curso de bioenergética, colocou-a para dar passes aos que procuravam a ajuda espiritual.

Clara começou a participar dessas reuniões sem grande entusiasmo, mais para atender à indicação de Lídia, em quem confiava. Porém com o tempo percebeu que sua sensibilidade se abria de maneira surpreendente.

Quando se aproximava de uma pessoa, sentia emoções, pensamentos diferentes. Tinha vontade de dizer algumas palavras a ela, mas reprimia, uma vez que ninguém fazia isso e todos ficavam em silêncio na penumbra da sala ao som de música suave.

Conversando com Lídia, ela lhe dissera:

— Sua mediunidade está se abrindo, Clara. Um dia você vai poder diferenciar os vários tipos de energias que a envolvem.

— Eu já sinto. Algumas vezes sai de minhas mãos um calor forte, elas chegam a transpirar. Outras vezes, passa por mim uma brisa leve, suave, refrescante. A pessoa a que estou atendendo começa a bocejar. Algumas choram, outras estremecem. No começo eu me assustava, mas agora não, porque algumas me disseram que se sentiram muito melhor.

— É assim mesmo. Continue firme. Você vai se surpreender.

O que Lídia dissera se confirmou. Algumas vezes Clara chegava a perceber o que a pessoa estava sentindo, onde estava doendo, que tipo de problema a preocupava. A conselho de Lídia, quando terminava o atendimento, Clara procurava desligar-se de todas essas emoções, pedindo aos espíritos que a ajudassem a esquecer o que havia sentido.

Naquela noite, na saída da reunião, ela encontrou Lídia e aproximou-se. As pessoas já estavam saindo, e ela perguntou:

— Hoje quando cheguei havia uma fila enorme. Esse médium de cura é mesmo bom como dizem?

Lídia olhou intrigada para ela e respondeu:

— Sim. Tem uma mediunidade muito boa e está fazendo um trabalho sério.

— Soube que os remédios que a senhora distribui têm farmacêutico responsável.

— Claro. A mediunidade é uma ferramenta preciosa, mas o médium, para utilizar-se dela, precisa usar o bom senso. Eu sou daquelas que, quando um espírito desencarnado vem e me dá um conselho, analiso bem antes de aceitar. É um velho conselho de Paulo, o apóstolo: "Não acredites em todos os espíritos; antes verifica se eles são de Deus".

— Ouvi dizer que esse médium tem ajudado muita gente.

— De fato, faz um trabalho muito bom. Por isso, encaminho as pessoas para ele. Nós aqui não temos um médium de cura do nível dele.

— Dizem que ele também faz palestras, dá conselhos. Gostaria de conhecê-lo.

Pelos olhos de Lídia passou um brilho de emoção. Ela respondeu:

— Qualquer dia, vou convidá-lo para vir aqui fazer uma palestra.

— Que bom. Não deixe de me avisar.

— Todos serão avisados.

Depois que ela se foi, Lídia recolheu-se pensando naquela conversa. Como Clara reagiria se soubesse que esse médium era seu ex-marido? Deveria contar-lhe a verdade? Se contasse, ela com certeza não apareceria.

Mas seria correto não dizer nada? Ela se recusava a vê-lo. Encontrá-lo não seria um choque muito forte?

Sem saber o que fazer, Lídia orou pedindo ajuda aos espíritos amigos. Quando acontecia isso, entregava o assunto nas mãos de Deus. Por isso resolveu não fazer nada, apenas esperar. Tinha certeza de que a vida se encarregaria de fazer o que fosse melhor, sem precisar de sua interferência.

Clara chegou em casa bem-disposta. Rita espera-va-a para o costumeiro chá que tomavam sempre que ela voltava do centro. Sentadas uma em frente à outra, Clara tornou:

— Hoje havia uma fila imensa no centro para con-sultar aquele médium que manda os remédios para dona Lídia. Você ouviu falar dele?

Rita estremeceu. Pensou que Clara soubesse quem ele era.

— Já. Nunca pensei que Osvaldo fosse ficar tão conhecido.

Clara deu um salto:

— Osvaldo? O que tem ele a ver com esse médium?

Rita hesitou um pouco e respondeu:

— Pensei que você soubesse! Ele é esse médium. Está realizando um trabalho admirável.

Clara ficou pálida e balbuciou:

— Você não está enganada? Esse mora num sítio, enquanto Osvaldo vive na cidade.

— Você não tem ouvido os meninos dizerem que ele passa a maior parte do tempo no sítio que herdou de dona Ester?

Clara deixou-se cair na cadeira boquiaberta.

— O sítio de tia Ester! Tem certeza? Dona Lídia não me disse nada. Ela sabe?

— Acho que sim. Mas é discreta.

— É difícil crer. Ele nunca foi dado a coisas espirituais. Era um homem normal, como tantos outros. Trabalhava, divertia-se, namorava... Enfim, estou surpresa. As pessoas falam dele como se fosse um santo.

— Exageram, como sempre. Só porque ele é médium, trabalha com os espíritos, não significa que seja um santo. O povo gosta de se iludir. Depois, quando percebem um traço humano nesses "santos" que elegeram indevidamente, eles o crucificam, esquecem tudo de bom que eles fizeram e lembram-se apenas de suas fraquezas. Tenho horror a essa fama de santidade.

— Tem razão. Mas é difícil separar uma coisa da outra. Um médium é um missionário, precisa se purificar. Pelo menos é o que dizem.

— Nada mais errado. Um médium é só uma pessoa que tem sensibilidade para perceber além dos cinco sentidos. Só isso. Agora, quanto ao uso que ele fará dessa sua sensibilidade, isso sim vai depender do seu nível de progresso espiritual. Quanto mais evoluído ele for, mais lúcido, coerente, correto ele se mostrará no trato com a mediunidade.

— Tem lógica. Não sabia que você conhecia tanto esse assunto.

— Tenho aprendido com Osvaldo.

— Você tem ido vê-lo? Por que nunca me contou?

— Porque você evita o assunto, e eu não queria incomodá-la. Procuro tirar meu dia de folga quando ele faz palestra no sítio e vou passar o dia lá com ele.

Clara olhou curiosa para ela.

— É verdade mesmo o que dizem?

— Você precisa ir para ver. Quando ele fala, o povo fica mudo, não tira os olhos dele, procura não perder uma só palavra.

— Não sabia que ele era bom orador.

— São os espíritos que falam através dele. Em alguns momentos, sua voz muda completamente, dá para sentir uma emoção diferente no ar. Não dá para explicar. Só estando lá. Só sei que saio daquele lugar muito bem-disposta, pensando em suas palavras, procurando fazer o que ele ensina.

Clara ficou calada pensando no que ouvira. Ela tinha outra visão de Osvaldo. Sentiu-se confusa.

— Sei o que está pensando — continuou Rita.

— Duvido.

— Você está comparando o que ele é hoje com a ideia que tinha dele quando viveram juntos.

— É justamente por isso que me parece uma fantasia o que você está afirmando.

— Mas não é fantasia. Você viveu ao lado dele alguns anos e pensa que o conhece bem. Nada mais falso do que isso. Nós mudamos todos os dias. A vida vai nos desafiando, e sob sua competente ação nós vamos desenvolvendo nosso potencial interior. Dona Lídia explicou isso outro dia.

— Sei o que quer dizer, mas penso que ninguém vira médium de uma hora para outra, ainda mais assim, como vocês dizem que ele é. Eu nunca notei nada de estranho nele. Era até um homem equilibrado, procurando fazer tudo dentro das regras. Como, de um momento para outro, pôde transformar-se em um curador tão poderoso?

— Ele não se transformou em um curador poderoso. Nasceu com essa capacidade, porém ela só se manifestou de algum tempo para cá.

— Não consigo ver Osvaldo como um curador.

Rita sorriu e respondeu:

— Talvez você tenha essa dificuldade, mas, que ele é um bom curador, é. Essa é a verdade. Se não acredita, vá ver com os próprios olhos.

Clara não respondeu. Sentia-se curiosa, porém a ideia de encontrar-se de novo com Osvaldo assustava-a. Rita observou:

— Apesar da curiosidade, você não tem coragem para fazer isso.

— A vida de Osvaldo não me interessa nem um pouco. Só estranhei o que vocês dizem dele.

— Por quê? Ele sempre foi um homem bom. Você mesma disse há pouco que ele era equilibrado, cumpridor de suas responsabilidades. Não é de estranhar que os espíritos bons o tenham escolhido como intermediário.

— Sempre viveu na cidade e agora faz remedinhos de ervas para os doentes. Isso não tem coerência.

— Pode não ser racional na sua cabeça, porque você o imagina diferente do que é.

— Isso não. Eu sei como ele é. Nós vivemos juntos muitos anos.

— Isso não é suficiente para conhecer intimamente uma pessoa. Depois, como eu disse, nós mudamos a todo instante.

— Já vi que não dá para conversar com você. Está encantada com Osvaldo, e nada que eu disser sobre ele você aceita.

— Pode me dizer as coisas boas que ele sempre fez. Inclusive como está tentando ajudar os filhos e até você, apesar de não estarem mais juntos.

— Os filhos, é seu dever. Quanto a mim, não preciso de nada dele. Estou muito bem. Sou suficiente para cuidar de mim e da família.

— Não seja ingrata, Clara. Afinal, o que a irrita? Foi você quem se apaixonou por outro. Ele nunca a teria deixado. Depois, ele se ausentou e só voltou quando se equilibrou, e agora tenta proteger a família. Se não fosse ele, talvez Válter tivesse provocado uma tragédia.

Clara baixou a cabeça e não respondeu logo. Instantes depois, disse:

— Tem razão. O que me irrita é ele ser o bom e eu a traidora, ele ter todas as virtudes e eu ser a mulher adúltera. Até quando terei de suportar a ideia de que ele sempre foi e é melhor do que eu?

As lágrimas começaram a cair. Rita aproximou-se e colocou as mãos em seu ombro, dizendo:

— Desculpe, não tive intenção de magoar você. Não estou julgando quem é melhor. Falávamos dele, não de você. Não se compare. Cada um de nós tem pontos positivos e fracos. Mas ninguém é melhor do que ninguém. Alguns estão mais conscientes do que outros, mas diante da vida todos somos iguais, cada um vivendo seu processo, trabalhando com sua experiência.

Clara levantou o olhar, sorriu levemente por entre as lágrimas e respondeu:

— Você é um exemplo vivo de como se pode progredir. De alguns anos para cá você tem mudado muito. Sempre admirei sua maneira direta e simples de dizer as coisas, mas agora você está indo muito mais longe. Está se tornando sábia. Entendo que Osvaldo pode ter progredido também.

— Assim como você, os meninos. Assim é a vida.

Clara levantou-se e abraçou-a com carinho:

— É bom ter uma amiga como você. Agora vamos dormir.

Rita concordou e, depois de tirar as xícaras da mesa, subiu para o quarto. Estava pensando, perguntando-se até quando Clara resistiria à vontade de ver Osvaldo.

Antônio chegou em casa e Neusa esperava-o impaciente.

— Puxa, pensei que não voltasse mais. Não aguento ficar tanto tempo só. Você está me abandonando.

— Estou trabalhando, mãe. Tem de entender.

— Ficou dois dias fora de casa.

— Você sabe que estive trabalhando no sítio.

Neusa observou sarcástica:

— Aí tem coisa! Essa sua repentina dedicação ao trabalho me intriga. O que há lá? Alguma mulher interessante? Você nunca foi disso!

Antônio levantou a cabeça e respondeu com altivez:

— Sei o que estou fazendo. Por que reclama? Não era você quem vivia dizendo que eu precisava trabalhar? Agora que estou me esforçando, não está contente.

— Não estou acreditando nesse seu súbito interesse pelo trabalho.

— Chega de conversa. Agora vou tomar um banho e depois terei de ir à cidade fazer algumas compras. Osvaldo volta do sítio amanhã e precisa encontrar tudo pronto.

Ele subiu e Neusa balançou a cabeça pensativa. Antônio estava mudado. Falava menos, levantava cedo, ficava fora o dia inteiro, não reclamava de estar trabalhando. Não lhe dissera quanto estava ganhando, mas ela imaginava que recebia um bom salário, uma vez que se vestia melhor, comprava roupas finas e, o que era mais intrigante, nem usava a mesada que Osvaldo lhes mandava todos os meses. Até as despesas da casa ele pagava.

Aquilo não era natural. Às vezes, pensava que ele estava preparando um grande golpe para arrancar dinheiro do irmão. Por isso, ela precisava se precaver, não gastar o dinheiro da mesada. Assim, caso a situação estourasse e ele fosse despedido, ela teria uma reserva para se sustentar.

Antônio, porém, dizia que ela precisava vestir-se melhor, cuidar mais da aparência, arrumar-se. Antes, ele nunca reparava em como ela se vestia. Precisava tirar aquele assunto a limpo.

Quando ele desceu, depois do banho, ela serviu o almoço e, antes que ele se levantasse da mesa, foi direto ao assunto:

— O que está acontecendo? Você está mudado. Tenho andado preocupada.

— Não precisa se preocupar. Nunca estive tão bem.

— Não sei… Você parece outra pessoa.

Ele riu bem-humorado.

— Estou me sentindo outro mesmo, se quer saber. Minha vida agora tomou um novo rumo.

— Como assim? Apareceu alguma mulher?

Ele riu sonoramente.

— Ainda não. Mas, se aparecer e valer a pena, posso até gostar.

— Logo você, meu filho, está pensando em me abandonar?

— Estou crescidinho para ficar embaixo da saia da mãe.

— Está vendo? Tenho motivos para me preocupar.

— Não tem, não. Mesmo que um dia apareça alguém em minha vida, nunca a deixarei. Pode ter certeza disso.

Ela suspirou aliviada.

— Ainda bem. Fico nervosa só de pensar nisso.

— Se bem que um dia, quando um de nós morrer, teremos de nos separar.

— Deus me livre! Nem fale uma coisa dessas.

— Por quê? Nos últimos tempos tenho pensado muito sobre isso. A morte faz parte da vida.

— Vamos mudar de assunto. Não quero falar sobre isso.

Ele ficou sério e respondeu:

— Você precisa ir qualquer dia destes ouvir uma palestra de Osvaldo no sítio.

— Palestra? De Osvaldo? Sobre o quê? Ele continua com aquela mania de falar em espíritos?

— Continua. Os espíritos falam através dele.

— Você me disse que ele recebe os espíritos de gente morta. Fico arrepiada só em pensar. Acho que a traição de Clara tirou alguns parafusos da cabeça dele. Só pode ser. Antes, ele nunca falava nisso.

Antônio não respondeu de imediato, ficou pensativo. Ele também se surpreendeu quando começou a trabalhar com o irmão. A princípio descrente, depois curioso, ultimamente intrigado com o que via.

Alguns fatos que ocorriam no sítio desafiavam sua lógica. Não conseguia encontrar explicações. Apesar disso, pessoas melhoravam, resolviam problemas, mostravam-se emocionadas, agradecidas.

Ele mesmo, sem Osvaldo saber, havia levado algumas amostras dos produtos de ervas que fabricavam no sítio para um médico seu conhecido, que, analisando-as, garantira que se tratava de drogas inofensivas à saúde, mas sem grande poder curador.

Todavia, com elas as pessoas recuperavam a saúde e algumas doenças graves eram curadas. Só podia ser sugestão. Tinha ouvido falar do placebo, remédio sem potencial de cura, mas que pode agir como fator psicológico.

Porém, se alguns casos que presenciara poderiam ser encaixados nessa explicação, outros havia em que só a cirurgia poderia resolver, em que certos órgãos estavam muito comprometidos, mas que, apenas com o uso daquelas ervas, tinham se resolvido. O tumor desaparecera, os órgãos se refizeram como por milagre.

Observando tudo isso, Antônio foi se transformando completamente. Depois, o respeito com que Osvaldo o tratara desde o início foi muito prazeroso. Ele não estava habituado a ser tratado daquela forma. Sentiu-se bem, útil, digno. Ficou emocionado com os casos dolorosos que apareciam no sítio em busca de ajuda. Sentiu vontade de fazer alguma coisa, de cooperar.

Descobriu que era gratificante ser bom, que ajudar alguém a sentir-se melhor, confortar, mostrar-se solidário causava-lhe muito bem-estar. Aos poucos foi se tornando mais interessado no trabalho que faziam.

Levantou-se da mesa dizendo:

— Já estou saindo, mãe. Não sei a que horas voltarei. Tenho muitas coisas para fazer.

Vasculhou os bolsos e encontrou a lista de compras, apanhou a pasta e saiu sem responder a Neusa, que resmungava que estava cansada de comer sozinha.

Estava uma tarde quente, e Antônio andava apressado quando alguém o puxou pelo braço.

— Até que enfim o encontro. Onde tem andado?

Válter estava em sua frente e, vendo-o, Antônio surpreendeu-se com sua aparência. Sentiu uma impressão desagradável, um cheiro de álcool, e instintivamente susteve a respiração para evitá-lo.

— Estou trabalhando, como você sabe.

— Sei. Tenho ido à sua casa e você nunca se encontra lá. Sua mãe está cansada de me ver. Ultimamente finge que não há ninguém em casa. Mas eu sei que ela está lá.

— Não a leve a mal. Sabe como ela é.

— Temos de conversar. Vamos tomar uma cerveja em algum lugar.

— Obrigado. Mas acabei de almoçar, comi demais e não tenho vontade de nada.

— O que é isso? Uma cerveja sempre cabe. Vamos.

Agarrou-o pelo braço. Antônio olhou para o relógio: podia dispor de alguns minutos. Entraram em um bar, sentaram-se e Antônio pediu um refrigerante e Válter, uma cerveja.

Enquanto esperavam, Antônio considerou:

— Não acha que ainda é cedo para começar a beber?

— Nada disso. Para mim, qualquer hora é hora. Mas, fale, como vão as coisas?

— Bem.

— Estou vendo. Você anda bem-vestido, elegante. Pelo jeito está mesmo indo muito bem. Qualquer dia destes vai aparecer até com um carro.

— Estou pensando nisso mesmo.

— Conseguiu as informações que lhe pedi?

— Você ainda não se esqueceu disso?

— Dei um tempo, mas não esqueci. O que sei é que Clara não voltou com Osvaldo. Se ela fizesse isso, iria se arrepender.

Havia tanto ódio em sua voz que Antônio estremeceu, sentiu um aperto no peito e uma sensação de desconforto. Teve vontade de levantar-se e sair dali. Controlou-se, porém.

— Não vejo por que tem tanto ódio de Osvaldo. Foi você quem arrasou com a vida dele. Ele é quem poderia sentir ódio de você. No entanto, ele nunca fala nisso.

— Pelo jeito você passou para o lado dele. Eu estava desconfiado. Você sumiu. Anda todo emproado, orgulhoso. Você não era assim. Agora tenho certeza de que você se vendeu mesmo. Não é mais meu amigo. O que faz um pouco de dinheiro!

Tentando conter a impressão desagradável, Antônio respondeu:

— Não seja tão maldoso. Não me baldeei para o lado dele. Osvaldo é meu irmão, deu-me um bom trabalho, trata-me com respeito, consideração. Tem se mostrado meu amigo. É um homem decente, como sempre foi. Não vejo razão para ficar contra ele em nada. Ao contrário: a cada dia gosto mais do que estou fazendo.

— Você é um bobo. Com um punhado de dinheiro ele está conseguindo manipular você, que só faz o que ele quer. Quando não lhe convier mais, vai dar um pé no seu traseiro e pronto.

Antônio levantou-se.

— Não dá para conversar com você. Vou embora. Tenho mais o que fazer.

Válter puxou-o pelo braço, forçando-o a sentar-se.

— Ainda não terminei. Sempre tive você como meu melhor amigo. Quando Osvaldo não ligava para você, arranjei-lhe um ótimo emprego.

— Que eu perdi quando você teve o caso com Clara.

— Sempre amei aquela ingrata. Não fiz de propósito. Não pensei que você fosse pedir demissão por causa disso. Você é muito falso, nunca foi meu amigo.

— Está enganado. Continuo sendo seu amigo. Mas não gosto de ver você do jeito que está. Se continuar assim, vai acabar perdendo o emprego.

— Isso já está acontecendo. Não tenho vendido nada, qualquer dia destes eles vão me despedir. Mas de quem é a culpa? De vocês. De Clara, que me enlouquece, e sua, que prometeu me ajudar, mas nunca cumpriu o prometido.

— Olhe aqui, Válter, vamos esclarecer isso de uma vez. Não tenho culpa se Clara não quer nada com você. Há anos que não converso com ela, nem sei por onde ela tem andado. Tenho visto os meninos com Osvaldo, falamos de outros assuntos, mas nunca de Clara. Seria bom que você esquecesse o passado, cuidasse da sua vida, não bebesse tanto, procurasse manter uma boa aparência.

— Não posso esquecê-la. Depois, de que me adiantaria manter boa aparência se ela não me quer?

— Mas poderá encontrar outra que o ame e refazer sua vida.

— Não quero. Um dia ela ainda vai voltar para mim.

Antônio meneou a cabeça negativamente.

— Você não tem jeito mesmo. Pare de culpar os outros pelos problemas que conseguiu arranjar com sua atitude. Agora preciso ir. Tenho muito que fazer.

Levantou-se apressado para não dar tempo a que Válter o segurasse. Foi se afastando, mas ouviu-o dizer:

— Vocês me pagam! Não vou deixar passar. Juro que não.

Antônio continuou andando sem olhar para trás. Pela primeira vez observara quanto Válter era rancoroso, injusto, desequilibrado, desagradável. Sentia-se atordoado, indisposto, cansado. Respirava e tinha a sensação de que seus pulmões não recebiam todo o ar de que precisavam.

O encontro com Válter fizera-lhe mal. Entrou em uma lanchonete e pediu um copo de água mineral. Respirou fundo e foi tomando a água em pequenos goles, tentando se refazer.

Aos poucos foi melhorando. Olhou no relógio e decidiu continuar seu trabalho. Apesar do esforço que fez para esquecer aquele desagradável encontro, de vez em quando a figura de Válter e suas palavras voltavam-lhe à lembrança. Ao pensar nele, sentia um aperto no peito e certa inquietação da qual ele lutava para sair.

Capítulo 22

Depois que Antônio saiu, Neusa deu largas à inquietação. Seu filho estava diferente mesmo. Não a ouvia como antes. Talvez esse trabalho de Osvaldo com espíritos dos mortos fosse a causa.

Nos últimos tempos via pela televisão pastores dizendo que os espíritos dos mortos não se comunicavam. Era o demônio quem se apossava das pessoas, enganando-as.

Um arrepio de medo percorreu-lhe o corpo. Quando ela consultava cartomantes querendo saber o futuro, não estaria também sendo enganada pelo demônio?

Foi à cozinha e tomou um copo de água, mas a inquietação não passava. Começou a andar de um lado para outro, nervosa, enquanto vários pensamentos ruins a atormentavam.

E se Osvaldo estivesse sob possessão do demônio? Antônio, trabalhando com ele, também estaria sendo envolvido. E se os dois enlouquecessem? Se Osvaldo perdesse todo o dinheiro, o que seria deles no futuro? Quando queria conversar com Antônio, contar-lhe as novidades, comentar os problemas, como sempre fazia, ele desconversava, não lhe dava atenção, mostrava-se indiferente.

Era provável que já estivesse enfeitiçado pelo malvado.

A certa altura, parou. Era mãe. Tinha de defender os filhos. Precisava fazer alguma coisa, mas o quê?

Sentiu a cabeça atordoada, o estômago enjoado. Colocou água no fogo para fazer café. A campainha tocou e ela foi atender. Era Doroteia, sua vizinha.

— Neusa, tenho uma novidade para lhe contar.

Os olhos dela brilhavam de prazer, e Neusa convidou-a entrar.

— Vamos à cozinha, que vou passar um café. Estou deprimida. O café é bom para levantar o ânimo.

— Sabe a Dora do 202? Ela deixou o marido. Quando ele voltou do trabalho ontem à tarde, ela já tinha ido.

Por alguns instantes Neusa esqueceu a preocupação.

— Não diga! Um homem tão trabalhador, tão bom. Por que ela teria feito isso?

— Dizem que foi por causa do filho de seu Antero.

— O dono da padaria?

— Esse mesmo. Levou Joãozinho com ela. O pai está louco da vida. Deu parte à polícia.

— Tomara que ele os encontre. Uma mulher como ela merece ser punida. Para você ver como esse mundo é injusto. Mulheres honestas, trabalhadoras, sinceras não têm sorte. Já uma desavergonhada como Dora, os homens se matam por ela. Veja eu, esposa dedicada, honesta, mulher de um homem só. Fiquei viúva depois de seis anos de casamento.

— Você era moça. Por que nunca mais se casou?

— Nem com meu marido morto eu o traí. E, quanto a esse caso de Dora, pode apostar: Onofre vai esbravejar, dar parte na polícia, mas daqui a algum tempo vai acabar perdoando e voltando com ela.

— Será? Depois do escândalo, ele não terá coragem. A rua inteira sabe e comenta.

A água estava fervendo, e Neusa, que já havia preparado o pó no coador, passou o café. Colocou o prato com bolo no meio da mesa, serviu o café para ambas e sentou-se para comer.

— Mas você parece preocupada — comentou Doroteia. — Aconteceu alguma coisa?

Neusa ficou silenciosa por alguns instantes. Sabia que Doroteia havia deixado a igreja católica na qual fora educada pela família e estava frequentando uma dessas igrejas que apareciam na televisão.

— Pelo seu silêncio, vejo que está mesmo acontecendo alguma coisa.

— Você é minha amiga. Não posso negar. Meus filhos estão mudados. Não gosto do que estão fazendo.

— O que foi, Neusa?

— Sei que você mudou de religião, frequenta outra igreja. Gostaria de saber como se sente.

— Muito bem. Depois que fui para lá, minha vida mudou. Tenho fé. Sei que meu Deus nunca vai me abandonar se eu for fiel, se fizer tudo certo.

Os olhos de Doroteia brilhavam, seus lábios entreabriram-se em doce sorriso. Sua expressão mudou como se ela estivesse tendo uma visão celestial.

— Conte-me como é isso.

Doroteia falou da Bíblia, dos salmos, dos pastores, da regras da igreja, com euforia e disposição. E concluiu:

— Agora encontrei meu caminho. Estou feliz.

— Puxa! Você está entusiasmada mesmo. — Hesitou um pouco, depois perguntou: — O que você acha do espiritismo?

— Coisa do demônio. Estamos no fim dos tempos. O diabo está tomando conta da humanidade. Só vai se salvar quem seguir a igreja. Por que pergunta isso?

— É isso que me preocupa. Meu filho Osvaldo diz que fala com espíritos dos mortos.

— Cruz-credo! Que horror!

— O pior é que ele nunca ligou para Antônio nem para mim. É triste dizer, mas Osvaldo sempre nos desprezou. Agora, aproximou-se de nós, está nos dando dinheiro. O que me chamou a atenção foi que Antônio também está mudado. Evita conversar comigo, quase não para em casa. Não sei o que fazer, a quem recorrer. Tenho de fazer alguma coisa.

— Tem mesmo, e depressa. Está claro que o diabo os está seduzindo. Cuidado. Ele é perigoso. Você não vai poder expulsá-lo sozinha. Hoje mesmo vou levá-la à minha igreja à noite. Tenho certeza de que esse demônio vai ser expulso de sua casa.

— Você faria isso por mim?

— Claro. Você é minha amiga e está correndo perigo. Acalme-se. Você será protegida.

Combinaram de ir à igreja naquela mesma noite. Doroteia passaria mais tarde em sua casa. Depois que ela se foi, Neusa sentiu-se mais calma. Estava tomando providências para ajudar a família.

Estava ansiosa. Doroteia falara maravilhas daquela igreja, dos hinos, das pessoas, tudo. Neusa sentiu-se cansada e com sono. Olhou para o relógio. Tinha tempo de descansar um pouco.

Foi até o quarto e deitou-se. Foi relaxando e estava quase pegando no sono quando sua atenção foi despertada. Olhou para o canto do quarto e viu um homem alto, forte, que foi se aproximando da cama. Ela reconheceu seu marido João. Estava remoçado, parecia bem-disposto.

Neusa estava atordoada e no primeiro instante esqueceu-se de que ele falecera havia muitos anos.

— João! Você sarou, está bem. Que bom!

— Neusa, abra seus olhos e aproveite a oportunidade que lhe está sendo oferecida. Osvaldo está dizendo a verdade. Acredite nele.

Foi aí que Neusa se lembrou e gritou:

— Você está morto! Isto é um sonho.

A figura de João estremeceu, balançou no ar e desapareceu. Neusa fez força para se levantar, mas não conseguiu. Apavorou-se, quis chamar alguém, mas seu corpo não lhe obedecia.

Gastou alguns segundos na tentativa de mexer o corpo, até que por fim conseguiu dar um pulo e sentar-se na cama. Suava e estava muito assustada.

"Foi só um sonho", pensou.

Mas aquela visão não lhe saía do pensamento. Depois da morte de João, sonhara com ele várias vezes. Entretanto, nenhum dos sonhos havia sido igual àquele. A presença do marido havia sido tão real que Neusa chegou a sentir o cheiro do perfume que ele usava em vida. Era como se ele houvesse ressuscitado.

— Esta história de espíritos me perturbou. Por que fui me meter nesse assunto?

As palavras de João não lhe saíam do pensamento: "Osvaldo está dizendo a verdade. Acredite nele".

Lembrou-se de Doroteia. Logo mais ela viria buscá-la para ir à igreja. Dissera-lhe que lá eles exorcizavam o demônio. E se ela se sentisse pior?

Havia perdido completamente a vontade de ir. O melhor mesmo era não se envolver com essas histórias.

De repente, lembrou-se de que a vida de Doroteia não mudara nada. O marido continuava desempregado, o filho brigando com a irmã porque ela resolvera namorar um rapaz que ele dizia ser malandro. Até a própria

Doroteia continuava exausta, uma vez que tanto o marido quanto o casal de filhos, além de não ajudar em nada em casa, viviam reclamando da comida que ela fazia, das roupas malpassadas, da casa mal-arrumada.

Não. Doroteia mostrava-se mais animada, mas sua vida continuava na mesma.

Mais tarde, quando ela apareceu, conforme o combinado, Neusa disse que não iria.

— Pelo que vejo, você já se deixou dominar por "ele". Reaja. Vamos. Você precisa se salvar e salvar seus filhos. No dia do julgamento final, todos vocês serão destruídos para sempre.

— Não é que eu não queira ir. Mas não posso sair agora. Estou esperando Antônio. Ele telefonou e disse que virá mais cedo para o jantar. Tenho de esperá-lo. Irei outro dia.

— Aposto que ele fez isso só para impedi-la de ir. O diabo sabe de tudo e o fez ligar para segurar você. Ainda acho que deve ir.

Quanto mais Doroteia insistia, mais Neusa sentia vontade de não ir. Foi categórica:

— Não adianta, Doroteia. Hoje eu não vou.

— Está bem. Você é quem sabe. Mas depois não venha com ares de preocupação reclamar comigo.

Depois que ela saiu, Neusa respirou aliviada. Começou a desconfiar que havia alguma coisa errada na insistência dela. Não gostava de ser pressionada. Sentia vontade de fazer o contrário.

Decidiu ter uma conversa séria com Antônio. Esperou-o para o jantar, porém ele só chegou depois das onze. Vendo-a acordada, estranhou. Neusa gostava de dormir cedo.

— Ainda acordada? Aconteceu alguma coisa?

— Fiquei esperando por você. Temos de conversar. Não adianta dizer que está cansado, porque hoje não o deixarei ir.

Antônio sentou-se no sofá e respondeu:

— Está bem. O que houve?

— Você está mudado. Não conversa mais comigo como antes, nem me dá atenção.

— Antes eu ficava o dia inteiro em casa, mas agora estou trabalhando.

— Eu sei. Por isso mesmo, tenho suportado a solidão sem dizer nada. Mas hoje você me disse algumas coisas que me preocuparam.

— O que foi?

— Não estou gostando dessa história de Osvaldo lidar com os espíritos dos mortos. Vocês mudaram muito. Hoje Doroteia, que tem muita fé e é evangélica, me disse que os espíritos dos mortos nunca se comunicam, que é o diabo que se faz passar por eles, para nos dominar.

Antônio começou a rir.

— Você ri, mas isso é sério — continuou ela. — Doroteia disse que está chegando a hora do juízo final e que temos de salvar nossa alma, senão nossos espíritos serão destruídos para sempre.

— Não acredito. Como você pode dar crédito a uma coisa dessas?

— Também não acredito, mas e se for verdade?

— Mãe, temos de ter bom senso, observar os fatos.

— Foi o que fiz. Veja só: Osvaldo nunca ligou para nós, e agora, de uma hora para outra, decide nos ajudar. Isso não lhe parece estranho?

— Não. Ele está fazendo isso porque percebeu que estava errado e quer corrigir.

— É, mas antes você me dava mais atenção. Agora...

— Você não tem nenhuma razão para preocupar-se. Nunca estivemos tão bem. Estamos progredindo, nossa família está se entendendo como nunca. Nada nos falta. Você está sendo mal-agradecida.

— Mas, se for coisa do diabo, ele vai cobrar um preço caro por tudo isso. Quem morre nunca mais volta. Você acredita que os mortos possam se comunicar?

— No começo pensei que Osvaldo estivesse tendo alucinações. Mas depois as coisas começaram a acontecer, e hoje estou inclinado a reconhecer que ele está dizendo a verdade. Osvaldo afirma que, quando o corpo morre, aquele espírito vai viver em outro mundo. Diz que a carne é como uma roupa que cobre o corpo espiritual e eterno. Todos somos assim. Depois da morte, ficamos com o corpo espiritual, e, apesar de viver em outra dimensão, continuamos sendo a mesma pessoa, com os mesmos gostos e afetos.

Neusa ficou pensativa. Seria por isso que João, apesar de morto, continuava se interessando pela família?

— Será?

— Osvaldo diz que é. Diz também que, depois de certo tempo no outro mundo, nossos espíritos voltam a nascer na Terra. As crianças que nascem no mundo estão voltando para continuar a aprender, mas já viveram muitas vidas aqui antes.

— Isso é demais. Como pode ser?

— Jesus ensinou isso. Está na Bíblia.

— Você nunca se interessou por religião.

— Sabe, mãe, o que tenho visto no sítio tem me feito pensar. Hoje estou certo de que existem muito mais coisas além dos nossos cinco sentidos.

— Você me deixa curiosa. Como sabe?

— Osvaldo consegue ver e ouvir os seres do outro mundo.

— Como sabe que é verdade?

— Porque ele dá recados dos parentes mortos para as pessoas. Dá muitas provas e não há como duvidar.

— Você me falou que ele faz remédios de ervas. Como pode ser isso, se ele foi criado na cidade?

— Mãe, não adianta eu ficar falando. É melhor que você vá lá ver. Tenho certeza de que concordará comigo.

— Eu? Não. É muito perigoso. E se for coisa do diabo?

Antônio riu bem-humorado e respondeu:

— Lá só se pratica o bem, só se fala em bondade e amor, perdão e harmonia. Se o diabo trabalhasse assim, estaria trabalhando contra ele mesmo e se tornando um anjo bom.

Neusa ficou pensando por alguns minutos. Não contou que tinha visto João nem o que ele lhe dissera. Antônio se sentiria apoiado. Ela desejava refletir um pouco mais. Algumas coisas que o filho dissera a impressionaram favoravelmente.

Afinal, Doroteia não servia de exemplo para ninguém. Se ela não conseguia melhorar sua vida nem a da própria família, não estava em condições de ensinar nada. Queria ver quanto ia durar a fé que ela alardeava. Quando saísse da euforia e percebesse que tudo continuava igual, procuraria outra coisa e faria tudo de novo.

— Agora vamos dormir, mãe. É tarde. Pense no que eu disse. Se quiser ir lá qualquer dia destes, posso levá-la.

— Vamos ver.

— Acho que deveria ir. Se está preocupada, precisa ver com seus próprios olhos como são as coisas.

Ela concordou. As palavras de Antônio acalmaram-na. Podia ser que estivesse sendo precipitada. Afinal, de fato, a vida deles havia melhorado muito.

Antônio foi para o quarto. Convivendo com Osvaldo e as pessoas que o procuravam, começou a perceber que não havia somente espíritos bons que se comunicavam mandando mensagens para os entes queridos, mas também havia outros menos equilibrados que interferiam na vida das pessoas, prejudicando-as.

Depois de receberem orientação de Alberto, o guia espiritual de Osvaldo, e de frequentarem as reuniões no sítio ou no centro de Lídia, para onde eram encaminhadas, essas pessoas voltavam aliviadas e muito melhor.

Isso o impressionava e fazia pensar. Ele nunca havia sido bem-sucedido em nada. Sua vida afetiva sempre fora um fracasso. Nas duas vezes que se apaixonara, em uma fora traído e, na outra, rejeitado.

Desiludido, jurou nunca mais se apaixonar. As palavras de Neusa, quando a procurou para desabafar, nunca mais lhe saíram da lembrança: "Amor verdadeiro, meu filho, só de mãe. Sempre estarei aqui para apoiá-lo".

Apesar de gostar muito dela, sentia falta de motivação, de objetivos. Tornou-se indiferente às pequenas alegrias do dia a dia. A rotina o entediava, mas ele se conformou. A vida era assim mesmo, conforme Neusa dizia.

Agora, porém, Osvaldo dissera-lhe que cada um é responsável por tudo quanto lhe acontece. No universo não existe vítima. São as atitudes que criam o destino. Enquanto você as mantiver, elas continuarão a produzir os mesmos resultados. As coisas ruins poderão ser afastadas se a pessoa descobrir qual das suas atitudes está provocando esse resultado e trocá-la por outra melhor.

Antônio sentia-se mexido, tocado profundamente em seus sentimentos. Assistindo às palestras de Osvaldo, questionava tudo, cheio de dúvidas, ansioso por entender o que sentia. Tinha dificuldade de analisar suas emoções.

Percebeu que não se conhecia. Não sabia dizer do que gostava, o que lhe causava prazer.

Uma tarde, ao olhar-se no espelho, notou como estava envelhecido, curvado, suas roupas eram deselegantes, sem graça, como ele mesmo.

Ficou chocado. Estava com trinta e oito anos, mas aparentava muito mais. Passou a mão pelo rosto e notou que sua pele estava seca, sem vida, e seus olhos inexpressivos.

Na manhã seguinte foi ao barbeiro, mudou o corte dos cabelos, passou por algumas lojas e interessou-se por uma linda camisa de linho. Perguntou o preço. Era cara, a loja muito fina. Mas havia recebido na véspera e num impulso a comprou.

Quando a vestiu, olhou-se no espelho e sentiu-se melhor. Seus olhos brilhavam satisfeitos, mas notou que as calças e os sapatos não combinavam. Dois dias depois, havia comprado tudo.

Tomou um banho, arrumou-se bem e saiu para dar uma volta. Satisfeito, notou alguns olhares interessados de duas moças. Foi o bastante. Sentiu-se valorizado, alegre.

A partir desse dia, passou a cuidar melhor da aparência. Observou que a mãe havia parado no tempo. Suas roupas eram antiquadas, seus cabelos sem brilho, nunca se pintava. A casa estava velha, precisando de reparos e de pintura.

Falou com a mãe, mas ela não concordou.

— Está como sempre esteve. Pintura é caro.

— Mas, mãe, há muitos anos não pintamos a casa.

— Bobagem gastar dinheiro com isso. Temos de guardar para o nosso futuro. Não sabemos o dia de amanhã. Eu posso ficar doente, você pode perder o emprego. Nunca se sabe.

Antônio não respondeu. Ela podia ter razão. Mas, a cada dia, mais e mais o incomodava olhar para as paredes desgastadas do seu quarto, os móveis velhos da cozinha, o tapete desbotado da sala de estar, a cadeira em que ninguém podia sentar porque as pernas balançavam. Neusa recusava-se a jogar fora o sofá desbotado de almofadas tortas e desconfortáveis.

Era com prazer que ele ia à casa de Osvaldo, onde tudo, embora antigo, era conservado como novo. Havia flores nos vasos, as paredes eram bem pintadas e claras. No sítio também tudo era arrumado com capricho. Cada coisa em seu lugar.

Osvaldo dissera-lhe que a casa era reflexo de seu habitante. Uma casa malcuidada significava que a pessoa cuidava mal da própria vida. Seria verdade? Eles teriam cuidado mal de suas vidas? Era por isso que haviam tido tantos problemas?

Aos poucos, foi perdendo a vontade de ficar em casa. Apesar de abrir as janelas todas as manhãs, sentia um desagradável cheiro de mofo. Procurando descobrir de onde vinha, notava todos os detalhes em volta e não gostava do que via.

Quando reclamava com a mãe, ela respondia:

— Você agora está ficando enjoado. Porque ganha um pouco de dinheiro, está luxento. Tudo aqui está como sempre esteve. Mas eu sei o que está acontecendo. Está procurando desculpa para me deixar aqui sozinha.

Uma tarde conversou com Osvaldo sobre o assunto.

— Não sei mais o que fazer com a mãe. Quero melhorar nossa vida, mas ela recusa. Não quer pintar a casa, trocar os móveis. Não liga para nada. A casa está no mais completo abandono. Apesar de gostar muito dela, estou pensando seriamente em me mudar.

— Ela ficará desolada.

— Eu sei. Vive pendurada em mim. Mas é claro que não penso em abandoná-la. Estarei lá todos os dias. Mas tenho o direito de viver em um lugar mais arrumado. Quando reclamo, ela diz que é desculpa para abandoná-la.

— A mãe sempre foi assim. Nunca cuidou de si mesma como poderia. Foi você quem mudou.

— É verdade. Estou cansado de viver em um lugar feio, malcuidado, cheirando a mofo. Aqui tudo é feito com capricho, bom gosto, há flores nos vasos. Mamãe não tem gosto nem capricho. Não estou me queixando. É uma boa mãe, sempre interessada em meu bem-estar, mas é muito relaxada. Não acha que tenho razão?

— Até certo ponto, sim. Você tem o direito de viver em um lugar bonito, bem- arrumado. Uma casa, ainda que modesta, simples, bem limpa, arrumada com gosto e capricho, atrai energias positivas, provoca bem-estar em seus moradores, ao passo que o desleixo, os objetos quebrados, malcuidados, a falta de higiene são o ninho certo para energias negativas, desagradáveis. Além de dificultar a ajuda dos espíritos de luz, favorecem a presença de entidades perturbadoras.

— Outro dia ouvi você dizendo isso.

— Por outro lado, há que ter paciência com mamãe. Ela também é espírito e em sua essência guarda muita sensibilidade à beleza, ao amor.

— A mãe? Não creio. Nunca vi pessoa mais crítica. Adora falar mal da vida alheia. Principalmente quando se junta com Doroteia.

— Ela sempre foi assim.

— Antes eu tinha paciência, ouvia e até dava palpite. Mas agora cansei. Incomodam-me certos comentários. Nós não sabemos lidar nem com nossos próprios problemas e queremos julgar os outros.

— Você percebeu que esse tipo de atitude não lhe agrada. Sabe por quê?

— Não.

— Porque descobriu que não precisa realçar os pontos fracos dos outros para se valorizar. Ao contrário, essa atitude é falsa e desagradável. Você está ficando mais consciente. Tenho ouvido comentários dos amigos dizendo que você remoçou, está mais bonito, elegante. Não me espantaria se qualquer dia destes alguma moça bonita se apaixonasse por você.

Antônio corou de prazer. Ele também havia notado. Osvaldo continuou:

— Sabe, Antônio, diante dos desenganos, cada um reage de um jeito. Mas o medo de sofrer acaba sepultando a sensibilidade. A pessoa se fecha, procura ser indiferente e acaba perdendo até a individualidade. Deprime-se, perde o prazer de viver, acaba não sabendo mais do que gosta ou o que quer da vida. A mãe sempre foi prisioneira do medo. Seus pensamentos são pessimistas. Julga que assim está se protegendo dos perigos. Isso é ilusão. A vida fará justamente o contrário. Quanto maior a indiferença, maior será o acontecimento que virá para quebrá-la. Nós somos espíritos eternos, sensíveis ao bem, à beleza, à luz. Nossa alma vibra ao toque dos valores verdadeiros.

— É difícil pensar que a mãe seja assim também.

Osvaldo sorriu bem-humorado.

— Todos somos. Mas há momentos em que preferimos nos esconder na depressão e na incapacidade. Mas é inútil, porque a vida trabalha para nos transformar, para trazer à tona toda a grandeza espiritual que guardamos em nosso mundo interior.

— Tem certeza disso?

— Tenho. Você era como ela. Assim como despertou para a vida à sua volta, ela também despertará. Em vez de ir embora, se mudar, deixá-la só, faça o oposto: traga-a para onde você está agora. Desperte a sensibilidade dela, faça-a perceber toda a beleza que nos cerca. Assim, aos poucos ela também vai recuperar a alegria e o prazer de viver.

Os olhos de Antônio brilharam comovidos.

— Puxa, se eu conseguir, será maravilhoso.

— Faça isso, mas não espere resultados rápidos. Ela pode ser resistente, demorar para desabrochar. Lembre-se de que ela se tornou assim para defender-se de seus medos. Largar essa postura pode significar a perda dessa proteção mantida durante anos. É uma ilusão, mas é preciso coragem para deixá-la ir e aventurar-se em novos caminhos.

As palavras de Osvaldo calaram fundo em Antônio. Saiu de lá pensando no que fazer para conseguir o que pretendia.

Depois que ele se foi, Osvaldo ficou pensando em sua mãe. Para ele havia sido muito bom ter sido criado por Ester e seu marido. Aprendera muito com eles, embora naquele tempo se ressentisse porque não lhe deram o carinho que ele desejava. Agora, porém, reconhecia ter recebido muito deles.

A educação esmerada, o respeito com que sempre o trataram apesar da situação financeira de sua família, a oportunidade de estudar, vestir-se bem, ter uma vida confortável.

Tudo isso fora melhor do que os mimos que julgava merecer. Sua mãe agarrara-se ao filho mais novo, única companhia que lhe restara, mimara-o de tal maneira que acabou por transformá-lo em um homem fraco, sem vontade, vulnerável e incapaz de cuidar da própria vida.

Naquele momento, Osvaldo viu tudo claramente. Percebeu que, privado do aconchego da mãe, evitou ficar na mesma situação de Antônio. Felizmente o irmão estava acordando, percebendo que podia tornar-se uma pessoa mais feliz e respeitada. Se Neusa também acordasse para a realidade, talvez eles pudessem conviver bem. Não seriam apenas pessoas que a vida reuniu nesta vida e que, acabando os laços do mundo físico, se afastariam. Não seriam apenas uma família consanguínea, mas sim uma família espiritual, ligada pelos laços da amizade e do amor.

Pensando na bondade divina que lhe permitira descobrir esse caminho, Osvaldo ajoelhou-se ali mesmo, na sala, e entregou-se à oração de agradecimento.

Capítulo 23

Clara entrou em casa e admirou-se ao encontrar Marcos e Carlos esperando-a na sala.

— Os dois em casa tão cedo? Aconteceu alguma coisa?

— Estávamos esperando você — disse Carlos.

— Papai vai mandar o carro nos buscar. Vamos para o sítio passar o fim de semana. Não queríamos ir sem nos despedirmos de você.

— Parece que agora virou moda. Todos os fins de semana vocês vão para o sítio e nos deixam sozinhas. Não acham que estão exagerando? Eu também gosto de ficar com vocês. Faz tempo que não passamos uma tarde juntos, conversando.

— Eu sei, mãe. Mas é que vai haver um evento importante no sítio. Não queremos perder — disse Marcos.

— Carlos vai tocar. Ensaiou a semana toda.

— Não sei o que há lá que vocês tanto gostam.

— Garanto que se você fosse adoraria — tornou Carlos.

Clara fez de conta que não ouviu. Disse apenas:

— Nesse caso, não digo mais nada. Podem ir.

Os dois a abraçaram com carinho. Subiram para o quarto e desceram logo com a bagagem.

— Pelo menos, jantem comigo.

Os dois hesitaram, e Marcos respondeu:

— É que papai mandou preparar um jantar especial para nós. O carro já deve estar chegando.

Eles a beijaram e se foram. Clara entrou na copa dizendo:

— Você viu, Rita? Eles nem ligam mais para mim. Agora tudo é o pai. Não sei como isso vai acabar. Qualquer dia destes vão querer nos deixar e morar com ele. Isso não vou suportar. Depois de tudo, Osvaldo aparece e quer tomar os filhos de mim.

Rita, que supervisionava Diva, que fazia o jantar, disse séria:

— Não exagere, Clara. Eles adoram o pai, mas não é só isso. Eles gostam das palestras que Osvaldo faz, dos jovens que circulam por lá aos domingos. Eles fizeram amizades, cantam, alegram-se juntos.

— Osvaldo faz isso só para tirá-los de mim.

— Não seja injusta, Clara. Na verdade, Osvaldo conseguiu criar naquele sítio um ambiente leve, agradável, onde as pessoas se voltam para a espiritualidade, sentem-se bem, melhoram suas vidas. O lugar é alegre, bonito.

— Chega, Rita. Daqui a pouco você também vai passar para o lado dele.

— Gostaria que você também fizesse isso. Garanto que se sentiria muito feliz.

— Você sabe que isso é impossível.

— Não sei por quê. Conheço muitos casais que se separaram, mas convivem pacificamente, até como amigos.

— Eu também conheço, mas nosso caso é diferente. Osvaldo nunca vai esquecer o que eu lhe fiz. Depois, eu também não quero vê-lo.

— Você é quem sabe. Mas não pode impedir que seus filhos gostem de ficar com ele.

Clara não respondeu. Subitamente sentiu-se cansada. Não queria pensar em nada. O passado estava morto, e ela não queria ressuscitá-lo.

Antônio chegou em casa e encontrou Neusa mal-humorada.

— Até que enfim chegou. Estava falando sozinha.

— Porque quer. Saia, vá visitar alguma amiga, ligue o rádio, a televisão. Procure distrair-se.

— Não sinto vontade de nada.

Antônio olhou pensativo para ela. Osvaldo estava certo: Neusa não sentia prazer em nada. Havia comprado um televisor em cores para ela. Mas, apesar de assistir um pouco, ela não demonstrava alegria.

Depois do jantar, tomaram café na sala. Ao final, ele se levantou, dizendo:

— Vou subir. Tenho de arrumar a mala. Amanhã bem cedo vou para o sítio.

— Outra vez? Pensei que fosse ficar em casa este fim de semana.

— Não posso. Faz parte do meu trabalho. Depois, neste domingo teremos um evento lá. Osvaldo conta comigo.

— Ele está é se aproveitando de você. Ninguém é obrigado a trabalhar nos fins de semana.

— Gosto tanto de ir para lá que nem é trabalho, é prazer. Por que não vai comigo?

— Eu? Não gosto de dormir fora de casa.

— Quando fomos lá, você bem que queria ficar.

— E Osvaldo não deixou. Não esqueço essa grosseria. Por isso não vou de oferecida.

— Ele fez isso porque não tinha como nos hospedar. Mas agora ele aumentou a casa e podemos ir. Assim não ficará aqui sozinha. Poderá distrair-se.

Ela hesitava entre a curiosidade e a vontade de se fazer de difícil.

— Estou convidando. Faça como quiser. Não vou insistir. Tem todo o direito de escolher.

Vendo que ele ia saindo, ela decidiu:

— Está bem. Eu vou. Mas é só para não passar o fim de semana aqui, olhando para as paredes.

Ele sorriu levemente e respondeu:

— Sairemos às seis. Quero chegar lá antes de Osvaldo e do resto do pessoal.

No dia seguinte, quando Antônio se levantou, ouviu barulho na cozinha e sentiu o cheiro do café fresco. Arrumou-se e quando desceu viu a mala da mãe pronta na sala.

Quando Osvaldo chegou ao sítio com José, Rosa e os dois filhos, Antônio e Neusa já estavam lá. Enquanto ele abraçava a mãe, dando-lhe as boas-vindas, Marcos e Carlinhos se entreolharam aborrecidos.

A presença da avó, com quem haviam tido momentos desagradáveis, foi um balde de água fria em seu entusiasmo.

Osvaldo disse com simplicidade:

— Vocês não vão cumprimentar sua avó?

Acanhados, cada um por sua vez estendeu a mão, arriscando um tímido "Como vai, vó?". Neusa olhou para os dois. Fazia muito tempo que não os via. Exclamou admirada:

— Estão moços! Bonitos! Puxa, Marcos se parece muito com meu falecido João, seu avô. Já Carlos é mais parecido com a mãe. Eu vou muito bem. Mas, se eu não viesse aqui, vocês nunca se lembrariam que têm uma avó. Eu sei que não se importam comigo. Afinal, nunca pudemos conviver.

Nenhum dos dois respondeu, e ela continuou:

— Mas não os culpo por terem me esquecido. Com certeza fizeram muito bem a cabeça de vocês contra mim.

— Está enganada, vó. Ninguém nunca fez nossa cabeça — disse Carlos com certa irritação. — Você é que nunca gostou de nós.

Osvaldo interveio:

— Talvez vocês não se conheçam o suficiente para apreciar as qualidades uns dos outros. Esta é uma excelente oportunidade de se conhecerem melhor e notar o que cada um tem de bom. Garanto que vão se surpreender.

— É injusto você dizer que não gosto de vocês. Ao contrário. Sempre me preocupei com o futuro, principalmente depois que Osvaldo foi embora. Muitas vezes falei com sua mãe. Queria que fossem morar comigo. Estava disposta a ficar com vocês. Mas ela nunca quis. Apesar disso, tenho rezado sempre para que Deus os proteja.

Neusa tinha lágrimas nos olhos, e os dois rapazes não sabiam o que responder. Foi Osvaldo quem tomou a palavra:

— O amor é um sentimento singular. Cada pessoa sente e se manifesta do seu jeito. Isso gera muita incompreensão. Como não podemos entrar no coração dos outros para saber qual é o sentimento que cultivam, o mais certo é nunca julgar. Por outro lado, sempre será útil analisar e procurar compreender o que vai dentro do nosso coração. Isso, eu garanto que dará um resultado muito melhor.

José apareceu para avisar que a mesa estava pronta para um lanche, e os dois rapazes respiraram aliviados. Quando se viram a sós, Carlinhos não se conteve:

— Você viu só? Na frente do papai ela parecia um cordeirinho. Não acredito em nada do que ela disse.

— De fato. Vovó sempre foi irritante, maltratou mamãe. Agora ela vem com essa conversa de que gosta de nós. Também não acredito. Mas viemos aqui para um encontro de paz, e não é bom lembrar das nossas mágoas. Depois, papai tem razão.

— Por quê? Eu não acho.

— Se ela nos tratou mal, nós fizemos o mesmo. Nunca a procuramos nem tivemos um gesto de carinho com ela.

— O que ela queria depois do que fez? Deve dar graças a Deus por a tratarmos com educação. Só fiz isso em respeito ao papai. A última vez que nos vimos, ela foi à escola falar mal da mãe para você. Rita apareceu bem na hora.

— Seja como for, temos de ser educados com ela.

— Isso se ela não provocar. Viu o que ela falou de mamãe? Se ela der mais alguma indireta, não vou tolerar. Papai que me desculpe.

— Calma, Carlos. Não devemos nos importar com o que os outros dizem, mas sim cuidar para não cairmos no mesmo erro deles. O pai sempre fala isso, lembra?

— Lembro. Mas não é fácil.

Marcos riu e respondeu:

— Não é fácil porque estamos viciados em revidar tudo. Estamos ainda na lei do "olho por olho, dente por dente". Isso é um atraso para nossa vida.

Carlos suspirou:

— Está bem. Sei o que quer dizer. Vou me esforçar.

Depois do lauto café que tomaram, apressaram-se a ir até o galpão que Osvaldo construíra ao lado do lago e que estavam inaugurando naquele dia. Ele costumava fazer as palestras na beira do lago, ao ar livre. No começo, eram poucas as pessoas presentes. Com o tempo, o número foi aumentando.

Por isso Osvaldo decidiu construir aquele galpão rústico, mas que os protegeria das intempéries. Estava lotado. Apenas na primeira fila de cadeiras alguns lugares estavam reservados. Antônio levou a mãe e os dois sobrinhos para se acomodarem nesses assentos. O dia estava lindo e o sol brilhava refletindo-se nas águas do rio. Os pássaros cantavam e havia flores por toda parte.

Um jovem cuidava do aparelho de som e a música era suave. Osvaldo apanhou o microfone e colocou-se em pé à frente do público. Depois de saudá-los dando as boas-vindas, disse:

— Hoje é um dia feliz para mim, porque, além de receber vocês em nosso novo salão, conto com a visita de uma pessoa muito importante para mim. Finalmente ela decidiu nos honrar com sua presença tão esperada. É com alegria que desejo apresentar-lhes minha mãe, dona Neusa.

Uma salva de palmas entusiasmadas ecoou enquanto Neusa, tomada de surpresa, tremia qual folha batida pelo vento forte. Osvaldo foi até ela, pegou seu braço para que se levantasse e ficasse de frente para a plateia.

Olhando para aqueles rostos alegres que batiam palmas sorrindo amistosamente, Neusa não conteve a emoção e começou a soluçar. Abraçou o filho, que a apertou em seus braços com carinho. Quanto mais ela chorava, mais eles a aplaudiam.

Quando ela conseguiu se acalmar, ele a fez sentar novamente e continuou:

— Minha mãe é uma mulher simples, que se mostrou corajosa, fiel. Ficou viúva depois de seis anos de casamento, tendo dois filhos pequenos para criar: eu e Antônio, que vocês conhecem. Naquele tempo era difícil para uma mulher conseguir trabalho, principalmente para ela, que vinha de uma família pobre, sem recursos para estudar. Por isso, fez o sacrifício de separar-se de mim, seu filho mais velho, pedindo à minha tia Ester, irmã de meu pai, que cuidasse de mim, enquanto ela cuidaria do sustento do menor, ainda de colo.

O povo ouvia com interesse, e Osvaldo continuou:

— Eu estava com cinco anos e senti muito a mudança. Fui para um lugar estranho, com costumes muito diferentes da casa de minha mãe. Meus tios, ricos e instruídos, sempre me trataram bem, mas eu me sentia retraído, deslocado. José, que hoje trabalha comigo, vocês conhecem, foi quem me ensinou os rudimentos da vida social. Eu tentei não desagradar aos tios que me acolheram, que me deram tudo. Estudei nos melhores colégios, tornei-me um jovem educado, que sabia conviver em qualquer ambiente social. Consegui trabalho, fiz uma carreira bem-sucedida.

"Apesar disso, eu continuava retraído. Naquele tempo, não soube avaliar o que fizeram por mim. Sempre me julguei inferior a eles, sempre me senti como uma pessoa criada de favor. Observando a diferença social entre meus pais e eles, fiquei magoado com minha mãe por ela ter me dado a eles. Nunca tive coragem de lhe dizer que naquele tempo talvez eu tivesse preferido passar pelas agruras da pobreza ao lado dos meus a viver como eu vivia.

"Incapaz de analisar meus sentimentos, distanciei-me muito da minha mãe e do meu irmão. Acreditei que eles não me amassem e que estavam contentes por verem-se livres de mim.

"Foi preciso que uma tempestade terrível varresse minha indiferença, foi preciso que eu mergulhasse no inferno da desilusão, da dor e do desespero, que eu perdesse a fé nas pessoas, em Deus, em tudo, descesse ao fundo do poço, para entender que eu sempre estivera errado.

"Foi a ajuda de pessoas simples, sinceras, cheias de amor e fé na espiritualidade que me trouxe de volta à vida. A bondade divina me abriu a sensibilidade, e eu pude vislumbrar a luz de outros mundos, de outros seres que já viveram aqui e hoje estão ao nosso lado, prontos para nos ajudar.

"Então, iluminado pela luz espiritual, pude analisar minha vida e enxergar a verdade. Foi por amor que minha mãe me entregou para meus tios. Ela pensou em meu futuro. Ela também deve ter chorado de saudade sentindo minha falta, mas preferiu sacrificar-se para que eu pudesse desfrutar de mais conforto e de um futuro melhor.

"Mas eu, julgando-me abandonado, sentindo-me inferior, dei vazão ao meu egoísmo e, qual criança mimada, não cumpri a parte de filho. Não valorizei quem me deu o bem maior, que é a vida. Fiz mais. Não aceitei o carinho dos meus tios. Só depois, quando me vi perdido, foi que finalmente conheci melhor minha tia Ester. Mulher admirável, justa, bondosa. Felizmente, tive tempo de aprender com ela muitas coisas. Tenho certeza de que, de onde ela está, continua me abençoando.

"Graças a ela, de quem herdei todos os bens, posso hoje me dedicar inteiramente ao que gosto de fazer."

Osvaldo fez ligeira pausa e, olhando nos olhos das pessoas presentes, prosseguiu:

— Hoje ao chegar aqui, senti muita alegria por encontrar minha mãe, porque sei que é a oportunidade que a vida está me oferecendo para que eu demonstre a gratidão que sinto por ela ter me dado a vida. Não importam os caminhos que cada um de nós escolheu para enfrentar seus medos e poder sobreviver. Não estou em condições de julgar ninguém. Se me distanciei dela e ela se retraiu, não vem ao caso. O importante é que tomei consciência de que a vida nos colocou lado a lado para que aprendêssemos um com o outro, e, embora eu tenha demorado a entender isso, ainda temos tempo de con- viver e aproveitar essa oportunidade.

"Sei que não há duas pessoas iguais, e isso pode atrapalhar o bom relacionamento. Contudo, se houver respeito, se aceitarmos as diferenças uns dos outros, a convivência se tornará boa e prazerosa.

"Estou expondo minhas experiências para que vocês observem, meditem na verdadeira causa dos desentendimentos que nos perturbam. A falta de diálogo, a presunção de saber o que os outros pensam, de ver segundas intenções onde pode ser apenas dificuldade de se expressar, são as causas mais prováveis de nossos problemas. Por isso, há que ponderar, ter bom senso. Conversar. Colocar-se com sinceridade, dizer o que sente sem medo, procurar o que está atrás das palavras.

"Nem sempre o que parece é. Um ato agressivo pode ser uma maneira indireta de chamar a atenção e de pedir ajuda. Uma postura indiferente pode ser uma máscara para esconder a própria sensibilidade a fim de evitar o sofrimento. Uma observação maldosa sobre o comportamento de alguém esconde a falta de con- fiança em si, a carência de afeto e o desejo inconsciente de fazer amigos.

"Nós que desejamos conhecer a verdade, que confiamos na vida, não podemos mais nos prender a essas ilusões. Durante anos, pressionados pelas regras sociais, fomos colocando diversas máscaras conforme as conveniências. E chegamos à conclusão de que elas apenas nos levaram à infelicidade.

"Chega de querermos parecer isto ou aquilo. Somos como somos. Negar nossas qualidades será atirar fora todas as nossas conquistas. Trazê-las à tona, mantendo--as ativas, é colocar nossa força a serviço do nosso progresso. Quanto aos pontos fracos, é preciso conhecê-los e ter paciência diante dos próprios limites. A aprendizagem é objetivo da vida, porém ela é gradativa e cada um a realiza em seu próprio ritmo. Nesses casos, a impaciência e a intolerância criam maiores obstáculos ao amadurecimento.

"Por isso, vocês, que estão aqui dispostos a criar uma vida melhor, devem saber que o primeiro passo é conhecer o processo, saber como a vida trabalha. É ela que une na mesma família pessoas que podem ajudar-se mutuamente. É ela também que as separa por períodos conforme o aproveitamento e as necessidades de cada um.

"Todavia é preciso estar atento, porque a escolha, a aprendizagem é para todos os envolvidos. A vida não exige que alguém suporte a maldade alheia indiscriminadamente, mas sim que cada um faça sua parte. Depois de certo tempo, afasta as pessoas resistentes. Elas precisam de mais tempo para aprender.

"Mas você que anseia por seguir um caminho melhor, mais condizente com as aspirações de sua alma, não se prenda nem se martirize tentando insistir para que os outros entendam seus argumentos e o acompanhem. Será inútil. Entregue os retardatários nas mãos de Deus e siga seu próprio caminho.

"É preciso respeitar os próprios limites. Aceitar o que não pode mudar é reconhecer a força maior que rege nossas vidas. Esforçar-se para fazer o seu melhor aproveitando todas as oportunidades é fazer a parte que lhe cabe na criação do próprio destino.

"A bondade de Deus é infinita e o universo é perfeito. A felicidade é o nosso objetivo, seja onde for. Minhas palavras indicam o caminho mais curto para a conquista do nosso progresso. Quem as entender e experimentar certamente se livrará de muitos sofrimentos e descobrirá que tudo ficou mais fácil. Faço votos de que consigam."

Osvaldo calou-se por alguns instantes, depois fez uma prece de agradecimento e encerrou a reunião.

As pessoas foram se levantando e saindo. Marcos e Carlos abraçaram o pai. Antônio e Neusa continuaram sentados. Cabeça baixa, Neusa, sempre tão comunicativa, não sentia vontade de falar.

As palavras de Osvaldo mexeram com seus sentimentos. Fizeram-na recordar-se de todos os sofrimentos quando perdeu o marido e viu-se sem dinheiro, com duas crianças pequenas.

Lembrou-se dos primeiros dias de viuvez, quando o dinheiro foi acabando e ela não sabia o que seria deles no futuro.

Viu-se na sala de sua pequena casa conversando com Ester, que concordou em criar Osvaldo. Dos primeiros dias em que ela olhava a caminha dele vazia e culpava-se por haver se separado dele. Suas brincadeiras, seu riso alegre, suas palavras engraçadas... Sua casa tornou-se muito vazia depois que ele se foi. Os brinquedos simples que ele possuía e que Ester não quis levar ficaram, e Neusa pegou-se algumas vezes segurando-os enquanto as lágrimas desciam pelo seu rosto. Conformara-se ao saber que ele vivia com conforto, vestia-se bem, tinha tudo. Ela procurou sustentar a casa como deu. Lavou roupa para fora, costurou, fez doces. Trabalhava muito para se ocupar e poder ganhar o sustento. A pensão do marido era insuficiente, pagava o aluguel e nada mais.

Ester comprou-lhe a pequena casa em que ela morava e assim pôde economizar o dinheiro do aluguel.

Ela sentiu uma mão em seu ombro enquanto uma voz de mulher dizia:

— Dona Neusa, posso dar-lhe um abraço?

Arrancada de seus pensamentos, Neusa levantou os olhos. Uma mulher de meia-idade, rosto corado, sorriso acolhedor, estava parada à sua frente.

— Tenho muito prazer em conhecê-la. Meu nome é Luísa. Posso dar-lhe um abraço?

Neusa levantou-se admirada e sorriu. A outra abraçou-a com força, depois disse emocionada:

— Deve ser muito bom ter um filho como Osvaldo. A senhora é uma mãe feliz. Eu perdi meu filho há dois anos. Vim aqui desesperada, pensando até em me matar. Mas ele me ajudou, me devolveu a fé, a vontade de viver. Hoje eu sei que a separação é temporária, que meu filho continua vivo em outra dimensão. Deus abençoe a senhora por ter dado vida a ele.

Neusa agradeceu emocionada. Logo viu-se rodeada por algumas pessoas que demonstravam carinho e gratidão.

Antônio pegou em seu braço, dizendo:

— Agora temos de ir. A segunda parte vai começar. Carlinhos vai tocar.

Em meio àquelas pessoas, Neusa seguiu calada. Sentia um calor no peito que a deixava sem vontade de falar. Tinha medo de chorar.

— Veja como o dia está lindo! Aqui o céu fica mais azul e as flores são mais perfumadas. Não acha, dona Neusa?

Ela olhou para o céu. Viu as flores, ouviu os pássaros como se os estivesse vendo pela primeira vez. Havia quanto tempo não prestava atenção neles?

— Sim. É lindo.

Na varanda do casarão, as pessoas se acomodavam, algumas sentando nas escadas, outras no chão ou nas cadeiras dispostas contra a parede. No meio deles, Carlinhos, sentado, segurando o violão, esperava.

Antônio encaminhou Neusa para uma cadeira de onde podia ver o neto e acomodou-se do lado de fora. As pessoas conversavam alegres. Alguém pediu silêncio e Carlinhos começou a tocar e cantar uma canção em voga, e as pessoas cantaram junto.

Enquanto isso, Osvaldo foi para uma sala e chamou Marta. Apesar de trabalhar na capital, ela ia para casa dos pais todos os fins de semana. Era uma moça bonita, inteligente, instruída, agradável. Possuía olhos castanhos que, quando estava alegre e sorria, tornavam-se cor de mel. Sua voz era doce e seu sorriso, amistoso.

Osvaldo simpatizou com ela desde o primeiro momento. Marta interessou-se logo pelo projeto e ofereceu--se para ajudá-lo nos fins de semana.

Dentro de pouco tempo, havia se familiarizado com tudo, e sua ajuda tornou-se eficiente. Ia para o sítio às sextas-feiras no fim da tarde e no sábado pela manhã atendia às pessoas que procuravam Osvaldo para uma consulta.

À tarde, ele as atendia e depois Marta obedecia às determinações que lhe eram indicadas.

No domingo, havia uma reunião à qual compareciam as pessoas que Osvaldo indicava. Nesses encontros, além da prece e das palestras de Osvaldo, havia um almoço e um evento musical em que todos participavam.

Seguindo orientação espiritual, solicitavam aos participantes que levassem um prato qualquer como contribuição.

No início, havia poucas pessoas, porém depois de algum tempo o número foi aumentando. Osvaldo havia organizado essas reuniões como um tratamento psico--espiritual no qual o convidado participaria por um período. Quando estivesse mais equilibrado, teria alta e não precisaria mais comparecer.

No entanto, o ambiente alegre, gostoso, participativo, a camaradagem acabaram por fazer com que, mesmo não precisando mais de tratamento, as pessoas insistissem em continuar.

Osvaldo pediu orientação de Alberto, que respondeu:

— Pode permitir que continuem. Lembre-se de que a alegria, o companheirismo, o convívio, a oração em conjunto criam energias radiosas. Nesse ambiente, não me surpreenderia se muitas curas viessem a ocorrer.

— Entendi. Há mais alguma orientação?

— Continue como está. Muitos acreditam que para se ligar com Deus precisam ir às igrejas, obedecer a determinadas regras. A verdade é outra. Para se ligar com a luz basta a alegria de coração, a sinceridade de propósito, o respeito pelas diferenças dos outros, a disposição de fazer o melhor e de ficar no bem. Esse é o caminho do equilíbrio espiritual, o segredo da boa saúde e da longevidade. Enquanto mantiver o ambiente aqui como está, tudo estará favorável a que nós, os espíritos, possamos trabalhar.

Assim, ele atendia às pessoas nos fins de semana e, nos outros dias, trabalhava na organização do laboratório, onde colocara um farmacêutico responsável, que, apesar de ser funcionário contratado, comungava dos mesmos ideais de espiritualidade.

Aliás, orientado pelos espíritos, Osvaldo só empregava pessoas que compartilhassem dos mesmos objetivos. Alberto dissera-lhe que, para haver comprometimento, entusiasmo, alegria, realização profissional, era indispensável esse ponto de vista. Alguém que pensasse de forma diferente estaria deslocado, distanciado, e não faria um bom trabalho.

Depois, os trabalhadores ligados à espiritualidade precisam conhecer as energias que estão à sua volta, tanto no contato com as pessoas como para poder manter o próprio equilíbrio.

Os funcionários de uma organização, mesmo remunerados pelo seu trabalho, não se isentam das energias que seu trabalho atrai. Onde as pessoas se agrupam, mesmo sem conhecer a espiritualidade, apenas com o propósito de manter um negócio, além das energias de cada um que se misturam e os influenciam, circulam outras: espíritos ligados às pessoas presentes, parentes mortos desejosos de se comunicar ou de proteger seus entes queridos, espíritos perturbadores que implicam com certas atitudes de alguém.

O mundo das energias atua com um realismo impressionante, e ninguém está isento de suas influências. Por isso seria bom que nas empresas se cultivassem a meditação, os valores verdadeiros do espírito, o hábito da oração.

Osvaldo sabia que, atendendo a pessoas doentes, desequilibradas, aflitas, precisaria mais do que nunca cercar-se de pessoas conhecedoras do processo e fortes na fé.

Marta entrou na sala onde Osvaldo esperava com uma ficha na mão.

— Vamos começar a atender. Quantas pessoas temos?

— Selecionei quinze que são aqueles que realmente precisam ser atendidos.

— Está bem. Pode entrar o primeiro.

Enquanto isso, na varanda as pessoas cantavam alegres, e Carlinhos acompanhava-os ao violão. Marcos, sentado nos degraus da escada ao lado de uma garota morena muito bonita, sentia-se feliz.

Havia dois meses que ela ia às reuniões com a mãe, que estava em tratamento. Apesar de estar melhor, elas continuavam indo. Eunice era filha única de Estela, que ficara viúva e a criara com carinho.

Marcos, que a princípio comparecera a essas reuniões para passar o tempo e agradar ao pai, depois que a conheceu passou a aguardar com ansiedade os fins de semana no sítio.

Dezesseis anos, alta, morena, cabelos vastos e ondulados, corpo bem-feito, boca carnuda, olhos amendoados, duas covinhas quando sorria, o que fazia com frequência, tornavam-na encantadora.

Conhecia todas as músicas em voga, cantava muito bem. Sua alegria e vivacidade animavam esses encontros, o que fez Carlinhos comentar com o irmão:

— No próximo domingo vou arranjar um babador para você. Quando ela canta, você fica babando.

— Não seja intrometido. Não é nada disso.

Carlos sorria contente. Gostava desses encontros, quando, além de fazer inúmeros amigos, tocava e cantava. A alegria do ambiente deixava-o bem a semana inteira.

Marcos sentia-se atraído por Eunice. Quando ela estava, ele não conseguia desviar a atenção. Seus olhos a seguiam por toda parte. Era tímido e não sabia como se aproximar. Carlinhos facilitou tudo, porque Eunice logo fez amizade com ele, trocaram letras de música, e Marcos aproximou-se com naturalidade.

Sentado ao lado dela na escada, ele sentia uma gostosa energia. Tinha vontade de segurar sua mão, mas continha-se. Como havia muitos jovens na escada, estavam muito próximos e muitas vezes seus corpos se tocavam, principalmente quando alguém resolvia subir ou descer os degraus.

Nesse momento ele sentia seu coração bater descompassado. Carlos, que os observava furtivamente, quando seus olhos se encontravam com os do irmão, piscava sugestivamente, e Marcos fingia não ter visto.

Sentada na cadeira, Neusa, rodeada por algumas senhoras, observava tudo calada. Elas tentavam conversar, mas Neusa não sentia vontade de falar. Educadamente respondia o que lhe perguntavam, mas só.

Ela se recordava que, quando adolescente, gostava de dançar, ouvir música, reunir-se com jovens de sua idade para trocar confidências. Agora, ali, esse parecia--lhe um outro mundo.

Sentiu saudade. Lembrou-se de que quando se casou havia sido difícil controlar o desejo de dançar, de cantar. Mas esforçou-se para isso. Uma mulher casada não podia sair por aí como uma adolescente.

Quando o marido era vivo, o nascimento dos filhos compensou-a de certa forma. Ela aceitou a parte que lhe cabia na responsabilidade conjugal. Mas, depois que ficou viúva, tudo piorou.

Uma viúva não podia sorrir, muito menos ser alegre. O que os outros iriam dizer? O casamento também não a atraía mais. Não valia a pena. Representava mais trabalho e a possibilidade de arranjar outros filhos.

As mulheres a seu lado cantavam e batiam palmas acompanhando a música, e ela se surpreendeu. Muitas eram tão velhas quanto ela, pois estavam com os filhos adultos.

A que estava ao seu lado tocou em seu braço, dizendo:

— Eu adoro essa música. Sei só um pedaço da letra.

Começou a cantar alto e Neusa olhou em volta e notou que todos faziam o mesmo com naturalidade. Só ela estava calada.

Quando a música acabou, a que estava do seu lado lhe disse:

— Eu tenho um caderno onde copio as letras de que gosto. Estou vendo que você não canta.

— Não sei as letras — desculpou-se Neusa.

— Nesse caso, vou trazê-lo na semana que vem. Você pode levar e copiar tudo. Eu já sei de cor.

Neusa teve vergonha de dizer que não sabia mais cantar. Deixou-se ficar ali, pensativa, em silêncio. Do lado de fora, Antônio observava-a, tentando descobrir o que estava se passando em sua cabeça.

Capítulo 24

Clara entrou no quarto dos filhos com uma pilha de roupas para guardar. Ela gostava de vez em quando de fazer isso pessoalmente para arrumar as gavetas e colocar sachês perfumados.

Abriu a gaveta da cômoda e começou a fazer a arrumação. Os dois rapazes conversavam animadamente no banheiro:

— Acabe logo com essa barba que eu preciso do espelho.

— Para quê? Essa penugem de bigode não precisa tirar — respondeu Marcos em tom de brincadeira.

— Penugem? Pode ser, mas sou mais corajoso do que você. Não fosse por mim, pelo meu charme e meu violão, Eunice nem teria se aproximado de você.

— Você que não viu como ela se jogava em cima de mim cada vez que alguém subia a escada.

— Claro, não tinha espaço. O que queria que ela fizesse?

— Ela ainda vai entrar na minha, pode esperar.

— Você está mesmo caidinho! Por que não fala logo e pede para namorar? Vai demorar muito nesse espelho?

Clara sorriu ouvindo o barulho da água.

Marcos havia se tornado um bonito rapaz e mesmo sendo um pouco tímido era natural que chamasse a atenção das moças. Eles continuavam conversando.

— Você viu Marta?

— O que é que tem?

— Aonde o pai vai, ela vai atrás. Fica em volta para adivinhar tudo que ele quer. Aí tem...

— Não seja malicioso, Carlinhos. Ela trabalha com ele. É natural que procure agradá-lo.

— O que não é natural é a maneira como ela olha para ele. Acho que está caidinha! O pai é um pouco passado, mas ainda impressiona as mulheres. Não viu como suspiram quando ele passa?

— Vi, mas ele não liga.

— Mas com Marta ele é muito delicado. Qualquer hora eles vão se entender, você não acha?

— Agora que você me chamou a atenção, me recordo que na semana passada, quando entrei na sala, ele estava debruçado sobre a mesa examinando alguns papéis e ela olhava para ele com muito carinho. Sabe que você pode ter razão?

— E se eles se entenderem, o que faremos?

— Nada. Ele tem todo o direito de refazer sua vida. Depois, ela é uma mulher muito especial. Tenho certeza de que o fará muito feliz.

Clara colocou a roupa de qualquer jeito na gaveta e saiu. Sentia-se inquieta, irritada. Seus filhos estavam falando do namoro de Osvaldo com outra mulher.

Foi para o quarto, fechou a porta e sentou-se na cama, pensativa. Durante todos aqueles anos imaginara que isso pudesse acontecer. Afinal estavam separados e ele era livre.

Havia se preparado para essa realidade. Pouco lhe importava que ele se relacionasse com outra. Ficaria até aliviada do peso da culpa de ser a causadora de sua solidão.

Mas, ouvindo aquela conversa, não foi alívio que sentiu, mas uma inquietação irritante, desagradável.

"Bobagem", pensou. "É melhor que ele tenha esquecido o passado. Assim posso ficar em paz."

Mas a sensação inquietante não ia embora.

"Devo reconhecer que me envaidecia pensar que ele nunca mais amou outra mulher. Claro. É só vaidade que me incomoda. Pois para mim ele pode se casar com quem quiser."

Foi ao banheiro, arrumou-se e desceu para ver o jantar. Marcos já estava na copa conversando com Rita:

— Estou com fome. Vai demorar?

— Não. Está pronto. Estou esperando Carlinhos e sua mãe descerem para mandar servir.

— Eu já estou aqui — interveio Clara.

— É melhor não esperar Carlinhos. O banho dele é muito demorado. Eu preciso sair.

Dez minutos depois o jantar foi servido. Ao final, depois que os dois rapazes saíram, Rita e Clara foram tomar café na sala. As duas gostavam de conversar depois do jantar.

Falaram sobre o movimento da loja, de outros assuntos. De repente, Clara indagou:

— Você conhece uma moça chamada Marta?

Rita olhou surpreendida para Clara.

— Sim. Por que pergunta?

— Casualmente ouvi os meninos falando sobre ela. Disseram que é muito bonita.

— Bonita e inteligente. É filha do caseiro do sítio. Trabalha aqui na cidade durante a semana e vai para lá às sextas-feiras. Parece que os meninos gostam muito dela. Quando eles vão para o sítio, ela faz tudo para agradá-los.

— Por quê? Que interesse pode ter neles?

Rita fitou-a com seriedade.

— É uma moça gentil, educada. Trata todas as pessoas muito bem. Não demonstra nenhum interesse especial por eles. Se está preocupada com Marcos, esclareço que ele se interessa muito por uma jovem, e aonde ela vai ele vai atrás. Quanto a Marta, é bem mais velha e pela sua postura não creio que tenha qualquer intenção com ele. Pode ficar tranquila.

Clara não respondeu. Mas a sensação inquietante reapareceu com mais força.

— Pois eu não gosto que meus filhos andem nesse sítio todos os fins de semana. Não conheço as pessoas, não sei o que eles fazem lá. O que sei é que a cada dia noto que ficam mais interessados em ir. Alguma coisa tem.

— Tem mesmo. É um lugar lindo, as pessoas são alegres, agradáveis. Se você fosse, perceberia logo que é o melhor lugar para eles. Depois, Osvaldo cuida de tudo com muito carinho, é respeitado.

— Preferia que ficassem aqui, perto de mim, como antigamente.

— Você está com ciúme!

Clara irritou-se:

— Ciúme? De onde tirou essa ideia?

— Está, sim. Confesse. Está com ciúme de Osvaldo. Está sendo injusta. Seus filhos gostam dele, mas gostam muito de você. Não precisa ficar enciumada.

Clara não respondeu. Levantou-se, colocou a xícara na bandeja e disse:

— Espero que não venha a me arrepender de deixar que eles frequentem esse lugar. Agora vou dormir, estou cansada.

Ela subiu e Rita se demorou um pouco mais pensando naquela conversa. O que teriam dito os meninos a respeito de Marta que deixou Clara tão irritada? Gostaria de saber.

Na manhã seguinte, depois da saída de Clara para o trabalho e de Marcos para a faculdade, enquanto Carlinhos tomava café na copa, Rita, vendo-se a sós com ele, tocou no assunto:

— Neste domingo não pude ir ao sítio. Era a inauguração do galpão na beira do lago. Como foi?

— Lindo! Você nem imagina quem estava lá: a vovó! Tio Antônio a levou. Papai fez a palestra falando sobre a família, foi emocionante. Todo mundo chorou. Vovó, então, você precisava ver. Nunca pensei que ela fosse tão sensível. Achei que era durona, indiferente, mas me enganei.

— É mesmo? Pena que não fui. Conte tudo com detalhes.

Carlinhos em breves palavras relatou tudo e Rita, surpreendida, pensava em como Osvaldo estava mudado. Percebeu que Antônio havia melhorado muito. Parecia outro homem. Osvaldo conseguira transformá-lo. Talvez desejasse fazer o mesmo com Neusa. Mas estaria perdendo tempo: essa nunca mudaria.

Carlinhos dizia:

— Quando nos despedimos, ela me abraçou e disse que eu cantava muito bem. Foi o primeiro elogio que a ouvi fazer.

— É surpreendente. Neusa sempre foi muito crítica. Só vê o lado negativo das coisas.

— Acho que foi o ambiente, que estava alegre, gostoso, todo mundo bem. Não havia nada para criticar.

— E Marta, o que acha dela?

— Muito boa, linda, inteligente, alegre. Gosto dela.

— Eu também. Muito atenciosa.

— Principalmente com papai. Você reparou o jeito como ela olha para ele?

— Você quer dizer que ela...

— Gosta dele. Tenho certeza.

— E ele, corresponde?

— Acho que nem percebeu. Às vezes, penso que papai é meio devagar nessas coisas. Não se interessa por mulher nenhuma.

— Só pode ser por dois motivos: ou ainda ama sua mãe ou tem medo de amar e sofrer.

Carlinhos interessou-se:

— Você acha que, apesar de tudo que aconteceu, ele ainda pode gostar de mamãe?

— Ele era louco por ela. Posso estar enganada, mas sua falta de interesse por outras mulheres pode ser por causa disso.

— Seria ótimo se eles voltassem a viver juntos. Mas mamãe não gosta dele.

— Por que diz isso?

— Não sou eu quem diz, é papai. Nas raras vezes que tocou no assunto, disse que foi ela quem deixou de amá-lo.

Rita ficou calada. De fato, Osvaldo, quando se referia a Clara, repetia isso. Seria mesmo? Depois do rompimento deles, Clara despediu Válter e nunca mais se interessou por ninguém.

Era bonita, os homens sentiam-se atraídos por ela, mas eram sistematicamente recusados.

Carlinhos saiu e Rita continuou pensando. Clara casara-se por amor. Ela mesma havia presenciado como eles se amavam. Quanto ao interesse que sentira por Válter, havia sido uma ilusão que teria terminado logo e sem consequências se Osvaldo não os houvesse surpreendido.

Muito jovem, um pouco imatura, Clara entrou na aventura da qual saiu arrependida e culpada. Várias vezes dissera-lhe que se pudesse voltar atrás nunca teria se deixado envolver.

Clara não era uma mulher volúvel, fácil. Ao contrário: era sincera, fiel, honesta em todas as suas atitudes. Osvaldo estava enganado. Se ela o tivesse traído por amor a outro, teria ficado com Válter quando se separou. Se ela se arrependeu, se descobriu que não amava Válter, foi porque continuava amando o marido. Não era falta de amor que a impedia de procurá-lo, mas medo, culpa.

A esse pensamento, Rita levantou-se. Precisava fazer alguma coisa para saber a verdade. Tinha certeza de que Osvaldo continuava amando Clara. O que precisava saber era se Clara também sentia amor por ele.

O sonho de Carlinhos não era tão difícil assim. Se os dois ainda se amavam, havia possibilidade de uma reconciliação. Rita decidiu fazer tudo para descobrir.

No domingo anterior, quando Osvaldo terminou de atender às pessoas, foi servido um lanche e depois todos se despediram.

Osvaldo abraçou a mãe, dizendo:

— Estou feliz que tenha vindo, espero que volte sempre.

— Foi tudo muito bom. Eu voltarei.

Neusa entrou no carro de Antônio calada. Durante o trajeto de volta, Antônio, vendo que ela estava quieta, o que não era seu costume, perguntou:

— O que foi, você não gostou de ter vindo?

— Gostei muito.

— Pois não parece. Está tão calada, com uma cara triste...

— Estou pensando, lembrando algumas coisas. Isso me deixa triste. Mas não tem nada a ver com nosso passeio. Todos me trataram muito bem.

— Eu vi. Lá só tem gente boa, mãe. Osvaldo falou do passado, mas o que ele disse não foi para entristecê-la.

— Eu sei, meu filho. Eu é que estou pensando. Osvaldo está diferente, mudou muito. As pessoas gostam dele.

— Isso mesmo. Ele ficou contente por você ter ido.

Neusa não respondeu. Sentiu um nó na garganta e não quis que Antônio notasse sua comoção. Ele percebeu e mergulhou nos próprios pensamentos.

Uma vez em casa, Neusa foi para o quarto e deitou-se. Por sua mente desfilaram todos os acontecimentos do dia. Quando Osvaldo começou a palestra falando a respeito dela, a princípio temeu que ele estivesse apenas sendo amável por causa das pessoas presentes, mas depois, diante do tom de sinceridade, falando sobre os próprios sentimentos, ela entendeu que ele estava sendo sincero.

Ele era tão pequeno quando se separaram. Nunca imaginou que essa separação o houvesse magoado. Percebeu que essa mágoa foi causadora da indiferença dele.

De repente compreendeu: o que Osvaldo sentia não era indiferença, mas amor que julgava não correspondido. Ele nunca soube quanto ela havia chorado sua ausência.

As lágrimas brotaram em profusão, lavando suas faces. Neusa deixou-as cair. Sentiu o quanto amava os filhos. Arrependeu-se de ter pensado que o conforto era mais importante que o amor.

Como ela pôde fazer isso? Sentiu-se arrependida, culpada, triste. Lembrou-se de que Osvaldo dissera o quanto valorizava sua amizade. Mas ela não merecia os elogios que ele lhe dispensara.

Chorou durante muito tempo até que, por fim, exausta, adormeceu. No dia seguinte, levantou-se apressada. Olhou para o relógio e vestiu-se rapidamente. Estava atrasada para fazer o café.

Correu para a cozinha e encontrou a mesa posta, a térmica sobre a mesa, pão fresco no cestinho. Antônio já havia saído, mas antes havia comprado pão, feito o café, arrumado tudo.

Sentiu-se culpada por ter perdido a hora, mas ao mesmo tempo sentiu alívio. Não estava com vontade de conversar.

Tomou café e lembrou-se do lanche servido no sítio. A mesa estava tão bonita, com uma toalha xadrez amarela, um arranjo de flores no centro, os pratos arrumados com capricho.

Lá era tudo tão alegre, tão bonito. Havia flores por toda parte. Estavam na primavera. Olhou em volta: em sua casa não havia nenhuma flor. O velho vaso meio desbeiçado estava vazio. Dentro apenas alguns pequenos objetos que ela ia colocando ao acaso.

Apanhou o vaso e debruçou-o sobre a pia da cozinha. De dentro caíram alguns parafusos, um pedaço de barbante enrolado, um lápis preto com a ponta gasta, uma chave de fenda pequena, uma nota de compras dobrada e amarelecida.

Ela apanhou a chave de fenda, dizendo:

— Puxa, eu procurei tanto por você! Não sabia que estava aí.

Tirou a mesa e começou a lavar a louça. Observou que o pratinho de sobremesa estava lascado. No sítio tudo parecia novo, mesmo o velho bule que conhecia desde o tempo de Ester.

Deu de ombros. Ester tinha empregados; ela, não. Precisava fazer tudo sozinha. Esse pensamento não a confortou. Reconheceu que sua louça estava muito feia. Talvez fosse bom colocar em uso aquele jogo que ganhara no casamento e nunca havia usado. Orgulhava-se de dizer que ele estava na caixa, novo como no primeiro dia.

Foi ao quartinho dos fundos, apanhou a caixa, colocou-a sobre a mesa da cozinha, abriu-a. Foi tirando as peças uma a uma. Era um jogo de chá de porcelana, muito bonito. Estava empoeirado. Neusa lavou tudo cuidadosamente. Pegou a caixa para guardá-lo novamente, porém notou que ela estava suja, o papelão rasgado de um lado. O aparelho estava limpo, lindo. Não seria justo guardá-lo naquela caixa velha, quase se desfazendo.

Foi para a sala de jantar e olhou a cristaleira onde havia também algumas lembranças, como os copos que Ester lhe dera quando comprou a casa. Teve de reconhecer que a garrafa de licor, os cálices de cristal foram presente de Ester, que nunca esquecia seu aniversário.

Decidiu lavar tudo e arrumar de forma que o aparelho de chá coubesse. Ali ficaria melhor do que na caixa, e ela poderia vê-lo sempre. Quando acabou, olhou satisfeita para a cristaleira. Tudo estava brilhando e a louça havia ficado muito bonita.

Afastou-se alguns passos para avaliar o efeito e sorriu com satisfação. Ela também tinha coisas bonitas em casa.

A campainha tocou e ela foi abrir. Doroteia entrou dizendo:

— Então, como foi ontem?

Neusa no sábado havia confidenciado que não tinha vontade de ir ao sítio. Iria apenas para satisfazer Antônio e não passar o domingo sozinha.

— Ontem como?

— Lá no sítio. Aborreceu-se muito? Vi quando chegaram. Quase vim aqui saber as novidades. Mas Antônio anda tão antipático comigo... Aliás, não sei o que deu nele ultimamente. Está com o rei na barriga. Só porque arranjou um emprego bom, não dá confiança aos pobres, como eu.

Neusa olhou para Doroteia como se a estivesse vendo pela primeira vez. Fechou a cara e respondeu:

— Antônio é muito bom. Não gosto que fale dele desse jeito.

— Puxa, não pensei que fosse se ofender. Não disse por mal. Você sabe que, apesar de tudo, gosto dele como de um filho.

Doroteia olhou em volta e parou em frente à cristaleira:

— Puxa, você também está melhorando de vida. Ainda bem, não é? Foi Osvaldo quem lhe deu essa louça linda?

Neusa irritou-se com o tom dela. Respondeu com frieza:

— Não. Eu tenho esse aparelho desde o meu casamento.

— Nossa. Por que nunca me mostrou?

— Estava guardado em uma caixa. Ficou bonito aí, não?

— É, ficou. Mas você ainda não me falou de ontem. Foi muito ruim?

— Ao contrário. Foi ótimo. Até me arrependo de não ter ido antes. Estou pensando em voltar lá no próximo domingo.

Neusa notou que Doroteia não gostara da resposta, dissimulando. Conhecia o trejeito de sua boca quando disfarçava.

Doroteia ironizou:

— Estou vendo que eles conseguiram.

— Conseguiram o quê?

— Impressionar você, como fizeram com Antônio. Logo estará fazendo tudo que eles querem. Não percebe que eles estão envolvendo vocês com essa história de espíritos? Você sabe que isso é coisa do demônio. Aliás, é ele quem está lhes trazendo dinheiro. Você está se deixando levar.

Neusa encarou-a irritada:

— Não gosto que fale assim de meus filhos. Eles são muito bons. Principalmente Osvaldo. Ele é muito querido e respeitado por todos.

— Está vendo? Até ontem dizia que seu filho era ruim, não ligava para a família, ficou rico e nunca ajudou vocês. Agora ficou bom de uma hora para outra? Não vê que está sendo usada?

— Não. Você está sendo maldosa. Todos que estavam no sítio são pessoas de bem que só pensam no bem. Você pensa que sou burra e incapaz de saber o que é bom ou ruim para mim?

Doroteia adoçou a voz:

— Eu não quis dizer isso. É que o tinhoso fascina. Tem mil e uma maneiras de enganar. Estou vendo que você já caiu na lábia dele.

— Sabe de uma coisa? Não estou com vontade de conversar. Você vê maldade em tudo. Nunca a ouvi dizer uma coisa boa.

— Sou sua amiga, quero esclarecer, desejo o seu bem.

— Não parece. Só pensa no mal.

— Ao contrário. Estou prevenindo você contra o mal.

— Está se metendo na minha vida e não estou gostando disso.

— Já vi que não dá para fazer mais nada. Se é assim, lavo minhas mãos. Depois, quando cair em si, vai me dar razão, mas pode ser tarde.

— Olhe aqui, Doroteia, não gosto que aponte o dedo para mim. Estou sem vontade de conversar. Quero ficar quieta no meu canto. Por isso, é melhor ir embora.

— Está me expulsando de sua casa? — gritou ela, colérica.

— Estou pedindo que vá embora porque quero ficar sozinha. Não estou querendo brigar.

— Bastou uma vez nesse sítio infeliz para você acabar com uma amizade de tantos anos — disse ela com voz chorosa. — Mas não faz mal. Meu Deus me ensinou a perdoar, por isso vou embora. Mas estou sentida. Só voltarei aqui se for me pedir.

Ela deu as costas, saiu de cabeça erguida e passos firmes. Neusa passou a mão pela testa como querendo afastar os pensamentos desagradáveis.

Melhor mesmo que Doroteia não voltasse mais. Era maldosa. Só sabia falar mal dos outros. Estava com inveja porque eles estavam melhorando de vida.

Sua amizade não lhe faria falta. Tinha novos amigos que a respeitavam e a tratavam com carinho.

Domingo iria de novo ao sítio. Foi para o quarto, abriu o guarda-roupa. Examinou um a um os vestidos pendurados. Eram escuros, impróprios para um dia de primavera.

Lembrou-se de um corte de tecido que Antônio lhe dera havia alguns anos e que ela não costurara por achá-lo de cor muito viva. Abriu a gaveta, apanhou o tecido, estendeu-o sobre a cama. Era de fundo azul-claro e tinha estampadas algumas florzinhas miúdas amarelo-claras.

Colocou-o sobre o corpo e foi até o espelho. Achou-o alegre. Servia bem para um dia de verão. Resolveu fazer um vestido para usar no domingo.

Apanhou os velhos figurinos e começou a folheá--los à procura de um modelo. Neusa não percebeu, mas do seu lado estava um moço que sorriu satisfeito vendo-a entretida na escolha.

Com carinho, passou a mão acariciando sua cabeça dizendo ao seu ouvido:

— Finalmente, minha querida, você está começando a acordar. Havia muito tempo que estava esperando que você reagisse. Eu nunca a esqueci. Agora tenho esperanças de que possamos ficar juntos de novo quando você regressar.

Beijou-a levemente na testa. Neusa estremeceu e lembrou-se de João, seu marido. Ele gostava de tecidos daquela cor. Como seria bom se ele estivesse ali e pudesse vê-la!

João abraçou-a, dizendo ao seu ouvido:

— Eu estou aqui e voltarei para vê-la com esse vestido. Vai ficar linda!

Neusa sorriu. João gostava de cores vivas, alegres. Se ele estivesse vivo, sua vida não teria sido tão triste.

— Vou me vestir assim em memória dele. Se os espíritos podem nos observar, como Osvaldo disse, ele vai poder me ver com este vestido.

Com disposição ela continuou procurando o modelo, escolheu um de duas peças que tinha o molde exatamente no seu número.

Quando Antônio voltou à noite, em vez de Neusa estar, como sempre, em frente à televisão, estava no quarto dos fundos onde passava roupas e tinha a máquina de costura, trabalhando. Admirado, ele a encontrou em meio a moldes, alfinetes, tesoura e retalhos de pano.

— O que está fazendo?

— Um vestido. Foi você quem me deu este tecido, há muito tempo, lembra?

— Lembro. Pensei que não tivesse gostado, afinal nunca fez nada com ele.

— É. Agora resolvi. Lembrei que seu pai gostava desta cor. Vou parar para esquentar o seu jantar.

— Não precisa. Comi um lanche fora. Já passa das nove.

— Já? Nem percebi. Esqueci até a novela. Também, não estava boa mesmo. Vou comer alguma coisa. Estou com fome. Amanhã continuo.

Antônio olhou pensativo para a mãe. Teria visto bem? Ela, além de não fazer nenhuma queixa, estava costurando, coisa que dizia detestar. Reclamava toda vez que tinha de consertar uma roupa ou pregar um botão em suas camisas.

Entrou na sala e logo notou que a cristaleira estava diferente. Havia alguma coisa nova ou era só impressão?

Neusa apareceu na porta e disse:

— É lindo esse aparelho de chá, não acha?

— Acho. Você comprou?

— Não. É velho. Foi presente de casamento.

— Onde estava, que eu nunca vi?

— Na caixa. Mas ela estava velha. Depois, achei que ele fica muito bonito aí.

— Ficou lindo. A sala até parece outra com essas coisas brilhando na cristaleira.

Neusa sorriu contente. Ela também sabia fazer as coisas e cuidar de sua casa.

Antônio foi para o quarto, pensativo. Era cedo para avaliar, mas Neusa estava diferente: mais disposta, mais viva, até seus olhos brilhavam mais. Como seria bom se ela fosse mais feliz! Não gostava de vê-la insatisfeita, inquieta, reclamando pelos cantos da casa.

Insistiu para levá-la ao sítio porque queria que ela usufruísse todo o bem que ele mesmo sentia lá. No íntimo, temia que ela não se sensibilizasse. Mas estava enganado. Agora podia ter esperanças de que ela mudasse sua maneira de olhar a vida.

As palavras de Osvaldo ainda estavam vivas em sua memória. Neusa era uma mulher corajosa, dedicada, honesta. Apesar dos problemas que havia enfrentado na mocidade, gozava de boa saúde e podia contar com Antônio, que sempre estivera do seu lado. Agora que ele havia encontrado um caminho melhor, que se sentia alegre, motivado ao trabalho, ganhando dinheiro, desfrutando de mais conforto, reconhecia que não tinham nada a reclamar da vida, mas sim a agradecer.

Estava disposto a ser feliz. Não queria mais ficar ao lado da mãe sempre descontente, infeliz. Por isso desejara se mudar. Não pretendia abandoná-la, mas sim viver em um lugar mais bonito, que pudesse arrumar com capricho, manter em ordem.

Alberto dissera que os espíritos iluminados vivem em lugares bonitos, que a beleza alimenta a alma. A ordem e a higiene criam a harmonia, atraem energias positivas. Para isso, não havia necessidade de ser rico, mas de ter capricho e bom gosto.

Antônio ficava imaginando como seria esse lugar. Sentia vontade de usufruir todas essas coisas.

Deitou-se pensando em como seria bom se Neusa também descobrisse essa realidade e ele não precisasse sair de casa, se juntos pudessem transformar aquela velha casa em um lugar alegre e feliz.

Capítulo 25

Clara estugou o passo. As lojas estavam lotadas, apesar de ainda faltar um mês para o Natal. Ela havia comprado um presente para Marcos e pretendia comprar um violão melhor para Carlinhos. O dele era simples e o som deixava a desejar.

Carlinhos havia comentado com Marcos que andava namorando um violão e sempre ia à loja de instrumentos musicais para vê-lo. Mas era caro e ele não queria pedir para comprá-lo.

Clara casualmente ouvira essa conversa e Marcos dera-lhe as informações a respeito. Dispunha de algumas economias e desejava dar esse prazer ao filho. Carlinhos estava mais estudioso, mais atencioso, e ela achava que ele merecia.

A tarde estava acabando e ela finalmente encontrou a loja. Estava lotada. Procurou por um vendedor, mas todos estavam ocupados. Parou diante de um balcão olhando os violões expostos, procurando descobrir qual o que procurava.

Uma vendedora carregando uma caixa passou por trás dela, pisou em falso e caiu em cima de Clara, que por sua vez perdeu o equilíbrio e ia caindo em cima do balcão de vidro quando alguém a segurou impedindo que batesse o rosto.

Clara voltou-se para agradecer e deu com o rosto preocupado de Osvaldo, que, reconhecendo-a, empalideceu e largou-a imediatamente. Por alguns instantes, nenhum dos dois conseguiu falar.

Clara tremia e sentia as pernas fraquejarem. A jovem causadora do acidente havia se levantado.

— Desculpe. Tropecei. Machucou-se? Você está pálida... Está se sentindo mal?

Clara passou a mão pelos cabelos e respirou fundo. Osvaldo, percebendo que ela ia desmaiar, segurou seu braço, dizendo:

— Venha, aqui está muito abafado. Você precisa de ar.

Clara deixou-se conduzir sem dizer nada. Uma vez na calçada, ele continuou:

— Vamos entrar naquela confeitaria. Você precisa sentar-se e tomar uma água.

Clara não respondeu. Parecia-lhe estar vivendo um sonho. Deixou-se levar. Osvaldo conduziu-a a um lugar discreto, perto de uma janela, e ela se sentou. Ele se sentou em sua frente, chamou a garçonete e pediu uma água. Enquanto isso, Clara observava-o furtivamente, pensando no que ele lhe diria.

Veio a água, ele a serviu e entregou-lhe o copo:

— Beba. Vai fazer-lhe bem.

Ela tomou alguns goles. Osvaldo olhava-a tentando dissimular a emoção. Clara estava mais bonita. Havia em seu rosto, em sua postura, algo diferente que ele não sabia bem o que era.

Enquanto bebia a água e tentava se acalmar, Clara notava que Osvaldo continuava elegante, bonito. Alguns fios de cabelos brancos nas têmporas davam-lhe um aspecto distinto.

— Então, sente-se melhor?

— Sim. Já passou.

— O que aconteceu? Ficou mal porque fui eu quem a segurou?

Diante de uma pergunta tão direta, Clara baixou a cabeça e não soube o que responder. Ele continuou:

— Minha presença a incomoda tanto assim?

Havia tanta mágoa em sua voz que ela protestou:

— Não foi isso. É que a surpresa, eu não esperava... perdi o rumo.

— Faz tempo que não nos vemos.

— É... depois de tudo que houve, eu me sinto constrangida.

— Não se sinta assim. O tempo passou, nós amadurecemos.

De repente, Clara começou a chorar. As lágrimas desciam pelo seu rosto e ela não conseguia parar. Os soluços sacudiam seus ombros, e de cabeça baixa ela dava vazão aos seus sentimentos.

Comovido, Osvaldo levantou-se e sentou-se ao lado dela. Apanhou o lenço e colocou-o em sua mão. Depois passou o braço sobre seus ombros, apertando-a de encontro ao peito.

— Chore, Clara. Lave sua alma.

Ela continuou soluçando por algum tempo, depois aos poucos foi serenando. Deixou-se ficar ali, cabeça encostada no peito dele, que batia descompassado com a proximidade dela.

Clara estava em seus braços. Sentia o perfume de seus cabelos, a maciez de sua pele, o cheiro familiar de sua presença. Teve vontade de beijá-la muito, matar a saudade que irrompia incontrolável. Conteve-se, porém. Não podia abusar de um momento de fragilidade que ela estava vivendo. Beijou-lhe levemente os cabelos, sentindo o calor do amor que vibrava em seu coração.

Ela se afastou um pouco, dizendo:

— Desculpe. Não pude evitar.

— Eu sei. Também estou tentando me controlar. Não está fácil.

Seus olhos se encontraram e Clara disse baixinho sem desviar:

— Perdoe-me por todo o mal que lhe fiz.

Osvaldo não respondeu logo. Pela sua mente passou de novo a cena de Clara nos braços de Válter. Sentiu um aperto no peito e respondeu:

— Ninguém manda no coração. Você deixou de me amar e não a culpo por isso. Se tivesse sido franca, se tivesse dito que gostava de outro, eu, mesmo sofrendo, teria deixado o caminho livre.

— Fui covarde. Até hoje, quando me lembro daquele tempo, não consigo entender meus sentimentos. Não estou justificando o que fiz. Aceito minha culpa. Ela tem me infelicitado desde aquele dia. Mas eu mereço. Errei. Fui leviana, covarde, e, o que é pior...

Ela se calou indecisa.

— O que pode ser pior?

— O arrependimento. Ver que nesse jogo eu perdi muito mais do que ganhei.

Osvaldo ficou calado. A garçonete aproximou-se:

— Desejam comer alguma coisa?

Osvaldo pediu suco e alguns salgadinhos. Clara apanhou a bolsa, abriu, tirou o espelho, olhou para seu rosto e comentou:

— Que horror, estou horrível.

— Você continua bonita como sempre.

Ela corou levemente. Osvaldo olhava-a com admiração e Clara perdeu o jeito. Dissimulou, empoou o rosto, passou levemente o batom. Guardou tudo.

— Fazia tempo que desejava procurá-la, porém você não queria me ver, e eu respeitei. Mas foi bom termos nos encontrado. Nossos filhos não têm culpa de nossos desacertos e merecem viver em paz.

— Por que diz isso? Eles comentaram alguma coisa?

— Não diretamente, mesmo porque tenho evitado falar no assunto. Mas se ressentem. Você precisa saber que voltei para refazer minha vida, assumir a responsa-bilidade de pai. Afastei-me porque não tinha condições emocionais. Estava desequilibrado, levou tempo para conseguir voltar ao normal. Mesmo que desejasse regres-sar, não tinha como. Estava desempregado, sem capaci-dade de trabalho. Não podia oferecer nada aos nossos filhos. Depois...

Ele hesitou sem poder continuar, e Clara perguntou:

— Depois o quê?

— Nada. Eu estava desequilibrado, minha imagina-ção não me dava sossego. Não tive coragem de voltar e enfrentar meus medos.

— Tenho ouvido comentários sobre você e o tra-balho que vem realizando.

— Tive a felicidade de conhecer pessoas muito boas no interior que me deram algumas respostas sobre as dúvidas que me atormentavam. Aprendi a confiar na bondade divina, que me levantou e me fez enxergar a vida de outra forma. Sou grato por isso. Encontrei a paz e a vontade de viver.

Osvaldo fez uma pausa e, notando que Clara o ouvia com atenção, continuou:

— A vida é maravilhosa. Fomos criados para a feli-cidade. Mas nós enchemos nossa cabeça com ideias limitantes e erradas que nos fazem enxergar o lado pior. Essa é a causa da nossa infelicidade. Tenho aprendido com os espíritos superiores que todos somos fortes, podemos enfrentar todos os desafios e encontrar a paz.

Clara meneou a cabeça indecisa:

— Não tenho essa certeza. Dona Lídia tem me orientado, mas não está fácil. Vivo atormentada. Há momentos em que acredito que nunca mais terei paz.

— Terá quando encontrar a fé. Aconteça o que acontecer, é preciso confiar na fonte da vida. Ela supre todas as nossas necessidades. A natureza prova o que estou dizendo.

Clara levantou para ele os olhos emocionados. O rosto de Osvaldo estava expressivo, seus olhos brilhavam cheios de vida e havia entusiasmo em sua voz, que adquirira um tom amoroso e firme.

— Pelo jeito você já conseguiu.

— Algumas vezes. Não o tempo todo. Alguns fantasmas mentais ainda aparecem para cobrar alguma coisa. Mas eu insisto no bem e na fé. Sei que esse é o caminho para a conquista definitiva.

— Gostaria de poder fazer isso. Agora preciso ir. É bom saber que você está feliz. A lembrança do mal que lhe fiz tem me atormentado. Apesar do que houve, nunca desejei prejudicá-lo. Em minha leviandade, nem sequer pensei nisso.

Osvaldo colocou sua mão sobre a dela.

— Não precisa se justificar. Não estou lhe cobrando nada. Por causa de nossos filhos, gostaria que mantivéssemos um relacionamento cordial. Se minha presença a incomoda, basta apenas que, quando nos encontrarmos, o que poderá acontecer no futuro quando as circunstâncias exigirem, possamos nos falar com naturalidade, sem mágoas ou ressentimentos.

— Você já conseguiu não me odiar?

— Nunca a odiei. Nem nos piores momentos. Naqueles dias, o que eu queria era desaparecer, sumir, para não atrapalhar sua vida. Mas não pense que sou bom. Apenas compreendi que o amor é espontâneo. Não se pode forçar. A única dor era porque você não me contou nada. Mais tarde, percebi que não foi capaz. Tenho aprendido que é loucura querer de alguém o que não nos pode dar. Acredite, eu nunca a odiei.

Clara estremeceu, seus lábios tremeram e as lágrimas tornaram seus olhos mais brilhantes. Ela se controlou.

— Desculpe. Não estou conseguindo me controlar.

— Não se perturbe. Foi bom termos nos encontrado. Ainda continua querendo me evitar?

— Não. Acho que fantasiei demais sobre nosso encontro. Também me sinto aliviada.

— Antes assim.

— Preciso ir. Pretendia comprar um violão para Carlinhos. Ele anda querendo um.

— Fui lá pelo mesmo motivo. Antônio me contou que ele sonhava com esse violão.

Ela sorriu.

— Se não nos encontrássemos, ele poderia ganhar dois.

— Eu já encomendei um. Vai demorar quinze dias para ficar pronto. Você pode dá-lo a ele. Vou procurar outra coisa.

— Não. Você encomendou. Já pagou?

— Dei metade de sinal.

— Nesse caso, procurarei outra coisa.

— Se quiser dar o violão, não se acanhe. Escolherei outro presente para ele.

— Não. Pode deixar. Amanhã verei outra coisa. Tenho de ir.

— Espere, vou pagar a conta. Posso levá-la.

— Não, obrigada. Meu carro está no estacionamento próximo.

Ele tirou um cartão do bolso e ofereceu a ela.

— Fique com meu telefone. Se precisar de alguma coisa, ligue.

Seus olhos se encontraram e Clara pegou o cartão com a mão trêmula. Levantou-se. Ele fez o mesmo e segurou a mão que ela lhe estendia.

— Obrigada por tudo.

— Foi muito bom vê-la!

Estavam muito próximos, e Osvaldo sentiu vontade de beijá-la. Conteve-se a custo. Clara puxou a mão, apanhou a bolsa, os pacotes e saiu.

Osvaldo sentou-se novamente, pensativo. Por que não conseguia esquecer aquele amor? Clara estava perdida para sempre. Precisava conformar-se em vê-la sem esperar nada, em amá-la sabendo que nunca teria seu amor.

Clara foi direto para casa. Não sentia vontade de continuar as compras. Vendo-a, Rita comentou:

— Voltou cedo! As lojas devem estar lotadas.

— Estão. Você nem imagina o que me aconteceu.

— Humm... Você está corada, agitada... O que foi?

— Fui à loja ver o violão de Carlinhos e tive uma surpresa.

Em poucas palavras Clara contou tudo. Quando acabou, Rita disse séria:

— Eu sabia que um dia isso iria acontecer. Não houve nada do que você temia. Como foi? Garanto que ele a tratou muito bem.

— De fato, ele foi atencioso. Em nenhum momento me pediu contas do passado. Acho que foi por isso que não pude me controlar. Caí no choro, foi um vexame: a surpresa, a tensão de todos estes anos imaginando o que ele faria quando me encontrasse. Não sei, mas ele está diferente. Seus olhos têm um brilho novo, seu rosto está mais vivo, não sei explicar. Há alguma coisa nele que o torna muito diferente do que foi.

— Também tenho notado essa mudança. No princípio fiquei me perguntando o que era. Com o tempo entendi. Ele se tornou mais maduro, mais lúcido e mais verdadeiro. Sua presença faz bem, suas palavras me colocam para cima. Ele se tornou muito positivo, e eu sinto que o que ele diz é verdade.

Clara ficou pensativa por alguns instantes. Rita serviu um café para ambas e sentaram-se na sala enquanto Diva cuidava do jantar.

— Estive pensando... — disse Clara. — Será mesmo que ele pode ver os espíritos?

— Tenho certeza. Várias vezes eu o vi atendendo a pessoas falando de coisas que só elas sabiam. Se você visse, também acreditaria.

— Talvez assim eu pudesse ter mais fé. Ele disse que para conquistar a paz interior é preciso ter fé.

— A fé para agir, para nos dar forças, precisa ser verdadeira. A dúvida nos enfraquece. Não me refiro ao fanatismo, que sempre prejudica, mas à certeza de como as coisas são. Há muita diferença entre uma coisa e outra. O fanatismo vem da superstição, da ilusão, do orgulho; a fé vem da constatação da verdade. Aparece quando olhamos as bênçãos que a vida nos traz todos os dias.

— Não sabia que você conhecia tanto a respeito.

— Tenho frequentado as palestras de Osvaldo no sítio. Elas têm me esclarecido muito. Ele nos ensina a observar, a pensar, a compreender. Agora que perdeu o medo, não quer ir comigo no próximo domingo?

Clara estremeceu.

— Não. Conversamos como pessoas civilizadas, mas ele deixou claro que só vai se aproximar de mim quando a situação exigir por causa dos meninos. Em nenhum momento falou em manter uma amizade. Eu entendo isso. Acho melhor assim. Não pretendo me aproximar dele.

Rita olhou-a nos olhos, como querendo penetrar seus pensamentos íntimos, e tornou:

— Osvaldo está mais bonito agora do que sempre foi. Esse encontro não a fez sentir saudade do passado?

Clara corou levemente.

— Saudade do passado eu sempre tive, porque foi uma época em que fomos felizes. Mas isso acabou.

— E, se ele quisesse voltar, você aceitaria?

Clara levantou-se indignada.

— Nem fale uma coisa dessas! Nunca passou pela minha cabeça essa possibilidade. Acho que você andou conversando demais com os meninos. Eles é que de vez em quando atiram suas indiretas.

— Fale a verdade, Clara. Você vive sozinha. Por que nunca mais se apaixonou?

— Porque sofri o bastante. E você, por que nunca se casou?

— Porque não encontrei o homem dos meus sonhos. Se encontrasse, não perderia a oportunidade.

— Você agora virou casamenteira? Pois para mim chega. Nunca mais quero amar ninguém. Tenho meus dois amores, tenho você, muitos amigos. Não preciso de nada.

Rita sorriu maliciosa, mas não respondeu. Era cedo ainda para falar sobre o assunto. Sabia que Osvaldo amava Clara como no primeiro dia. Era preciso dar tempo ao tempo.

Nos dias que se seguiram, Rita notou que Clara estava mais quieta do que o habitual. Várias vezes, surpreendera-a pensativa. Quando perguntava o que estava acontecendo, ela desconversava.

Já não brigava com os rapazes quando os via arrumar a bagagem nos fins de semana para ir ao sítio com Osvaldo. Ficava em volta deles, prestando atenção às suas conversas, fingindo que estava arrumando alguma coisa.

Uma noite em que estava lendo na sala, os rapazes se aproximaram e sentaram-se. Clara fechou o livro, dizendo:

— Os dois aqui a esta hora? Acho que querem alguma coisa. O que é?

— Temos de conversar — disse Marcos. — Faltam três dias para o Natal, e como vai ser este ano?

— Como sempre foi. Teremos nossa ceia à meia-noite. Já sei, querem sair depois para ver as garotas.

Marcos hesitou e Carlinhos tomou a dianteira:

— Não. É que vai haver uma festa no sítio de papai amanhã. Queremos participar.

— Carlinhos vai tocar. As pessoas esperam, programaram.

Clara olhava-os franzindo o cenho. Eles estavam dizendo que passariam o Natal fora de casa, longe dela?

— Mas estaremos de volta na véspera de Natal, antes da meia-noite, para a ceia — apressou-se a esclarecer Carlinhos.

— Só não vamos poder ajudar a arrumar os enfeites, a árvore, como sempre. Rita e Diva disseram que farão nossa parte.

Clara suspirou, sem saber o que responder. Era evidente que eles preferiam ir ao sítio a ficar em casa com ela. Não respondeu logo. Eles sempre se entusiasmaram com os preparativos para a ceia. Escolhiam os enfeites, montavam o cardápio, compravam ornamentos novos.

Carlinhos aproximou-se, sentou-se a seu lado no sofá e passou o braço sobre seus ombros.

— Mãe, não queremos que fique triste. Você é a pessoa a quem mais amamos no mundo.

Marcos também a abraçou.

— Se você ficar triste, nós não iremos.

Clara não encontrou resposta logo. Tinha a sensação de que os filhos a estavam abandonando, preferindo o pai, que durante tantos anos esteve ausente. Não achava justo.

— Será uma festa muito bonita. Gostaríamos muito que você fosse. Assim, ficaríamos todos juntos, sem termos de dividir nosso carinho — disse Carlos.

— Vocês sabem que isso é impossível.

— Por quê? — perguntou Carlos. — Lá é um lugar mágico, que torna as pessoas felizes. Você se lembra de como eram a vovó Neusa e o tio Antônio? Duas pessoas desagradáveis, das quais ninguém gostava. Agora...

Marcos interveio:

— Estão tão diferentes que você não os reconheceria mais.

Clara sacudiu a cabeça negativamente:

— Vocês estão me dizendo que eles mudaram? Não posso acreditar. Convivi alguns· anos com eles e sei que são intratáveis. Vocês se lembram de que, depois que seu pai foi embora, ela ia à escola perturbar.

— Sei disso, mas vovó parece outra pessoa. Está mais alegre, arruma-se melhor, tem muitas amigas, troca receitas com elas e a cada semana leva um prato diferente para o lanche — contou Marcos.

— Quando fazemos música, as pessoas sentam-se em volta e cantam. Você sabia que vovó tem uma bela voz?

Clara não se conteve:

— Dona Neusa canta? Vocês estão enganados. Ela nem sorri. Acho que se trata de outra pessoa.

— Nada disso. É a vovó mesmo. Sabe, mãe, nós estávamos enganados a respeito dela — disse Marcos.

— Não posso crer. Vão contar essa história para outra pessoa.

— Papai explicou tudo — esclareceu Carlinhos. — Vovó ficou viúva muito cedo e teve medo de não poder sustentar os filhos. Quando deu o papai para tia Ester criar, ela sofreu e tornou-se infeliz.

— Ele disse que o medo pode tornar a pessoa agressiva. É uma reação de quem não acredita na própria capacidade. Ela é uma mulher forte, mas não tinha consciência disso. Tornou-se amarga. Mas agora ela sabe que é corajosa e com Deus pode enfrentar qualquer coisa — completou Marcos.

— No começo não me aproximei muito dela. Tive receio de que falasse mal dos outros, como antigamente. Mas ela nunca mais falou nada. Elogia as músicas, me abraça. Agora até gosto quando ela chega.

— Não sabia que estavam convivendo com eles. Seu pai nunca foi muito ligado à família.

— Ele também sofreu muito quando se separou de vovó. Tinha só cinco anos. Pensou que ela não gostasse dele. Agora ele sabe que ela também sofreu, que se sacrificou para que ele tivesse conforto e não passasse necessidade — disse Marcos.

— Quer dizer que seu pai se aproximou da família...

— Sim. Ele costuma dizer que todas as pessoas têm Deus dentro de si. Algumas não têm consciência disso e O buscam fora, nas coisas do mundo. Mas isso é uma ilusão perigosa. Nunca dá certo. Bom mesmo é sentir o bem que cada um guarda dentro de si. Aí não tem erro.

Clara fitou-os admirada. Era difícil crer no que eles diziam. Dona Neusa era uma mulher mesquinha, ruim, sempre vigiando para criticar.

— Tudo que vocês estão dizendo é muito bonito, mas não acredito que sua avó seja como dizem. Vocês estão sendo ingênuos. Ela pode muito bem estar fingindo. É interesseira e mesquinha. Faz qualquer coisa por dinheiro. Ela quer agradar a seu pai agora que está bem de vida.

Marcos baixou a cabeça, mas Carlinhos disse com tristeza:

— Mãe, falando assim você me parece mais maldosa do que ela. Temos nos encontrado várias vezes, e ela nunca falou mal de você.

Clara remexeu-se no sofá inquieta, notando que ele estava certo.

— Desculpe-me, meu filho. Não quis ser maldosa, mas essa é a lembrança que guardo dela. Tenho consciência de que nos anos que estive casada procurei inúmeras vezes me aproximar dela, manter um relacionamento afetivo, respeitoso. Mas não consegui. Agora você diz que ela mudou... É difícil acreditar.

— Mas é verdade — garantiu Marcos. — Ninguém pode fingir daquele jeito. Os olhos dela brilham de alegria, ela demonstra boa vontade, não se queixa de nada.

— Você precisa ir lá e ver — disse Carlinhos. — Quando há boa vontade, alegria, as pessoas ficam bem, não sentem vontade de criticar nem de criar problemas.

— Do jeito que dizem, esse sítio é a oitava maravilha do mundo — tornou Clara sorrindo, tentando desfazer a impressão de intolerante que estava transmitindo.

— Você bem que poderia ir conosco. Tenho certeza de que seria muito bem recebida por todos — acrescentou Carlinhos.

— Ela não quer encontrar papai — disse Marcos ao irmão.

Clara interveio:

— Não irei com vocês. Podem ir, mas voltem para a ceia. Nós arrumaremos tudo.

Depois que eles deixaram a sala, Rita aproximou-se:

— O cerco está apertando — disse sorrindo.

— Você estava aí? Ouviu tudo?

— Sim.

— Eles estão me abandonando, passando para o lado do pai. Também, com tanta festa e movimento, é mais interessante mesmo do que ficar aqui ao nosso lado. Imagine você: quiseram convencer-me que dona Neusa agora é uma pessoa boa, alegre. Acha possível?

— Por incrível que pareça, ela mudou muito mesmo.

— Você acha que está sendo sincera?

— Bem, isso não sei. Os dois mudaram muito. Tanto ela quanto Antônio parecem outras pessoas. Com ele tenho conversado mais. Já com ela, apesar de me cumprimentar sorrindo, tenho evitado conversa, porque, se ela me perguntar alguma coisa de você, como fazia antigamente, ou fizer uma provocação, não terei paciência de tolerar. Não gostaria de ter uma discussão em um lugar em que as pessoas vão para se sentir melhor.

— Você também não acredita que ela tenha mudado.

— É que nós a conhecemos de outros tempos. Mas lá as pessoas a estimam, ela tem muitos amigos. Que eu saiba, ela tem se comportado muito bem.

— Vai ver que tem medo de perder a ajuda de Osvaldo.

— Acho que não. Ele nunca lhe pediu que frequentasse o sítio. Pelo que sei, muito antes de dona Neusa aparecer por lá, ele já lhe dava mesada.

— Os meninos não gostaram quando eu disse o que pensava dela. Chamaram-me de maldosa. Agora ela passa por boa. Eu é que fiquei sendo a ruim.

— Também não é para tanto. Deixe de ser ciumenta. Afinal, acabar com as mágoas do passado, relacionar-se melhor com a família sempre é um bem.

— Seja como for, não gostaria de me reencontrar com ela.

— Isso demonstra que você ainda guarda mágoa. Temos aprendido com os espíritos que para sermos felizes é preciso limpar nosso coração de todos os ressentimentos.

— É fácil dizer, mas difícil de fazer.

— Não quando encontramos a verdade dos fatos. Eles acabam demonstrando que nosso juízo foi errado.

— Não com dona Neusa. Ela sempre foi terrível. Está certo que eu errei, mas ela nunca tentou compreender e ajudar.

— Você nunca poderia esperar isso dela. Dona Neusa estava sofrendo com seus próprios problemas emocionais. Não tinha alcance nem condições de olhar com equilíbrio os desacertos de sua relação com Osvaldo. Depois, se sua incapacidade de trabalhar a dor tornou-a agressiva e crítica com as pessoas, seu sofrimento com os problemas do filho fizeram-na ver em você a causa do que estava sofrendo.

— Não sei se é verdade esta história de que a dor provoca agressividade.

— Pode não ser para você ou para mim, mas pode ser para alguém que veja na agressividade uma forma de prevenir o mal, de se defender, de bater antes que os outros batam.

— Pode ser que ela tenha pensado assim.

— Nós julgamos os outros pelo nosso modo de ver as coisas. Isso nunca dá certo, uma vez que cada um pensa de um jeito.

— Amanhã eles irão para o sítio e nós ficaremos sozinhas.

— É bom nos acostumarmos. Eles são adultos. Hoje irão com o pai, amanhã vai aparecer uma moça, e aí irão de vez. É a vida. Temos de nos desapegar deles.

— Sei disso. Mas não é fácil. Eles são tudo que me resta no mundo. Durante estes anos, habituei-me a fazer tudo para eles.

— Não diga isso. A vida faz tudo certo. Quando eles se forem, outros interesses aparecerão em nossas vidas. O importante é aceitar as mudanças que a vida traz e seguir adiante, com otimismo e alegria.

— Não sei onde você aprendeu a ser tão positiva. Gostaria de ter a sua coragem.

— É melhor ir pela inteligência do que pela dor. Quando a gente não quer andar, a vida empurra.

Clara riu e abraçou a amiga, dizendo:

— Enquanto você estiver comigo, tudo vai sair bem.

No dia seguinte pela manhã, Carlinhos foi procurar o pai.

— Falamos com mamãe e ela concordou. Nós vamos para o sítio hoje com você e voltaremos para a ceia na véspera de Natal.

— Estou contente, mas ela concordou mesmo?

— Bom, a princípio ficou triste, mas por fim entendeu. Ela sabe que nós a amamos muito. Vim para combinar a hora e ver o que precisamos levar.

— Iremos no fim da tarde. Depois das cinco. Tenho algumas coisas para fazer na cidade.

— Marta disse que ia levar tudo hoje. Ela vai conosco?

— Não. Um dos motoristas foi com ela fazer tudo. Já devem estar a caminho do sítio. Vão adiantar os preparativos.

Carlinhos ficou parado alguns momentos de cabeça baixa.

— Você parece triste. O que foi? Prefere ficar com sua mãe?

— Não é isso. É que eu gostaria que ela também fosse. Tenho certeza de que lhe faria bem. Não gosto de vê-la sempre sozinha com Rita, trabalhando, lendo, sem se divertir.

— Por que não a convida para ir?

— Eu convidei, mas ela não quis. Acho que tem receio de encontrar você.

— Bobagem. Nós nos encontramos outro dia na cidade e conversamos. O motivo deve ser outro. Vai ver que tem outro compromisso.

— Que nada. Antigamente ela ainda saía com alguns amigos, mas ultimamente recusa os passeios. Está sempre em casa. Só sai para ir ao centro de dona Lídia e para trabalhar. Se ela fosse junto, seria maravilhoso. Tenho certeza de que Rita ficaria feliz. Ela me disse que gostaria de estar lá.

Ficou calado por alguns instantes, hesitou e depois disse:

— Posso lhe perguntar uma coisa?

— Pode.

— Vocês conversaram numa boa?

— Sim. Está tudo bem.

— Nesse caso, por que não liga e convida-a para ir conosco? Notei que ela até gostaria de ir, mas está acanhada. Se você convidasse...

— Não creio que ela aceite. Vamos deixar isso. Não gosto de pressionar. Se um dia ela for, será bem-recebida. Mas não vou pedir-lhe isso.

Carlinhos não respondeu. O fato de seus pais já terem se falado havia sido bom. Não queria insistir.

Depois que ele saiu, Osvaldo sentiu vontade de ligar. Mas conteve-se. Não queria que Clara pensasse que ele estava forçando a situação.

Apanhou a lista do que faltava para comprar e saiu.

Capítulo 26

Osvaldo terminou as compras antes do meio-dia e foi para casa almoçar. Pretendia descansar um pouco antes de viajar para o sítio.

Enquanto comia, José aproximou-se:

— O motorista foi com dona Marta, mas esqueceu-se de entregar as cestas para dona Lídia. Ficaram na despensa.

— Comprei tudo antes, para evitar as correrias de última hora.

— Telefonei para dona Lídia, mas ela não tem ninguém para mandar buscar. Se quiser, eu posso ir.

— Não. Você ainda tem muitas coisas para fazer. Não quero atrasar a viagem. Pode deixar, eu mesmo levo. Assim aproveito para abraçar dona Lídia.

Quando terminou de almoçar, José já havia colocado tudo no carro e Osvaldo apressou-se. Além do dinheiro que mandava mensalmente para a assistência social do centro, levara também alimentos para as famílias que ela atendia por ocasião do Natal.

Encontrou Lídia no salão acompanhada de seus voluntários preparando os sacos de alimentos para distribuição, como fazia todos os anos.

Ela não achava justo ter mesa farta nessa data enquanto outras pessoas não tinham nem o necessário para comer.

É preciso dizer que ela cadastrava essas famílias e as atendia durante o ano inteiro com tudo que podia, mas nas festas do Natal, com a ajuda das pessoas, preparava uma sacola especial. Era com alegria que trabalhava nessa tarefa, cuidando dos brinquedos e dos alimentos a serem distribuídos para mais de trezentas famílias.

Vendo Osvaldo descarregar o carro auxiliado por alguns voluntários, aproximou-se sorrindo:

— Seja bem-vindo.

Trocaram um abraço amigo, e, depois de agradecer o donativo, ela convidou:

— Vamos até minha sala tomar um refresco. Está muito calor.

Ele a acompanhou satisfeito. Admirava o trabalho daquela mulher simples e bondosa. Conversaram durante quinze minutos. Depois Osvaldo se despediu:

— Não vou tomar mais seu tempo.

— Fique mais um pouco. É um prazer falar com você.

— Obrigado, mas tenho de viajar logo mais. Não quero pegar estrada à noite.

Ele saiu e encontrou um conhecido, que o abraçou. Quando se voltou, Clara, segurando alguns pacotes coloridos, estava na sua frente. Ficaram olhando-se por alguns segundos. Depois ele estendeu a mão e disse:

— Como vai, Clara?

Ela apertou a mão que ele lhe estendia.

— Bem. E você?

— Vim cumprimentar dona Lídia. Acho que você teve a mesma ideia.

— É. Trouxe alguns brinquedos para a distribuição.

— É bom saber que você também se interessa em ajudar. Dona Lídia faz um trabalho maravilhoso.

— É verdade. Os meninos já foram para sua casa. Não pensei encontrá-lo aqui.

— Combinamos de sair às cinco. Tenho muito tempo. Você está corada, o sol está quente, vamos tomar um refresco na lanchonete da esquina?

Ela hesitou um pouco, depois decidiu:

— Aceito. Antes vou entregar os brinquedos.

Ele ficou esperando, o coração batendo forte. Clara voltou logo e foram caminhando até a lanchonete.

— Você mora aqui perto. Rita me disse que sua loja tem bom movimento.

— Dá para viver. Ela é quem cuida. Eu trabalho em um ateliê. É um bom emprego. Gosto do que faço.

Eles entraram na lanchonete e sentaram-se em um canto. Osvaldo pediu refrigerantes.

— Quer comer alguma coisa?

— Não, acabei de almoçar. Estamos com muito serviço no ateliê. Tenho de voltar para trabalhar. Nem poderia ter saído.

— Foi bom tê-la encontrado. Os meninos gostam muito de ir ao sítio nos fins de semana. Prepararam-se para a festa de amanhã. Disseram que você concordou de boa vontade que eles fossem comigo. Não fica aborrecida por eles a deixarem sozinha?

— Sinto falta deles. Mas preciso me acostumar. Não são mais crianças. Um dia, cada um tomará seu rumo e terei de aceitar. É a vida.

— Por que não se junta a nós?

Clara estremeceu. Baixou a cabeça pensativa. Ele continuou:

— Somos pessoas civilizadas querendo nos espiritualizar. Por que não podemos conviver amigavelmente? Nossos filhos ficariam felizes. Eles se ressentem da nossa falta de diálogo.

— Falando assim parece fácil. Mas fico constrangida. Sua família frequenta lá. Não gostaria de encontrá-los.

— Clara, precisamos deixar ir o passado. Todos sofremos, mudamos, aprendemos muitas coisas, mas a vida continua. Conservar mágoas, desentendimentos no coração impede-nos de encontrar a felicidade. Sei que guarda uma lembrança desagradável de minha família. Mas eles também mudaram. Entenderam que cuidar da própria felicidade é mais importante do que se meter na vida dos outros. Se você fosse ao sítio com nossos filhos, seria muito bem-recebida. Ninguém se atreveria a mencionar o passado. Isso eu garanto.

— Pode ser. Mas sou eu que não estou preparada. Vê-los significa lembrar da minha culpa.

Osvaldo pegou a mão dela com carinho e respondeu:

— Não se machuque mais do que já fez. Esqueça o passado. Não é bom conservar ressentimentos. Atrai forças negativas. Não dá para voltar atrás, mas podemos ser amigos.

Estavam tão entretidos que não notaram alguém parado atrás da coluna da lanchonete observando-os com raiva. Era Válter.

Havia seguido Clara esperando oportunidade para lhe falar. Vendo-a sair do centro com Osvaldo, escondeu--se e seguiu-os.

De onde estava não podia ouvir o que diziam, mas vendo-o segurar a mão dela, olhando-a com carinho, ficou furioso.

Então era verdade. O que ele temia estava acontecendo. Por certo, estavam combinando os detalhes para reatar o casamento. Isso ele não iria admitir. Eles ficariam juntos e seriam felizes, enquanto ele estaria sofrendo, só, desprezado.

Trincou os dentes com raiva. Osvaldo não perdia por esperar. Não iria ficar com Clara. Ela lhe pertencia por direito. Por ela havia suportado o desprezo dos amigos, tornara-se incapaz de amar outra mulher. Nunca se casara. Por causa do seu desprezo, enterrara-se na bebida, perdera o emprego. Vivia de expedientes.

Osvaldo tornara-se rico. Andava elegante, carro bonito... Claro que ela o havia preferido.

Quando os dois se levantaram, ele se escondeu. Despediram-se. Osvaldo voltou para o carro enquanto ela se dirigia para sua casa.

Válter entrou na lanchonete e pediu uma bebida. Precisava pensar, encontrar um jeito de tirar seu rival do caminho.

Clara chegou em casa pensativa. Rita notou:

— Aconteceu alguma coisa?

— Encontrei Osvaldo no centro. Conversamos sobre Marcos e Carlinhos.

— Isso a deixou triste?

— Não. É que ele me convidou para ir com eles ao sítio. Às vezes, me pergunto se ele está bem da cabeça.

— Por quê?

— Porque as pessoas da família dele são as últimas que eu gostaria de ver. Ele disse que é preciso esquecer o passado. Do jeito que fala, parece até que já esqueceu. Eu não sei até que ponto diz a verdade. Quando nos separamos, ele largou tudo, sumiu, jogou-se do trem, e agora fala no assunto como se nada tivesse acontecido.

— Osvaldo compreendeu que não adianta lembrar o que já foi. O passado não volta mais. Depois, não há como modificá-lo. Por isso o melhor é mesmo esquecer.

— Talvez tenha razão. Por que não consigo tirar essa mágoa do coração? Depois que Osvaldo voltou, ela ficou mais viva.

Rita abraçou-a com carinho.

— Talvez você ainda goste dele. Você nunca amou Válter nem outro qualquer.

— Não é nada disso. O problema é que vocês o elogiam tanto, exaltam suas qualidades, que eu me sinto ainda mais culpada. Ele é bom, nobre, maravilhoso, enquanto eu sou a esposa adúltera que se deixou iludir por um don-juan barato. É isso que me entristece.

— Em nenhum momento nós criticamos você. Todos a consideramos muito. Você tem nosso respeito, nossa amizade. Seus filhos a amam e admiram. Não se deixe envolver por esses pensamentos deprimentes. Isso não é verdade.

Clara sacudiu a cabeça negativamente, como querendo jogar fora aqueles pensamentos.

— Tem razão. Nem sei por que estou dizendo isso. É que a presença de Osvaldo mexe comigo.

— Se eu fosse você, pensaria melhor no que ele disse. Se você pudesse conviver, manter um relacionamento cordial, mesmo que convencional, com Osvaldo e sua família, acabaria por enxergar as coisas de outra forma. Iria se livrar da sensação de culpa que tanto a tem atormentado. Teria mais paz, seus filhos viveriam em um ambiente mais harmonioso.

— Você realmente acredita nisso? Quando me separei de Osvaldo, a única coisa boa que me aconteceu foi livrar-me de dona Neusa e de Antônio. Não consigo nem imaginar ter essa mulher de novo por perto, ainda que seja socialmente.

— Sabe, Clara, quando pedimos ajuda espiritual, saúde, paz, harmonia em nossas vidas, esperamos ser atendidos. Rezamos, mas nos esquecemos de que para obter tudo isso há determinadas condições sem as quais nunca alcançaremos o que pedimos. A conquista da felicidade é o resultado das nossas atitudes. Lembre-se disso.

— Você está cada vez mais insistente. Acha que todos têm de pensar como você.

— Se é assim que pensa, mudemos de assunto. Você é livre como sempre foi para escolher seu caminho. É melhor tratarmos da lista de compras para a ceia. Já escolheu o cardápio?

— Deixemos isso para quando eu chegar à noite. Preciso ir ao ateliê. Domênico já deve estar reclamando minha ausência.

Depois que ela saiu, Rita ficou pensando naquela conversa. Sentia que Osvaldo estava sendo sincero. Embora ele nunca lhe houvesse dito nada, sabia que continuava amando Clara. Por outro lado, embora Clara não quisesse admitir, suspeitava que ela ainda conservava o amor do marido no coração.

Admitir isso seria tornar ainda mais grave a culpa que carregava. Imaginando que havia deixado de amá-lo, ela não tinha de enfrentar a dor da perda desse amor.

Era uma pena que ela estivesse jogando fora a oportunidade de refazer a vida e ser feliz.

— Um dia ela vai perceber, tenho certeza. Só que aí poderá ser tarde demais.

Ela murmurou essa frase pensando em Marta. Ela era bonita, inteligente, amorosa, tinha todas as qualidades, além de gostar das atividades de Osvaldo. Estava certa de que Marta estava interessada nele.

Osvaldo não nutria nenhuma esperança de reconquistar o amor de Clara. Tinha certeza de que ela não o amava. Um dia ele poderia se sentir sozinho, desejar companhia. Marta estaria por perto, atenta, amorosa. Seria natural que se unissem definitivamente.

Para Osvaldo não seria ruim. Marta era uma moça boa, dedicada, e com certeza o faria muito feliz.

Mas e Clara, como reagiria? Talvez descobrisse que nunca havia deixado de amar o marido, mas, sabendo que ele estava com outra, nunca teria coragem de confessar. Arrastaria pelo resto da vida a frustração e mais culpa por ter deixado passar a oportunidade.

Notou que, quanto mais demonstravam entusiasmo com o trabalho no sítio, elogiavam Osvaldo, mais Clara resistia. Decidiu não tocar mais naquele assunto.

Várias vezes tentara aproximá-los, sem sucesso. Suas tentativas provocavam efeito contrário: estavam atrapalhando em vez de ajudar. Não iria tentar mais nada. O futuro estava nas mãos de Deus.

A vida promovera o encontro deles por duas vezes. Se tivessem de ficar juntos, ela teria meios de dar um empurrãozinho.

Na véspera do Natal, Clara trabalhou até a metade do dia. Quando chegou em casa, Rita já havia providenciado quase tudo. A árvore montada na sala de estar estava brilhando, os presentes já haviam sido colocados à sua volta.

Clara não estava com vontade de comemorar o Natal. Sentia-se cansada, deprimida. Suspirou resignada. Preferia que aquela data já tivesse passado. Desejava ficar quieta no seu canto, mas não podia por causa dos filhos.

Depois, Rita e Diva haviam feito tudo para alegrá-la. Não desejava desgostá-las.

— Você tem trabalhado demais nestes últimos dias — considerou Rita. — Está abatida. Vá descansar, nós faremos tudo.

Clara sorriu.

— Não mesmo. Este ano não pude ajudar em nada. Vou trocar de roupa e já volto. Vamos deixar tudo ainda mais bonito.

Quando ela desceu novamente, seu rosto estava mais animado. Entregaram-se às arrumações. Tudo pronto, elas foram se preparar. Clara havia comprado um vestido longo verde-escuro de seda pura que Gino havia confeccionado para uma cliente que nesse meio tempo ficou grávida e decidiu suspender a encomenda.

Clara encantou-se com o vestido e comprou-o a preço de custo. Apesar de não ir a festas, aproveitou a oportunidade.

— Se eu não o usar, acabo vendendo — disse na ocasião.

Porém naquela noite queria reagir, jogar fora a depressão. Os filhos mereciam que ela se arrumasse, ficasse bonita. Eles gostavam de vê-la elegante e bem-vestida.

Quando ela desceu, Rita já estava pronta na sala. Vendo-a, não conteve uma exclamação:

— Nossa, como você está linda!

Os olhos de Clara brilharam alegres. O verde do vestido realçava o tom de sua pele contrastando com o castanho-dourado dos cabelos.

— Decidi jogar fora a tristeza. De agora em diante vou mudar, você vai ver.

— Estava na hora!

Clara olhou para o relógio.

— Os meninos já deveriam ter chegado. São nove horas.

— Logo estarão aqui.

Tudo pronto, as duas serviram-se de vinho branco e sentaram-se para esperar. À medida que o tempo passava, Clara ia ficando mais inquieta.

— Será que aconteceu alguma coisa?

— Não. Devem estar chegando.

Passava das dez quando Marcos entrou. Carlinhos vinha logo atrás. Clara foi ao encontro deles no hall, dizendo:

— Finalmente chegaram! Estava preocupada. Vocês não têm consideração...

Então ela viu que Osvaldo entrara atrás deles. Calou-se surpreendida. Ele se aproximou:

— Não brigue com eles. Não tiveram culpa. Entrei para pedir-lhe desculpas. Houve um pequeno problema com o carro. Saímos de lá cedo, mas só conseguimos chegar agora. Nem fomos para minha casa, viemos direto para cá.

— Eu disse que ela ia achar ruim — tornou Carlinhos para Marcos. Depois continuou: — Nossa, como a árvore está linda! Vocês fizeram tudo melhor do que nós.

Rita aproximou-se, estendendo a mão para Osvaldo.

— Que bom vê-lo! Feliz Natal!

— Obrigado, feliz Natal para vocês também.

Clara refez-se da surpresa.

— Obrigada. Eu estava mesmo zangada. Estamos esperando faz tempo.

— Bem, agora que já está explicado, vou embora.

— É cedo, pai. Por que não fica aqui um pouco mais? — disse Carlinhos.

— Obrigado, meu filho, mas preciso ir.

— Pelo menos aceite um copo de vinho — disse Rita estendendo o copo para ele. — Vamos brindar juntos.

Ele segurou o copo, o coração aos pulos. Não conseguia desviar os olhos de Clara. Ela estava mais linda do que quando a conhecera. Mais requintada, mais fina.

— À felicidade de todos nós — disse Rita.

Eles repetiram em coro, tocando os copos levemente.

— Como foi a festa? — indagou Clara, tentando controlar o nervosismo.

— Foi maravilhosa! — disse Marcos.

— Claro. Em tão boa companhia! — comentou Carlinhos sorrindo.

Rita apanhou um prato com salgadinhos e ofereceu-o a Osvaldo:

— Experimente um desses. Devem estar com fome.

Osvaldo apanhou um e respondeu:

— De fato, os meninos estão com fome mesmo. Por isso já vou indo. Não quero atrasar ainda mais a ceia de vocês.

— Por que não fica para cear conosco? — indagou Carlinhos.

— Obrigado, meu filho, mas as pessoas lá em casa estão me esperando.

Osvaldo colocou o copo sobre a mesinha e despediu-se. Depois que ele saiu, Carlinhos tornou:

— Mãe, por que você não pediu a ele para ficar?

— É mesmo — interveio Marcos. — Se você tivesse convidado, ele teria ficado.

— Ele disse claramente que não podia. Há pessoas esperando em sua casa — respondeu Clara.

— Rosa e José! Papai vai passar a véspera de Natal sozinho com os empregados — comentou Carlinhos.

— Ele tem família. Certamente ficarão juntos.

— Vovó e tio Antônio estiveram no sítio. Estavam cansados e disseram que iam dormir cedo — retrucou Marcos.

— Chega de conversa. Vão tomar um banho rápido para espantar o cansaço — pediu Clara.

Os dois subiram e Clara os acompanhou. Ela havia comprado roupas novas para aquela noite e queria que eles as vestissem.

Os dois entraram no banheiro e Clara ficou colocando sobre a cama as roupas que iriam vestir. Ouviu perfeitamente quando Marcos comentou:

— Acho que papai não vai ficar só com os empregados.

— Por que diz isso?

— Ouvi Marta combinando com Rosa de fazer uma surpresa para ele.

— Ela vai aparecer na casa dele hoje?

— Vai. Disse que comprou um presente maravilhoso. Comentou que não ia permitir que papai ficasse sozinho.

— Eu disse que ela está caidinha por ele. Qualquer um pode notar isso. Será que ele sabia?

— Claro que não. Ela queria fazer surpresa, mas ele vai gostar. Também, uma surpresa dessas!

— Rosa pode ter contado a ele. Vai ver que foi por isso que não aceitou nosso convite.

Clara desistiu da arrumação e desceu. De repente, seu entusiasmo desapareceu, a depressão voltou. Não tinha por que se importar com Osvaldo. Era natural que ele encontrasse outra mulher e fosse feliz.

Mas a sensação desagradável não passava. Pegou outro copo de vinho e sentou-se pensativa.

Rita aproximou-se:

— Por essa você não esperava.

— Não mesmo.

— Por isso está com essa cara?

— Que cara? Eu estou muito bem. É que os meninos me deixam nervosa com a demora. Estou com fome.

— Sei. Você gostaria que Osvaldo tivesse aceitado o convite?

— Isso não tem cabimento. Tiraria nossa privacidade. Ainda bem que ele teve o bom senso de recusar. Carlinhos continua inconveniente.

— Pois eu gostaria que ele tivesse ficado. Afinal, Natal é festa de família. Os meninos ficariam contentes.

— Eles já ficaram tempo demais com ele. Agora é minha vez.

Rita sorriu. Os dois desceram e Carlinhos comentou:

— Nós saímos cedo do sítio porque papai queria que passássemos na casa dele para poder nos dar nossos presentes. Ainda nem os abrimos. Estou morrendo de curiosidade.

Clara impacientou-se:

— Vamos servir a ceia. Já é quase meia-noite.

Osvaldo deixou a casa dos filhos, emocionado. Clara sempre fora bonita. Todavia os anos a haviam transformado em uma mulher de classe, muito atraente.

Daria tudo para ter ficado lá, mas de que adiantaria? Serviria apenas para aumentar seu sofrimento. Vê-la perto sem poder tocá-la, sentir seu perfume, sem poder beijá-la, seria um tormento constante.

Perdido em seus pensamentos, não viu que Válter estava do outro lado da rua, acompanhando-o com os olhos.

Era fora de dúvida que Osvaldo estava reatando com a família. Trouxera os filhos, entrara na casa. Talvez até estivessem planejando a vida juntos. Precisava fazer alguma coisa. Não podia mais esperar.

Depois que Osvaldo entrou no carro e se foi, Válter decidiu procurar dois conhecidos na periferia. Bertão, ex-policial, era seu companheiro de bar. Várias vezes, abrira-se com ele contando os próprios problemas.

Quando Bertão foi mandado embora da polícia por tráfico de drogas, Válter depôs a seu favor, dizendo que aquela droga era para consumo de ambos.

Bertão foi exonerado, mas livrou-se da prisão. Depois disso, passou a prestar pequenos serviços a quem pagasse.

Encontrou-o no bar de sempre, bebendo. Abraçaram-se, reclamaram da vida, da solidão, da falta de dinheiro.

— Neco não apareceu por aqui hoje? — indagou Válter.

— Não. Ele não está abandonado como nós. Arrumou uma viúva que o convidou para ceia. Vai passar a noite lá.

— Sabe, Bertão, estou resolvido a dar um jeito na minha vida. Chega de ficar em segundo plano. Preciso que vocês dois me façam um serviço.

— Eu topo. Estou precisando de dinheiro. Meu aluguel está vencido. Se não pagar logo, serei despejado.

— Verei o que posso arrumar. Você sabe que atualmente estou sem dinheiro.

— Você é meu amigo. Se eu não estivesse nesta situação, nem falaria em dinheiro. Mas, nas atuais circunstâncias, só posso aceitar se me pagar.

— Mas você vai ser recompensado.

— Nesse caso, pode me contar tudo.

— Você sabe dos meus problemas. A mulher que eu amo, pela qual sacrifiquei tudo nesta vida, não quer nada comigo. O ex-marido reapareceu rico e anda no pedaço, e ela prefere voltar a viver com ele.

— Que ingratidão! Depois de tudo que você fez por ela...

— Para você ver. Mas, se ele desaparecer, ela acabará voltando para mim. Clara me amava. Traiu o marido por minha causa.

— Você quer dar um susto nele?

— Susto? Eu quero que vocês apaguem esse cara. Deve desaparecer para sempre.

— Isso é perigoso. Não estou disposto a correr riscos.

— Vocês sabem como fazer isso. Olhe, o sujeito é muito rico. Só o carro de luxo dele vale um dinheirão. Vocês podem ficar com todo o lucro. Eu não quero absolutamente nada, só que ele saia do meu caminho de uma vez.

Bertão tomou alguns goles, tirou umas baforadas do cigarro jogando a fumaça para o ar, depois respondeu:

— Falarei com Neco. Vamos estudar esse caso.

— Garanto que não vão se arrepender. Podem entrar na casa e levar muita coisa. Ele vive em uma mansão, sozinho com alguns criados. Forneço os dados, depois nos reunimos para programar a ação.

— Eu ainda não disse que vamos aceitar.

— Estou certo de que, depois de estudar, vocês não vão recusar. Vai ser sopa.

Os sinos da igreja badalaram a meia-noite comemorando o Natal, mas os dois, imersos em energias escuras e viciadas, nem sequer perceberam. Continuaram bebendo e tecendo seus nefandos planos para o futuro.

Nos dias que se seguiram, Osvaldo não conseguia esquecer o rosto de Clara. Ela povoava seus pensamentos, e ele recorreu à oração, suplicando aos amigos espirituais que o ajudassem a controlar aquele amor que depois do reencontro se acendera mais do que nos tempos de juventude.

Marta, vendo-o calado e pensativo, fazia tudo para alegrá-lo. Apesar de continuar amável, trabalhando como sempre, ela notava que havia um brilho triste em seus olhos.

Tinha conversado com Rosa tentando descobrir o que estava acontecendo.

— A senhora sabe o que está havendo com Osvaldo? Ele anda quieto, diferente. Nosso projeto está melhor a cada dia. Ele deveria estar satisfeito.

Rosa olhou séria para Marta e respondeu:

— Não aconteceu nada. Ele é assim mesmo.

— Não creio. Antes ele era mais alegre, entusiasmado. Agora há momentos em que me parece distante, sem vontade de conversar. Alguma coisa está acontecendo com ele.

— Talvez ele não tenha boas recordações. Ele sofreu uma desilusão amorosa no passado. Mas agora está tudo bem.

Marta ficou pensativa por alguns instantes, depois considerou:

— Não pode ser só o passado. Sinto que ele está sofrendo, e é coisa de agora. Ele mesmo diz que é preciso soltar o passado e viver no presente.

Rosa, apesar de haver notado, não quis comentar. Respondeu apenas:

— Esqueça isso. Não está acontecendo nada.

Ela sabia que Osvaldo havia se encontrado com Clara. Comentara com o marido que ele ficara mais introvertido depois disso.

Na véspera do Natal, ele lhe contou que fora falar com Clara sobre o atraso dos filhos. Rosa notou que os olhos de Osvaldo brilhavam emocionados ao mencionar isso. Logo depois, chegaram Marta e alguns amigos para cumprimentá-lo, conforme haviam planejado.

Rosa observou que foi difícil para Osvaldo manter a atenção na conversa dos amigos. Quando se despediram, uma hora depois, ficou aliviado.

Conversou com o marido:

— Acho que Osvaldo ainda gosta de Clara. Você notou como ele chegou aqui hoje?

— Muito inquieto, distraído.

— Isso mesmo. Ele entrou na casa dela e conversaram. Justino não disse nada?

— Não. Ele é um motorista muito discreto. Depois, não sabe nada sobre o passado.

— Marta veio perguntar se eu sabia o que estava acontecendo. Ela também notou.

— Vocês estão sempre vendo coisas. Há dias que as pessoas gostam de estar sozinhas, descansar. Osvaldo está cansado. A festa no sítio deu muito trabalho. Ele atendeu a muita gente.

— Pois eu acho que aí tem coisa. O futuro dirá.

Osvaldo havia programado férias para os trabalhos do sítio. Voltariam no mês de fevereiro. Só o laboratório estava funcionando. Ele queria dedicar mais tempo às pesquisas que estavam realizando sob a orientação dos espíritos.

Haviam montado um aparelho que registrava os tipos de energias das plantas, e, a cada dia que passava, eles estavam mais entusiasmados com as descobertas.

Nos dias que se seguiram, Osvaldo entregou-se ao trabalho, tentando não pensar em Clara. Mas estava difícil. Percebendo que era inútil, decidiu não lutar mais contra seus sentimentos. Amava Clara. Não adiantava fugir. Aceitou essa verdade resignado e assim conseguiu acalmar um pouco sua ansiedade.

Sentia que seria assim pelo resto de sua vida. Não havia nada que pudesse fazer para apagar esse sentimento do coração.

Capítulo 27

Clara olhou para o calendário pensativa. O ateliê ficaria fechado quinze dias. Gostaria de viajar com os meninos para descansar, aproveitando as férias escolares.

Desde o encerramento das aulas, no final de novembro, eles pouco ficavam em casa, passando a maior parte do tempo com o pai e os fins de semana no sítio.

Não era justo. Queixava-se com Rita:

— Eles estão me deixando de lado. Moram mais com o pai do que aqui.

— Não é nada disso. Eles gostam das atividades de Osvaldo. Há um grupo de jovens com os quais fizeram amizade. Sentem-se bem com eles.

— Eu também gosto do trabalho espiritual. Tenho me sentido muito bem frequentando o centro de dona Lídia. Quando posso, colaboro com o trabalho assistencial. Mas não estou lá todos os dias.

Rita sorriu e respondeu:

— Não dá para imaginar como é no sítio. Se você fosse ver, tenho certeza de que entenderia. Marcos gosta de uma garota, estão sempre juntos. Penso que já estão namorando.

— Não gosto de ver meu filho namorando tão novo, ainda mais com uma moça que não conheço.

— Eu conheço. É muito bonita e educada, de boa família. Não tem com que se preocupar. E Carlinhos lá é como um rei. Vive paparicado por todos.

— Não sei se isso é bom para ele.

— É que ele leva alegria, música, aonde vai. Todos gostam dele. As garotas ficam em volta, as mães levam coisas gostosas para o lanche porque Carlinhos gosta. Você precisa ver.

— Estive olhando os prospectos de viagem. Hoje quando eles vierem, vamos programar tudo.

— Você está precisando mesmo sair um pouco.

Depois do jantar, os dois rapazes foram para o quarto e Clara ainda ficou mais um pouco conversando com Rita. Quando ela subiu, ouviu que os dois se entretinham com o violão cantarolando e conversando. Entrou:

— É bom vê-los tão alegres.

— Carlinhos está compondo uma melodia e me pediu para fazer a letra. Eu fiz, mas não é fácil rimar e fazer dar certo nos compassos da melodia.

— Não sabia que tinha dois filhos compositores.

— Estamos tentando — explicou Carlinhos. — Marcos quer a música pronta para o próximo fim de semana.

— Você disse que podia fazer isso.

— Por que tanta urgência? — indagou Clara.

Carlinhos fez um gesto largo e disse com voz teatral:

— Porque temos de criar um momento romântico.

Marcos interveio:

— Não exagere. Você quer ou não fazer essa música?

— Quero.

— Subi para conversar — disse Clara sentando-se na cama. — Estamos de férias. Tenho quinze dias. Pensei em aproveitarmos e irmos para um lugar bem bonito, um hotel cinco estrelas, tudo.

Os dois a olharam surpreendidos, entreolharam-se e não responderam logo.

— O que foi, não gostaram?

— Não é isso, mãe — começou Marcos. — É que não sabíamos e fizemos outros projetos. Combinamos com alguns amigos...

— É... — reforçou Carlinhos. — Eu me comprometi a tocar, e as pessoas contam com isso. Elas se programaram.

Clara levantou-se irritada.

— Naturalmente é nesse bendito sítio aonde vão todos os fins de semana.

— Por que implica tanto com o sítio? Pois você está enganada. Não há nada lá. As atividades estão suspensas até fevereiro.

— Então não entendo.

Marcos levantou-se e abraçou-a tentando contornar:

— Você não nos disse nada, nós não sabíamos. Mas, se faz tanta questão, veremos o que será possível fazer.

— Pois eu prefiro ficar e fazer o que prometi. Combinamos com vários amigos o que faríamos nessas férias. Vamos nos reunir cada fim de semana na casa de um. Eu levo a música e as outras pessoas colaboram com a comida e a bebida. Se eu não for, eles vão suspender tudo.

— Estou vendo que vocês preferem ficar com os amigos a viajar com a mãe. Nesse caso, desisto.

Clara deixou o quarto, e Marcos considerou:

— Talvez possamos fazer o que ela pede. Viajar com ela pelo menos uma semana.

— Mamãe precisa entender que temos nossos compromissos. Não é ela quem vive falando que é preciso cumprir o que prometemos?

— Estou notando que você está muito interessado nesses encontros. Não seria por causa daquela lourinha que nos dois últimos fins de semana ficou grudada em você o tempo todo? Como é mesmo o nome dela?

— Liliana.

— Você capricha mais quando ela está perto.

— O que há de errado? Pensa que é só você que pode ter uma garota?

Marcos sorriu satisfeito.

— Ela fica perto porque gosta de música. Não se anime muito.

— Você é que pensa. Ela está mesmo me dando bola.

— E você está gostando.

— Estou. Ela não vai viajar nestas férias. Eu quero ficar com ela. Mamãe poderia viajar com Rita. Elas se divertiriam mais. Gostam das mesmas coisas.

— Para ir de má vontade é melhor não ir. Vou conversar com mamãe. Ela vai entender.

— Não vá jogar a culpa toda sobre mim. Você também quer ficar com Eunice. Quer dedicar esta música a ela.

Marcos encontrou a mãe na sala lendo. Sentou-se a seu lado.

— Mãe, ficou aborrecida conosco?

Clara colocou o marcador e fechou o livro:

— Estou decepcionada. Pensei em dar-lhes uma grande alegria com essa viagem, mas enganei-me.

— Gostaria que entendesse que nós crescemos. Gostamos de estar com você, mas é muito bom fazer amigos, namorar, viver a nossa juventude. Você mesma sempre diz que é o melhor tempo da vida. Preferindo estar com os amigos, não estamos nos afastando de você. Seu lugar ninguém tira.

Clara olhou nos olhos de Marcos e notou sua sinceridade. Sorriu e respondeu:

— Eu entendo, meu filho. Não se preocupe. Vocês têm razão. Eu havia me esquecido como é na juventude. Vocês podem fazer o que quiserem.

— Por que você não viaja com Rita? Seria uma boa companhia.

— Há a loja. Mas vou pensar.

Quando ele voltou para o quarto, Clara sentiu voltar a sensação de vazio no peito. Por quê? Sabia que um dia seus filhos iriam embora, cuidar da própria vida.

Eles haviam crescido muito depressa. Clara não queria se transformar em uma mãe queixosa como tantas que conhecia, cobrando dos filhos o retorno do amor e da dedicação que lhes dera.

Mas teria forças para desapegar-se deles? Estava sendo difícil aceitar o amor deles pelo pai. Como seria no dia em que resolvessem casar, assumir o amor por outra mulher?

Rita aproximou-se com uma xícara de chá.

— Tome, Clara, é daquele que você gosta.

Ela apanhou a xícara.

— Obrigada.

— Você estava tão entusiasmada com a viagem. O que aconteceu, por que está com essa cara?

— Hoje descobri que meus filhos cresceram. Programei a viagem com eles sem os consultar e não deu certo.

— Eles tinham outro programa.

— É. O que me deixou chocada foi que eles se esforçaram para me agradar, mas odiaram a ideia.

— Não se aborreça. A reação deles é natural. Estão descobrindo a vida, o sexo oposto, as amizades.

— Eu sei. Reconheço isso. Mas confesso que não esperava. Qualquer dia desses, vão querer casar, assumir a própria vida, e eu terei de aceitar.

— É a vida, Clara. Mas você deve viajar assim mesmo. Faça uma excursão. Sempre terá companhia. Eu tomarei conta de tudo.

— Não. Não seria a mesma coisa. Vou descansar em casa mesmo.

Abriu novamente o livro e reiniciou a leitura.

Osvaldo chegou em casa na sexta-feira à tarde. Durante as férias das atividades no sítio, ele ia para lá nas segundas-feiras e trabalhava no laboratório até sábado cedo, quando voltava à cidade.

Estava satisfeito com as pesquisas, que a cada dia se tornavam mais específicas e os resultados, melhores.

Os produtos devidamente licenciados que lançara no mercado estavam tendo boa aceitação e começavam a render um lucro razoável, que Osvaldo investia na empresa, principalmente na área das pesquisas.

Claro que seus produtos não eram como os existentes no mercado. Iam acompanhados de um folheto com orientação metafísica para determinados tipos de sintomas, deixando claro que a ajuda energética que eles continham precisava ser acrescida de um ambiente especial que os pensamentos do paciente teriam de criar para que o efeito fosse completo.

Devido à grande procura de pessoas interessadas em aprender mais, Osvaldo estava treinando um grupo de terapeutas sensíveis à mediunidade para dar atendimento.

Orientados pelos espíritos, que consideravam a necessidade de a pessoa valorizar a ajuda recebida, cobravam preços módicos pelo atendimento.

Estava com saudade e telefonou para os filhos. Rita atendeu e chamou Carlinhos. Depois de saber como estavam, Osvaldo convidou-os para jantar.

— Sabe o que é, pai? Hoje vamos nos reunir na casa de Flávio. Combinamos tocar.

— A que horas vocês vão?

— Lá pelas duas.

— Nesse caso, venham almoçar comigo e depois eu os levo de carro até lá.

Eles chegaram com a alegria de sempre. O almoço decorreu descontraído. Quando faltavam quinze para as duas, saíram.

Osvaldo tinha dado folga ao motorista e foi pessoalmente levá-los. Saíram conversando animados e não notaram um carro estacionado em frente à casa.

Dentro dele estavam Válter e seus dois amigos.

— Veja, é ele com os filhos. Vamos segui-los.

— Não, agora não — disse Bertão. — Vou fazer as coisas do meu jeito. Concordei em fazer o que me pediu, mas não vou correr riscos desnecessários.

— Tudo bem. Faça como quiser, mas acabe com ele.

— A casa é muito grande — disse o outro.

— É, Neco. Mas entrar lá pode ser mais arriscado.

— O lucro será maior. Depois, tenho observado. Os criados dormem em um apartamento fora da casa. São velhos e não há vigia. Sei a disposição de todos os cômodos da casa.

— Em dez dias conseguiu ver tudo isso, Neco?

— Eu vesti aquele velho uniforme da companhia de gás e entrei na casa para fazer uma vistoria a pretexto de uma reclamação de vazamento.

— O quê? Você não podia ser visto por Osvaldo — disse Válter assustado.

— Ele estava viajando. Ficou fora a semana inteira.

— Ele vive no sítio. Seria bom pegá-lo na estrada. É deserta.

— A ideia é boa. Mas nesse caso não entraríamos na casa — considerou Neco, que não tirava os olhos dela.

— Vamos esperar um pouco mais antes de decidir. Nada pode dar errado — tornou Bertão.

— Temos de resolver logo. Estou cansado de esperar — reclamou Válter.

— Vamos estudar isso — concluiu Bertão.

Osvaldo parou o carro e os rapazes desceram.

— Quando quiserem ir para casa, liguem. O carro virá buscá-los.

— Não precisa. Não temos hora para terminar — apressou-se a dizer Marcos.

Ele queria sair com Eunice. Carlinhos lançou-lhe um olhar malicioso e tornou:

— Pode deixar. Se ficar muito tarde, Flávio nos leva de carro.

Osvaldo chegou em casa pensando em descansar um pouco. Recostou-se no sofá, deu uma cochilada e acordou assustado, sentindo um aperto no peito.

Levantou-se de um salto e foi à copa tomar um copo de água.

"É energia pesada", pensou, sentindo arrepios pelo corpo e certo mal-estar.

Foi para o quarto, sentou-se na cama e concentrou-se, procurando ajuda espiritual. Sentiu que estava difícil. Esforçou-se para mentalizar luz, chamando pelos espíritos amigos.

Notava à sua volta nuvens de energias escuras. Tentou descobrir de onde vinham, mas sua cabeça estava atordoada e seu rosto coberto de suor.

"É energia de encarnado", pensou, por fim. "Mas de quem?"

Na mesma hora, a imagem de Válter apareceu em sua frente. Osvaldo percebeu que as energias escuras vinham dele. Sentiu que ele estava com muita raiva.

Era melhor enfrentar. Por isso olhou-o nos olhos, dizendo com voz firme:

— Não aceito suas energias. Neste momento, o que lhe pertence vai voltar para você e eu fico com o que é meu. Não quero nada de você. Não cobro nada. Eu sou eu e você é você. Estou me desligando de você. Você vai seguir seu caminho e eu, o meu. Não temos nada a ver um com o outro. Deus é testemunha disso.

Repetiu essas palavras com tal convicção e firmeza que de repente a visão desapareceu e o mal-estar também. Respirou fundo pensando como as pessoas podem se agredir a distância.

Aliviado, fez uma oração agradecendo a ajuda espiritual.

Na tarde de domingo, Carlinhos ligou para o pai dizendo que gostaria de ir com ele passar a semana no sítio. Liliana dissera-lhe que sua mãe havia combinado com Marta de ir trabalhar lá como voluntária na semana seguinte. Ela iria junto e queria saber se Carlinhos estaria lá.

É claro que ele disse sim e combinou com o pai, que esclareceu:

— Amanhã vou sair muito cedo. É melhor vir dormir aqui esta noite. Fale com sua mãe. Vou mandar o carro buscá-lo.

Clara concordou. Estava decidida a deixar os filhos escolherem como queriam passar as férias. Ele arrumou a mala, pegou o violão e foi para a casa do pai.

Eles se recolheram cedo. Osvaldo pretendia sair às quatro da manhã. Por isso, às duas da madrugada a casa estava às escuras. Todos dormiam.

Um carro de faróis apagados parou no portão dos fundos e dois homens encapuzados portando armas desceram enquanto outro ficou esperando no carro.

Eles haviam calculado tudo e decidido não esperar mais. Válter havia convencido Neco a não levar nada da casa.

— Vamos pedir um bom resgate. Esse dinheiro será para vocês. Eu só quero tirar esse cara do caminho. Ficarei satisfeito com isso.

— Quer dizer que, mesmo se pagarem, ele não vai voltar para casa — disse Bertão rindo.

— Claro que não — confirmou Válter. — Mas o dinheiro será de vocês.

— Vamos logo — impacientou-se Neco.

Eles pularam o muro e foram à porta dos fundos. Neco começou a trabalhar na fechadura e logo a porta se abriu.

Os dois entraram. Sabiam qual era o quarto de Osvaldo. Durante a vigia, Neco havia observado tudo. Podia entrar na casa mesmo no escuro.

Em poucos minutos estavam no quarto de Osvaldo, que dormia. Aproximaram-se da cama, e Bertão colocou o revólver na cabeça dele, dizendo:

— Acorde. Isto é um assalto!

Osvaldo abriu os olhos ainda sonolento, mas logo viu o brilho da arma e o vulto ao lado da cama.

— Levante-se em silêncio. Você vai comigo.

Osvaldo obedeceu.

— O que querem? — indagou.

— Você. Vista-se rápido e vamos embora.

Osvaldo procurou ganhar tempo.

— Está muito escuro aqui. Vou acender o abajur para poder me vestir.

— Não vai acender nada — disse Neco.

— Não estou vendo nada. A luz do abajur é fraca. Não haverá perigo.

— Acenda e se vista rapidamente, então. Temos pressa.

Osvaldo acendeu e procurou vestir-se devagar, mas eles o ameaçaram insistindo:

— Depressa, depressa, vamos! Pegue a chave e os documentos do seu carro. Vamos descer. Se fizer o menor barulho, eu atiro — garantiu Bertão.

Osvaldo obedeceu. Desceram e foram à garagem.

— Entre no carro, vamos — disse Neco.

Nesse momento, Carlinhos apareceu na porta chamando:

— Pai, você já vai? Por que não me chamou?

— Volte para o quarto, meu filho. Não vou para o sítio agora.

Carlinhos entrou na garagem:

— O que está acontecendo? Pai...

Os dois pegaram Carlinhos, e Neco empurrou-o para dentro do carro.

— É um assalto. Entre no carro e não faça barulho se não quiser levar um tiro.

Trêmulo, Carlinhos encolheu-se no banco enquanto forçavam Osvaldo a entrar no carro.

— Por favor — pediu ele —, deixem meu filho sair. Eu irei com vocês. Ele é só um menino.

— Não. Ele vai junto — disse Bertão.

— Eu farei o que quiserem, mas deixem-no ir — disse Osvaldo, nervoso.

— Para ele telefonar à polícia? Acha que somos bobos? Vamos embora.

Bertão sentou-se na frente ao lado de Osvaldo e mandou-o tirar o carro. Saíram. Depois de fechar a porta da garagem para não levantar suspeitas, Neco, de arma em punho, voltou ao carro e sentou-se ao lado de Carlinhos.

— Siga em frente — ordenou Bertão.

Depois de rodarem algum tempo sob a orientação de Bertão, eles pararam em uma rua deserta e o carro de Válter, que os havia seguido, parou atrás.

— Fique de olho neles enquanto converso.

Bertão desceu e foi ter com Válter.

— O que aconteceu? Quem é a outra pessoa que vocês pegaram?

— É o filho dele. Apareceu de repente e não tivemos outro remédio senão colocá-lo no carro.

— Não é possível! Como puderam fazer isso? Vai atrapalhar tudo.

— Não vai atrapalhar nada. Teremos de dar cabo dos dois.

— Não posso fazer isso. Se Clara souber que matamos o filho dela, nunca vai me perdoar.

— Bobagem. Ela nunca vai saber. Podemos fazer o trabalho agora e depois jogar os corpos na represa.

— Não. Vamos esperar.

— É perigoso. Não foi isso que combinamos.

— Claro que foi, não se lembra?

Válter estava assustado e procurou ganhar tempo:

— Você pode não receber o dinheiro do resgate. Antes de pagar eles sempre exigem uma prova de que a pessoa está viva.

— Ih... Não foi isso que você disse.

— Mas estou dizendo agora. É melhor prender os dois em algum lugar e só fazer o serviço após receber o dinheiro. Não quero depois que você diga que não recebeu e fique me cobrando.

— Não estava em nossos planos. Aonde vamos levá-los?

— Você tem tantos esconderijos. Precisamos de um lugar de que ninguém desconfie.

Bertão pensou por alguns instantes, depois disse:

— Já sei. Tenho um barraco na periferia onde guardo algumas muambas. Deve servir. Mas depois terei de encontrar outro lugar para colocar tudo. Não posso facilitar.

— Com o dinheiro que você vai ganhar, vai arranjar outro fácil e melhor. Vá, que eu vou atrás.

Bertão voltou para o carro. Fez Osvaldo e Carlinhos descerem do carro e obrigou-os a entrar no porta-malas.

Apertados, abafados e muito assustados, os dois sentiam o coração bater descompassado. Osvaldo esforçou-se por recuperar a calma e disse ao filho:

— Vamos rezar, meu filho. Deus vai nos ajudar.

Segurou a mão trêmula de Carlinhos e continuou:

— Nós vamos sair desta, filho. Somos pessoas de bem. Nada vai nos acontecer.

O carro começou a andar e eles rezavam baixinho na escuridão do porta-malas.

Depois de algum tempo o carro parou. Eles desceram e Osvaldo notou que havia mais alguém com eles. Susteve a respiração, esforçando-se para ouvir o que diziam:

— Abra a porta que eu quero ver o lugar.

Osvaldo estremeceu. Onde ouvira aquela voz? Pareceu-lhe familiar, mas não conseguiu descobrir. Ouviu passos, depois a mesma voz disse:

— Pode ser aí. Vou indo. Não quero me encontrar com eles.

— Pode deixar. Tomaremos conta de tudo.

— Amanhã combinamos o próximo passo.

— Não estou gostando dessa mudança. Eu queria terminar tudo hoje.

Osvaldo estremeceu. Eles estavam querendo matá-los?

— Tenha calma. Tudo vai dar certo.

Escutou o barulho de um carro. Depois o carro deles andou alguns metros e parou. Abriram o porta-
-malas e os obrigaram a sair. Carlinhos, que estava de pijamas, tremia de nervoso e de frio.

— Vamos andando — disse Neco, empurrando-os.

Estava escuro, e Osvaldo tentou olhar em volta para ver onde estavam, mas levou um safanão e Neco resmungou:

— O que está olhando? Vamos em frente, ande. Entre aí.

A porta estava aberta e eles obedeceram. A sala estava escura. Eles foram levados para outro aposento e a porta foi trancada por fora.

Osvaldo abraçou o filho, tentando confortá-lo.

— Você está tremendo de frio.

Tirou o paletó e fez Carlinhos vesti-lo. Depois olhou em volta. O aposento era pequeno e sem janelas, cheirando a mofo.

— Pai, o que vai acontecer agora?

— Não sei, meu filho. Imagino que vão pedir dinheiro para nos soltar.

— Tenho medo.

— Eu também tenho. Mas não podemos nos entregar ao pessimismo. É preciso ter fé. Deus pode tudo e vai nos ajudar. Você verá.

Apesar de tentar ser forte, Osvaldo estava muito assustado por causa de Carlinhos. Não conseguiam enxergar quase nada. Osvaldo puxou o filho e sentaram-se no chão abraçados.

— Vamos rezar. Estamos nas mãos de Deus.

Abraçados, eles oraram pedindo ajuda espiritual.

Bertão estendeu-se no velho sofá que havia na sala, dizendo:

— Vou dormir um pouco. Você fica vigiando. Não tire os olhos daquela porta.

— Também estou cansado.

— Acorde-me daqui a uma hora, e aí você dorme e eu vigio.

O despertador tocou e José levantou-se de um salto. Chamou Rosa e trataram de preparar-se para a viagem. Depois José foi chamar Osvaldo. A porta do quarto estava aberta. Ele entrou, procurou, mas não o encontrou.

Talvez estivesse no quarto de Carlinhos. A porta estava encostada. Bateu ligeiramente, mas ninguém respondeu. Entrou e viu a roupa do menino sobre a cadeira, e deles nem sinal.

Foi ter com Rosa.

— Não sei o que aconteceu, mas parece que já foram.

— Como já foram? Não pode ser. Osvaldo não iria partir sem nos esperar.

— Já procurei, mas os dois não estão. Vou ver se o carro está na garagem.

Voltou alguns segundos depois, dizendo:

— O carro também não está.

— Deve ter acontecido alguma coisa. Estou ficando com medo.

— Não. Vai ver que foram à padaria comprar alguma coisa.

— Duvido. As malas estão no quarto e a roupa de Carlinhos, na cadeira. Ele não sairia de pijama.

Desceram novamente à garagem.

— A porta está só encostada. Osvaldo nunca teria saído e deixado a casa aberta.

Foram para o quintal nos fundos e José apontou o muro:

— Veja, Rosa, uma marca de tênis na parede. Alguém entrou aqui.

— Meu Deus! Deve ter sido um ladrão. Vamos chamar a polícia.

— Vamos ligar primeiro para o doutor Felisberto.

O advogado assustou-se e aconselhou:

— Vou avisar a polícia. Não toquem em nada. Podem atrapalhar a perícia.

Rosa estava pálida e trêmula. José foi à copa e preparou água com açúcar para ambos.

— Beba, Rosa. Precisamos manter a calma.

Felisberto chegou com alguns policiais, que interrogaram os dois criados, mas eles não tinham visto nem ouvido nada. Percorreram todas as dependências da casa procurando encontrar vestígios.

Avisado por Felisberto, Durval chegou em seguida.

— Os ladrões eram dois e pularam o muro dos fundos. As marcas estão visíveis — disse um dos policiais.

Durval perguntou a José:

— Verificou se abriram o cofre? Deu por falta de alguma coisa?

— À primeira vista, não levaram nada. Vamos ver o cofre.

O advogado, Durval e o policial acompanharam José até o escritório. O cofre não havia sido violado.

— Pode ser que tenham obrigado o senhor Osvaldo a abri-lo — disse o policial.

— Pode. Mas não teriam o cuidado de fechá--lo novamente nem de colocar o quadro no lugar — disse Durval.

— Eles levaram apenas os dois — comentou Felisberto.

— Então não foi um assalto, mas um sequestro. Vamos avisar o grupo antissequestro e esperar que os bandidos se comuniquem pedindo o resgate — considerou o policial.

— Para mim trata-se de uma vingança — disse Durval. — Nesse caso, a vida deles corre perigo. Esperar pode ser fatal. Temos de agir depressa.

— Baseado em que diz isso? — perguntou o delegado, que havia se aproximado.

— É uma longa história, doutor. Vou lhe contar.

Durval em poucas palavras contou o que sabia. O delegado ouviu com atenção.

— De fato, é uma hipótese. Vamos à delegacia tomar providências. Dois homens ficarão aqui para o caso de eles se comunicarem.

Felisberto e Durval acompanharam o trabalho policial. Para o sucesso das investigações, o delegado pediu sigilo.

— Precisamos falar com a mãe do menino — disse Felisberto, preocupado.

— É melhor esperar mais um pouco. Não vamos tomar nenhuma providência antes de falar com o chefe da divisão especial.

Durval deu o nome e endereço de Válter.

— Não vou prendê-lo agora. Vamos vigiá-lo. Se tiver alguma coisa a ver com o caso, nos dará uma pista.

No estreito aposento em que estavam confinados, Osvaldo e Carlinhos continuavam sentados no chão, abraçados.

— Ainda está escuro — tornou Carlinhos.

— O dia já amanheceu, mas daqui não podemos ver.

— Já devem ter dado pela nossa falta. O que vai acontecer?

— Talvez avisem Durval ou o doutor Felisberto. Eles saberão o que fazer.

— Pai, estou com medo.

— Vamos continuar rezando, meu filho. A força do mal é menor que a do bem. Nós estamos do lado mais forte.

— Espero que seja assim...

O tempo foi passando. Um dos sequestradores abriu a porta, colocou um pacote no chão e uma garrafa de água. Fechou a porta de novo sem dizer nada.

Osvaldo apanhou o pacote. Continha um filão.

— Você deve estar com fome.

— Não, pai. Meu estômago está embrulhado. Este cheiro é horrível. Essa privada ao lado cheira mal.

Osvaldo levantou-se tateando, tentando descobrir os objetos que havia lá. Lembrou-se de que tinha fósforos no bolso. Acendeu um e olhou em volta. Havia alguns caixotes velhos, uma mesa tosca a um canto e muita poeira.

Osvaldo pegou os caixotes e colocou-os em frente da privada, tentando isolá-la.

— Se ao menos tivéssemos uma vela — disse ele.

— Este lugar é horrível!

Osvaldo sentou-se novamente ao lado do filho. Dividiu o pão ao meio e deu-o a ele, dizendo:

— Vamos comer. Temos de conservar as forças. Nós vamos sair daqui, você vai ver.

Carlinhos pegou o pão sem vontade.

— Coma, Carlinhos. Não está ruim, é fresco.

Ele obedeceu. Depois de comer, diminuiu o enjoo.

— Vamos procurar descansar, poupar nossas forças.

Estenderam-se no chão. Osvaldo segurou a mão do filho para dar-lhe coragem. Eles não podiam fazer nada senão esperar.

Capítulo 28

Clara chegou em casa no fim da tarde. Pouco depois recebeu a visita de Felisberto e Durval.

Surpreendida, mandou-os entrar. Uma vez na sala, Durval disse sério:

— Dona Clara, precisamos conversar.

— Aconteceu alguma coisa?

— Infelizmente aconteceu — tornou Felisberto.

Clara levantou-se nervosa:

— Meu filho viajou com Osvaldo. Aconteceu algum acidente?

— Não. Mas a casa do senhor Osvaldo foi assaltada e eles levaram os dois — respondeu o advogado.

— Meu Deus! Levaram como?

Rita apoiou Clara, que cambaleou.

— Calma, Clara. Vamos ouvir.

— Por favor, digam o que aconteceu.

Eles contaram tudo, e Clara deixou-se cair no sofá transtornada.

— Quero ir à polícia, falar com o delegado. Isso não pode ter acontecido com eles.

— O delegado vai mandar um investigador aqui para conversar com todos da casa. Eles querem guardar sigilo por enquanto para não prejudicar as investigações. Na delegacia há repórteres.

Rita suspeitou de Válter, mas não quis dizer. Perguntou apenas:

— Os ladrões levaram muita coisa?

— Nada. Apenas os dois — esclareceu o detetive.

— Suspeito que Válter esteja metido nisso.

Clara deu um salto.

— Não pode ser. Ele não faria isso! Se fosse só Osvaldo eu até poderia acreditar. Mas levar Carlinhos... isso não.

— Suspeitamos que eles o tenham levado por força das circunstâncias. O rapaz acordou, viu-os e ficaram com medo. Ao que tudo indica, ele nem teve tempo para se vestir. As roupas dele ficaram em cima da cadeira.

Clara, apavorada, olhou para Rita.

— O que vamos fazer? Meu Deus! Carlinhos e Osvaldo na mão de bandidos.

— Eles vão pedir dinheiro para soltá-los — disse Felisberto tentando acalmá-las. — Estamos atentos.

— Temos de estar preparados. Precisaremos arranjar o dinheiro — disse Clara aflita.

— Não se preocupe, dona Clara. Tenho como fazer isso — esclareceu Felisberto.

— Meu Deus! O que faremos enquanto isso? Carlinhos pode estar com frio, passando fome, apavorado.

— Vamos rezar, Clara. É o que podemos fazer. Deus não vai nos desamparar.

— Um investigador vai ficar aqui e eu vou deixar um dos meus homens também — disse Durval. — Tenho algumas suspeitas. Vou investigar.

— Tome cuidado — aconselhou Felisberto. — A polícia não quer ninguém no caso.

— Tenho minhas suspeitas e não vou esperar. Sei fazer as coisas. Fique tranquilo.

Durval saiu com Felisberto, que foi à casa de Osvaldo consolar Rosa e José e esperar alguma notícia.

Começou para eles o tempo terrível da espera. Rita tratou de ligar para Lídia pedindo ajuda espiritual. Clara andava de um lado para o outro inquieta. Marcos chegou na hora do almoço e juntou-se a elas nervoso.

As horas passavam, e nada. Nenhum telefonema. Antônio não foi ao sítio porque tinha serviço a fazer na cidade. No fim da tarde, ligou para o sítio. Precisava falar com Osvaldo.

Marta atendeu e informou que eles ainda não haviam chegado.

— Como não? Ele me disse que iria bem cedo.

— Mas não veio. Talvez tenha resolvido vir amanhã.

Antônio desligou o telefone preocupado. Ligou para casa de Osvaldo e José contou-lhe o que havia acontecido, pedindo-lhe segredo.

Antônio foi até lá e informou-se dos detalhes. Não se conformava. Ficou também à espera, mas nenhuma notícia chegava.

Passava das oito quando Antônio decidiu ir para casa, depois de pedir que o informassem a qualquer hora, se tivessem alguma notícia.

Em casa, resolveu não contar à mãe o que estava ocorrendo. Seria melhor esperar pela manhã seguinte. Pelo menos ela dormiria em paz, uma vez que ele não iria conseguir pregar olho.

Por insistência de Rita e até dos dois investigadores, que prometeram avisá-la a qualquer notícia, Clara foi para o quarto, estendeu-se na cama mesmo vestida e Marcos deitou-se a seu lado.

— Mãe, o que será que está acontecendo com eles?

— Não sei. Isso está me matando.

— Puxa, Carlinhos quis ir com papai por causa de Liliana. Ele está gostando dela. Deve estar arrependido de ter ido.

— Ninguém poderia prever uma coisa dessas. Ele deve estar apavorado.

— Papai é corajoso. Deve estar ajudando-o.

Clara suspirou aflita.

— Meu Deus! Ninguém telefona.

— Durval disse que eles demoram para dar notícias de propósito. Assim a família paga o que pedirem.

— Não sei o que dizer.

Marcos ficou calado alguns segundos, depois disse:

— Se Carlinhos não tivesse ido, só papai teria sido sequestrado.

Clara não respondeu. Pensou em Osvaldo, nos encontros que tivera com ele, na maneira como ele a olhava, como ele estava bonito, elegante. Seus olhos encheram-se de lágrimas. Não queria que nada de mau acontecesse a ele.

— Mãe, Durval acredita que pode ser coisa do Válter. O que você acha?

Arrancada de seus devaneios, Clara estremeceu.

— Ele não seria capaz disso.

— Eu penso que seria. Ele odeia papai.

— Mas não teria coragem de levar Carlinhos. Ele tem a pretensão de me conquistar. Essa seria a pior coisa que poderia fazer.

— Mas você ouviu Durval. Carlinhos acordou, surpreendeu-os. Acabou tendo de ser levado junto.

— Você acha mesmo?

— Se ele foi capaz de apontar uma arma para você, que ele diz que ama, pode muito bem ter feito isso. Aquele sujeito é capaz de tudo. Durval também acha.

— Se foi ele, será pior. Ele não faria por dinheiro. Nesse caso, pode tentar alguma coisa contra Osvaldo.

Clara sentou-se na cama nervosa. Marcos arrependeu-se de haver sugerido isso. Tentou disfarçar.

— São suposições. Vai ver que não foi nada disso. Logo vão telefonar, entregamos o dinheiro e eles estarão de volta.

— Deus queira, meu filho.

— Você precisa descansar. Deite-se e tente dormir um pouco.

Clara deitou-se e fechou os olhos. Sabia que não conseguiria dormir. O rosto querido de Carlos não saía de sua lembrança. Seu sorriso, sua alegria, seu carinho... Sentia o coração apertado e o tempo parecia não passar.

Deitados no chão duro, Osvaldo e Carlinhos continuavam presos na sala escura. Osvaldo ouviu vozes, mas o som chegava baixo e ele não conseguiu entender o que diziam. Por baixo da porta passava um pouco de luz. Levantou-se procurando não fazer ruído, encostou o ouvido na porta. Ouviu:

— Não estou gostando nada da mudança de planos.

— Eu também não.

— Válter ficou cheio de dedos por causa do garoto. A mãe dele não precisa saber quem fez o serviço.

— Mas ele pode se vingar, nos denunciar.

— Só se for muito burro. Não se esqueça de que a ideia foi dele.

— Bom, isso é.

— Não acho prudente esperar, ficar aqui. Eles podem ter dado queixa à polícia. É madrugada. Vamos acabar com eles e pronto. Ninguém vai ver.

Osvaldo recuou horrorizado. Precisava fazer alguma coisa. Acendeu um fósforo e olhou em volta à procura de algo com que se defender, mas não encontrou nada.

Carlinhos, vencido pelo cansaço, havia adormecido. Acordou-o dizendo baixinho:

— Levante-se.

Ele acordou, e nesse instante Bertão abria a porta.

— Vamos dar um passeio — disse.

Enquanto isso, Neco tirou dois lenços escuros, vedou os olhos dos prisioneiros e amarrou suas mãos com uma corda.

— Vamos andando — disse Neco conduzindo-os pelo braço.

Abriu o porta-malas, mas fechou imediatamente ao ver o farol de um carro se aproximando. Empurraram os dois prisioneiros rapidamente para dentro da casa.

Bertão ficou do lado de fora. O carro parou diante do portão. Ele reconheceu Válter e foi abrir.

— Você me pregou um susto! O que faz aqui uma hora destas?

— Fiquei de vir antes, mas tive medo de ser seguido. Notei um tipo suspeito perto de minha casa.

— Não deveria ter vindo. Tem certeza de que não o seguiram?

— Tenho. Tomei muito cuidado. O que estava fazendo aqui fora?

— Tomando ar.

— Vamos entrar.

Quando entraram, Válter viu os dois de olhos vendados e desconfiou. Disse baixinho:

— Por que eles não estão presos?

— Por que decidi fazer diferente. Você está pondo em risco nossas vidas e não posso admitir.

Encostou o revólver no peito de Válter, dizendo:

— Vamos, entre ali.

— Você não pode fazer isso comigo. Não combinamos de pegar o dinheiro?

— Sinto que as coisas estão mal paradas. Não vou esperar. Você vai entrar lá e esfriar a cabeça.

Osvaldo se mexeu e Neco encostou a arma na cabeça dele, dizendo:

— Se tentar alguma coisa, eu atiro.

Carlinhos interveio assustado:

— Pai, cuidado. Não faça nada!

Osvaldo conteve-se. Eles trancaram Válter no pequeno quarto. Bertão ordenou:

— Vamos embora rápido. Isso está demorando demais.

Obrigaram os dois a entrar no porta-malas. Neco foi dirigindo.

Osvaldo ouviu distintamente Bertão dizer:

— Vamos para bem longe daqui.

— Pai, para onde estão nos levando? O que vão fazer? — perguntou Carlinhos baixinho.

Osvaldo sabia, mas não teve coragem de dizer.

— Vamos rezar, meu filho. É hora de manter a fé.

Osvaldo pensou em Alberto e pediu ajuda. Se eles tivessem de morrer, que fossem amparados pelos amigos espirituais.

— Se ao menos eu pudesse soltar as mãos — disse Osvaldo.

Eles haviam sido colocados no porta-malas de forma que a cabeça de um ficava nos pés do outro. Carlinhos pediu:

— Estique os braços o mais que puder. Vou ver se consigo desatar seus nós com os dentes.

Osvaldo obedeceu e Carlinhos curvou-se até alcançar os pulsos do pai. Então começou a tentar desatar o nó com os dentes. O carro sacudia e não era nada fácil. Seus lábios ardiam, mas ele continuou. Quando conseguiu desatar uma parte, Osvaldo liberou as mãos.

— Agora vou soltar você.

Eles conseguiram e tiraram as vendas.

— Temos de estar preparados quando abrirem o porta-malas — disse Osvaldo. — Eu saio na frente.

— Tome cuidado, pai.

O carro parou. Neco abriu o porta-malas. Osvaldo deu violento soco na mão dele e a arma caiu longe.

Bertão, que estava olhando o lugar para ver se era adequado, voltou-se rápido:

— O que foi?

Osvaldo, aproveitando que Neco estava desarmado e surpreso, deu-lhe violento soco no rosto e ele caiu.

— Vá, Carlinhos, corra para o mato.

Bertão estava na sua frente com a arma apontada:

— Ele não vai a nenhum lugar. Vocês vão ter o que merecem.

Osvaldo, percebendo que ele ia atirar, pulou em cima dele segurando seu pulso, tentando fazê-lo largar a arma.

— Vá, Carlinhos, corra.

O menino obedeceu. Viu a arma de Neco no meio da estrada e chutou-a para bem longe. Depois, embrenhou-se no mato, mas não quis se afastar muito.

Ouviu dois tiros e estremeceu. Depois a voz de Bertão gritando:

— Vamos pegá-lo. Não deve estar longe. Não pode escapar.

As lágrimas corriam pelo rosto de Carlinhos. Aqueles tiros o faziam crer que seu pai estava morto. Precisava fugir.

Começou a correr mato adentro em busca de socorro. A noite era de lua, mas seja pelo nervoso ou pelo medo, ele não conseguia divisar o caminho.

Sentiu-se mal. Pensou: "Eu vou desmaiar e eles vão me matar".

Tentou reagir, mas sua vista toldou-se e ele perdeu os sentidos, rolando o barranco.

Quando acordou, pouco depois. Seu corpo doía, sua boca ardia. Ele se sentou. O que teria acontecido?

Lembrou-se de repente. Precisava procurar pelo pai. Era possível que estivesse morto.

O barranco era íngreme, mas Carlinhos subiu quase se arrastando, segurando nos arbustos. O dia estava clareando. Chegou à estrada e não viu nada. Eles teriam levado Osvaldo?

Começou a procurar. Eles queriam matá-lo. Não o levariam de volta. Andou por ali olhando nas encostas. Finalmente viu Osvaldo. Eles o haviam atirado em um barranco e o corpo ficara preso a um arbusto logo no começo.

Soluçando desesperado, Carlinhos foi até ele e debruçou-se sobre seu corpo. Sentiu que ele estava respirando.

— Ele está vivo!

O sangue empapara a camisa e Carlinhos abriu-a para ver de onde saía. O ferimento era na cintura. Ele tirou a própria camisa e amarrou-a fortemente na cintura de Osvaldo, tentando estancar o sangue.

Precisava buscar socorro, mas não queria deixar o pai sozinho. Não tinha tempo a perder. Foi para a estrada, rezando para que aparecesse alguém.

Naquele instante pensou em Alberto e pediu ajuda. Mesmo andando de um lado para o outro da estrada, fez um apelo aflito aos espíritos. Naquele instante apareceu um furgão. Carlinhos fez gestos desesperados e ele parou.

— Por favor, fomos assaltados. Meu pai está ferido no barranco. Ajude-nos, pelo amor de Deus!

O homem desceu logo e Carlinhos levou-o para ver Osvaldo.

— Ele está mal. Acho que não vai aguentar a viagem. É melhor eu ir buscar uma ambulância.

— Por favor, não nos abandone.

— Calma. Não vou abandoná-los. Vou buscar socorro. Meu furgão está cheio de mercadoria. Ele não vai ficar bem-acomodado sacudindo lá dentro. Fique aqui e espere. Logo o socorro vai chegar.

De coração apertado, Carlinhos viu-o afastar-se. Osvaldo, pálido, respirava com dificuldade. Se não viessem logo, ele poderia morrer. As lágrimas corriam pelo rosto de Carlinhos enquanto ele ia e vinha da estrada ao lugar onde estava o pai, inquieto.

Finalmente a ambulância chegou e com ela uma viatura policial. Osvaldo foi colocado na maca e recebeu os primeiros-socorros. Carlinhos não queria separar-se do pai, mas o policial não deixou:

— Você vai conosco, contando o que aconteceu. Nós vamos juntos ao hospital.

O telefone tocou na casa de Clara e o policial atendeu. No mesmo instante, Clara e Marcos estavam ao lado dele ansiosos.

— Sim, ela está aqui. Fale com ela. — E, voltando-se para Clara: — É seu filho.

Clara pegou o telefone. Sua voz tremia:

— Filho. O que aconteceu?

— Mãe. Estamos no hospital. Papai está ferido. Venha logo.

— Eu vou já. Diga o endereço.

Ela estava tão nervosa que não conseguia entender. O policial tomou o telefone. Do outro lado, a atendente do hospital forneceu o endereço, porque Carlinhos mal conseguia falar.

— Vamos, vou levar vocês lá — disse o policial.

Meia hora depois, Clara chegou com Marcos e o policial. Foram conduzidos à sala onde estava Carlinhos. Vendo-os, atirou-se nos braços da mãe, soluçando.

— Filho, você está ferido!

— Eu estou bem. Papai é que está mal. Quero ficar com ele!

A enfermeira explicou:

— Ele está sendo atendido pelos médicos. Temos de esperar.

— Como ele está? — indagou Clara.

— Ainda não sabemos. Precisamos aguardar.

— Ele está mal, mãe. Perdeu muito sangue. Ele se arriscou para me salvar.

Clara abraçou Carlinhos:

— Calma, meu filho. Ele está sendo medicado. Vamos rezar para que fique bom.

A enfermeira aproximou-se:

— A senhora é esposa do paciente?

Clara hesitou, mas respondeu:

— Sim.

— Precisa me acompanhar para preencher a ficha.

Clara estava atordoada.

— Tem de ser agora?

— É melhor.

Marcos interveio:

— Meu pai tem um procurador que cuida de tudo. Vou avisá-lo.

Marcos ligou para Felisberto, que imediatamente se dirigiu ao hospital. Chegou com Durval. Enquanto o advogado cuidava da internação, Durval foi ao encontro de Carlinhos na outra sala. Com voz trêmula, o jovem relatou o que havia acontecido e finalizou:

— Temos de falar com o médico. Papai não pode morrer! Aqueles homens iam nos matar. Se não fosse a coragem dele, eu não estaria aqui.

Clara abraçava Carlinhos tentando acalmá-lo, mas sentia o coração oprimido.

— Fui me informar. Seu pai está em boas mãos. Os médicos aqui são excelentes — disse Durval.

— Como ele está? Soube de alguma coisa? — perguntou Carlinhos aflito.

— Ainda não. Mas vamos pensar no melhor. Você conhecia aqueles homens?

— Não. Estavam encapuzados. Mas ouvimos um terceiro conversando com eles. A voz era conhecida. Papai comentou isso.

— Você acha que pode ser Válter?

— Não tenho certeza. Mas ele tentou evitar que nos levassem. Desentenderam-se e depois o levaram para dentro da casa. Acho que o deixaram preso lá.

— Vamos investigar.

Quando Felisberto entrou na sala, Durval chamou-o em um canto e disse:

— Acho que minhas suspeitas eram reais. Havia um terceiro homem cuja voz era familiar a Osvaldo. Brigaram e prenderam-no na casa onde se esconderam. Ainda deve estar lá. Vou ver se o encontro.

— Vai agora?

— Sim. Eles pensaram que Osvaldo estava morto e foram embora. Quando souberem que está vivo, vão ficar com medo e terminar o serviço. Temos de evitar isso.

O médico apareceu na porta e todos o fixaram preocupados.

— E então, doutor, como está meu pai? — indagou Carlinhos.

— Fizemos o possível. Ele levou dois tiros. Um na coxa, outro no pâncreas. Foi necessária uma cirurgia muito delicada. Ele está fraco, perdeu muito sangue. Estamos fazendo uma transfusão.

— Por favor, doutor, salve meu pai! — implorou Carlinhos.

— Faça o que for preciso, mas salve-o — pediu Marcos com os olhos cheios de lágrimas.

Clara, pálida, não conseguia dizer nada. Olhava assustada, e por fim perguntou:

— Ele vai se recuperar?

— É cedo para dizer. Por enquanto temos de esperar.

— Podemos vê-lo? — indagou Marcos.

— Ele está sob efeito de anestesia. Melhor deixá-lo descansar. O enfermeiro está cuidando dele.

— Mas eu quero vê-lo — insistiu Carlinhos. — Não aguento ficar aqui fora esperando.

— Ele está na UTI. O enfermeiro precisa estar atento. É melhor que fique só com o paciente. Por que não descansa um pouco? Você está precisando, depois do que passou.

— Enquanto ele não melhorar, não saio daqui. Vou ficar na porta da UTI até ele acordar.

Rita apareceu no corredor assustada. Abraçou Clara e perguntou:

— Como está ele?

— Ainda não sabemos. Foi operado, temos de esperar. Perdeu muito sangue e está fraco.

Felisberto conseguiu um quarto particular, com duas camas, e conduziu-os para lá.

— Carlinhos precisa descansar. O médico que o examinou receitou um calmante — explicou ele discretamente a Clara.

A enfermeira entrou, mandou Carlinhos tomar um banho e vestir roupa limpa do hospital. Depois obrigou-o a deitar-se e deu-lhe um comprimido.

— Vou ficar lá fora. Tratem de descansar. Se houver novidade, eu avisarei.

Clara e Marcos estenderam-se na outra cama. Rita sentou-se ao lado da cama de Carlinhos e começou para eles a espera.

No momento em que Bertão e Neco o prenderam no pequeno quarto escuro, Válter arrependeu-se de ter entrado naquela aventura.

Tinha de impedir a todo custo que matassem Carlinhos. Tentou arrombar a porta, mas não conseguiu. Machucou a mão em uma farpa de madeira e praguejou nervoso.

Nunca deveria ter confiado em Bertão. Ele só fazia o que queria, não ouvia ninguém. E se eles não voltassem para libertá-lo, como sairia dali?

As horas passavam e eles não apareciam. Válter daria tudo para saber o que estava acontecendo.

Naquele momento, Bertão e Neco estavam bem longe, rumo ao sul. Tinham pegado o dinheiro que havia no bolso de Osvaldo.

— Tem certeza de que ele estava morto? — indagou Bertão.

— Tenho. Esse não incomoda mais ninguém.

— Não sei como é que você pode ser tão mole. Não amarrou a mão deles direito e depois ainda perdeu a arma.

— Eu não esperava aquele ataque. O cara tem parte com o diabo. Como é que se livrou daquelas cordas?

— Você que é frouxo.

— Estou pensando no rapaz. Você não devia ter desistido de pegá-lo.

— Não gosto de correr riscos. Aquele carro passou bem na hora que jogamos o corpo no barranco.

— Eles não viram nada, tenho certeza. Quando passaram, já estávamos voltando.

— Por via das dúvidas, foi melhor vir embora. Temos de aproveitar enquanto eles não descobrem o corpo. Hoje mesmo chegaremos a Foz do Iguaçu. Atravessamos a ponte e pronto. Vendemos o carro no Paraguai. Ficamos por lá um tempo. Assunção é uma cidade ótima. Podemos arranjar muitos bicos interessantes. Tenho alguns amigos lá.

— Quanto acha que pegamos por este carro?

— É novo e de luxo. Claro que terá de ser menos do que vale. Mas isso é assim mesmo. Pelo menos estamos livres e com dinheiro.

— Válter deve estar furioso.

— Que nada. Fizemos o que ele queria. O caminho agora está livre para ele. É por isso que não gosto de me amarrar em mulher. O cara desgraçou a vida por causa dela.

— Pois eu gosto. Minha viúva vai sentir falta de mim.

Os dois riram satisfeitos. Estavam acostumados a viver de expedientes. Para eles era uma aventura excitante.

Durval havia colocado um homem perto da casa de Válter à espera e depois foi à delegacia. O delegado era seu amigo e costumavam trocar ideias sobre os casos. Estavam conversando quando o telefone tocou e um investigador atendeu.

Imediatamente anotou e foi ter com o delegado.

— Alguém que não se identificou ligou para dizer que há um carro suspeito parado na periferia, aberto. Parece carro roubado. Deu o número da chapa.

Durval olhou e reconheceu:

— É o carro de Válter, o suspeito de que lhe falei. Vamos até lá.

A viatura saiu e Durval acompanhou-os. O carro estava com os vidros abertos, mal estacionado em frente ao muro de uma casa que parecia abandonada. Revistaram o carro e só encontraram alguns jornais.

Olharam em volta. Durval bateu no portão e ninguém atendeu. Alguns curiosos apareceram.

— Não adianta bater. Aí não mora ninguém. É um depósito não sei de quê. De vez em quando aparece um homem, mas não mora aí.

O portão estava preso só com o trinco. Um policial tirou a arma e entrou, enquanto o outro ficava do lado de fora. Durval entrou com ele.

A sala estava vazia, mas havia vestígios de comida. Alguém estivera lá recentemente. Havia outra porta fechada, com a chave do lado de fora. Abriram-na e encontraram Válter encolhido em um canto, tentando esconder-se.

— O que aconteceu com você? Por que o prenderam aí? — indagou o policial.

— Fui assaltado — mentiu ele. — Os ladrões levaram todo o meu dinheiro.

— O carro que está lá fora é seu?

— É.

— Você vai nos acompanhar até a delegacia.

— Mas eu não quero dar queixa. Tenho medo de represália.

Tendo reconhecido Durval, ele queria escapar.

— Você terá de ir conosco — tornou o policial.

Uma vez na delegacia, depois de revistado, foi levado a uma sala onde o próprio delegado o interrogou. Ele negou qualquer participação no sequestro de Osvaldo.

Mas Durval, que assistiu calado ao interrogatório, a um sinal do delegado interveio:

— Não adianta negar, Válter. Temos seguido você todos estes dias e sabemos que os dois sequestradores são seus amigos. Se não der o nome deles, você vai responder sozinho por esses crimes.

— Crimes? Não tenho nada a ver com a morte de Carlinhos nem de Osvaldo.

— Como sabe que os dois estavam juntos?

Válter engasgou e percebeu que não tinha como enganá-los. Assustado, começou a chorar, gritando:

— Eu não queria que eles matassem ninguém. Mas Carlinhos apareceu. Era só para dar um susto em Osvaldo. Não era para matá-lo. Eu disse para Bertão...

Depois da crise de choro e de desespero, Válter contou tudo. Imediatamente a polícia levantou a ficha dos outros dois, que já tinham algumas passagens pela delegacia. Mandou a foto para todos os distritos para que se iniciasse a busca.

No hospital, Clara e os filhos continuavam esperando que Osvaldo melhorasse. O médico dissera que ele não estava reagindo e continuava inconsciente. O caso tanto poderia evoluir para cura como para o coma e a morte.

Clara, muito abalada, não continha as lágrimas. Rita fazia o possível para consolá-la e também aos dois rapazes. Depois do almoço, foi para casa buscar roupas para eles.

Clara, recostada na cama, esperava calada. Os dois rapazes foram andar um pouco pelo jardim do hospital. Alguém bateu levemente na porta e Clara mandou entrar.

Antônio apareceu na porta. Atrás dele vinha Neusa. Clara sentou-se na cama assustada. Não estava com disposição de ouvir desaforos.

— Desculpe, Clara, termos vindo incomodá-la, mas só agora ficamos sabendo o que aconteceu. Carlinhos está bem?

Neusa aproximou-se dela chorando.

— Clara, como foi acontecer uma coisa dessas com eles? Meu Deus! Estou agoniada. Logo agora que tudo estava indo tão bem…

Apesar da antipatia que sentia pela sogra, Clara ficou penalizada. Também era mãe e podia avaliar o que Neusa estava sentindo.

— Carlinhos está bem — respondeu. — Temos de rezar para Osvaldo melhorar.

Neusa fixou nela os olhos cheios de lágrimas.

— Disseram que ele está muito mal. Eu gostaria de rezar, mas veja… — estendeu para ela as mãos trêmulas. — Estou tremendo. Sinto uma dor no peito. Nunca pensei que isso pudesse acontecer.

Clara segurou suas mãos e fê-la sentar-se a seu lado na cama.

— Vamos esperar pelo melhor. Ele vai reagir, ficar bom. Vamos conservar a fé.

Antônio, pálido, olhos vermelhos, olhava aflito.

— Sente-se, Antônio.

— Não consigo ficar parado.

— Os meninos também não. Foram andar no jardim.

— Vou falar com eles. Posso deixar minha mãe com você?

— Pode.

Clara colocou água com açúcar em um copo e deu-o a Neusa.

— Beba, dona Neusa. A senhora está pálida. É melhor estender-se na cama.

Neusa olhou admirada para Clara. Parecia estar vendo a nora pela primeira vez. Sua cabeça estava atordoada e seu peito, oprimido. Estendeu-se na cama, suspirando:

— Como pôde acontecer uma coisa dessas?

— O que importa agora é que Osvaldo melhore.

De repente ela começou a soluçar e Clara, preocupada, sentou-se na beira da cama, dizendo:

— Sei que é difícil, mas o desespero só vai arruinar sua saúde. Procure se acalmar.

— Eu fui culpada de tudo. Eu permiti que aquele canalha frequentasse minha casa e desgraçasse nossa família.

Clara estremeceu. Não queria falar no passado. Ela continuou:

— Nunca me senti bem ao lado dele. Eu sentia que não era boa coisa. Mas fui ambiciosa, interesseira. Não acreditava Antônio capaz de arranjar um bom emprego e nos sustentar. Válter arranjou emprego, protegeu Antônio, eu fechei os olhos. Mas eu sentia que ele não prestava. Não me enganei quanto a ele, mas quanto a Antônio eu estava enganada: ele é capaz, trabalhador, honesto. Não precisava da proteção daquele marginal. Eu infelicitei Osvaldo, dei-o para Ester criar, e ele ficou sentido. Mas eu não sabia o que sei agora. Juro que se fosse hoje eu nunca teria feito isso. Eu teria criado os dois filhos, porque meu amor me daria forças. Eu teria expulsado Válter de casa e ele nunca teria iludido você. Eu fui a única culpada, Clara. Agora estou sendo castigada. Deus me permitiu conhecer a verdade, mas está me punindo tirando meu filho.

Clara, emocionada, segurou a mão dela, dizendo:

— Isso não é verdade. Deus não pune ninguém. A senhora não tem culpa de nada. Eu é que me iludi, errei, estou pagando pelo meu erro. O peso da culpa é terrível. A senhora não pode carregar isso no coração.

— É só no que eu penso. Por isso tenho tanto medo. Deus vai me castigar.

— Não creio.

Alguém bateu levemente na porta, e Clara foi abrir. Lídia abraçou-a com carinho.

— Que bom que veio!

— Rita me contou. Como está ele?

— Por enquanto na mesma.

— Vamos confiar, minha filha.

— Entre, dona Lídia. Venha conhecer a mãe de Osvaldo.

Neusa tentou conter o choro e limpou o rosto com a ponta do lençol.

— Dona Lídia é uma amiga muito querida. Veio nos ajudar.

Lídia aproximou-se da cama e pegou a mão que Neusa lhe estendia, mantendo-a entre as suas.

— Sempre desejei conhecê-la. Osvaldo me falou muito bem da senhora.

— Obrigada. Desculpe, mas ainda estou muito chocada com o que aconteceu.

— Compreendo. Mas Deus está nos ajudando. Vamos confiar.

Antônio e os rapazes entraram no quarto. Depois de cumprimentarem Lídia, Carlinhos pediu:

— Dona Lídia, a senhora, que é tão boa, peça a Deus para salvar meu pai. Vivemos tanto tempo separados. Não queremos perdê-lo de novo.

— Vamos orar juntos.

Ela pediu a todos que se dessem as mãos e proferiu uma comovida prece pedindo calma e ajuda para todos. Quando terminou, Clara respirou aliviada. Lídia olhou-os com ternura e disse:

— Osvaldo precisa da nossa ajuda. Vamos todos manter o otimismo. O medo, o desespero só atrapalham. Vamos envolver nosso doente com pensamentos de luz, recuperação. Agora é hora de confiar, de ter fé, de esperar o melhor.

— Dona Lídia tem razão — disse Marcos. — Papai sempre nos ensinou que o pensamento positivo com a fé faz milagres.

Depois que Lídia se foi, Antônio tornou:

— Vamos para casa, mãe. A senhora precisa descansar. Eu voltarei e ficarei aqui.

— De jeito nenhum. Daqui não saio.

— Mas Clara e os rapazes precisam descansar.

— Vovó pode ficar — disse Carlinhos. — Eu e Marcos dormimos em qualquer lugar.

Neusa interveio:

— À noite vou para outro lugar. Mas quero ficar no hospital.

— A senhora fica aqui comigo — decidiu Clara com firmeza. — É hora de ficarmos todos juntos.

Os dois rapazes trocaram olhares admirados e Clara fingiu que não viu. Antônio sorriu levemente e respondeu:

— Eu também acho que temos de nos unir. Afinal nós somos uma família.

Quando anoiteceu, Antônio e os dois rapazes foram comer na lanchonete. Neusa não quis ir e Clara também não. Pediu que lhes trouxessem um lanche.

Quando eles saíram, Neusa, ainda estendida na cama, considerou:

— Você deve ter muita raiva de mim.

Apanhada de surpresa, Clara não respondeu logo, e ela continuou:

— Eu sei. Fui muito impertinente. Não que agora eu tenha me tornado uma santa. Às vezes, sinto vontade de brigar, de me meter nas coisas dos outros, mas procuro me conter. Osvaldo me ensinou muito. Agora eu quero ser bondosa, porque descobri que fico muito alegre quando faço alguma coisa boa para alguém.

— De fato, a bondade traz alegria, felicidade.

— Sabe, Clara, eu fui muito implicante com você. Se fosse hoje, eu faria tudo diferente. Por isso, gostaria muito que você esquecesse as coisas que eu disse e fiz. Sei que agora é tarde, que você está separada de Osvaldo, mas continua sendo a mãe dos meus netos. Gostaria que não tivesse mais raiva de mim por causa do que passou.

Clara olhou admirada para ela. Nunca imaginou que Neusa pudesse lhe dizer aquilo.

— De fato, reconheço que nós não nos demos bem no passado. Mas parece-me que a senhora mudou. Eu também mudei. Meus filhos gostam da senhora. Seria muito bom que pudéssemos conviver em paz.

— Quer dizer que vai esquecer o que lhe fiz?

— Sim. O que a senhora fez não foi tão grave como o que eu fiz. Tenho consciência da minha culpa. Não vou pedir que me perdoe porque sei que é impossível. Mas aceito a paz que me oferece.

— Tenho pensado muito no passado. Cheguei à conclusão de que não tenho condições de julgar nem condenar ninguém. Eu gostaria muito se pudéssemos apagar o que aconteceu e voltar a sermos uma família. Você com Osvaldo e os rapazes.

Clara estremeceu.

Ficou calada por alguns segundos, depois respondeu:

— Eu também gostaria. Se eu pudesse voltar atrás, nunca teria feito o que fiz. Mas agora é tarde. Osvaldo nunca me perdoará.

— Não tenha tanta certeza. Ele está muito mudado. Mas mesmo nos piores momentos nunca condenou você.

— Ele é muito generoso. Mas, mesmo que ele me perdoe, eu nunca me perdoarei.

Neusa olhou surpreendida para ela. Não imaginava que Clara estivesse tão arrependida.

— O arrependimento dói muito. Mas o passado não volta. Eu me arrependo de muitas coisas. Osvaldo me aconselhou a esquecer. Disse que o arrependimento serve para nos motivar a não repetir a mesma coisa.

— Ele está certo.

As duas continuaram conversando. Pela primeira vez desde que se conheceram, falavam com sinceridade sobre seus sentimentos. Assim acabaram descobrindo que, apesar dos antigos desentendimentos, tinham muitos pontos em comum.

Capítulo 29

Era madrugada. Clara deitara-se vestida e, vencida pelo cansaço, adormecera. Sonhou que estava sentada no jardim do hospital e viu Osvaldo aproximar-se.

Ele se sentou a seu lado. Estava muito abatido e havia tanta tristeza em seu rosto que Clara se assustou.

— Osvaldo! Você ainda não pode se levantar!

Ele não respondeu. Seus olhos estavam apáticos, imóveis. Clara continuou:

— Osvaldo, você tem de reagir. Não pode ficar desse jeito! Nossos filhos estão desesperados.

Ele estremeceu. Por seus olhos passou um lampejo de emoção.

— De que me vale viver sem você? De que me vale voltar para sufocar este amor que nunca me deixou? É melhor eu partir. Assim, você ficará livre.

Clara sentiu que as lágrimas molhavam suas faces.

— É possível que continue me amando depois de tudo?

— Esse tem sido meu segredo. Mas estou muito cansado. Estou sem coragem de retornar.

— Não diga isso. Você tem de viver!

Ele se levantou e foi se afastando. Clara chamou-o, mas ele se desfez como fumaça e ela acordou chorando, sentindo o peito oprimido, o coração descompassado.

Ela se levantou, tomou um pouco de água e respirou fundo.

— Foi apenas um sonho — murmurou.

Mas a imagem de Osvaldo, suas palavras não lhe saíam do pensamento. O médico dissera que ele não dava acordo de si. Tanto podia voltar como entrar em coma e morrer.

Ela estremeceu horrorizada. E se ele morresse? Sentiu o peito apertado enquanto as lágrimas continuavam molhando seu rosto. Clara compreendeu:

"Eu ainda o amo! Se ele morrer, nunca mais serei feliz. Isso não pode acontecer".

Saiu do quarto e foi para a porta da UTI. Tentou entrar, mas a enfermeira não deixou.

— Por favor — pediu Clara. — Preciso vê-lo. É muito importante!

— Sinto, dona Clara, mas não posso permitir. A senhora está muito emocionada.

Disse isso e fechou a porta.

Clara sentou-se no banco em frente. O dia estava clareando quando o médico apareceu. Ela o abordou:

— Doutor, quero entrar para ver meu marido.

— Não convém. Ele precisa de repouso.

— Ele precisa de mim. Eu sinto. Por favor! Juro que não vou atrapalhar. Mas ele tem de saber que estou aqui.

— Se me prometer que vai se controlar, deixarei que o veja e fique por cinco minutos.

Clara vestiu o avental branco, colocou a máscara e com o coração aos saltos entrou. Osvaldo, pálido, respiração lenta, não parecia vivo.

Ela se sentou ao lado da cama e segurou sua mão gelada. Emocionada, fez uma prece pedindo a Deus que salvasse a vida dele.

Depois aproximou os lábios de seu ouvido e disse:

— Volte, Osvaldo. Eu preciso de você. Nunca deixei de amá-lo. Quero que viva para mim, para nossos filhos.

Ela repetiu essas palavras várias vezes.

— Não adianta dizer nada. Ele está inconsciente, não pode ouvir — disse o médico.

— Ele vai me ouvir, doutor. Tenho certeza. Seu corpo pode estar doente, mas seu espírito está vivo. Ele vai voltar para a família.

A enfermeira ia intervir, mas a um sinal do médico conteve-se.

— Você está me ouvindo, não é, Osvaldo?

Naquele instante Clara sentiu que a mão dele apertara a sua e exclamou contente:

— Ele está me ouvindo. Apertou minha mão.

— Agora chega. O paciente precisa descansar — disse o médico.

Clara não queria sair, mas ele insistiu e ela obedeceu.

— Tenho certeza de que ele me ouviu. Ele vai reagir e voltar. O senhor vai ver.

— É melhor não se entusiasmar. Todos estamos torcendo para que ele reaja, mas é comum nesses estados o paciente ter um espasmo. Ele não apertou sua mão conscientemente. Ele teve um espasmo.

Clara não respondeu. Tinha certeza de que Osvaldo a ouvira. Entrou no quarto e encontrou Neusa de pé.

— Eu ia sair à sua procura. Acordei e não a vi. Fiquei assustada. Aconteceu alguma coisa?

— Sim. Consegui ver Osvaldo. Tenho esperança de que ele vai reagir.

— Graças a Deus! Estou rezando para isso.

A enfermeira trouxe o café e Clara tornou:

— Vamos comer, dona Neusa. Precisamos estar bem de saúde para cuidar de Osvaldo quando ele sair.

Enquanto tomavam o café com leite, Clara, olhando nos olhos da sogra, disse séria:

— Esta noite tive um sonho muito forte com Osvaldo.

— Será que ele vai morrer?

Em poucas palavras, Clara contou o sonho. Finalizou:

— Senti que, apesar de tudo, Osvaldo ainda me ama. Senti que nunca amei outro homem. O que a senhora acha disso?

— Sempre desconfiei que vocês ainda se gostavam. Você nunca teve outro, nem ele teve outra. Isso sempre me intrigou. Só pode ser amor mesmo. Eu gostaria muito que voltássemos a ser uma família de verdade. Agora estamos mais experientes, tenho certeza de que viveríamos muito bem.

Clara aproximou-se de Neusa e beijou-lhe delicadamente a face. Rita, que ia entrando, olhou-as admirada. A cena era difícil de crer.

— Chegou na hora, Rita. Quer um café? — disse Clara.

— Acabei de tomar em casa. Como está Osvaldo?

Antes que Clara respondesse, a porta se abriu e o médico entrou. As três olharam em sua direção, esperando suas palavras.

— Seu marido acordou. Chama pela senhora. É melhor ir.

Clara acompanhou-o, o coração aos pulos.

— Eu disse que ele estava me ouvindo, doutor.

O médico meneou a cabeça, dizendo:

— Existem reações inexplicáveis. Pode ser coincidência.

Clara sorriu e não respondeu. Vestiu o avental e a máscara e entrou. Sentou-se ao lado da cama e pegou a mão de Osvaldo, que gemeu levemente, abriu os olhos e disse baixinho:

— Estou sonhando ou é você mesma?

— Você não está sonhando. Sou eu.

— E Carlinhos?

— Está bem. Todos estamos aqui, rezando pela sua cura. Sua mãe, seu irmão, estamos todos juntos.

Ele sorriu levemente.

— Tenha paciência com eles, Clara.

— Não se preocupe. Estamos todos nos entendendo, nos conhecendo de verdade. Dona Neusa tem ficado comigo desde que você foi ferido.

— É bom demais para ser verdade.

Clara beliscou levemente seu braço.

— É para você sentir que está vivo e que estamos todos juntos. Agora é melhor descansar. Está tudo bem. Não há nada com que se preocupar.

Ele se remexeu inquieto.

— Quer alguma coisa?

Ele respirou fundo e tornou:

— Sei que você está aqui, que estão todos juntos, mas...

Ele hesitou. Clara esperou. Como ele ficou calado, ela disse:

— Continue. O que ia dizer?

— Estou atordoado. Misturando as coisas. Não sei se sonhei ou se você me disse algumas coisas...

— Eu disse que nunca deixei de amar você.

Ele fechou os olhos tentando esconder a emoção. Quando conseguiu falar, tornou:

— Você ficou com pena de mim. Pensou que eu fosse morrer.

— Não. Eu amo você. Nunca mais duvide disso. Se deixar, vou cuidar de você pelo resto da vida. Agora trate de descansar.

Ele apertou a mão que ela detinha entre as suas e não disse nada. Sua voz estava embargada. Quando se acalmou, murmurou:

— Se isto é um sonho, não quero acordar.

O médico chegou, examinou-o e a enfermeira aplicou-lhe uma injeção.

— Venha, dona Clara. Seu marido agora vai dormir. Quanto mais ele descansar, mais rápido será o processo de cicatrização.

Ela obedeceu. Uma vez fora do quarto, perguntou:

— Ele está fora de perigo?

— Está melhor, mas ainda não posso afirmar isso. Vamos esperar até amanhã. Se a melhora se mantiver, ele irá para o quarto. Então poderei saber.

— A mãe dele e os filhos gostariam de vê-lo.

— Vou permitir a visita de um de cada vez, mas devem ficar em silêncio. Ele está sob efeito de calmante. Não devem acordá-lo.

Clara voltou ao quarto animada. Neusa esperava-a ansiosa.

— Ele acordou e está melhor — informou Clara. — Perguntou por todos.

— Ele vai sarar? — quis saber Marcos.

— Se a melhora se mantiver, amanhã ele deixará a UTI.

Neusa quis ir ver o filho, e Antônio acompanhou-a. Rita sentou-se ao lado de Clara.

— Quando entrei, você estava beijando a face de dona Neusa ou foi sonho?

— Eu vi que você ficou assustada.

— Cheguei a pensar que Osvaldo tivesse piorado.

— É que nós estivemos conversando. Dona Neusa mudou muito.

— Eu notei, mas não pensei que fosse tanto.

— Pois foi. Ela chegou a se declarar culpada até do que eu fiz.

— Não diga!

Os dois rapazes, que estavam cada um lendo uma revista esperando o momento de ir ver o pai, aproxima-ram-se interessados. Rita procurou ser discreta:

— Conversaremos depois.

— Não. Eles precisam saber o que está acontecen-do. Chega de mal-entendidos, de coisas mal explicadas. Vou contar.

Eles a rodearam satisfeitos e ela relatou minucio-samente tudo. Finalizou:

— Não sei o que vai acontecer daqui para frente. Mas, se Osvaldo me quiser, voltaremos a viver juntos.

Os dois rapazes abraçaram-na efusivamente, beijan-do-a com alegria.

— Claro que ele vai querer — disse Carlinhos. — Bem que eu notei como ele ficava quando falávamos de você.

— É uma notícia maravilhosa.

No fim da tarde, Durval apareceu.

— Trago boas notícias. Válter confessou tudo. Conseguimos prender os dois malandros no sul. Esta noite chegarão à delegacia.

— São pessoas conhecidas? — indagou Clara.

— Trata-se de Bertão, um ex-policial que se tornou marginal, e de Neco, indivíduo com várias passagens na polícia, especializado em arrombamento.

— É difícil acreditar que Válter tenha sido capaz de se juntar a marginais e tentar matar Osvaldo.

— Esse sujeito nunca me enganou — disse Marcos.

— E agora? Ele vai ficar preso? Tenho medo de que ele saia e volte a nos perseguir — acrescentou Carlinhos.

— O que ele fez foi muito grave. Tenho certeza de que ficará preso por muitos anos.

A melhora de Osvaldo se manteve e dois dias depois foi transferido para o quarto. Estava pálido, abatido, mas, rodeado pela família, foi se recuperando.

Clara foi incansável. Suas férias estavam para terminar e ela telefonou para Domênico relatando o que havia acontecido, pedindo uma licença.

Depois disso, o quarto de Osvaldo estava sempre cheio de visitantes. Primeiro Gino e Domênico, que demonstraram quanto gostavam de Clara, só tendo palavras elogiosas. Depois, as melhores clientes do ateliê, para abraçá-la e desejar que Osvaldo se recuperasse.

Quando Osvaldo foi para o quarto, Neusa disse que ficaria para dormir com o filho e que Clara poderia ir para casa descansar. Mas ela não aceitou:

— Não, dona Neusa. A senhora é quem precisa descansar. Meu lugar é aqui, ao lado de Osvaldo.

Ele as ouvia, procurando esconder a emoção. Estava fraco e fragilizado. Neusa concordou em dormir em casa, mas iria ao hospital todos os dias.

Assim Neusa pôde ver como sua nora era querida e admirada. Sentiu-se orgulhosa e satisfeita. Clara era digna e merecedora de sua estima.

Uma semana depois, no fim da tarde, o médico examinou Osvaldo e disse com satisfação:

— Amanhã vou dar-lhe alta. Pode se preparar para retomar sua vida. Mas no começo não pode fazer esforço nem dirigir, está bem?

Ele concordou. Depois que o médico se foi, Clara fechou a porta e sentou-se novamente ao lado da cama. Estavam sozinhos.

— Que bom que você vai deixar o hospital — disse ela com alegria.

— Não sei se será bom. Por mim ficaria aqui mais tempo.

Ela olhou surpreendida para ele.

— Por que diz isso? Acha que ainda não está bem?

— Estou muito bem.

— Então...

— Ao sairmos daqui, você irá para sua casa e eu ficarei sozinho. Clara, você tem se dedicado todos esses dias. Tem me tratado com carinho. Preciso ser sincero. Sua presença me trouxe de volta à vida. Você disse que ainda me ama. Eu gostaria que fosse verdade. Mas tenho dúvidas. Você deixou de me amar há muitos anos. Agora está grata por eu ter salvado a vida de Carlinhos, confundindo gratidão com amor.

Ela tentou falar, mas ele a impediu:

— Não diga nada. Deixe-me terminar. Eu a amei sempre. Esse amor sem esperança machucou meu coração durante muito tempo, até que, cansado de lutar, compreendi que precisava aceitar essa verdade. Eu amo você e a amarei por toda a minha vida. Esse amor é tão grande, tão verdadeiro, que eu não gostaria que você ficasse ao meu lado por gratidão. É nobre de sua parte, mas eu não aceito isso. Não quero que um dia você se arrependa.

— E me apaixone por outro? É disso que tem medo? Você me ama, mas não confia mais em mim, em meu amor. A mágoa do passado ainda está viva dentro de você.

— Não é verdade. Eu admiro você. Sei que é digna, fiel.

Os olhos de Clara encheram-se de lágrimas.

— Eu sabia que você não ia aceitar meu amor.

Havia tanta tristeza em sua voz que ele a abraçou emocionado.

— Clara, seu amor é o que eu mais quero no mundo.

Abraçou-a, puxou-a para junto de si e beijou-a com ardor. Ela retribuiu, e a emoção reprimida de tantos anos tomou conta deles. Continuaram beijando-se com paixão.

— Osvaldo, estou com você porque o amo. Sempre amei. Sinto que você é o amor da minha vida. Não me expulse de seu lado. Não quero mais viver sem você.

Inebriado, ele ouvia, o coração batendo descompassado, a emoção transbordando.

— Clara, como eu sonhei com este momento! Como desejei ter você novamente em meus braços como agora.

— Diga que me quer. Que vai voltar para mim. Que nunca mais vai me deixar.

— Eu a quero.

Nos braços um do outro, entregaram-se ao sentimento que os unia. Quando se acalmaram, deitados um ao lado do outro, Osvaldo disse:

— Gostaria que vocês se mudassem para minha casa amanhã mesmo. É uma casa grande, boa, ficaremos bem. Nossos filhos gostam de lá.

— Eu também gostaria. Mas preciso resolver minhas coisas.

— Quero que vá à minha casa para ver se gosta.

— Eu disse que vou resolver minhas coisas, mas não vou deixá-lo nem por um dia. Já perdemos muito tempo.

Osvaldo beijou sua face com carinho.

❧❧

No dia seguinte ele foi para casa. Clara e os filhos o acompanharam. Os rapazes estavam comovidos com a reconciliação dos pais.

Na tarde do mesmo dia, Marta foi visitá-lo. Quando chegou, Osvaldo estava em uma poltrona na sala segurando a mão de Clara, que estava sentada ao seu lado.

Vendo os dois, Marta empalideceu. Osvaldo apresentou Clara com naturalidade:

— Esta é Clara, minha esposa.

A outra estendeu a mão que tremia e tentou dissimular a contrariedade. Clara olhava curiosa para Marta. Era mais nova do que ela e muito bonita. Olhou para Osvaldo, um pouco enciumada.

Ele, porém, conversou com naturalidade, informando-se de como estavam seus projetos. Marta deu todas as informações, depois, sentindo-se mais calma, disse:

— Eu tentei ir ao hospital visitá-lo, mas disseram-me que as visitas não eram permitidas.

— Eu pedi a José que dissesse isso porque preferia receber os amigos aqui em casa. No hospital é sempre desagradável. Mas isso não se aplicava a você.

— Ele não me disse. Foi por isso que só apareci hoje. Mas todos rezamos muito para seu restabelecimento.

Continuaram conversando e, a pretexto de combinar algumas coisas com Rosa, ela foi à cozinha:

— Ninguém me avisou que a ex-esposa vinha visitá--lo — reclamou.

— Não pensei que você se interessasse em saber — defendeu-se Rosa.

— Eles não se falavam. Não pensei que ela fosse aparecer.

— Não só apareceu como voltaram a viver juntos.

Marta estremeceu.

— Eles voltaram?

— Olhe, Marta, eu sei que você gosta muito de Osvaldo e nutria a esperança de conquistá-lo. Mas, mesmo separado, ele nunca deixou de amar a esposa. Nunca quis ter outra mulher. Por isso, o que tem a fazer é esquecer e partir para outra.

— Claro. Pensei que ele fosse livre, mas agora...

— Não perca seu tempo alimentando essa ilusão. Pelo que eu vi até agora, desta vez é para sempre. Nunca mais vão se separar.

— Tem razão. Vou tirá-lo da minha cabeça.

Quando ela voltou para a sala, estava mais calma. Depois que ela se foi, Clara conversou com Osvaldo:

— Estive pensando... acho que vou deixar de trabalhar todos os dias no ateliê. Participarei dos desfiles, dos eventos e até como relações-públicas, que é o que tenho feito nos últimos tempos. Quero ter tempo para ajudá-lo nos trabalhos espirituais. Dona Lídia me falou a respeito e fiquei entusiasmada.

Carlinhos, que havia entrado e ouvido essas palavras, interveio:

— Eu sei por que pensou nisso agora. Encontrei Marta saindo...

Clara fez que não entendeu:

— Não sei o que quer dizer. Eu gosto do trabalho espiritual. Frequento dona Lídia.

Osvaldo sorriu satisfeito. O ciúme de Clara alegrava-o. O ambiente estava agradável e todos estavam felizes.

— Contar com você vai ser muito bom — disse ele.

Nos dias que se seguiram, Osvaldo foi ganhando forças rapidamente. Clara decidiu que Rita continuaria morando no mesmo lugar e cuidando da loja, o que ela fazia muito bem.

Mudou-se com os filhos para a casa de Osvaldo. Ele queria que Clara reformasse tudo a seu bel-prazer, porém ela gostou muito da casa e não quis mudar nada.

Rosa e José, que a princípio ficaram um pouco preocupados em tê-la na casa, logo se habituaram e passaram a gostar dela. Clara tinha classe, sabia respeitar os empregados e tratá-los bem.

Rosa logo estava fazendo docinhos para ela, e José, cercando-a de gentilezas.

Foram para o sítio e Clara adorou o que viu. Interessou-se logo pelo trabalho e procurou aprender tudo. Ficaram por lá uma semana recebendo os amigos que apareciam para abraçar Osvaldo, felizes com sua recuperação.

Quando voltaram para a capital, Osvaldo teve a ideia de fazer uma reunião espiritual em sua casa. Convidou dona Lídia, dizendo que ela poderia levar alguns médiuns. Queria agradecer o auxílio recebido e obter orientação para o trabalho. Estava ansioso para recomeçar a atender às pessoas e precisava saber se já estava em condições.

Ao redor da mesa coberta com uma linda toalha branca bordada na sala de jantar, sentaram-se Felisberto, Antônio, Neusa, Clara, Carlinhos, Marcos, Lídia e mais duas senhoras que ela convidara. Sobre a mesa, alguns livros e uma bandeja com copos e a jarra de água.

As luzes foram apagadas e, na penumbra da sala iluminada apenas por um abajur, Osvaldo proferiu uma sentida prece agradecendo a Deus pela cura e pela união de sua família. Estava comovido, sentindo o corpo leve e no peito um brando calor.

No final, pediu orientação dos espíritos. Uma das convidadas de Lídia começou a falar:

— É com alegria que venho hoje visitá-los e dizer que completaram mais um ciclo no caminho da evolução. Isso significa que de agora em diante terão pela frente uma etapa de progresso e alegria.

"No fim do século passado, um fidalgo muito rico vivia no Brasil, na cidade do Rio de Janeiro. Bonito, requestado pelas mulheres em virtude de seu dinheiro e sua boa aparência, dom Ricardo, como se chamava, vivia com a mãe, mulher arrogante e autoritária, que controlava os gastos do solar onde residiam com avareza, vigiando os escravos com rigor.

"Ricardo levava vida social intensa, viajando pela Europa, conquistando belas mulheres. Em uma dessas viagens, conheceu Denise, em Paris. Era uma dançarina do Moulin Rouge, muito disputada. Bonita, cheia de vida, alegre, Ricardo apaixonou-se perdidamente. Por ela esqueceu todas as mulheres. Levou-a para o Brasil e casou-se com ela, apesar de a mãe tentar impedir de todas as formas, porque ficou sabendo a vida que a nora levava em Paris e ficou horrorizada. Por isso vigiava Denise, tendo discutido muitas vezes com o filho.

"Apesar de amar o marido, Denise sentia falta do palco, dos aplausos, da alegria de sua vida em Paris, tendo a sogra sempre desconfiada e irritada por perto. Ricardo fazia tudo para agradar à esposa, proporcionando-lhe uma vida de luxo, levando-a a festas na corte, onde ela brilhava sempre.

"Foi em uma dessas festas que Denise conheceu André, um jovem bonito e fútil que a cercou de atenções. Ele não tinha renda, por isso conquistava ricas mulheres que acabavam por sustentá-lo.

"Ricardo, cego pela paixão, não percebia nada. Ofélia, sua mãe, tentou abrir-lhe os olhos, mas ele se zangava, porque percebia a implicância da sogra com a nora.

"Denise começou cedendo aos galanteios de André mais por divertimento, mas acabou se envolvendo. Algum tempo depois, teve a surpresa desagradável de ser chanta-geada por ele. Dizia que sua irmã conseguira provas do relacionamento deles e para se calar exigia joias.

"Ela se arrependeu de sua leviandade, mas era tarde. Estava nas mãos dele. Apavorada, rompeu a relação, mas começou a dar-lhe algumas joias.

"Ofélia, que percebeu que as joias haviam desa-parecido, exigiu que Ricardo encontrasse o ladrão. Ele não gostava de se incomodar com os negócios e dei-xava tudo a cargo da mãe. Deu-lhe carta-branca para investigar.

"Assustada, Denise tentou despistar. Apanhou o saco de joias de Ofélia e colocou-o do lado de fora da casa, em meio às plantas do jardim. Tinha certeza de que a sogra o encontraria.

"Ofélia deu pela falta do saco de joias e ficou deses-perada procurando. Encontrou-o e chamou o filho, acu-sando um dos escravos que vira passando pelo local momentos antes.

"Jerônimo trabalhava dentro de casa e era estimado por todos. Chamado a tomar providência, Ricardo, aborrecido, tratou de resolver aquela situação o mais rapidamente possível. Ele não gostava de enfrentar situações desagradáveis.

"Jerônimo chorou, jurou que não tinha feito nada, mas Ofélia foi implacável: exigiu que Ricardo o castigasse. Contrariado, porque ele gostava do escravo, mandou que o capataz o colocasse no tronco, não desejando enfrentar uma briga com a mãe.

"Assustada, Denise rogou que não o castigassem, porém Ofélia foi irredutível e Ricardo preferiu esquecer o assunto. Jerônimo, depois das cinquenta chicotadas controladas por Ofélia, foi deixado no tronco a pão e água.

"Na manhã seguinte, Jerônimo estava morto. Denise chorou muito, arrependeu-se, mas não teve coragem de dizer nada. Dali para frente, mudou muito. Sentindo o peso da culpa, tinha pesadelos, deixou de frequentar a corte, vivia triste e deprimida.

"Ricardo fazia tudo para alegrá-la, mas ela aos poucos foi se consumindo. Aos quarenta anos, uma pneumonia a trouxe de volta ao mundo espiritual.

"Não tiveram filhos. Ricardo nunca mais se casou. Viveu o resto de seus dias triste e desinteressado de todas as coisas. Ofélia cuidou de tudo e viveu mais do que Ricardo. Quando ele voltou ao mundo espiritual, partiu em longa busca por Denise. Enfim encontrou-a perambulando dementada, tendo ao lado o escravo que havia se colado a ela, exigindo justiça.

"Levou tempo para Ricardo conformar-se com a verdade. Porém, o amor que sentia por Denise ainda estava em seu coração. Por isso, tudo fez para ajudá-la. Assistido pelos espíritos superiores, conseguiu que ela se equilibrasse.

"Arrependida, Denise pediu perdão. Ofélia, sabendo que castigara um inocente, arrependeu-se. Descobriu que, para livrar-se da culpa e das perturbações que a acometiam de vez em quando, precisava fazer alguma coisa que lhe devolvesse a dignidade.

"Descobriram que só a reencarnação poderia ajudá-los a conseguir o equilíbrio que tanto queriam. Ofélia, sabendo quanto havia errado como mãe de Ricardo, pediu para tentar de novo. Foi-lhe concedido recebê-lo outra vez como filho, mas, para que ela ficasse bem, era preciso receber também Jerônimo. Ela concordou.

"Ricardo, ansioso por ajudar Denise, pediu para casar-se com ela novamente. Foi alertado de que não precisava fazer isso, que eles se amavam, mas que ela precisava amadurecer. Ele poderia ficar no astral e esperar até que ela voltasse, então ficariam juntos.

"Ricardo, porém, preferiu reencarnar, mesmo sabendo que André também reencarnaria e se encontrariam novamente. Decidiu correr o risco.

'— Meu amor é tanto que a ajudará.'

"Assim, começaram essa nova vida. Ricardo como Osvaldo, Denise como Clara, Ofélia como Neusa, e Jerônimo como Antônio. André renasceu como Válter.

"No mundo, os desafios mais difíceis são os do sentimento, porque em meio aos problemas do dia a dia, mesmo havendo esquecido o que aconteceu em outras vidas, os assuntos não resolvidos continuam no inconsciente, refletindo-se no presente.

"Só a fé na espiritualidade, a certeza de que a vida continua após a morte do corpo ajudam a encontrar o rumo melhor na conquista da vitória. A mediunidade é uma ferramenta abençoada para abrir a consciência e mostrar a verdade.

"Estamos felizes por vocês terem vencido. Osvaldo aprendeu a olhar as pessoas com olhos do amor. Clara descobriu os verdadeiros valores da alma. Neusa, na dificuldade e na carência, descobriu que a bondade traz felicidade. Antônio aprendeu que a valorização independe da cor da pele, conquista-se pela dignidade do trabalho e da honestidade. Infelizmente Válter não conseguiu. Mas a vida cuidará dele no momento certo. A verdade é que ele nunca mais os perturbará. A energia de vocês agora é diferente e ele desistirá de persegui-los".

Ela fez uma pausa, depois continuou:

— Você pode recomeçar o trabalho espiritual, Osvaldo. Muitos amigos no astral esperam ansiosos o momento de participar. O mundo está conturbado. A violência plantada indiscriminadamente por alguns polariza as disputas, e a vaidade, a luta pelo poder imperam.

"Não se deixem dominar pelo pessimismo. A luz vence as trevas, e o futuro será de progresso e paz. A firmeza na fé é necessária, mas o discernimento é fruto do bom senso. Tenho certeza de que saberão fazer o melhor. Que Deus os abençoe".

Ela se calou e Osvaldo encerrou a reunião. Eles estavam tocados pelo momento. Cada um tomou seu copo de água. Conversaram um pouco sobre as belezas da vida espiritual e do conforto que proporciona.

Quando todos se despediram, Osvaldo tomou a mão de Clara, passaram pelo quarto dos rapazes, que já se haviam acomodado.

Depois foram para o quarto. Osvaldo abriu a janela e chamou Clara.

— Venha ver as estrelas.

Abraçados, ficaram contemplando o céu.

— De onde será que viemos? — indagou ela.

— Não sei. Só sei que estamos juntos, e desta vez nada e ninguém vai nos separar.

Clara abraçou-o e seus lábios procuraram os do marido. E a brisa delicada que passava através da janela os envolvia com carinho, como a dizer que tudo estava em paz!

Fim

GRANDES SUCESSOS DE
ZIBIA GASPARETTO

Com 19 milhões de títulos vendidos, a autora
tem contribuído para o fortalecimento da literatura
espiritualista no mercado editorial e para a popularização da
espiritualidade. Conheça os sucessos da escritora.

Romances
pelo espírito Lucius

A força da vida

A verdade de cada um

A vida sabe o que faz

Ela confiou na vida

Entre o amor e a guerra

Esmeralda

Espinhos do tempo

Laços eternos

Nada é por acaso

Ninguém é de ninguém

O advogado de Deus

O amanhã a Deus pertence

O amor venceu

O encontro inesperado

O fio do destino

O poder da escolha

O matuto

O morro das ilusões

Onde está Teresa?

Pelas portas do coração

Quando a vida escolhe

Quando chega a hora

Quando é preciso voltar

Se abrindo pra vida

Sem medo de viver

Só o amor consegue

Somos todos inocentes

Tudo tem seu preço

Tudo valeu a pena

Um amor de verdade

Vencendo o passado

Crônicas

A hora é agora!
Bate-papo com o Além
Contos do dia a dia
Conversando Contigo!
Pare de sofrer
Pedaços do cotidiano
O mundo em que eu vivo
Voltas que a vida dá
Você sempre ganha!

Coletânea

Eu comigo!
Recados de Zibia Gasparetto
Reflexões diárias

Desenvolvimento pessoal

Em busca de respostas
Grandes frases
O poder da vida
Vá em frente!

Fatos e estudos

Eles continuam entre nós vol. 1
Eles continuam entre nós vol. 2

VIDA & CONSCIÊNCIA
E D I T O R A

Rua das Oiticicas, 75 — SP
55 11 2613-4777

contato@vidaeconsciencia.com.br
www.vidaeconsciencia.com.br